Zhongguo Nongcun Gonglu Yanghu Guanli “Zaozhuang Moshi”

中国农村公路养护管理“枣庄模式”

牛佳棠　著

人民交通出版社

内 容 提 要

本书以山东枣庄农村公路养护管理模式为背景，详细介绍了农村公路养护管理策略、养护管理评价及预测决策、路政管理和安全保障工程的方法和要点。本书可作为农村公路养护人员的培训用书，也可供公路养护技术人员和科研院所人员参考使用。

图书在版编目(CIP)数据

中国农村公路养护管理"枣庄模式"/牛佳棠著
.--北京：人民交通出版社，2012.3
ISBN 978-7-114-09644-0

I. ①中… II. ①牛… III. ①农村道路－公路养护－山东省②农村道路－公路管理－山东省 IV. ①U418.2

中国版本图书馆 CIP 数据核字(2012)第 022690 号

书　　名：中国农村公路养护管理"枣庄模式"
著 作 者：牛佳棠
责任编辑：李　喆
出版发行：人民交通出版社
地　　址：(100011) 北京市朝阳区安定门外外馆斜街 3 号
网　　址：http://www.ccpress.com.cn
销售电话：(010) 59757969，59757973
总 经 销：人民交通出版社发行部
经　　销：各地新华书店
印　　刷：北京鑫正大印刷有限公司
开　　本：787×1092　1/16
印　　张：20.25
字　　数：470 千
版　　次：2012 年 3 月　第 1 版
印　　次：2012 年 3 月　第 1 次印刷
书　　号：ISBN 978-7-114-09644-0
定　　价：50.00 元

《中国农村公路养护管理“枣庄模式”》
编 委 会

序

农村公路是广大农村地区生产生活的先导性、基础性、服务性设施，是我国公路网的重要组成部分。这些年来，交通运输部门深入贯彻落实科学发展观，按照党中央、国务院关于农村工作的决策部署，加大投入，强化管理，深化改革，推进农村公路快速发展，为服务社会主义新农村建设、推进公共服务均等化作出了积极贡献。

随着农村公路里程的快速增加，农村公路养护需求与养护能力之间的矛盾日益凸显。探索符合我国实际的农村公路养护管理模式，是巩固农村公路建设成果、促进农村公路可持续发展的一项重大而紧迫的任务。枣庄市交通运输局牢固树立“建设是发展、养护管理也是发展”的理念，坚持建设养护管理并重，积极推进农村公路养护管理体制改革，建立了政府主导，资金、人员、责任、考核、奖惩“五个落实”的长效机制，实现了农村公路养护管理的常态化、规范化，特别是一系列科研成果的开发应用，有效提高了农村公路养护管理的科技含量。枣庄市交通运输局的改革探索取得了显著成效，积累了宝贵经验，被誉为“枣庄模式”。

“枣庄模式”是农村公路养护管理的系统工程，是理论研究与实践应用的结晶，具有较高的推广价值。《中国农村公路养护管理“枣庄模式”》一书，系统总结了枣庄交通运输部门多年来的探索实践，将理论研究与实践应用紧密结合起来，突出了理论性、系统性、操作性和指导性，具有较好的借鉴和参考价值。该书的出版，对各地进一步加强农村公路养护管理、探索建立农村公路养护管理长效机制必将产生积极的影响。

希望枣庄交通人以该书出版为契机，在巩固成果的基础上，不断丰富和发展“枣庄模式”，努力推动交通运输创新发展，为经济社会发展和人民群众安全便捷出行作出新的更大的贡献！

李盛霖

二〇一二年一月五日

前　言

“十一五”以来，全国各级交通运输主管部门紧紧抓住服务社会主义新农村建设大局，以科学发展观为指导，加大投入，强化管理，深化改革，克难攻坚，农村公路建设里程快速增加。截至2010年，全国农村公路里程达350.66万km。“十一五”期间，农村公路建设创造了“四个之最”——完成投资最多、建成里程最长、建设速度最快、发展质量最好，刷新了全国农村公路发展的新纪录，树立了一座关注民生的丰碑。

枣庄市交通运输局在大力建设农村公路的同时，十分注重农村公路养护管理工作，积极加强农村公路养护管理，高度重视科研项目的开发与应用。自2002年起，先后开展了“县乡公路养护管理策略研究”、“农村公路养护管理研究”、“农村公路养护管理评价体系研究”、“农村公路路政管理评价体系关键技术研究与集成平台开发应用”、“农村公路安全保障技术系统化研究与应用”等农村公路专题研究课题，并取得了一系列突破性的成果，建立了政府主导，资金、人员、责任、考核、奖惩“五个落实”的农村公路养护管理长效机制，被誉为“枣庄模式”；构建了农村公路养护管理评价体系、农村公路路面使用性能预测模型和农村公路养护管理决策模型；提出了适合我国国情的农村公路路政管理模式和路政管理评价体系及评价方法；构建了具有农村公路特色的安全保障体系，为农村公路安全保障工程建设提供科学的指导；同时运用先进的GIS技术，以理论研究为支撑，搭建了农村公路养护、路政管理与安保工程的关键技术集成应用信息化平台。

本书内容是上述系列课题的梳理与汇总，主要从农村公路养护管理策略、评价决策、路政管理、安全保障工程和集成应用平台等方面对农村公路养护管理进行了系统阐述；也是课题组成员自2002年以来在农村公路工作中的心得和体会，并从理论和方法的角度整理出农村公路养护管理的一个框架。

本书的出版，应特别感谢交通运输部、山东省交通运输厅、枣庄市人民政府以及中国公路学会等领导、同仁的帮助与支持。尤其要感谢交通运输部李盛霖部长在百忙之中阅读了书稿，对“枣庄模式”提出了更多、更高的要求与期望，并欣然为本书作序。如果本书能对我国的农村公路养护管理事业有所贡献，将是我们编委会的最大欣慰！

目　录

第一篇　农村公路养护管理策略

第一章　绪论 …… 3
第一节　农村公路建设管理概况 …… 3
第二节　农村公路养护管理模式 …… 3
第三节　枣庄市农村公路养护管理现状 …… 5
第四节　农村公路养护管理存在的主要问题 …… 8
第二章　农村公路养护管理市场化分析 …… 10
第一节　农村公路属性分析 …… 10
第二节　公路养护市场分析 …… 11
第三节　农村公路养护市场化选择 …… 12
第四节　农村公路养护社会化分工 …… 14
第三章　农村公路养护管理"枣庄模式" …… 17
第一节　指导思想与基本原则 …… 17
第二节　农村公路养护管理"枣庄模式" …… 18

第二篇　农村公路养护管理评价与决策

第四章　农村公路养护管理评价现状及发展趋势 …… 27
第一节　国内外农村公路养护管理评价现状 …… 27
第二节　农村公路养护管理评价存在问题 …… 29
第三节　农村公路养护管理评价发展趋势 …… 30
第五章　农村公路养护管理要素分析 …… 31
第一节　概述 …… 31
第二节　管理要素分析 …… 33
第三节　技术要素分析 …… 38
第六章　农村公路养护管理评价指标体系与评价方法 …… 44
第一节　概述 …… 44
第二节　评价指标权重的确定 …… 55
第三节　评价模型与评价方法 …… 62
第四节　评价实例 …… 65
第七章　农村公路技术状况预测 …… 69
第一节　农村公路 PCI 衰变特征研究 …… 69
第二节　农村公路 PCI 预测模型分析及应用 …… 71

第八章　农村公路养护管理决策 …… 82
第一节　农村公路养护管理决策 …… 82
第二节　农村公路养护管理决策模型 …… 84
第三节　决策实例 …… 89

第三篇　农村公路路政管理

第九章　农村公路路政管理现状及存在的问题 …… 95
第一节　国内外农村公路路政管理现状 …… 95
第二节　农村公路路政管理存在问题 …… 96
第十章　农村公路路政管理基础理论分析 …… 98
第一节　路政管理的定义与性质 …… 98
第二节　路政管理的范围 …… 98
第三节　路政执法管理的行为种类 …… 100
第四节　农村公路路政管理的特殊性 …… 103
第十一章　农村公路路政管理模式 …… 106
第一节　农村公路路政管理模式及其内涵 …… 106
第二节　农村公路路政管理模式建设内容 …… 108
第三节　农村公路路政管理标准化建设 …… 111
第十二章　农村公路路政管理评价指标体系与评价方法 …… 139
第一节　路政管理评价指标体系构建 …… 139
第二节　评价指标的标定 …… 143
第三节　评价指标权重的确定 …… 151
第四节　综合评价模型和评价方法 …… 154
第五节　评价实例 …… 159

第四篇　农村公路安全保障工程

第十三章　农村公路安全保障工程现状及发展趋势 …… 169
第一节　农村公路安全保障工程定义 …… 169
第二节　农村公路交通安全现状 …… 170
第三节　农村公路安全保障现状及发展趋势 …… 173
第四节　农村公路安全保障工程理论体系 …… 176
第十四章　农村公路安全保障设施综合应用技术 …… 179
第一节　农村公路交通安全设施综合应用技术 …… 179
第二节　农村公路路侧宽容设施综合应用技术 …… 191
第三节　农村公路路面结构安全性应用技术 …… 195
第十五章　农村公路常态条件下安全保障引导防护技术 …… 199
第一节　农村公路危险路段识别技术 …… 199
第二节　典型危险路段防护技术 …… 201

第三节 人、车、路管理技术…… 205
第四节 农村公路路面养护维修关键技术…… 210
第十六章 农村公路突发事件下安全保障应急响应技术…… 213
第一节 农村公路交通事故安全保障应急响应技术…… 213
第二节 农村公路临时作业安全保障应急响应技术…… 219
第三节 农村公路地质灾害安全保障应急响应技术…… 221
第四节 农村公路特殊天气条件下安全保障应急响应技术…… 225
第十七章 农村公路安全保障工程系统化核查及评价体系…… 229
第一节 农村公路安全保障工程系统化核查清单…… 229
第二节 农村公路安全保障方案选择评价…… 246
第三节 农村公路安全保障工程评价与分析…… 251
第十八章 农村公路安全保障工程应用与示范…… 256
第一节 安全保障现状分析及核查评价…… 256
第二节 安全保障工程改善措施…… 259

第五篇 农村公路养护管理集成应用平台

第十九章 系统总体设计…… 265
第一节 系统总体结构…… 265
第二节 系统概要设计…… 266
第二十章 数据库设计…… 272
第一节 概念结构设计…… 272
第二节 逻辑结构设计…… 275
第二十一章 系统详细设计与实现…… 280
第一节 系统实现技术…… 280
第二节 公共信息维护管理…… 281
第三节 农村公路养护管理评价子系统…… 285
第四节 农村公路路政集成管理子系统…… 289
第五节 农村公路安全保障工程核查与评价管理子系统…… 296
附录一 农村公路路政协管员管理暂行办法…… 306
附录二 枣庄市农村公路村道路政管理委托协议书(范本)…… 308

参考文献…… 311

第一篇

农村公路养护管理策略

第一章　绪　论

第一节　农村公路建设管理概况

农村公路作为我国公路网的重要组成部分，是建设社会主义新农村的重要内容和重要保障之一。2000 年，交通部、国家计委联合下发《关于印发加快农村公路发展若干意见的通知》，确立了“以服务于发展农村经济，不断提高农民的物质文化生活水平为宗旨”的发展思路；2003 年，交通部提出了“修好农村路，服务城镇化，让农民兄弟走上油路和水泥路”的建设目标；2006 年，交通部出台《农村公路建设管理办法》，指出“农村公路建设的技术指标应当根据实际情况合理确定”，同时，全面启动了农村公路建设“十一五”规划，明确了“在加快建设的同时，重视养护和管理工作，避免重建轻养、重建轻管的现象”，实施了“五年千亿元”工程，使农村公路建设进入了快速发展轨道。截至 2010 年，全国农村公路通车里程达 350.66 万 km，行政村通油路比例达到 99.97%；山东省农村公路通车里程达 20.2 万 km，行政村通油路比例达到 99.24%，极大地改善了农村交通条件，方便了广大农民的生产生活，为社会主义新农村建设提供了良好的交通保障。

随着农村公路里程的迅速增加，养护管理任务日趋繁重，先期建设的农村公路有的已经出现了病害，农村公路养护管理已成为当前农村公路工作重点，为此国家及地方相继出台了一系列政策法规。2005 年 9 月，国务院办公厅出台《农村公路管理养护体制改革方案》，明确要求“基本建立符合我国农村实际和社会主义市场经济要求的农村公路管理养护体制和运行机制，保障农村公路的日常养护和正常使用，实现农村公路管理养护的正常化和规范化”，并在养护管理职责、资金和措施等方面提出了指导性意见；2008 年 4 月交通运输部印发《农村公路管理养护暂行办法》；2006 年 2 月，山东省政府印发了《山东省农村公路管理养护办法》，在建立养护管理体制、养护工程管理、养护资金筹措与管理和路政管理等方面做了规定；2008 年 12 月 1 日，《山东省农村公路条例》正式施行，作为规范全省农村公路工作的地方性法规，分别从规划建设、养护管理、资金筹措与管理、路政管理、法律责任等方面对农村公路工作作出了明确规定；2007 年，枣庄市人民政府印发了《关于农村公路管理养护体制改革的实施意见》，作为规范全市农村公路养护管理体制改革的指导性文件，明确要求建立市、区（市）、乡（镇）、村四级农村公路养护管理体制。2011 年 7 月《公路安全保护条例》的正式实施，充实和细化了《中华人民共和国公路法》所确立的公路安全保护方面的基本制度，为公路安全保护提供了更有力的法制保障。

第二节　农村公路养护管理模式

一、管理体制

各地结合实际，对农村公路养护管理体制进行了大胆的探索和积极的尝试。从目前发展的趋势来看，有如下几种模式。

(1)县乡道纳入国省干道的管理范围，由市级公路管理机构实行垂直管理。县(区、市)专业养护机构与县乡公路养护管理机构合并。县(区、市)公路管理局(段)是县道的管理主体，在行政关系上隶属于县(区、市)交通运输局，主要负责辖区内的公路规划、建设、养护、生产数量和质量的检查、养路资金的计量支付以及对公路的路政管理。村道的养护，由于目前的法律法规没有明确规定，一直未纳入交通公路部门的管理范围。

(2)县级人民政府和乡镇人民政府是农村公路养护责任主体。农村公路养护法人为县级人民政府，村道养护法人为乡(镇)政府，乡镇主要领导对农村公路养护负总责。县(区、市)政府设立副县长为组长的农村公路养护管理处；乡政府设立副乡长为组长的农村公路养护管理站，负责全乡农村公路的养护、路政管理工作。在养护经费方面，实行“乡镇管理和谁受益谁负担”的政策，乡级道路养护经费由乡政府承担，村级道路由所辖村负责养护管理，乡政府每年从乡财政提取一部分，村从自有资金中提取一部分用于公路养护，解决农村公路养护的经费问题。

(3)县乡道由交通主管部门管理，县(区、市)交通运输局是县乡道的管理主体。在养护资金安排上，采取专业养护经费和县乡养护经费分别安排下达的方式。交通主管部门根据农村公路的通行情况，分别划定一定里程或区域，分配给靠近的行政村。交通主管部门为其免费培训农民养路工。农民养路工农忙时干农活，农闲时养护农村公路。农民养路工按照养路的好坏或达标率，从行政村委员会或交通主管部门领取一定的报酬。

二、养护模式

农村公路的养护管理既有直接实施者，又有多个间接参与者；既有行业管理者，又有具体组织实施者。按照生产的机械化和专业化程度的不同，养护模式基本可以分为四种，即群众突击季节性养护、分段承包养护、道班养护、专业公司养护。

1. 群众突击季节性养护模式

该模式是农村公路养护中采用最多、最为广泛的一种模式。在税费改革之前，许多地方都规定了农村居民必须担任法定公路建勤义务工和车辆建勤工，利用农闲季节集中养护农村公路，这是群众突击季节性养护模式的基础。该模式组织者一般是乡级政府或者村委会，群众出劳动力，市县交通运输部门或乡级政府补助部分砂石材料费。该模式主要适用于道路等级低、交通量小、专业机械化难以开展的乡道和村道，尤其是路线长、人口密度低、地形条件相对恶劣的山区，实用意义更强。该模式最大优点是充分发挥了农村劳动力资源丰富的长处，在一定程度上弥补了相对缺乏的农村公路养护资金。但随着税费改革的实行，“两工”逐渐取消，从政策上讲，村民已经没有进行农村道路养护的义务，其适用范围缩小到通过“一事一议”进行的村道养护。尤其是现在农村劳动力不断流出，该养护模式实施难度越来越大，所需费用也日益增加。

2. 分段承包养护模式

随着群众突击季节性维护难以组织以及养护费用不断上升，尤其是农村居民的出行要求越来越高，农村道路的一般性养护需求逐渐加大，需要相对专门的人员进行日常养护，因此，分段承包到户的农村公路养护模式逐渐形成。一般情况是根据路段等级、交通量大小、养护材料远近等测定每公里所需养护经费，然后以招投标的方法承包给农户并签订承包责任书。组织者一般为市县级公路养护部门或者乡级政府。该模式是专业化、市场化养护公司的雏形或者低级形式，主要用于交通量小、等级较低的一般农村道路。养护内容也仅限于路基、路肩、边坡和低等级路面的日常性养护。优点在于易于组织，在一定程度上引进竞争，降低了养护成本，而且此种小规模零星式作业模式，也比较符合农村公路分布广的特点。

3.道班养护模式

该模式是与干线公路养护类似的一种养护模式，主要分为三类：第一类是由县级交通管理部门负责，以道班的形式在重要农村道路沿线布设；第二类是由地方交通主管部门领导，作为其在乡级政府的派出机构（如交管所或者交管站）从事养护生产；第三类是乡政府领导的机构对乡道进行养护。从目前来看，这是农村道路使用最为广泛的一种模式。该模式优点是：由于具备一定的养护机械和相对固定的人员，道路养护质量较高，除了大中修外基本能够完成农村公路和桥涵的养护工作。缺点在于，与养护管理没有分开，具备一定的管理职能，生产效率较低，在一定程度上存在着"养人不养路"的现象。乡级政府领导的道班多属临时性机构，常常面临资金困难、养护队伍不够稳定的问题。当前，针对此种模式弊端开展的农村公路养护管理模式改革，主要方向是进行管养分离，以工程量计量养护经费，公路养护实行合同化管理，养护队伍实行企业化管理，由事业性管理单位向企业性养护生产单位转变。

4.专业公司养护模式

养护公司是拥有独立注册资金、相应设备及技术人员和施工资质，在工商税务部门注册登记，具有独立资金调配和人事权利，在法律上与公路管理部门处于独立平等地位的，真正面向市场的经济实体。专业公司养护真正实现了养护的管理与生产分离，按照性质可分为两类：一类是适应市场的要求，由社会性资金建立起来的股份制公司；另一类是由原来的公路管理机构剥离管理职能后，经过改制建立起来的股份制公司。农村公路养护采取专业公司养护的模式，必须注意几个问题：一是农村公路养护市场主体较少，投标不具备竞争性；二是资金问题；三是目前尚缺乏对承包人的有效监督。优点是最大限度地提高了养护资金的使用效果，同时管理部门从具体的事务管理转向合同管理，公路养护质量高、效率高。缺点在于，由于农村公路分布相对分散，对于农村公路养护市场不够大的地区，尚难以全面推广。

第三节　枣庄市农村公路养护管理现状

一、养护管理现状

枣庄市辖市中、薛城、峄城、台儿庄、山亭5区和滕州市，64个乡（镇、街），2 481个行政村，总面积4 563km^2，总人口372.93万人。2003年以来，枣庄市抓住国家改善农村交通条件的机遇，在省交通运输厅等有关部门的大力支持下，大力实施了农村公路改造工程，农村公路网络日臻完善，农村公路服务水平逐年提高。截至2010年年底，农村公路总里程达到6 018km，100%的行政村实现了"村村通油路"。见图1-1～图1-4，表1-1。

二、养护管理模式

为把农村公路养护管理工作落到实处，枣庄市建立了以市、区（市）、乡（镇）、村为责任主体的四级农村公路管理体系，市交通运输局农村公路管理处负责全市农村公路养护管理工作的监督和指导，各(区)市政府均在交通运输局内部设立农村公路管理处和养护中心，各乡(镇)政府均设立了农村公路管理站，以建制村为单位每3km选配1名养路员(不足3km的按每建制村1名选配)。

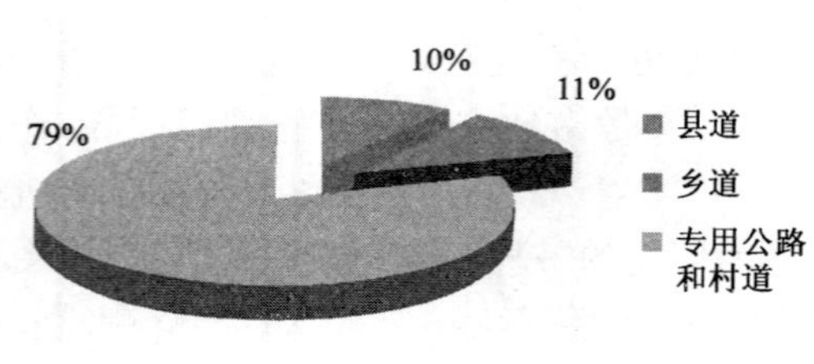

图1-1　枣庄市农村公路各类型路面所占比例

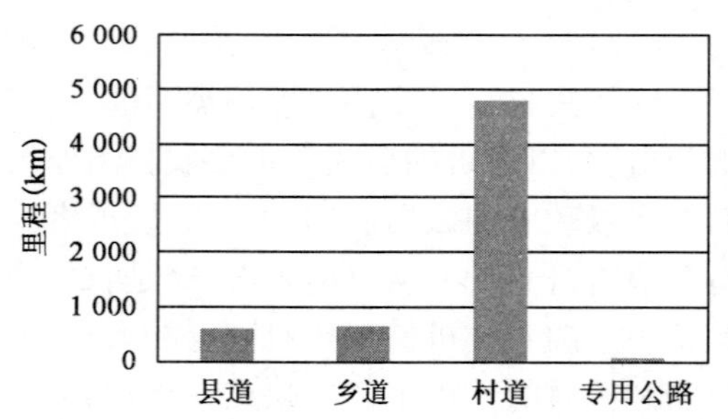

图1-2　枣庄市县道、乡道、专用公路和村道里程

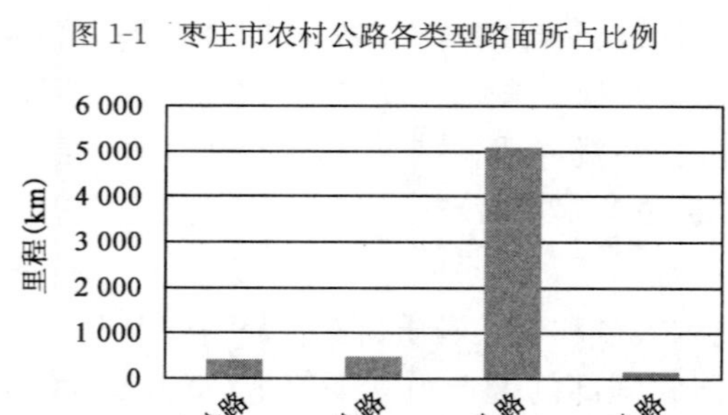

图1-3　枣庄市农村公路各等级公路里程

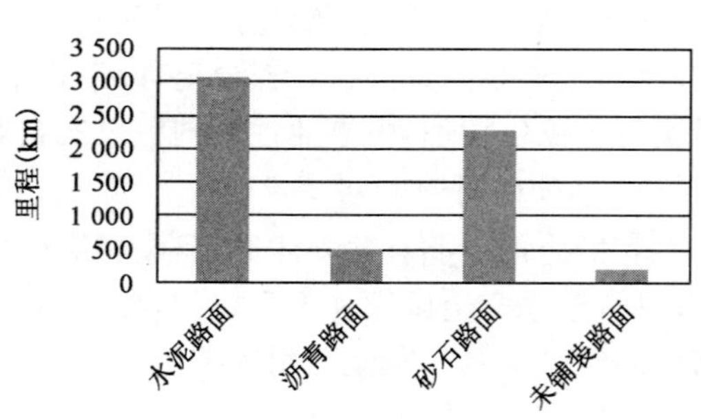

图1-4　枣庄市农村公路各类型路面公路里程

2010年枣庄市农村公路基本情况汇总　　表1-1

项目	行政村个数	已通油路行政村个数	县乡公路总里程(km)	已改造县乡公路里程(km)	需改造的县乡公路里程(km)	需改造的县乡公路投资(万元)	已改造桥梁		需要改造的桥梁		
							座数	长度(m)	座数	长度(m)	资金(万元)
枣庄	2 300	2 300	1 244.7	825.4	419.3	7 547.4	63	2 625	128	3 838.7	11 823.2
市中区	112	112	134.8	100.2	34.6	622.8	10	126.1	9	153.9	474
薛城区	234	234	113.8	69.4	44.4	790.2	6	300.6	11	398.9	1 228.6
峄城区	338	338	133.2	30	103.2	1 857.6	13	412.2	64	2 038.8	6 279.5
台儿庄区	206	206	156.3	40.8	115.5	2 079	3	121	7	240.1	739.5
山亭区	268	268	337.2	307	30.2	552.6	10	577.4	34	753.9	2 266.6
滕州市	1 142	1 142	369.4	278	91.4	1 645.2	21	1 087	3	271.1	835

为了加强农村公路养护管理，枣庄市进行了积极探索和有益尝试。2004年以政府令的形式在全省率先出台了《枣庄市农村公路管理办法》，将村道一并纳入农村公路的养护管理范围，提出了“县道县养、乡道乡养、村道村养”的管理模式。各区(市)根据各自实际情况，均以政府文件的形式出台了养护管理意见，制订了农村公路养护管理办法和实施细则。

2005年，经枣庄市政府批准，市交通运输局设立农村公路养护管理处，负责全市农村公路养护管理工作，并将薛城区确定为全市农村公路养护管理体制改革试点区。在薛城区交通运输局设立了农村公路管理处，乡(镇)成立了农村公路养护管理站(图1-5)，制订了统一养护管理的规范和标准，实行规范化管理，明确管理职能，建立养护队伍，配备专用车辆和养护工具，实行统一着装、持证上岗。

区(市)农村公路管理处的主要职责是：负责编制农村公路规划，编报农村公路养护工程计划；负责全区农村公路路政管理工作；监督和指导乡(镇)做好乡道、村道的养护管理；组织实施全区农村公路大中修工程和县道小修保养；组织县道、调度乡道、村道灾害性损坏的抢修；负责对乡(镇)农村公路养护工作的考核。同时，将农村公路养护管理工作列入乡(镇)工作考核的重要内容，依据评比标准进行检查评定。

乡(镇)农村公路管理站由乡(镇)主管，区农村公路管理处进行业务指导。主要职责是：负责编制辖区农村公路规划，编报辖区农村公路养护工程计划；负责辖区乡道、村道的养护管理工作，建立健全农村公路养护管理责任制，落实日常养护人员，选择具备一定施工能力的队伍实施小修工程；筹措乡道、村道养护资金，监督养护员的补助足额到位、按时发放；协助实施上级补助的养护工程项目，并负责筹集配套资金；协调乡道、村道灾害性损坏的抢修工作；及时发现、制止、举报损坏公路的行为，协助做好路政案件的调查、取证和处理工作。

为了解决乡镇施工设备、技术缺乏的难题和为全区农村公路养护管理工作提供专业服务与技术支持，区(市)农村公路管理处均设立了不少于1处的农村公路养护管理中心(图1-6)，配备有基层拌和站、沥青拌和站、沥青储存加温站等专业养护设施。

图1-5　枣庄市农村公路养护管理站

图1-6　枣庄市农村公路养护管理中心

在薛城区改革试点的基础上，枣庄市政府召开了全市农村公路养护管理工作会议，进一步推动农村公路养护管理体制改革工作在全市范围深入开展。省市交通主管部门对薛城区的经验做法给予了肯定，认为薛城区农村公路养护管理体制改革工作走在了山东省全省前列，值得总结推广。

三、养护成本与资金筹措

农村公路养护成本由三部分组成：一是养护工程费，包括小修保养工程费、大中修工程费；二是其他养护工程资金，包括公路改善工程资金、农村公路受灾抢修及应急养护资金、公路绿化资金、专项工程资金；三是养护事业发展费，包括行政管理费，路政管理费，科研和管理技术开发、交通流量调查经费及其他费用。其中养护工程费是农村公路养护成本中最重要的部分。根据测算，市农村公路养护工程费成本为 3.19 万元/km，其中大中修工程 2.79 万元/km，小修保养工程0.40万元/km。

枣庄市在财政十分紧张的情况下，明确了市、区（市）及乡镇财政补助标准。市财政按照县道每年 2 000 元/km、乡道每年 1 500 元/km、村道每年 1 000 元/km 的标准，安排财政资金用于农村公路养护大中修工程；农村公路桥梁的养护每年每座按照大桥 3 000 元、中桥 2 000 元、小桥 1 000 元，安排财政资金进行养护。各区（市）及乡镇政府统筹财政预算，安排财政资金用于农村公路小修工程和日常保养，并负责落实养护大中修工程配套资金。此外，还开辟多条筹资渠道，包括中央财政对一些特殊困难地区，通过转移支付安排的农村公路养护资金；社会捐助资金；市场化运作方式筹集的资金；采取“一事一议”政策筹集的资金；鼓励村民投工投劳；其他可用于农村公路养护的资金。

第四节　农村公路养护管理存在的主要问题

从全国范围来看，各地农村公路养护管理存在多种方式，总体上仍处于管理分散的初级管理阶段，许多问题亟待解决。

一、内部运行机制不活

多数农村公路养护管理机构承担着养护管理和养护生产的双重职能，机构臃肿，养护社会化程度不高，集约化程度低，养护队伍适应市场的能力较弱，效率低下。主要表现在：养护机制缺乏竞争活力；用于养护生产的费用较少；养护体制改革方面的改革思路尚不明确，对整个公路管理体制的走向存在模糊认识和思想顾虑，配套政策不够健全；此外，现代化管理手段较为落后，软、硬件设施（设备）不足，决策依据性不强；运用计算机专家系统进行科学决策明显滞后，暴露的问题多数与管理水平不高有关。

二、病害防护能力亟待提高

农村公路总体技术等级较低，抗灾能力差，公路病害多（图 1-7），存在着沥青路面超期服役严重、危桥急需加固改造、交通安全防护设施不完善等问题。同时，近年来车辆超载严重，致使农村公路病害增多、路况变差，在路上行驶的货车都比标准载重超出 4～5 倍，远远超过路面结构及桥梁的设计标准，养护任务急剧增加，养护难度不断加大，因此，亟待提高病害防护能力。

图 1-7　路面病害图

三、专业化养护程度不高

农村公路养护管理基础薄弱，基本是由乡（镇）政府和村委会负责管理，并由沿线群众兼职进行季节性养护或统一组织村民进行突击性养护（一年养护两次）。受多方条件限制，现代化专用养护设备机具保有量较少，大多数养护作业仍采用手工作坊式生产组织，工作效率低，不安全因素多，养护质量较差，部分公路使用周期无法得到保证，此外，质量监督不到位，全员质量意识有待进一步提高。因此，急需提高专业化养护水平。

四、路政管理滞后

路政管理不到位，村道公路在路政管理上还存在盲点（图 1-8、图 1-9）。路肩种植庄稼，在公路两侧或路面上堆放杂物，建造违章建筑，设立集市、庙会，以及有关单位未经审批任意在公路两侧建筑控制区埋设线杆等违章行为得不到及时制止，严重影响了农村公路的通行。另外，超限运输严重，对农村公路造成的损坏也日益加重。

图 1-8　路政管理现状

图 1-9　路面堆放杂物

第二章　农村公路养护管理市场化分析

第一节　农村公路属性分析

在现实社会中，许多物品的性质介于私用物品和公共物品之间，称之为准公共物品。一般公用事业和公共基础设施就属于准公共物品范畴，它往往是政府和市场共同发挥作用的领域，在一定条件下，可以由政府提供，也可以由市场提供，或由两者联合提供，只有满足建立社会主义市场经济体制的要求，才能真正实现市场对资源配置的基础性作用。遵循市场经济规律，按照各类投资项目的属性，可将投资大体分为竞争性项目投资、基础性项目投资和公益性项目投资三大类，并确定政府与市场在其中的不同作用。这三类投资项目的划分及投融资渠道的重新确定，对于深化农村公路养护管理体制改革具有十分重要的指导意义。

一、公路公共物品特性分析

根据公共物品与私用物品的经济学定义，公路属于准公共物品，具有多重经济属性。根据中国共产党十四届三中全会《关于建立社会主义经济体制若干问题的决定》中关于竞争性、基础性和公益性三类投资项目定义的划分，公路设施介于竞争性和公益性投资项目之间，属于基础性投资项目(图 2-1)。公路的公共物品特性主要表现在以下几个方面：

(1)公路产生的巨大外部经济效益不易分割，具有较强的社会性和公益性。

(2)公路具有自然垄断特点，不具备一般产业完全依靠市场竞争机制的条件。

(3)公路建设投资巨大，不可能完全依靠私人或市场行为投资建设。

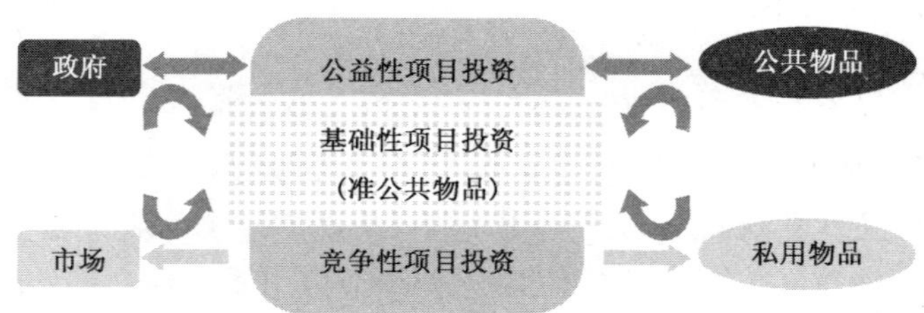

图 2-1　建设项目投资分类示意图

二、公路的非公共物品特性

公路的非公共物品特性主要表现在以下几个方面：

(1)公路具有可以量化的使用价值和明确的直接受益者，具有特定服务特性和一定的商品属性。

(2)公路运力的消费在一定条件下存在竞争性和排他性。

(3)公路设施产品可以提供不同的服务水平。

(4)公路具有鲜明的生产性，是国民经济的一个特殊生产部门。

并不是所有公路都具有同样的属性和特征。公路在技术等级和服务功能上的变化，会相应带来各种属性强弱上的变化。根据世界银行研究结论，干线高速公路具有较强的非公共物品特征，商品性指数为2.4；农村公路则具有强烈的公共物品特性，商品性指数为1，近乎于纯公共物品。

各级交通运输、发展与改革和财政部门在制订农村公路养护管理政策时，要充分体现《中共中央国务院关于推进社会主义新农村建设的若干意见》(中发[2006]1号)确定的“逐步把农村公路养护管理纳入国家支持范围”的要求，不断加大公共财政支持力度，确保农村公路的日常养护和正常使用，为农村公路养护管理的正常化、规范化提供强有力的资金支持。

第二节　公路养护市场分析

一、公路养护的市场存在

养护生产能够形成交换关系。市场存在的前提是有交换关系。公路养护生产过程是从事公路养护生产的组织或个人让渡自身劳务，提供服务，并取得一定经济利益的过程。这一过程客观存在“买方”和“卖方”的交换关系：“卖方”即从事养护生产的组织和个人，“买方”即公路管理部门或运营管理主体。

养护生产可以满足市场条件：①上述“买方”和“卖方”各有其责、权、利，交换行为由各自的利益所支配——管理者希望以最少投入获取最佳效果，而生产者希望以良好劳务获取最大报酬，双方可以达成契约；②双方各自有其自主权——管理者代表国家行使监管权，生产者独立经营、自负盈亏；③交换的媒介是货币，遵循等价交换的原则；④交换者之间存在着竞争——一个“买家”对多个“卖家”，反之亦然，契约过程是一个理性选择的过程。以上四点契合了马克思提出的市场存在的四个基本条件。

二、公路养护市场的要素

公路养护市场的基本构成要素有：①市场主体，指公路养护市场活动的参加者，包括公路养护服务的需求方(管理者或者“买方”)、供给方(生产者或者“卖方”)、中介机构(行业协会和监理公司等)；②市场客体，指公路养护市场交易活动的对象或载体，即市场主体进行交易的养护工程项目或养护服务；③市场规则，是指有关部门按照养护市场运行规律制订的，或在市场活动中自然形成的、规范市场主体行为的准则或通行惯例。

1.公路养护市场主体

(1)需求主体：所有公路的使用者都是市场的需求主体，其所形成的公共利益由政府来代表(具体授权交通主管部门及其公路管理机构)。在养护市场运作过程中，公路管理机构依法成为业主或业主代表，与养护服务的供给主体发生交换关系。

(2)供给主体：公路养护市场的供给主体是从事养护生产的组织或个人。成熟的养护市场，其供给主体是养护公司，是合法取得养护市场准入资格的从业单位。养护公司应当是独立的企业法人，满足基本生产手段和技术能力，通过经济合同为业主提供养护生产服务。

(3)中介组织：中介组织是社会分工的产物，是在市场经济条件下从市场交易主体中逐渐分离出来的专门为其他市场主体提供服务的组织，在市场组织和管理中发挥重要职能。公路养护市场中介组织包含的类型较多，如行业协会、招标代理机构、监理机构等。

其中，值得注意的是监理机构。监理机构是公路养护市场实施外部监理的产物。业主引入第三方监理制，可以更好地监督养护生产过程。

2.公路养护市场客体

不同类型市场相互区别的主要标志在于各自客体的不同(即交换对象不同)。公路养护市场的客体是养护工程项目(或服务)，按照工程性质、规模大小、技术难易程度划分为小修保养、中修、大修和改建工程四类。

3.公路养护市场规则

市场规则实质上是以制度化形式固定下来的各种行为准则。公路养护市场规则包括三个方面：①市场进入规则，即市场主体进入养护市场须遵循的制度性规定，如对养护市场供给主体的资质要求；②市场竞争规则，为规范养护市场竞争秩序而制订的各种制度性规定，如招标投标制度等；③市场交易规则，制约市场交换活动的各种制度性规定，如计量支付、合同管理等。

三、公路养护市场基本特征

农村公路养护生产符合市场经济条件下市场化运作的一切内在和外在条件，其基本特征如下：

(1)有明确的养护规则、质量要求、检查方式、评分标准。

(2)有严格的工料机消耗定额和养护成本核算。

(3)养护责任方工作质量直接影响养护质量。

(4)养护中各方(业主、承包人、管理者)均有各自的权利、义务和风险。

养护工程有其固有的市场体系。第一，它有“买卖”关系，“买方”即承包单位或个人，“卖方”即投资单位或主管部门；第二，它有等价关系，责任和权力相称，利益和风险同在，利润和质量相应；第三，它有价值，养护工程有客观的成本。养护市场中买卖方以及监督方各有其职责、权利和义务，泾渭分明，不能相互代替、合三为一。只不过养护市场的这些特征和关系被计划经济管理模式掩盖了，造成养护管理体制中的诸多弊端。

第三节　农村公路养护市场化选择

一、市场经济条件下的政府干预

市场经济条件下的政府干预，与计划体制下的行政干预有着本质的差异。市场经济条件下的政府干预不等于传统体制下的计划调节，更不等于行政控制。传统计划调节的存在形式是指令性计划，国家计划部门借助于纵向隶属的行政机制逐级分解计划指令，实现一定的计划目标,它的直接作用对象是微观经济主体。市场经济条件下的政府干预,则是政府的宏观调控职能机构根据宏观调控目标对国民经济活动进行总体管理,它的直接作用对象是宏观经济变量,并通过宏观经济变量之间的内在联系调节市场条件,从而与市场机制具有内在的相容性。市场经济条件下政府干预与市场机制的关系如下:

(1)政府干预不是限制市场机制的功能,而是建立在市场机制发挥作用的基础之上,通过弥补市场失效和缺陷使市场机制更充分地发挥调节功能。理论和实践已证明,政府如果要做市场本来能做好的事,效果往往适得其反。政府的重要职责之一,就是如何为市场机制充分发挥调节功能创造必要的条件。

(2)政府干预并非必然与市场调节目标相悖。相反,它在许多场合可以减少实现市场调节目标所支付的成本。在市场体系相对完善的条件下,市场机制具有自动调节市场短期均衡的功能。但如果由短期均衡达到长期均衡完全凭市场机制的自发调节,则会以较大的经济波动和资源浪费为代价。而由政府运用经济手段对经济活动进行符合市场调节目标的干预,缩短由短期均衡达到长期均衡的进程,就既能充分发挥市场的自发调节功能,又可避免由短期均衡过渡到长期均衡所引起的资源浪费。

(3)政府干预不是排斥市场机制的直接控制,而是通过市场中介得以贯彻的间接控制。也就是说,政府不再直接干预企业的经营活动,而是通过统一的财政、货币等经济政策,把体现社会偏好的经济参数输入市场机制,调节市场供求状况,促使资源的最优配置。因此,通过市场中介的政府干预可使微观效率与宏观效率有机地结合起来。在现代市场经济中,政府干预和市场机制是缺一不可的,两者的合理分工与有机结合可以使经济发展相得益彰。政府干预与市场调节都不是万能的,它们在实践中都有正、负效应。政府干预的主要优点是协调,包括不同产业部门的协调、社会经济关系的协调、短期目标与长期目标的协调、总量平衡与结构平衡的协调等。依靠市场机制来解决和协调社会公平、长期发展等问题可能会支付很高的代价,甚至无能为力。但政府干预过渡或运用不当也会降低经济效率。市场机制则借助于利益关系调节资源配置,一般来说交易费用相对较低,微观效率较高,但“市场失灵”的例子也不少见。因此,为了实现资源的最优配置和社会福利最大化,就有必要使政府干预与市场调节有机地结合起来,通过适度的政府干预,尽可能弥补由市场失灵和市场缺陷所造成的损失,并借助于市场机制,避免政府干预的负效应。

不论对公共服务的发展实施什么战略和措施,首要的一条必须是实行公共服务市场化改革,在公共服务领域引入市场机制,让市场机制发挥资源配置的基础作用,在此基础上才能进一步推行一些非市场性的措施,如政府对公共服务领域的重点扶持政策。换言之,政府对公共服务领域的干预,是建立在市场机制发挥作用的基础之上的,而不是相反。

二、农村公路养护市场化选择

随着市场经济体制的逐步完善,计划经济下建立起的养护体制弊端更加凸现,存在着养护成本投入大、效益差、效率低等问题。透过外在表象深析其深层原因,正是现行的养护体制还固步于过去的计划模式,游离于市场调配机制之外,导致了资源浪费和效率的低下。在公路养护管理工作中,只有把政府干预与市场机制有机地结合起来,既充分发挥市场机制在公路养护领域的资源配置基础性作用,又把握好政府干预的适度性,才能有效地解决当前农村公路养护管理体制中存在的政企不分和事企不分、权责不明、养护管理技术水平低、效率低下、成本高等问题。

在我国市场经济改革已成定势的情况下，建立养护市场，恢复养护工程本来面貌，明确养护中各方关系，有效地推进养护体制改革，其经济活动必将被纳入市场竞争。也只有适应市场化运作，建立现代企业制度，完善法人治理结构，放手让企业参与市场竞争，才能提高效率和效益。

农村公路养护市场化、社会化是发展方向，社会化专业养护的优势是维修设备齐全、专业技术力强、作业质量高。管理部门通过向社会招标，可以选择出实力强、信誉好的施工队伍，这对保证养护质量、降低养护成本有重要意义，还可通过施工监理，易于成本核算、监督和管理，有效避免自行施工情况下的草率验收，利于规范养护管理。

公路养护体制改革的根本出路，在于建立与市场经济相适应的养护机制，把公路养护全面推向市场，实现公路养护的市场化和养护生产的社会化。

第四节　农村公路养护社会化分工

由于组织管理所借助养护力量的程度不同，农村公路的养护管理大体分为完全社会化、部分社会化两种模式。

完全市场化的养护方式，是指农村公路养护管理机构只负责行政管理，而将包括小修保养在内的所有养护工程全部委托给社会力量养护。这种方式具有一定的生命力，值得探讨；但若对承包人约束不严，从长远看也可能影响农村公路的正常使用寿命。

部分市场化的养护方式，是指将正常的小修保养工作交由各养护中心（道班）负责，而将部分专项养护工程和大修养护工程承托给社会力量，是一种专业化养护管理与社会化养护相结合的养护模式。目前我国多采用这种方式。现将农村公路社会化养护工程分工汇总于表2-1。

农村公路自养与社会化养护工程分工　　表2-1

项目 内容	维修保养	专项工程	大修工程☆
路基	1.整修路肩、边坡，修剪路肩杂草，清除挡墙、护坡、护栏、集水井和水槽内的杂物； 2.疏通边沟和修理路缘石； 3.小段开挖，铺砌边沟； 4.清除路基塌方，填补缺口； 5.局部整修挡墙、护坡、泄水槽污垢； 6.加固路肩	1.全面修理挡墙、护坡、泄水槽，铺砌边沟和路缘石； 2.清除大塌方、大面积翻浆； 3.整段增设边沟、截水沟■； 4.局部软土地基处理■	1.拆除、重建或增建较大的挡土墙、护坡等防护工程☆； 2.重大水毁路基的恢复☆； 3.整段软土地基处理☆
路面	1.清除路面上的一切杂物； 2.排除积水、积雪、集冰，铺防滑、防冻材料； 3.水泥混凝土路面接缝的正常养护； 4.处理沥青路面和水泥混凝土路面的局部、轻微病害； 5.处理桥头跳车； 6.日常巡视和定期调查	1.处理路面严重病害☆； 2.沥青路面整段罩面■	1.周期性或预防性的整段路面改善工程☆； 2.黑色路面整段加铺面层☆； 3.水泥混凝土路面板整段更换或改善☆； 4.重大自然灾害造成的路面损坏的修复☆

续上表

项目 内容	维修保养	专项工程	大修工程☆
桥涵、隧道及交叉工程	1. 清除污泥、积雪、杂物，保持结构物的整洁； 2. 清除立交桥下和隧道涵洞中的污泥杂物； 3. 伸缩缝清理修整，泄水槽疏通，部分栏杆油漆； 4. 局部更换栏杆、扶手等小构件； 5. 局部修理泄水槽、伸缩缝、支座和桥面； 6. 维修防护工程； 7. 涵洞整修； 8. 疏通排水系统； 9. 日常巡视和定期调查	1. 更换伸缩缝及支座☆； 2. 桥墩、桥台及隧道衬砌局部修理☆； 3. 桥梁河床铺底及调治构造物的修复☆； 4. 排水设施整段修理或更新■； 5. 承载能力检测☆； 6. 金属构件全面除锈、油漆■	1. 增建小型立体交叉或通道☆； 2. 整段改善大、中桥梁☆； 3. 隧道衬砌全面改善☆
绿化	路树花草的抚育管理和补植	开辟苗圃，更新树种、花木、草皮，增设公路绿色小品和公路雕塑☆	—
沿线设施	1. 对标志、标线和集水井、通信井等设施的正常维修养护和定期检查； 2. 对护栏、隔离栅和标志局部油漆和更换； 3. 路面标线局部补画	1. 全面修理护栏、隔离栅和各种标志■； 2. 整段重画路面标线■； 3. 整段钢制沿线设施定期油漆■； 4. 通信和监控设施修理☆	1. 整段更换沿线设施☆； 2. 各种钢制沿线设施的定期油漆☆

注：1. ☆为招标方式，■为承包方式，其余为自养方式。
2. 公路小修保养最小标的为连续 10km 或小于 10km 的整条路段，最短养护合同期限为 1 年。
3. 投资不低于 50 万元的公路养护工程项目。

农村公路建成通车后，路面及其设施始终处于使用损耗、事故损耗和自然损耗状态。随着时间的推移、交通量的增加以及大型重载车辆的增多，这些损耗会日益加大，小修保养的任务正是及时发现和处理此类问题。承包人若因管理或利益等原因，不及时养护或实施不力，势必造成道路设施技术状态下降过快，直接影响道路功能的发挥。再者，在养护管理中，资金是关键要素，当资金充足时，可对所有不满足使用性能要求的设施进行养护、维修，直至改造和更新。但在养护资金有限的情况下，社会力量出于这样或那样的原因，可能难以把有限的资金投入到小修养护中，使得原本可以通过小修保养来解决的问题拖至专项工程解决，专项工程再拖至大修工程解决，这样极易缩短道路的使用寿命。因此，在法规体系化不甚健全的情况下，应慎重采取完全社会化的养护方式。

小修保养点多面广，养护道班还肩负着管理职能中的检查职能。这部分检查工作如交给社会养护，极有可能出现维护速度慢、检查不细、报表不实等问题。同时，社会养护力量以营利为目的，小修保养交给其施工，并不见得比自养经济，并且社会队伍的责任心远不及县乡路养护道班。因此，小修保养由养护道班负责，而将绝大部分专项工程和全部大修工程实行社会化养护，即通过对外公开发包招募资质能力强的专业队伍入场施工的方式。这样既便于小修保养的及时进行，又利于机构精简，节省系统投资。

市、县农村公路管理机构的主要职责在于组织管理，即借助系统内部和社会力量通过招标、发包等方式，招募资质能力强、信誉好的专业队伍入场施工，不再走自设队伍、自行养护的老路。建议对于大型及专项维修工程，采取招标方式；对于小修保养，采取能发包的则发包、不能发包的则承包的方式，把经济责任制引入养护管理。

第三章 农村公路养护管理“枣庄模式”

第一节 指导思想与基本原则

一、指导思想

农村公路养护管理的指导思想是:以科学发展观为统领,以国务院出台的《农村公路管理养护体制改革方案》为指导,以“三个服务”为宗旨,以保障安全畅通、提升服务品质为主题,以全面创新为动力,以资金、制度(法规)、科技、人才为保障,以市场化、社会化为依托,坚持农村公路建设、管理、养护并重,落实分级管理责任,强化各级交通主管部门职能,建立健全以政府投入为主的稳定的养护资金渠道,加快养护市场化进程,促进农村公路持续健康发展,方便人民群众出行。

二、基本原则

(1)坚持“以人为本”原则。以群众满意为出发点和落脚点,强化政府服务职能,改变管理理念和服务模式,全面提高农村公路养护管理水平。

(2)坚持“农村公路建设、管理、养护并重”原则。深化改革,完善机制,正确处理改革、发展、稳定的关系,积极推进农村公路养护市场化进程,充分发挥养护市场监管职能,推进农村公路养护管理体制改革。

(3)坚持“统一领导、分级管理、以县为主、乡村配合”原则。明确各级政府对农村公路的养护管理责任,建立健全以县级人民政府为主体的农村公路养护管理体制和以政府投入为主的养护资金渠道,促进农村公路持续健康发展。

(4)坚持“统筹安排、综合平衡、多方筹资、专款专用”原则。坚持农村公路养护资金专款专用,采取干支线农村公路兼顾,以干线农村公路为主,养护与改建兼顾,以养为主,实现养护工程良性循环。

(5)坚持“分类指导、突出重点、专兼结合、灵活多样”原则。积极帮助和扶持贫困地区加强公路养护管理工作,提高区域路网整体水平。

(6)坚持“科技护路、环保节约”原则。加大自主创新力度,提高科技成果对养护管理事业的贡献率。推行预防性养护和再生利用技术,降低工程成本,坚持预防养护、日常养护、周期养护协调发展。树立环保意识和循环经济理念,发展绿色公路。

(7)坚持“依法治路、保障畅通”原则。健全法律法规体系,加大农村公路保护力度。全面推进依法行政,把坚持依法行政与积极履行职责统一起来,提高管理效能,增强管理透明度,确保农村公路完好畅通。

第二节　农村公路养护管理"枣庄模式"

一、基本架构

农村公路养护管理的基本宗旨是：农村公路养护计划覆盖所有行政村，以有计划养护为原则，以失养为例外。

农村公路养护管理的基本架构是：全面创新，健全以县级人民政府为责任主体的省、市、县（区、市）、乡（镇）、村五级农村公路养护管理体系，构建"机构精干、体系完整、职能明确、权责一致、管理顺畅、运转协调、行为规范、有效监督、办事高效"的养护管理体制，拓宽以政府投入为主的稳定的养护资金渠道，做到农村公路"有人建、有人管、有人养"，全面提升农村公路服务品质。

二、枣庄模式

1. 基本内容

（1）有机构管事

各级政府或交通主管部门设立专职农村养护管理机构，或将农村公路养护管理机构授权给专业公共管理机构，具体负责辖区农村公路养护管理，承担起检查、评比、协调、指导职能，并组织落实日常养护管理责任。省、市、县（区、市）、乡（镇）、村五级农村公路养护管理体系如下。

省级：是农村公路管理的决策者。省交通主管部门农村公路管理机构，负责全省农村公路养护管理工作的督导和指导。综合规划全省农村公路发展计划，制定大政方针，协调与干线公路、高速公路关系，筹集资金补贴农村公路建养，督促各市农村公路路网通行能力的整体提高。

市级：是农村公路管理的中枢。市交通主管部门设立农村公路管理机构，在省交通主管部门的统一领导下负责全市农村公路养护管理工作的指导、监督和检查，主要规划区域内县与县之间和县与乡之间公路的发展，制订并监督年度经费计划落实，监督工程质量，督促养管水平提高，协调与干线、高速公路的关系，协调与政府的关系。

县级：是农村公路管理政策落实的主要责任机构。县（区、市）政府在交通运输局内部设立农村公路管理处和养护中心，落实本地农村公路建养计划，协调与县、乡两级政府的关系，促进县乡两级政府发动群众修建管理农村公路，指导和管理工程建设，保证工程质量。

乡级：是农村公路修建任务的具体落实者。乡（镇）政府设立农村公路管理站，协调与乡村群众的关系，养护管理辖区农村公路，大中修工程由农村公路管理站上报县（区、市）管理处实施，小修工程由农村公路管理站负责，保证良好的通行能力。

村级：协助农村公路乡级养护管理，落实日常养护职责与路政协助工作。

（2）有机制推动

正确处理改革、发展与稳定三者的关系，充分认识"农村公路是准公共产品"、"养护生产活动可以实现市场化"的观念，引入市场竞争机制，全面实行养护工程费计量支付制度，改计划管理为合同管理，变供给关系为市场交换关系。

养护管理分离，事企分开，加快培育和发展公路养护市场。对于有一定养护基础条件的县

(区、市),可以从满足养护基本要求和提高设备利用率角度,组建大的养护中心。为公路养护生产单位配备一定数量的机械设备,将其培育成“功能齐全、规模适度、技术先进”且具有一定竞争实力的公路养护生产企业,并逐渐推向市场,参与竞争;发展养护中介组织,建立和完善市场监管制度,使农村公路管理有章可循,有法可依(表 3-1)。

县级公路养护中心机械配备参照表　　表 3-1

机械名称	规格	路面类型			机械名称	规格	路面类型		
		沥青	水泥	砂石(碎石)			沥青	水泥	砂石(碎石)
道路巡查车	皮卡	2	2	1	稳定土拌和站		2	1	
载重运输车	2～5t	2	2	1	沥青混凝土拌和站	30t	1		
轻型压路机	<4t	2	0.5	2	路面摊铺机		1		
重型压路机	6～8t	1	1	1	小型洒油机		1		
小翻斗车	1t	3～8	3～5	2	混凝土搅拌机	强制式		2	
小型拖拉机	带斗	3	3	5	水泥路面破碎机			1	
中型拖拉机	带斗	2	2	2	水泥路面切割机			1	
洒水车	2～4t	1	1	1	发电机组	>20kW	1	1	1
碎石机	8～10m^3	2		4					

建立养护工程和日常养护管理分类运作机制。县道养护和乡道、村道中沥青路面、水泥混凝土路面的大中修、防护、水毁修复等技术性较强的工程项目,应通过向社会公开招标等竞争方式择优选择具有养护资质的单位组织实施,实行计量支付,合同管理。乡道及村道的日常保养应结合当地实际,通过竞争方式承包给沿线村民。对于等级较低、自然条件特殊等难以通过市场化运作进行养护作业的农村公路,也可采取聘用、委托个人(农户)分段承包等灵活多样的方式进行养护。

(3)有资金保障

加大各级政府财政支持力度,明确省、市、县(区、市)、乡(镇)财政补助资金标准,其中,省级财政补助资金标准不低于国务院办公厅出台的《农村公路管理养护体制改革方案》要求。另外,开拓思路,多方面筹集农村公路养护资金,如建设公路交纳的重点公路工程营业税及收费公路营业税;社会捐助资金;农村公路冠名权、陆域资源开发权、绿化权等市场化运作方式筹集的资金;农村公路沿线群众利用“一事一议”政策筹集的资金;村民投工投劳;其他可用于农村公路养护的资金。

建立与完善农村公路养护资金转移支付制度,对农村公路养护资金确有困难的基层单位,经上级主管部门审核确认后,由上级财政转移支付,确保“有路必养”。

(4)有人员办事

各县(区、市)农村公路管理处设置专职道路养护工程师和桥梁养护工程师各 1 名,乡镇农村公路管理站明确道路和桥梁养护技术员,并应保持人员的相对固定。以行政村为单位,每 3km 选配 1 名养路员(图 3-1)(不足 3km 的按每行政村 1 名选配),并推行养路员从业资格认证工作,对养路员养护管理的县、乡、村道进行界定,明确养护管理范围,建立档案,设立养护责

图 3-1　养路员工作图

任牌,明确任务目标和养护管理责任。为充分调动养路员的积极性和主动性,本着"管事不养人"的原则,对养护人员实施严格的动态管理。

(5)有法律维护

建立健全农村公路养护管理法律法规体系,明确县(区、市)农村公路管理机构路政管理职能,确定由乡镇交通管理所所长任乡镇农村公路管理站副站长,协助负责乡(镇)农村公路路政管理工作;同时,村民委员会将村道纳入村级公共财产,把维护路产路权条例列入"村规民约",农村公路养路员也是农村公路路政协管员,应当及时制止、举报损坏公路的行为,协助做好路政调查、取证和处理工作。交通运输部门要积极与国土、建设等部门沟通,加强对建筑控制区的管理,建立联合审批制度,将路政管理前置到工程建设阶段,杜绝违法建设行为。

(6)有考核约束

省级人民政府交通主管部门会同同级财政部门制订全省公路养护管理工作考核办法,市政府将农村公路养护工作列入政府年度考核,每年,市政府对县(区、市)政府、县(区、市)政府对乡(镇)政府进行考核;在此基础上,从行业层面层层签订责任书,逐级分解落实责任,明确农村公路养护管理的任务目标和奖惩措施,进行严格的量化、考核和奖惩。

(7)有技术支持

建立和完善农村公路养护智能化与信息化管理系统。该系统可以描述为图 3-2 所示的内容,是一套应用系统分析理论进行养护管理的先进方法,是集系统分析、工程经济、专家预测、公路养护管理及计算机技术等为一体的计算机辅助决策系统。该系统利用计算机建立地理数据库,将农村公路的各要素进行数字存储(包括地理空间分布状况和公路属性数据及路线巡查记录等),可以采集路政人员、养护人员及热心群众发回的路政及病害信息,并实现动态的显示。通过对这些信息、数据库的历史信息以及天气信息的智能推理,及时为农村公路养护管理主管部门提供决策信息,并把信息反馈给路政管理人员、养护人员和沿线群众。该系统可以及时获取农村公路路基、路面、桥涵、沿线交通安全设施与公路绿化的信息,及时发现问题,及时给出相应的合理处治措施,防止小修项目恶化为中修、甚至大修项目,可以节约有限的农村公路养护资金,维护公路通行能力和道路安全。

(8)有质量监管

建章立制,提供工程规范化管理制度保障,杜绝各种违规行为,切实提高工程质量,全面完成养护任务;严格管理、监督,确保养护施工的标准和质量,制订适合本地区农村公路养护施工的规范化管理实施方案,对工程质量管理、进度管理、质量目标管理进行总体安排;加大对监理工作质量和施工单位工程质量的监管、检查力度。严格规范施工工艺,从严管理,实行定期检查和日常巡查相结合的办法,加大对各参与养护施工单位的稽查力度;明确责任,正确处理工程质量与进度的关系,坚持质量第一,进度服从质量,有效地进行组织协调,共同保质保量完成工程建设任务。建立以政府监督为主、市场监理为辅的农村公路质量管理三级管理体系,建立养护管理数据库农村公路养护质量管理系统,分别如图 3-3、图 3-4 所示。

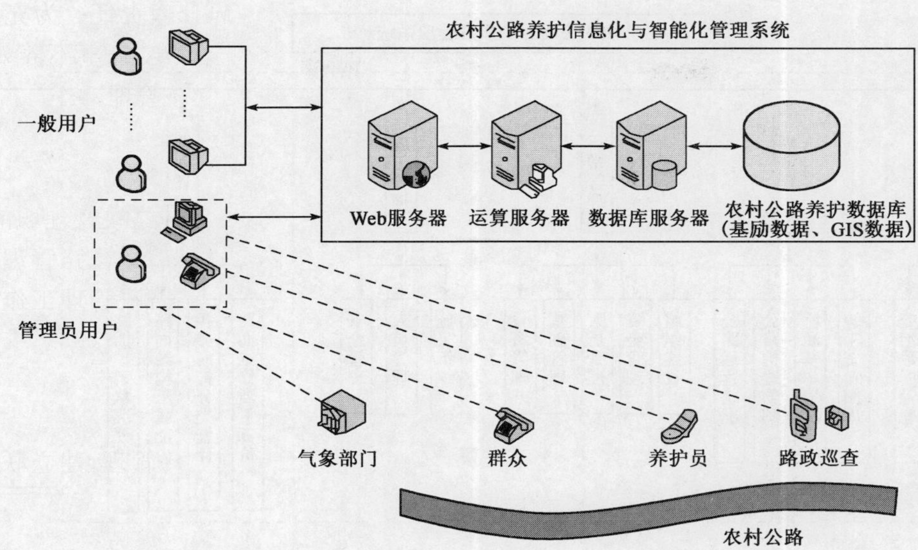

图 3-2　农村公路养护信息化和智能化管理系统

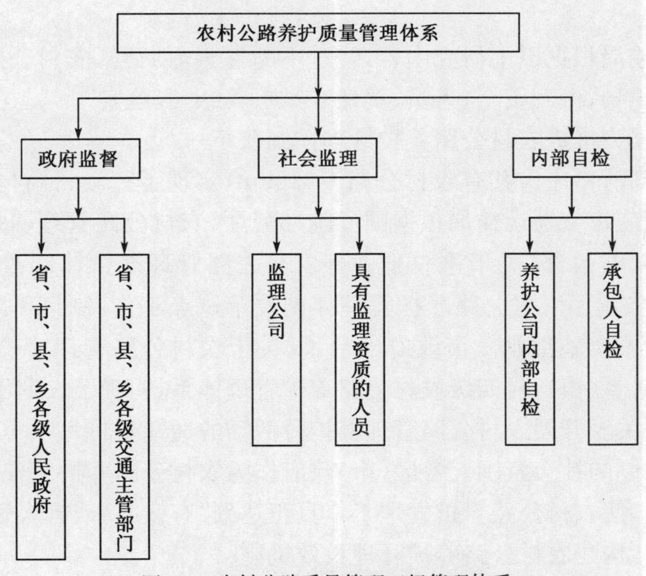

图 3-3　农村公路质量管理三级管理体系

(9)有标准规范

依据《公路技术状况评定标准》(JTG H20—2007)及有关标准规范，根据各地实际情况，制订出适合本地的标准，建立起一整套农村公路养护工程管理、评价办法和检查制度，如《养护工程市场管理办法》、《养护工程招投标办法》、《养护质量检查制度》等，使农村公路养护管理有章可循、有法可依，减少管理中的人为因素，提高管理和决策水平。加快农村公路养护标准建立，明确养护内容及其规范，完善农村公路养护标准体系，为农村公路养护技术状况检测与评价提供理论依据，指导农村公路养护管理工作顺利进行。

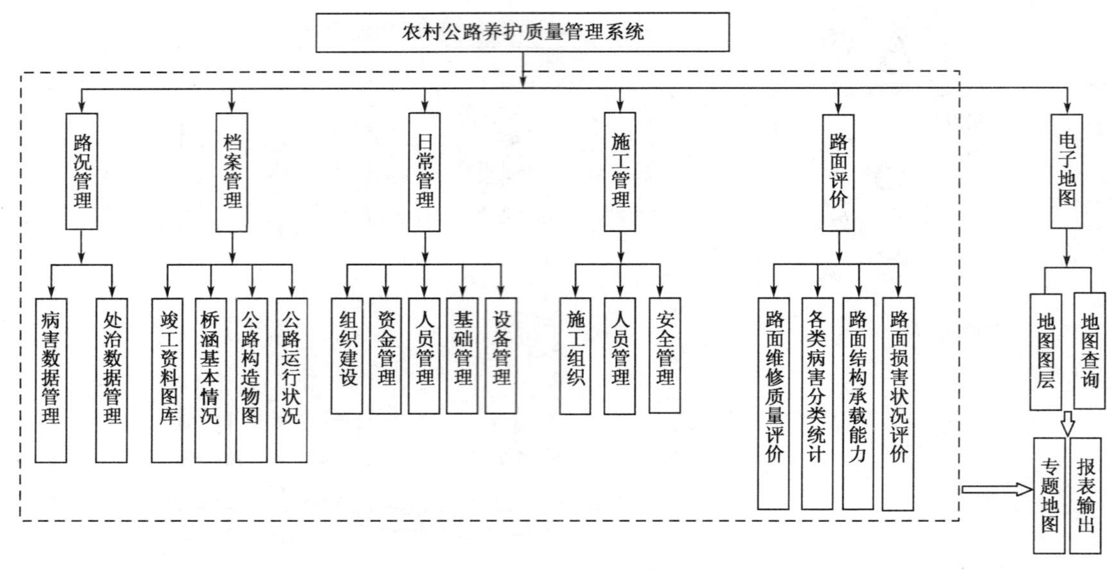

图 3-4　农村公路养护质量管理系统

2. 枣庄模式

枣庄市交通运输局根据以上研究内容，经过不断探索，创建了农村公路养护管理的“枣庄模式”，即坚持政府主导，做到资金、人员、责任、考核、奖惩“五落实”。

(1)政府主导，强力推进农村公路养护管理体制改革

截至 2010 年年底，枣庄市共有农村公路 6 018km，实现了行政村“村村通油路”。在建好农村公路的同时，枣庄市交通运输局根据国务院办公厅《农村公路管理养护体制改革方案》和交通部、国家发改委、财政部《关于进一步做好农村公路管理养护体制改革的通知》要求，于 2007 年初在薛城区实施了农村公路养护管理体制改革试点工作，制订了《农村公路管理养护体制改革实施方案》及实施细则。市政府出台了《关于农村公路管理养护体制改革的实施意见》，建立市、区(市)、乡(镇)、村四级农村公路养护管理体系，明确了长期稳定的筹资渠道。市政府办公室下发了《关于开展农村公路管理养护月活动的通知》，将每年 10 月定为农村公路养护管理月，营造了浓厚的社会氛围。各区(市)政府作为农村公路养护管理的责任主体，落实人员和资金，明确责任，使农村公路养护管理工作真正达到“有钱办事、有人管事”。

(2)“五个落实”，构建农村公路养护管理长效机制

①有钱养路——畅通筹资渠道，落实养护资金。稳定的资金投入是做好农村公路养护管理工作的前提。枣庄市把农村公路养护管理费用纳入地方财政支出范围，确定分级补助政策。其中，市统筹本级预算，按照县道每年每公里 2 000 元、乡道每年每公里 1 500 元、村道每年每公里 1 000 元，大桥每年每座 3 000 元、中桥每年每座 2 000 元、小桥每年每座 1 000 元的标准，安排财政资金进行养护管理。各区(市)及乡(镇)政府，统筹财政预算，按照县道每年每公里不低于 5 000 元、乡道每年每公里不低于 4 000 元、村道每年每公里不低于 2 000 元的标准，安排财政资金进行日常保养，并负责落实养护大中修工程配套资金。枣庄市成为山东省首个从市级财政中列支专项资金用于农村公路养护管理的城市。按照农村公路里程，市、区、乡各级财

政 2008 年安排 1 973 万元，2009 年共筹集农村公路养护资金 3 118 万元；2010 年全市共筹集农村公路养护资金 2 741 万元。随着农村公路里程的增加，养护管理资金的数额将不断加大。对养护资金不到位的区（市）、乡（镇），限批农村公路建设项目。经济基础好的区（市），除足额拨付资金外，还追加农村公路养护投入，实现了农村公路的经常性养护。交通运输部门会同财政部门共同监督和管理农村公路养护资金，市、区（市）分别设立农村公路养护管理资金专户，实行“专款专用、专户管理”。审计部门定期对农村公路养护资金使用情况进行跟踪审计，确保养护资金安全有效使用。

②有人养路——健全运行机制，落实养护人员。枣庄市配齐配强农村公路养护管理人员，市、区（市）、乡（镇）农村公路管理机构的负责人由本级政府会同交通运输部门选任，专职工作人员从交通运输部门内部调剂或通过公开招考录用。上述人员工资待遇，由原渠道或同级财政负担，不挤占农村公路养护专项资金。在此基础上，以行政村为单位每 3km 选配 1 名养路员（不足 3km 的按每行政村 1 名选配）。目前，枣庄市共有农村公路养路员 2 142 名。养路员上岗实行岗前培训和严格的资格审查制度。村道养路员由村委会推荐，乡道养路员由乡（镇）农村公路管理站推荐，分别由上一级农村公路管理部门审查资格。养路员补助根据当地实际情况确定，县道、乡道养路员补助分别由县、乡（镇）农村公路管理部门负责；村道养路员补助，由市级财政承担 1/3，剩余的由区（市）政府承担，以保证村道养护水平。本着“管事不养人”的原则，对养路员实施动态管理，由乡（镇）农村公路管理站负责进行日常检查考核，通过村账乡（镇）管，由乡（镇）财政发放 80％的补助，剩余补助年终根据考核情况兑现。对年终综合评定为“优秀”等次的养路员，给予一定的物质奖励。

③有人管路——理顺管理体制，落实养护责任。枣庄市在建立四级农村公路管理体系的基础上，进一步明确养护管理人员的责任，逐路段对养路员养护管理的县道、乡道和村道进行界定，明确养护管理范围，建立档案，设立养护责任牌，明确标准和监督电话。按照农村公路养护规范，养护工程由乡（镇）农村公路管理站上报区（市）农村公路管理处，经交通运输部门批准后组织实施。其中，大中修工程实行招投标，并进行合同管理，交通运输部门负责质量监管；小修工程和道路病害处理由区（市）农村公路管理处养护中心负责；日常保养由养路员负责。村委会将村道纳入村级公共财产，把维护路产路权条款列入“村规民约”，设置限宽限高设施。农村公路养路员也是农村公路路政协管员，应及时制止、举报损坏公路的行为，协助做好路政调查、取证和处理工作。

④管之有效——强化目标管理，落实动态考核。枣庄市将农村公路养护管理工作列入了政府年度目标综合考核，在千分制考核中专门拿出 12 分，作为对区（市）农村公路养护管理工作的考核分值。市政府与区（市）政府、区（市）政府与乡（镇）政府、乡（镇）政府与村委会分别签订农村公路养护管理工作目标责任书，村委会与养路员签订合同书，进行严格的量化考核。市政府办公室专门下发了《关于开展农村公路管理养护目标考核工作的通知》，对区（市）农村公路养护管理工作实行动态考核，确保各项措施落到实处。在此基础上，市交通运输局与市农村公路管理处、各区（市）交通运输局分别签订目标责任书，将农村公路养护管理工作纳入行业年度考核项目，作为衡量行业工作的重要依据。为强化日常考核监督，客观、真实地反映乡（镇）农村公路养护管理工作，充分发挥乡（镇）交通管理所的作用，其在路政巡查的同时，负责辖区内农村公路养护管理工作的监督考核，并将监督考核结果作为对养路员兑现待遇和奖惩的重

要依据。

⑤管之长效——严格责任追究，落实奖惩制度。在实施严格考核的基础上，科学合理地运用考核结果，每年年底及时将农村公路养护管理考核结果上报市考评办，计入对区(市)政府年度综合目标得分，作为市委、市政府奖惩的依据。在此基础上，市交通运输局在行业层面，对区(市)交通运输局的农村公路养护管理工作目标完成情况进行综合考核，评定等次，兑现奖惩。对认真履行职责、养护管理成效明显、综合评定等次为“优”的区(市)交通运输主管部门，给予表彰奖励；对年终评定等次为“差”的区(市)交通运输主管部门，进行通报批评，并限批该区(市)新建农村公路项目，扣减财政养护补助资金；对造成路况严重下降甚至出现严重损毁、直接影响通行的区(市)交通运输主管部门，建议追究有关责任人的责任，并在新闻媒体上公开曝光。本着执行与监督分离的原则，对养路员实施动态管理，由乡(镇)农村公路管理站依据交通管理所每月监督考核的结果，对养路员发放80%的补助，剩余补助年终根据综合考评结果兑现到养路员。对年终综合评定为“优秀”的养路员，由乡(镇)农村公路管理站给予一定的物质奖励；对连续两个月考核不合格的，退回村委会，再由村委会重新推荐。

第二篇

农村公路养护管理评价与决策

第四章 农村公路养护管理评价现状及发展趋势

第一节 国内外农村公路养护管理评价现状

一、国内外农村公路养护管理概况

国外公路网中与我国农村公路大致对应的部分一般称为地方公路、乡村公路、低交通量公路或低成本公路，其养护管理主要集中在州及以下部门，具有“体制统一、责任明确、养护管理分离、市场化程度高”的特点。其养护管理资金一般来源于政府财政拨款和税收，普遍实行招投标管理。例如，美国地方公路的建设和养护由各州交通运输厅和州以下（县、市、镇）交通主管部门负责，其养护资金来源于联邦政府燃油税，养护工程通过招投标承包给私人养护公司；德国州以下公路的建设和养护由各县工程处负责或由州公路管理局代管，养护资金由联邦政府和地方政府共同支出；英国地方公路则由地方政府负责养护，养护管理资金由中央和地方政府按照公路等级予以分担；日本农村公路的养护管理由都府道（省级）和市町村（县级）负责。

我国农村公路具有“等级低、分布广、数量大、交通量低”的特点，其养护管理工作体制改革起步较晚。2005 年国务院办公厅发布《农村公路管理养护体制改革方案》，提出了“健全农村公路养护管理体制，逐步实行养护管理分离，成立公路养护公司，对农村公路大中修实行社会公开招投标选择养护单位，积极培育养护工程市场，逐步实现养护市场化”的要求。目前我国正逐步建立“责任以县级政府为主体，资金以公共财政为主体，养护以市场为主体，监管以交通公路部门为主体”的养护新机制。

在农村公路养护管理体制改革的实践过程中，各地结合本地特点，进行了有益探索和积极尝试，逐渐形成了各具特色的农村公路养护管理模式。“枣庄模式”就是其中之一。枣庄市在探索实践的基础上，建立了“政府主导，五个落实”的农村公路养护管理长效机制。

二、国内外农村公路养护管理评价现状

1. 国外概况

(1)技术标准

目前国外主要的农村公路养护管理技术标准有：美国的《砂石道路养护和设计手册》(*Gravel Roads Maintenance and Design Manual*)和《地方公路和街道交通标志养护》(*Maintenance of Signs and Sign Supports for Local Roads and Streets*)；欧盟的《乡村公路养护实用指南》(*Practical Guidelines for Rural Road Maintenance*)和《乡村公路路网管理》(*Management of Rural Road Networks*)；南非的《低交通量道路最优管理方法指南》(*Low-Volume*

Roads Engineering Best Management Practices Field Guide)等。

(2)管理系统

20世纪70年代初期,美国在经历了大规模的公路建设后,面临着大量的公路养护工作。为了准确地了解公路网的破损情况,把有限的养护资金分配到最需要养护的路段上,使整个路网保持较高的服务水平,相关研究人员率先开发了路面管理系统。该系统由路面破损数据检测设备、基础数据库、评价方法、评价标准和有限养护排序模型组成,提高了美国各级公路的养护管理效率。20世纪80年代,英国道路与运输研究所在全面调查英国各级公路养护管理现状的基础上,研发了公路养护评价系统,较全面客观地对公路养护管理水平进行了评价,对英国公路养护管理发展起到了较好的促进作用。美国加利福尼亚州基于各级公路养护管理现状调查和历史数据,开发了路面管理系统,对加利福尼亚州的公路路面状况进行了评价,对路面养护进行了决策分析。到20世纪90年代,美国进行了联邦公路路产和使用性能研究及公路使用性能监测系统研究,从1993年开始,路面管理系统成为美国联邦部门申请联邦补助的唯一依据。经过多年的研究和应用,公路养护管理系统已经成为国外公路养护管理部门进行路网评价、路况性能分析、养护资金需求及养护资金优化分配的主要决策工具。

目前影响力较大或比较有代表性的道路管理系统有:美国加利福尼亚州路面管理系统、美国陆军建筑工程研究所研制开发的PAVER系统、美国空军机场道面维护管理系统,加拿大阿尔伯达省的路面信息和需求系统PINS、改建信息和优序系统RIPPS以及城市路面管理系统MPMS,英国运输和道路研究所(TRRL)的公路养护和评价系统CHART等。

(3)理论研究

国外在农村公路养护管理评价方面开展的理论研究较早。1960年,美国的Carey W. N.和Lrick P. E.首次提出了"服务能力—路用性能"的概念,指出路面服务能力必须与路面建设的目的相关,路面修建的目的是提供一个平整、舒适和安全的行驶表面。最初的研究发现客观评价路面破坏状况很困难,因此提出用主观评价方法对路面使用性能进行衡量。1962年,AASHO(美国各州公路工作者协会)组织了由公路建设人员、管理人员及用户组成的专家小组,通过对所选路段的现场查看,各自独立给出对服务能力的评分。评分采用了5分制,5表示理想状态的路面,0表示完全损坏的路面。每个专家评分结果的平均值被称为PSR,即路面服务能力等级。随着道路修筑技术的日益成熟和人们对道路工作性能认识的深入,路面性能评价方法和评价指标也不断完善。现有路面结构检测主要包括路面调查、排水系统调查、承载板试验检测(沥青路面)、钻芯取样试验检测等方面。其中,路面调查包括路面破损状况、路面结构强度、路面平整度及路面抗滑能力等多项内容。

随后的理论研究从未间断,如20世纪90年代,美国开始了"公路经济需求系统研究",2001年美国加利福尼亚大学的Jorge Alberto Prozzi博士提出了一种将现场测试数据和试验数据相结合的路面性能评价新方法,美国佛罗里达国际大学的Charles Nunoo博士提出了一种采用复合综合评价对路面养护计划进行优化的算法。

2. 国内概况

(1)技术标准

目前,国内主要的农村公路养护管理技术规范有:《公路水泥混凝土路面养护技术规范》(JTJ 073.1—2001)、《公路沥青路面养护技术规范》(JTJ 073.2—2001)、《公路隧道养护技术规范》(JTG H12—2003)、《公路桥涵养护规范》(JTG H11—2004)、《公路技术状况评定标准》(JTG H20—2007)。

(2)管理系统

我国公路养护管理系统的研究始于20世纪80年代,到目前为止,国内已存在或开发的公路养护管理系统达20多种。1984年交通部开始了“干线公路路面评价养护系统成套技术”的研究,并基于此建立了我国的干线公路路面评价养护系统(CPMS)。

(3)理论研究

国内相关学者对农村公路养护管理评价的研究较晚,主要集中在农村公路养护质量评价方面。如2003年,杜跃武在《平原地区县乡公路改建与养护》中针对平原地区公路路面使用性能评价、病害原因及路面管理系统的建立进行了探究;2006年,乔墩、何兆益在《农村公路建设养护与管理》中提出了农村公路养护质量检查与评定方法,评价内容包括路面、路基构造物、桥梁隧道、沿线设施、绿化五项,该方法仅对农村公路道路技术状况进行了评价,而未涉及管理评价;2007年,邓焕彬在《农村公路建养管理实务》中提出了农村公路养护质量评定方法和养护工作考核评比办法。

(4)评价实践

为提高农村公路养护管理工作的效率,一些地方对农村公路养护管理工作进行了有益的尝试,将农村公路养护管理工作列入各级政府年度考核范围,将部门行为、行业行为变成政府行为和社会行为。在此基础上,交通主管部门从行业层面层层签订责任书,逐级落实责任,每年进行定期考核。考核项目主要包括:路面养护、路基养护、桥涵养护、交通安全设施维护、绿化养护管理、养护工程完成情况、综合管理、内业资料。考核方式以人工调查为主。

综上所述,国内外对高速公路或国省干道公路的养护管理评价研究已经发展到了较高的程度,但是对农村公路养护管理评价的相关内容涉及较少,还未形成系统性的理论与方法。

第二节　农村公路养护管理评价存在问题

一、评价理论不完善

虽然我国对农村公路养护管理评价开展了一些有益的实践和探索,但尚未形成系统、完善的农村公路养护管理评价理论体系,主要表现在如下几方面。

(1)评价内容单一:对养护质量评价多,对养护工作管理情况评价少,且以定性指标为主,指标体系松散。

(2)评价方法客观性差:多依靠专家经验进行定性评价,基于数据分析的定量评价少,人为因素影响大,客观性差。

(3)评价结果单调:评价结果只是一些简单的统计图和定性描述,缺少专题地图、图表描述等形象直观的表现手段。

二、评价手段落后

农村公路养护管理评价所需要的数据量大,评价指标多而分散,数据处理工作繁杂重复,工作量大，但目前仍以传统的人工评价手段为主，还未将信息技术、通信技术以及计算机技术等先进技术手段引入到农村公路养护管理评价工作中。

三、评价与决策脱节

当前农村公路养护管理评价结果，一般仅作为养护管理机构工作考核的依据，未得到充分利用，不能将评价结果作为进行农村公路养护决策的依据，割裂了两者之间的内在联系，制订的养护方案存在客观性差、效率低等问题。

第三节　农村公路养护管理评价发展趋势

一、评价方法科学化

传统评价方法已经不适应现代农村公路养护管理对评价方法的要求，以层次分析、模糊数学、灰色系统、神经网络等为基础的现代综合评价方法建立在大量统计数据的基础上，可以使农村公路养护管理评价方法更科学合理，将成为未来农村公路养护管理评价的主要方法。

二、评价内容系统化

传统的评价内容，一般只包括路面技术状况，未综合考虑各种影响因素，已经不适应现代农村公路养护管理对评价内容的要求。从系统角度看，对农村公路养护管理进行评价，不仅要考虑技术要素，还应考虑管理、安全等方面的因素。只有综合考虑与农村公路养护管理相关的各种因素，建立的综合评价指标体系，才能更准确地反映农村公路养护管理水平，评价内容的系统化必将成为未来农村公路养护管理的发展趋势。

三、评价手段自动化

传统的评价手段已不能适应当前农村公路养护管理信息化、自动化的要求。以信息技术、计算机技术为基础的专家评价系统，将成为未来农村公路养护管理评价的主要手段。不仅可以节省大量人力资源，降低成本，而且可以通过科学养护决策实现道路及时有效地养护维修，提高农村公路养护管理工作的效率。

四、评价决策一体化

评价与决策脱节的传统养护管理方式，已不能满足农村公路养护管理科学化的发展要求。评价决策一体化将成为农村公路养护管理工作的发展趋势。评价是决策的依据，决策是评价的体现，只有将两者紧密结合在一起，才能制订出科学合理的养护方案。通过农村公路养护管理评价决策一体化，可以实现农村公路全寿命周期内的效益最大化，使农村公路养护管理决策更加科学、合理，提高农村公路的服务水平，保证农村公路的可持续发展。

第五章　农村公路养护管理要素分析

农村公路养护管理是一个复杂的系统工程，涵盖内容广泛。农村公路养护管理包括养护资金筹措与管理、养护工程管理、交通安全管理和路政管理等方面。要对农村公路养护管理进行综合评价，不仅要考虑养护实施过程中的这些管理要素，还需要对农村公路养护管理的成效进行全面衡量。公路技术状况是养护质量的直接反映，道路交通安全状况和路网服务水平是养护管理活动的社会价值体现。本章从管理要素和技术要素两个方面来对农村公路养护管理体系进行分析，为评价体系的建立奠定思想基础。

第一节　概　　述

一、系统工程方法基本概念

系统工程方法（也称系统分析方法）是在一般系统论、大系统理论、经济控制论、运筹学和现代管理科学等学科的基础上，由这些学科相互交叉、相互渗透而发展起来的一门新兴学科，是跨越多个学科领域的方法性和综合性的技术科学。它主要是把自然科学和社会科学中有关的理论、方法和手段，根据系统总体协调的需要，有机地联系起来，加以综合运用，实现系统目标的最佳效果。

因此，可以认为系统工程方法是合理地研究和运用系统而采取的各种组织管理技术的总称。它以系统（尤其是大型复杂系统）为对象，运用系统工程的思想、观点和方法，根据总体协调的需要，把自然科学和社会科学中的思想、理论、方法、策略和手段有机地联系起来，以系统理论为基础，以现代数学和计算机为手段，对系统的构成要素、组织结构、信息交换和反馈控制等进行分析、设计、制造和服务，从而达到系统的最优设计、最优控制和最优管理的目的，以便最充分地发掘人力、物力的潜力，并通过各种组织管理技术，使局部和整体之间的关系协调配合，以实现系统的综合最优化。

农村公路养护管理所涉及的工作内容很多，包括路基、路面、桥涵和沿线设施的养护，以及与之相关的各种管理活动等。这些日常的养护和管理工作并不是单独地存在，系统各要素之间而是相互制约、相互联系构成一个有机的整体。按照系统工程科学的观点，农村公路养护管理系统非常适合用系统工程的方法来分析研究。

二、农村公路养护管理体系结构

系统工程专家在从事系统工程方法的研究和应用中，逐渐形成了各自科学的工作方法和步骤，论证比较全面并且具有较大影响的是美国系统工程方法学者霍尔（A. D. Hall）提出的三维结构系统方法论。

1962 年,美国贝尔电话公司的工程师霍尔总结了开展系统工程方法研究和实践的经验,出版了《系统工程方法方法论》一书,提出了著名的三维结构方法体系。该方法最初产生于硬的工程系统,适用于良结构系统。它对处理大多数工程项目和一些硬问题卓有成效,因此受到各国学者的普遍重视。

霍尔三维结构将系统工程方法活动分为前后紧密联结的七个阶段和七个步骤,同时考虑到为完成各阶段和步骤所需要的各种专业知识。这样,为解决规模大、结构复杂、涉及因素众多的大系统问题,提供了科学的思维方法。

霍尔三维结构包括时间维、逻辑维和知识维。时间维表示系统工程方法活动从规划阶段到更新阶段按时间排列的顺序,分为七个工作阶段:规划阶段、拟订方案阶段、研制阶段、生产阶段、安装阶段、运行阶段、更新阶段。逻辑维指在每一个工作阶段,使用系统工程方法分析问题和解决问题时的逻辑思维过程,分为七个步骤:明确问题、系统指标设计、系统方案综合、系统分析、系统优化、决策、实施。知识维指为完成上述各阶段、各步骤所需要的知识和各种专业技术。霍尔把这些知识分为工程、医药、建筑、商业、法律、管理、社会科学和艺术等。

按照霍尔三维结构系统工程分析方法,可以建立农村公路养护管理评价体系三维结构,如图 5-1 所示。

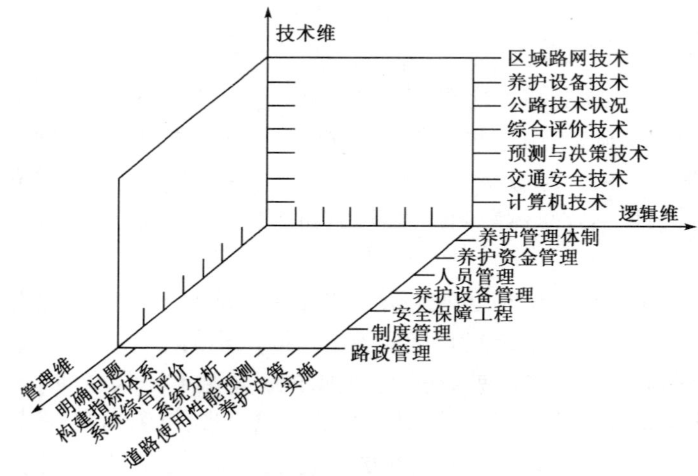

图 5-1 农村公路养护管理评价体系三维结构图

具体描述如下。

1. 管理维

管理维表示农村公路养护管理过程中的各种管理因素,包括养护管理体制、养护资金管理、人员管理、养护设备管理、安全保障工程、制度管理、路政管理等管理活动。

2. 技术维

技术维指为完成上述各步骤所需要的各种专业知识与专业技术,包括区域路网技术、养护设备技术、道路技术状况、综合评价技术、预测与决策技术、交通安全技术、计算机技术等。

3. 逻辑维

逻辑维指在农村公路养护管理评价的每一个工作阶段。使用系统工程方法分析问题和解决问题时的逻辑思维过程，分为七个具体步骤：

(1)明确问题——揭示问题的实质，通过全面收集有关资料和数据，分析研究农村公路养护管理的历史、现状及其发展趋势，来找准关键的核心评价问题。

(2)构建指标体系——提出解决问题所要达到的目标，构建农村公路养护管理评价指标体系，制订指标评价标准。

(3)系统综合评价——选择合适的综合评价模型对系统进行综合评价。

(4)系统分析——根据系统评价结果，分析系统各个因素的状态、优劣分布状况。

(5)道路使用性能预测——根据农村公路路基、路面、桥涵隧构造物、沿线设施技术状况，以及路网的服务水平，建立道路性能预测模型，预估系统的发展趋势，为养护决策服务。

(6)养护决策——构建农村公路养护决策模型，确定在一定养护资金限制下，优先安排哪些路段进行养护可产生较大的经济效益，最后提出养护对策。

(7)实施——将最后选定的养护对策方案付诸实施。

第二节　管理要素分析

农村公路养护管理评价体系三维结构中涉及的养护管理系统各要素并不是单独、独立地存在，各要素之间相互制约、相互联系构成一个有机整体。建立农村公路养护管理评价体系需要分析各要素的内涵及其之间的关系。

一、农村公路养护管理体制

1. 农村公路养护管理体制概念

管理体制是指相互联系、相互制约的各组织机构之间的格局、配置和管理权限划分的制度。农村公路养护管理体制是指适应其运营特点、符合其管理内容、便利其服务对象的农村公路机构设置及其权限划分制度。

2. 农村公路养护管理体制构成要素

农村公路养护体制主要由五个要素组成：管理职能、管理机构、管理人员、管理规则、管理运行机制，如图 5-2 所示。

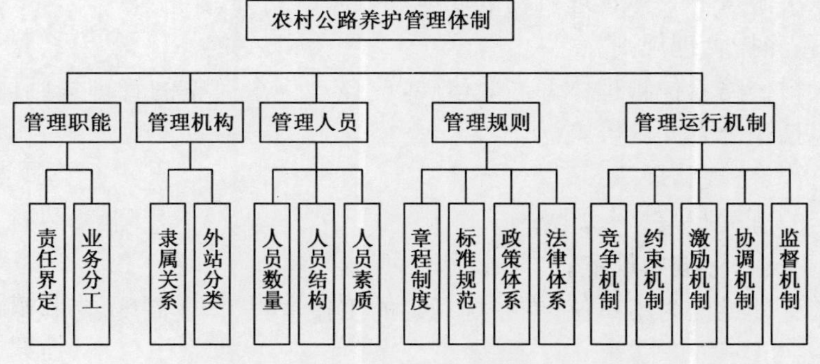

图 5-2　农村公路养护管理体制构成要素示意图

(1)农村公路养护管理职能

农村公路养护管理职能指的是农村公路养护管理活动中的决策、计划、组织、协调和控制功能,可以划分为行政管理职能和业务管理职能。农村公路养护管理职能要素的核心问题是职能配置(将各种农村公路养护管理职能在不同责任主体之间进行分配)和权限划分(在职能配置的基础上界定各主体之间相应的权利范围)。

(2)农村公路养护管理机构

农村公路养护管理机构设置的依据有以下两个方面:

①按照管理职能及对应权限的划分进行设置。

②按不同行政层次对应设立。

按照现代管理科学理论,农村公路养护管理机构设置,应实现纵向上隶属关系与横向上协调配合关系的有机结合,从中央到省、市、县按照管理幅度、职能界定分别设置相应的管理机构,分级负责农村公路管理的相应事宜;同时,按照不同种类的具体业务管理职能,在每一级公路管理机构中设置相应的专业部门。

枣庄市农村公路养护管理机构设置结构如图5-3所示。

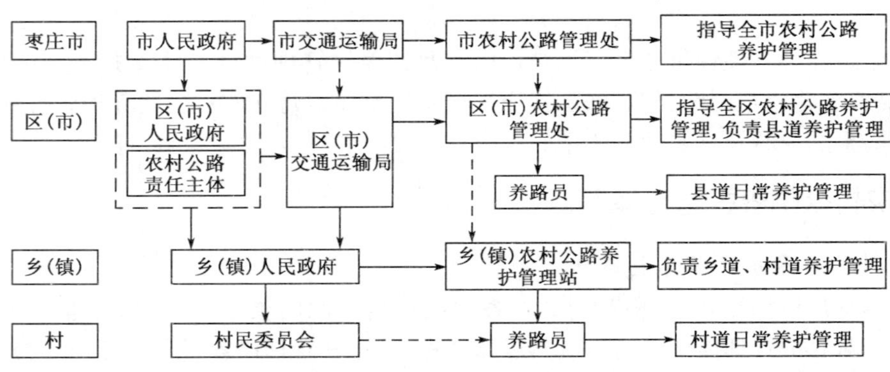

图5-3 枣庄市农村公路养护管理机构设置结构图

(3)农村公路养护管理人员

人员是农村公路养护管理中最活跃的要素。农村公路养护管理的效率和水平主要由管理人员的素质决定。农村公路养护管理人员的配备,要从质量、数量与结构等方面综合考虑,这几个方面主要取决于每个具体管理机构的职能和权限的划分。

(4)农村公路养护管理规则

为了保障农村公路养护管理体系高效运转,应该有一个完整的管理规则体系。这个管理规则体系主要包括四个方面内容:

①有关的法律、法规和规章。

②政府制定的有关政策。

③行业、专业技术标准与规范。

④各级各类管理机构为本单位、本系统规定的工作章程、作业制度、考核制度、岗位责任制度等。

(5)农村公路养护管理运行机制

在农村公路养护管理体制运转过程中，各组成部分之间要发生大量的物质、能量和信息的交换，同时显示出相互之间的联系、作用方式和规律，这就是农村公路养护管理体制的运行机制。

农村公路养护管理运行主要包括五种机制。

①竞争机制：各种管理机构之间、企业之间以及管理人员之间相互比较、彼此竞争、优胜劣汰。

②约束机制：在农村公路的养护管理活动中，各实体之间通过签订责任合同明确各方的权、责、利，并为履行职责而相互约束。

③激励机制：在农村公路的养护管理工作中，通过制订工作目标、规定奖罚办法，根据各管理主体的工作业绩，兑现奖励与惩罚以刺激管理主体积极性，并提高管理效率。

④协调机制：协调纵向上下级机构之间、横向农村公路养护管理机构与其他单位部门之间以及农村公路养护管理机构内部之间的关系。

⑤监督机制：农村公路各个养护管理主体相互监督。

总之，农村公路养护管理体制的五大要素有机结合成一个完整的大系统。管理职能的配置和权限的划分是体制设立的基本前提，管理机构是体制存在的物质基础，管理人员是体制运作的动力，管理规则是体制运作的规范依据，运行机制是体制有效运转的保障。

二、农村公路养护管理实施模式

农村公路养护管理，既有直接实施者，又有多个间接参与者；既有行业管理者，又有具体组织实施者。多方参与已经成为农村公路养护管理的突出特点。按照生产的机械化和专业化程度的不同，养护模式基本可以分为：群众突击季节性养护模式、分段承包日常养护模式、道班养护模式、专业公司养护模式四种。

三、农村公路资金管理

1. 农村公路资金来源

农村公路养护资金是指用于全市范围内县通往乡（镇）、乡（镇）通往乡（镇）、乡（镇）通往行政村及各行政村之间未列入省、市养护管理计划的乡道和村道养护管理的补助资金。农村公路养护资金来源主要有：①地方各级人民政府按照国家有关规定，为确保农村公路正常养护，财政预算安排的农村公路小修保养资金（随着农村公路里程的增加，财政资金应当逐年增加）；②中央财政对一些特殊困难地区，通过转移支付安排的农村公路养护资金；③受益企业或个人捐助的农村公路养护资金；④村民委员会通过“一事一议”方式筹集的农村公路养护资金。

2. 农村公路资金的管理和监督

农村公路的养护资金虽然来源渠道较多，但总量较少，不稳定。要管好用好来之不易的养护资金，使其发挥出应有的效益，需要从三个方面进行管理监督。

（1）资金安排

首先要坚持养护资金专款专用的原则，其次在使用上应本着“先重点后一般，以养护为主”的原则。要先保小修，其次大中修及水毁修复工程，最后为改建工程。

（2）资金管理

通过制订农村公路养护资金的管理规定，进一步规范农村公路养护资金的使用。要求各级养护资金管理使用部门和单位必须设置养护资金专用账户，实行单独核算，专款专用；规定养护资金的拨付程序，做到层层把关，严格拨付。任何单位和个人不得截留、挤占、挪用和超范围使用养护资金；要求各单位必须配备相应的财会人员，建立健全财务管理制度和内部控制制度，并有效运行。

(3)资金监督

主管部门对养护资金的监督检查：交通主管部门要认真组织检查监督，每年要对拨付的养护资金跟踪审计，充分发挥交通系统内部审计的作用。社会的监督检查：每年财政部门和审计部门定期对农村公路养护资金进行审计和监督，确保农村公路养护资金的使用真正用在农村公路养护上。村民和出资人的监督举报：对于农村公路养护资金的使用情况进行公示，设立举报电话，确保农村公路养护资金的合理使用。

四、农村公路养护设备管理

养护机械设备对保证养护质量、提高工作效率、减轻劳动强度、做好应急保障具有重要的作用，是实现农村公路养护机械化的物质基础和决定性条件。机械设备管理就是通过一系列技术、经济、组织措施，做到对设备准确选型购置、安装、使用、保养、修理、改造、更新直至报废的全过程的综合管理，使得养护设备寿命周期内费用最经济，综合效能最高。

养护设备的管理，首先应对设备建立登记簿和卡片，逐一登记机械设备的明细资料，建立机械设备台账；其次要建立机械设备管理的规章制度，保证机械设备的完好率和使用率。

五、农村公路路政管理

公路路政是指公路管理机构根据公路主管部门的授权和国家法律、法规、规章的规定，为保护公路、公路用地、公路设施(简称“路产”)，维护公路合法权益和为发展公路事业所进行的行政执法和管理。路政管理在保证公路畅通、路产巡查、超限治理、行政执法、行政许可、车管协作等诸多方面承担着重要的工作角色。

1. 农村公路路政管理的特点

路政管理一直是交通运输部门的薄弱环节，尤其是农村公路，有的甚至出现真空。农村公路路政管理工作薄弱，主要表现在两个方面：一是由于执法人员配备不够，路政巡查的范围小、时效性差，无法及时发现路政案件，更谈不上处罚和纠正；二是执法难度大，各种侵占、损坏路面的行为难以制止。尤其是治超以后，超限运输车辆为了逃避检查，绕道于管理相对薄弱的农村公路上行驶，本来农村公路的设计标准低、承载力差，难以承受超限车辆的碾压，甚至部分路段在一夜之间就能遭到极大的损坏，村民称超限运输车辆为“公路杀手”。村民不愿看到辛辛苦苦修建的公路遭到毁坏，纷纷在通过村庄的道路上人为设置路障，以阻挡超限车辆的通行，形成了“路虽修通，禁止通行”的现象，在一定程度上影响了整个公路网功能的发挥。

农村公路沿路集市问题比较突出。原有农村公路上的集市经营(包括间断性的和长期性的)在前些年市场经济不发达的情况下，对于促进城乡物质交流，改善农村群众生活确实起到了积极作用，但在目前的社会条件下，农村公路已上档升级，原有集市的负面作用已超过了积极作用，影响车辆通行和安全，污染、损坏公路设施，同时破坏农村公路交通秩序。

2. 农村公路路政管理的主要内容

(1)保护路产

路政管理基本内容是保护路产，使之处于完好状态，保障农村公路通行安全畅通。

(2)维护路权

控制公路两侧建筑红线，审查跨越、穿越公路的各种管线和渠道；审理各种道路与公路交叉、废弃公路的产权归属等问题。

(3)维持公路交通秩序，保证车辆通行

维持公路交通秩序，保证车辆通行，这是路政管理日常工作的主要内容。

六、农村公路安全保障工程

农村公路交通安全管理，是指政府通过制定和实施相关的政策法规，规范农村公路上的交通行为，维护农村公路的交通秩序，保障农村公路的交通安全和畅通的管理活动。

道路安全事故是在特定的交通环境下，由于人、车、路诸要素配合失调，而偶然发生的。因此，分析道路交通安全问题必然要分析人、车、路、气候、环境对交通安全的影响。

1. 人的因素与道路交通安全

人是道路交通安全的主体。人既是交通事故的制造者，又是交通事故的受害者。人包括所有道路使用者，如驾驶员、行人等，是交通环境中的客观对象。他们如果不能全面地感知，思维失误，反应不灵敏，就会酿成交通事故。尤其是农村公路上农用车辆多，机动车驾驶员驾驶水平较差，驾驶员的失误是造成交通事故的最主要原因。

2. 车的因素与道路交通安全

对道路交通安全有影响的车的因素，包括车辆的几何尺寸(如车长、车宽和车高)、车辆装载、车辆性能和车辆行驶等。较多的农用车辆动力和驾驶性能较差，且农忙时不按标准装载，超载超限现象严重，极易引发交通事故。

3. 路的因素与道路交通安全

路的因素是指道路条件和道路环境。农村公路道路等级低、技术指标差，低标准的道路条件是引发安全事故的潜在因素。影响交通安全的道路因素有平曲线半径、纵坡大小，以及道路横断面要素(如车道数、车道宽度)、路面状况等。

4. 道路环境与交通安全

道路环境是指以道路为中心，依附在路面和两侧物体存在情况的条件，如行道树、花坛、隔离带、道路的安全净空、道路照明、交通标志等。

人和环境是不可分离的，在现有道路条件下，驾驶员的行动应力求适应外界环境的变化，还要保证道路环境不受侵占和破坏。

除道路环境外，还有其他因素的影响，特别是自然条件的影响。如在风、雨、雾、雪等恶劣气候条件下，道路状况变坏，车辆使用性能下降，使驾驶员的安全得不到保障，有时在行车中遇到严重自然灾害，导致车辆失控，造成交通事故。

农村公路交通安全管理应以人、车、路、环境为管理要素，对道路上的行车、停车、行人和道路使用，进行执法管理，并采取交通工程技术措施对交通运行状况进行治理。

第三节　技术要素分析

一、农村公路养护技术

1. 农村公路养护

农村公路养护是为保证公路的正常使用而进行的经常性保养、维修、预防和修复灾害性损坏，以及为提高使用质量和服务水平而进行的大中修、加固、改建。

(1)按养护对象及部位分类，其可划分为路基工程养护、路面工程养护、桥涵隧道养护、沿线设施及绿化养护。

(2)按养护性质、规模及技术难易程度分类，其可划分为小修保养、中修工程、大修工程和改建工程四类。

2. 农村公路路况登记和技术状况调查

路况登记是指根据调查资料、设计文件、施工记录、竣工文件、技术总结等，对公路的路况按规定的内容和要求进行登记。道路路况登记是道路养护的重要基础工作，其资料是道路技术档案的主要部分，它反映了各条道路及沿线构造物的全面技术状况，是制订路网规划、安排养护内容、编制养护年度计划等重要的基础资料，也是路产管理、资产评估的重要凭证。

为了确切掌握公路技术状况、损坏情况及其原因，正确地预估路桥结构物的剩余使用寿命，制订合理的养护维修计划，必须对道路使用性能进行调查，采集公路技术状况的有关数据。公路调查是指对现有公路路况进行调查、检验、评价、登记储存等工作的全过程。公路技术状况检测与调查包括路面、路基、桥涵隧构造物和沿线设施四部分内容。路面检测包括路面损坏、平整度、车辙、抗滑性能和结构强度五项指标。其中，路面结构强度为抽样检测指标。桥涵隧构造物调查包括桥梁、涵洞和隧道三类构造物。

二、道路使用性能评价

道路使用性能评价是指依据所采集到的公路状况数据，对道路使用性能满足使用要求的程度作出评价。公路技术状况评价指标包含路面、路基、桥涵隧构造物和沿线设施四部分内容，如图 5-4 所示。

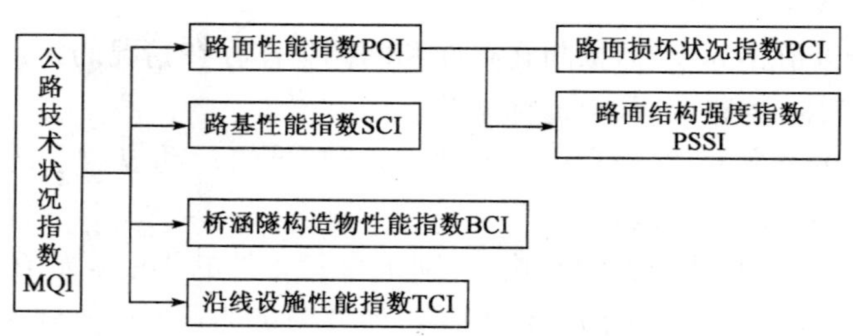

图 5-4　农村公路技术状况评价

评价公路技术状况的指标为公路技术状况指数 MQI(Maintenance Quality Indicator)，而 MQI 又可以根据四个不同的分指标加权求得，这四个分指标是：路面性能指数(PQI)、路基性能指数(SCI)、桥涵隧构造物性能指数(BCI)和沿线设施性能指数(TCI)。

路面使用性能评价分为单项指标评价和综合指标评价两个方面，其中单项评价指标依据路面使用性能又划分为四大类指标：功能性能指标、结构性能指标、结构承载能力指标和安全性能指标。功能性能指标体现了路面为道路使用者提供方便和舒适行驶性程度的能力；结构性能指标体现了路面的物理状况；结构承载能力指标体现了路面结构剩余寿命；安全性能指标体现了车辆在道路上行驶时的安全状况。综合评价指标是上述各个单项指标的加权算术平均值。

1. 路面使用性能

农村公路交通量小，车速低，主要满足出行需要，路面抗滑性能、路面行驶质量以及沥青路面车辙指标可根据实际情况加以取舍，以符合农村公路的使用特性。

沥青路面使用性能评价包含路面损坏和结构强度两项技术内容。其中，路面结构强度为抽样评定指标，单独计算与评定，评定范围根据路面大中修养护需求、路基的地质条件等自行确定。

水泥混凝土路面使用性能评价为路面损坏状况。

(1)路面损坏状况

路面损坏状况是指路面结构保持完好的程度，是路面破损状况物理性能最直接的表现和反映。对于路面中多种不同的破损类型及不同的严重程度，通常用路面损坏状况指数(PCI)来表示。

对农村公路来说，沥青路面需考虑的主要病害为裂缝(龟裂、块状裂缝、纵向裂缝、横向裂缝)、坑槽、松散、沉陷、车辙、波浪、拥包及泛油；水泥混凝土路面病害为破碎、裂缝、板角断裂、唧泥、边角剥落、接缝损坏、拱起等。

(2)路面结构强度

路面结构的承载能力是指路面在达到预定的损坏状况之前还能承受的行车载荷作用次数或者还能使用的年数。它可以确定路面的剩余寿命，预估路面何时改建、加铺等。路面弯沉作为路面强度评价的一项指标，在公路改建和养护过程中被广泛采用。目前规范使用的强度评价指标主要是路面结构强度指数(PSSI)。

2. 路基技术状况

路基的损坏主要反映在路肩边沟不洁、路肩损坏、边坡坍塌、水毁冲沟、路基构造物损坏、路缘石缺损、路基沉降以及排水系统淤塞等方面。路基技术状况用路基性能指数(SCI)评价。

3. 桥涵隧构造物技术状况

桥梁、隧道和涵洞构造物的损坏主要反映在桥头(涵顶)跳车、构造物部件破损、结构物排水性能不足。对农村公路来说，路桥同宽也是一个重要因素。桥梁、隧道和涵洞技术状况用桥涵隧构造物性能指数(BCI)评价。

4. 沿线设施技术状况

农村公路沿线设施，主要为养护责任牌、防护设施、标志标线。沿线设施技术状况用沿线设施性能指数(TCI)评价。

三、区域路网技术性能

与解决区域间通行能力的国省道干线公路网主要功能不同，农村公路网更侧重于服务功能，即为区域内的人们提供方便的出行条件，满足其基本生产、生活需求，实现“通达工程”的目的。

农村公路网技术评价，是从公路网的技术性能方面分析其内部结构功能。其目的是揭示路网的使用质量，为公路养护维修决策提供技术方面的依据。从整体而言，路网的社会环境效益和经济效益如何，首先取决于路网的技术性能，所以公路网的技术评价是农村公路养护管理评价系统中必不可少的组成部分。

区域路网的分析与评价就是利用公路网的道路与交通特征参数，对公路网上的交通特征与组成公路网的道路特征及其所提供的服务水平、通达深度等从宏观上、整体上给予定量描述，从而对农村公路网的布局、规模、养护状况作出综合评价。

路网技术性能主要从两方面进行考查：一是网络结构性能，即公路网建设规模、布局、连通水平、等级水平及铺装水平等满足社会经济发展和公路运输需求的程度；二是交通质量，即路网所能提供的交通服务水平适应交通需求的程度。

1. 网络结构性能

(1)公路网密度

路网密度是一项常用的客观指标，其大小反映了一个区域的公路网发展水平，在某种程度上体现了路网的内部结构及其合理性。按分担对象的不同，路网密度可以分为面积密度、人口密度等，即单位面积内或单位人口拥有的农村公路的总里程长度。

(2)路网连通度

农村公路网是农村地区中分布广、数量多、规模小的节点的连接。农村公路网是公路网的“毛细血管”，四通八达，连接区域内众多节点。农村公路网除具备通过性功能外，还要具备服务功能，保证其通达深度，满足区域内人口的生产、生活出行需求。路网密度是从路网建设规模和覆盖范围方面来反映路网的结构性能，而路网连通度则通过考察各节点的连通状况，从路网布局方面反映路网的结构特点。路网连通度被定义为区域内各节点间依靠公路相互连通的强度，用构成路网的边数与节点数目的比值表示。

路网连通度从整体上表达了路网中各节点间的连通和通达情况。路网中各节点的通达性是一个表示节点与其他节点联系难易程度的指标。连接点的路网边数越多，通达性越高，越能满足农村公路网规划布局对路网内各节点连通性的要求。

(3)路网技术等级水平

公路网的合理等级结构配置，反映了路网的结构性能。所谓公路网等级结构，是指公路网中不同技术等级公路的组成。它从量上反映了公路网等级结构，用公路网各路段技术等级的加权平均值(里程权)来表示。

(4)路面铺装率

公路网路面铺装率与路网的通行能力和服务水平相关，既直接影响到行车质量，诸如行车的全天候性和舒适性等，又直接影响公路运输的经济效益。特别是在农村公路中，路面铺装率是影响雨天通车里程的一个重要指标。公路网路面铺装率用区域内各路段路面铺装等级的加权平均值来表示。

2. 路网交通质量

路网交通质量是指路网为道路使用者在行车的速度、舒适、方便及经济安全等方面所提供的服务效果。交通质量大体可根据以下指标来确定：路网负荷度、路网平均车速及行程时间、路网里程拥挤率、交通事故率等。

(1)路网平均车速

路网平均车速是公路交通中的公路系统、车辆系统和管理系统综合作用的结果，综合反映了路网的系统性能和交通质量。

(2)路网负荷度

路网负荷度定义为公路网实际负荷交通量和容许最大负荷交通量（设计容量）之比（也称阻塞度或拥挤度），表示整个路网拥挤或利用的程度，能够反映出整个路网承担交通负荷的能力，从整体上表征路网的畅通性能，是反映路网适应性的一项重要技术指标。

(3)路网里程拥挤率

路网里程拥挤率定义为拥挤路段（指负荷度大于 0.9 的路段）的总里程占整个路网总里程的比例。

四、道路使用性能预测

由于行车和自然等因素的不断影响，道路使用性能逐渐衰变。影响道路使用性能的主要因素包括结构类型、气候条件、路龄、交通量和轴载、施工质量及养护水平等。为了了解和掌握道路使用性能的衰变情况，以便及时采取相应的养护和改善措施，延缓其衰变或恢复其使用性能，必须对公路使用性能状况作出预测。道路使用性能预测子系统结构如图 5-5 所示。

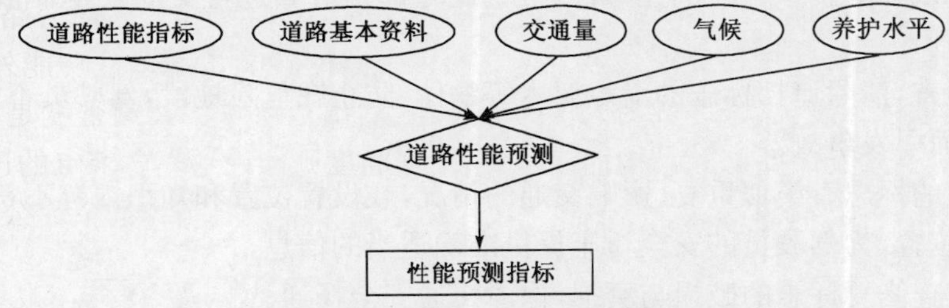

图 5-5　道路使用性能预测子系统结构图

在确定路网中各路段的维修需求年份时，需要预测路面性能的变化。此外，实际养护工作中也可能需要对性能指标中部分重要内容的变化率进行预测。如为了评估养护需求，就可能需要对路面损坏中的裂缝进行预测。用预测来进行路面性能衰减评估，以估计维修需求年份以及在维修需求年各种不同的维修方案对路面性能的影响。

五、养护决策

道路的养护决策是根据道路使用性能的评价和预测来确定最优分配有限养护资金等资源，确定最佳养护对策和实施时间的过程。随着道路使用性能的衰减，必须采取一定的养护措施。采取养护措施之后，路面使用性能的变化又直接影响下次养护决策。各种养护措施所对应的不同养护结果的好坏可以通过道路使用性能的评价和预测方法得出结论。

农村公路养护决策系统是集系统工程、工程经济、预测理论、道路养护为一体的综合决策系统。一般来说，它应对以下问题作出评估：各种养护政策会有怎样的养护结果；要保证某种路况状态需要投入多少资金；在一定的预算条件下，应在何时采取何种养护决策等。农村公路养护决策子系统结构如图 5-6 所示。

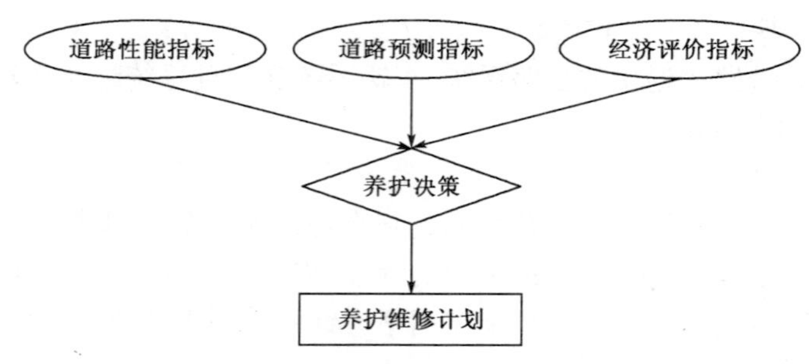

图 5-6　道路养护决策子系统结构图

六、安全设施

1. 标志标线

标志标线是将交通的指示、警告、禁令等用画线、符号、文字等标志或嵌画在路面、缘石和路边的建筑物上，是提醒、警示驾驶员的重要设施，也是维护交通秩序、保障交通安全畅通的最基本设施。特别是在危险路段设立的警告标志，能有效地减少交通事故的发生。

标志标线养护应以经常保持位置适当、准确、完善、醒目和美观为目标；作为传递信息的交通设施，标志标线在养护中保持的完好性、可视性等都是对其进行交通安全评价的重要指标。标志养护应做到：

(1)定期检查，清除遮挡标志的沿线树木等物体，防止在危险地段，驾驶员不能及时地获得指示警告信息而引发事故。

(2)当设置的标志有类似重复、影响交通的情况，或设置位置和知识内容不符合要求时，更换标志和标志位置，为驾驶员的安全行车提供准确适当的信息。

(3)经常检查修复标志的破损与磨损，保障交通安全畅通。

(4)对褪色或油漆脱落的标志标线，进行粉刷和涂漆，保持颜色鲜明、醒目，使驾驶员能及时获得交通指示警告信息。

2. 防护栏

防护栏的养护应做到及时修复或更换破损、变形和侵蚀严重的护栏。农村公路宽度通常较小，且线形设计不合理，路面条件也比较差，在急弯、高速超车、躲避障碍物等情况时，容易出现车辆失控冲出路面，因此在交通安全威胁比较大的路段，应该更加注意对防护栏的定期检查养护工作，防止车辆驶出行车道而造成更严重的事故。

七、养护管理信息化技术

采用地理信息系统(GIS)技术建立公路数据库；通过计算机模拟，建立多种分析、评价模型，为养护提供理论依据、决策方法与分析手段。建立统一的基于GIS的农村公路养护管理系统，通过对农村公路养护工作模式与内容的精确分析，以实现损坏维修性养护转变为预防性养护为目标，以解决养护评价决策的科学性和日常养护管理工作的高效率为重点，建立涵盖养护工作各方面的综合性的养护管理系统及相关数据库，从根本上提高养护工作信息化管理水平。

农村公路养护管理系统的建设内容如下：首先，建立农村公路养护信息数据库，包括路况数据库、养护机械设备数据库、技术人才数据库以及地理信息系统等，实现养护信息技术工作的合理分工，使管理内容系统、科学、规范，真正实现日常养护管理工作的办公自动化；支持先进的检测设备，实现信息采集和传输自动化，并提供与"信息管理系统"的数据接口，使资源共享，大幅提升工作效率。其次，按照养护管理工作分类和性质的不同建立各子系统，包括路基养护管理子系统、路面养护管理子系统、桥梁养护管理子系统、沿线设施养护管理子系统、养护设备管理子系统、路网管理子系统、交通安全管理子系统、养护管理评价子系统、道路性能预测子系统、道路养护决策子系统以及系统集成等。各子系统功能相对独立，同时支持系统间充分的数据资源共享，有机地协调工作。最终目标是实现农村公路网络化的"分级管理，业务归口"管理模式，做到行业与政府协同管理，信息即时传递，使养护效率提高，管理成本降低；建立和健全规范、系统的养护管理和科学的养护决策机制，由损坏维修性养护转为预防性养护，提高农村公路养护资金的利用效率。

第六章　农村公路养护管理评价指标体系与评价方法

第一节　概　　述

一、指标及指标体系

所谓指标，就是用以评估系统的参量，例如，路面结构强度、平整度、抗滑系数等可以作为评估路面性能的参量。一般来说，一个指标能够反映和刻画事物的一个侧面。从指标的特征来看，可以将指标分为定性指标和定量指标。定性指标是用定性的语言作为指标描述值，定量指标是用数据作为指标值。

评估指标体系是指由众多评估指标组成的指标系统。在指标体系中，每个指标对系统的某种特征进行度量，共同形成对系统的完整刻画。为了对多层次、多因素的问题进行评估，必须合理地构建一个评估指标体系，使大量相互关联、相互制约的因素条理化、层次化。指标体系集中反映了评估目标的主要特征和层次结构，区分各层目标和单个目标对系统整体评估的影响程度。

评估指标体系的建立过程实际上是一个运用系统工程思想分析问题的过程，其基本步骤如下：

(1)针对农村公路养护管理问题收集相关资料，提出评价系统的目标及其影响因素。

(2)分析和比较各因素之间的关系，对指标进行筛选。

(3)经过优化后确定指标之间的层次和结构，即得到评价指标体系。

二、指标体系的建立原则

农村公路养护管理，是一个包含管理和技术要素的综合系统，在评价农村公路养护管理水平时，必须采取多目标原则，对影响农村公路养护管理水平的各个方面进行定量计算和定性分析。由于我国农村公路养护管理体制还处于摸索试验阶段，实现农村公路管理的科学化和现代化将会是一个不断完善的过程，所以，选取评价指标时，既需注重对养护管理效果的评价，也需注重对养护管理手段、管理过程的科学指导。对评价指标的选取，主要考虑以下基本原则。

(1)科学性和实用性相统一的原则

科学性是任何指标体系建立的重要原则，主要体现在指标体系能够全面、客观、真实地反映日常养护管理中人员机构的运行状态和系统内部的协调程度，反映农村公路养护质量和交通畅通状况；同时又要避免指标间的重复，使评价目标和评价指标有机地联系起来。指标的设置要简单明了、容易理解，要考虑数据取得的难易程度和可靠性，尽可能选取广大养护管理人员熟悉、易于掌握的指标。

(2)系统性和层次性相统一的原则

系统性是指指标体系内各类指标相互联系，既包含数据与信息高度集中的高层次指标，又包含高度精确性的指标，还包括一些面向政策制订者的分析性指标等。同时，应根据系统的结构分出层次，将指标分类，使指标体系结构清楚、便于使用；在较高层次上，应选择一些概括性指标，越往下指标应越具体、细化，使指标体系结构明确。

(3)定性与定量相结合的原则

由于评价本身是人的主观认知能力的一种表现，受到人的认知能力的限制，所以要把一切现实因素均给予定量化的描述，是不现实的。在指标选取过程中应依据综合评价的原理，定性与定量相结合，模型与经验相结合，不忽视难以量化但对农村公路管理有重要影响的指标。

(4)可比性

拟订的评价指标体系，既能客观地评价同一地区在不同时期的养护管理状况，又能评价同一时期不同地区的养护管理水平，即应具有可比性。因此，指标体系的建立，应考虑到养护管理发展的过程，选取在一段时间内统计上通用的指标，同时指标尽量选用相对值，以方便比较。

三、指标体系构建方法

指标体系的初选有综合法和分析法两类。综合法是指对已存在的一些指标按一定的标准进行聚类，使之体系化的一种构造指标体系的方法。分析法是指将度量对象和度量目标划分成若干部分，并逐步细分，即形成各级子系统，直到每一部分都可以用具体的统计指标来描述和实现的方法。

层次分析法(AHP)体现了上述指标构建的思想。在指标体系具体构建过程中，利用层次分析法基本思路进行农村公路养护管理评价是非常有效的，它可以把农村公路养护管理的诸多因素条理化、层次化，从而建立起如图 6-1 所示的递阶层次结构模型。

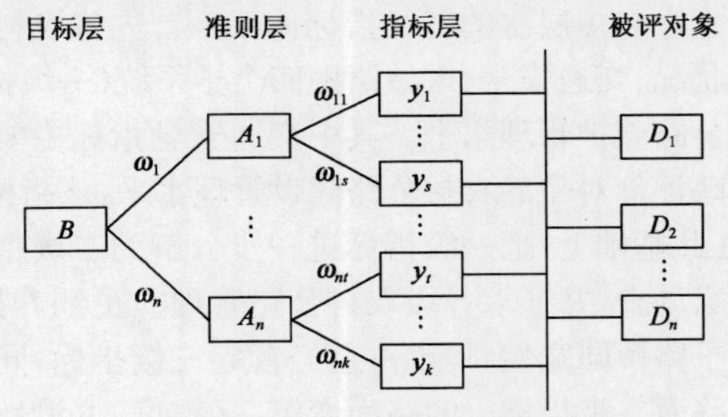

图 6-1　指标体系构建层次结构图

1. 明确评价对象和内容

为了应用层次分析法，首先要弄清农村公路养护管理评价的对象和评价的主要内容。根据第五章分析所得的农村公路养护管理三维系统结构，农村公路养护管理评价内容应是管理要素和技术要素的集合，不但要评价公路技术状况，还应考虑公路的养护管理状况、交通安全状况、路网服务水平等。评价的原始信息数据来源为各级农村公路管理处、农村公路交通管理所、乡（镇）农村公路管理站的管理状况数据以及这些单位承担的县道、乡道、村道的养护技术、安全状况数据。

2. 划分和选定有关因素

在明确所要解决问题的基础上，要搞清所要评价的目标将涉及的主要因素。这里需要注意的是，主要因素固然不应疏漏，同时也不宜把次要因素考虑过多而主次混淆，从而把主要因素湮灭，造成决策的偏颇失实。影响农村公路养护管理评价的因素有很多，必须要把主要和次要信息分清楚。

3. 建立层次结构

在研究农村公路养护管理状况等复杂的实际问题时，首先要把问题条理化、层次化，构造出一个层次分析的结构模型。在模型中，复杂问题被分解为人们称之为元素的组成部分。这些元素又在上述的众多因素中，可按其相互关系分类。按属性分成若干组后，会形成不同层次，同一层次的元素作为准则，对下一层的某些元素起支配作用，同时它又受上一层次元素的支配。层次可分为三类，最高层、中间层和最底层。①最高层：这一层次中只有一个元素，它是问题的预定目标或理想结果，因此也叫目标层，在本书中就是农村公路养护管理状况的评价。②中间层：这一层次包括了为实现目标所涉及的中间环节，所需要考虑的准则。该层可由若干层次组成，因而有准则和子准则之分，这一层也称为准则层。在农村公路养护管理评价中可包括养护管理、技术状况等，其中对技术状况评价还可再细分为路面、路基、桥涵隧构造物、沿线设施等。③最底层：这一层次包括为实现目标可供选择的具体指标等，因此也称为指标层。上层元素对下层元素的支配关系所形成的层次结构，称为递阶层次结构。当然，上一层的元素可以支配下一层的所有元素，但也可能只支配其中部分元素。递阶层次结构中的层次数与问题的复杂程度及需要分析的详尽程度有关，可不受限制。每一层次中的元素一般不要超过 9 个，因为支配的元素过多会给两两比较带来困难。

四、评价指标体系

根据以上方法，初步建立起多层次的三级指标体系。首先将农村公路养护管理评价体系分为日常管理、道路技术状况、交通安全、区域路网四个子系统（一级指标），形成评价体系的准则层，用以综合反映农村公路养护管理水平。其中交通安全指标主要反映农村公路的社会服务效果，区域路网指标反映评价对象的农村公路建设管理水平，该指标的设立主要是对农村公路的发展起引导作用。在此基础上，把一级指标进一步分解为二级指标和三级指标。体系初步设计后，通过广泛的专家调查，并征求各级农村公路管理人员和养护人员意见，进行了指标体系方案的优化，如增加了路桥同宽性、集市占道经营等三级指标，同时从目前农村公路保证通畅的目的出发，删除了路面二级指标下的路面弯沉、平整度、抗滑性能、路面车辙等指标，只保留路面破损状况指标。最终确定的指标体系包含 16 个二级指标和 50 个三级指标，指标体系如图 6-2 所示，图中仅列出一、二级指标，三级指标将在后面详细介绍。

建立的农村公路养护管理评价三级指标体系见表 6-1。其中，市级交通主管部门对所属区（市、县）农村公路养护管理评价指标体系为 $U_1 \sim U_4$，区（市、县）交通主管部门对所属乡镇农村公路养护管理评价指标体系为$U_1 \sim U_3$，即对区域路网养护管理质量不做评价。

农村公路养护管理评价指标体系　表 6-1

一级指标	二级指标	三级指标		
日常管理U_1	组织建设U_{11}	1	U_{111}	机构配置
		2	U_{112}	人员配置
		3	U_{113}	固定场所配置
	资金管理U_{12}	4	U_{121}	资金到位率
		5	U_{122}	资金使用情况
	人员管理U_{13}	6	U_{131}	持证上岗率
		7	U_{132}	工作达标率
	制度管理U_{14}	8	U_{141}	制度建设
		9	U_{142}	执行力
		10	U_{143}	运行成效
	养护设备管理U_{15}	11	U_{151}	设备配置
		12	U_{152}	设备完好率
		13	U_{153}	设备档案管理
交通安全U_2	安全设施U_{21}	14	U_{211}	限高限宽设施
		15	U_{212}	安全保障工程
	路政管理U_{22}	16	U_{221}	人员配备
		17	U_{222}	设备配备
		18	U_{223}	服务水平
	安全效果U_{23}	19	U_{231}	责任事故率
		20	U_{232}	畅通情况
		21	U_{233}	应急保障
道路技术状况U_3	路面U_{31}	22	U_{311}	路面损坏状况
	路基U_{32}	23	U_{321}	路肩边沟不洁
		24	U_{322}	路肩损坏
		25	U_{323}	边坡坍塌
		26	U_{324}	水毁冲沟
		27	U_{325}	路基构造物损坏
		28	U_{326}	路缘石缺损
		29	U_{327}	路基沉降
		30	U_{328}	排水系统淤塞
	桥涵隧构造物U_{33}	31	U_{331}	桥头(涵顶)跳车程度
		32	U_{332}	构造物部件破损程度
		33	U_{333}	结构物排水性能
		34	U_{334}	路桥同宽性

续上表

一级指标	二级指标	三级指标		
道路技术状况 U_3	沿线设施 U_{34}	35	U_{341}	责任牌完善率
		36	U_{342}	防护设施完善率
		37	U_{343}	标线完善率
		38	U_{344}	管护情况
		39	U_{345}	绿化率
区域路网 U_4	道路特征 U_{41}	40	U_{411}	路网容量
		41	U_{412}	路网技术等级
		42	U_{413}	路面铺装率
	通达深度 U_{42}	43	U_{421}	路网连通度
		44	U_{422}	路网密度
	交通特征 U_{43}	45	U_{431}	交通流量
		46	U_{432}	平均车速
		47	U_{433}	路网交通密度
		48	U_{434}	行车时间
	服务水平 U_{44}	49	U_{441}	拥挤度
		50	U_{442}	里程饱和率

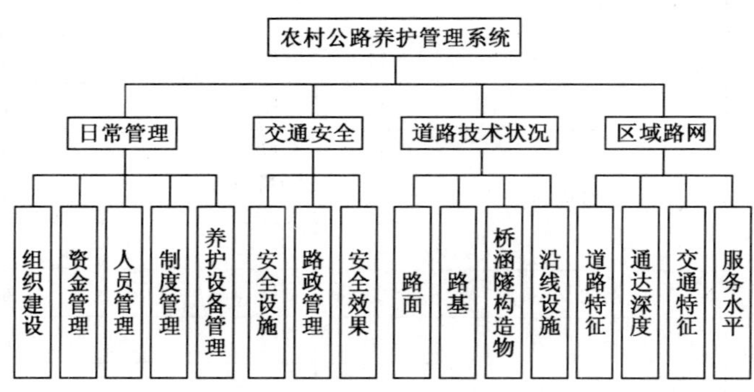

图 6-2　农村公路养护管理评价指标体系

指标体系建立后，就需评定指标体系中最下层指标（不再分层的指标）的值，以便进行系统综合评价。

指标体系中既存在诸如技术状况、资金使用等方面的定量指标（如路面损坏状况指数、路基性能指数值等），也具有诸如制度管理、路政管理以及安全效果等方面的定性指标。对于定性指标，首先按一定的方法进行量化，然后采用定性分析与半定量分析等级描述相结合的方法进行确定。评价指标分值以百分制形式展示，取值范围为[0，100]，并对每个指标都进行分级操作，共分为 5 级，最优的为一级，次优的为二级，以此类推，如图 6-3 所示。

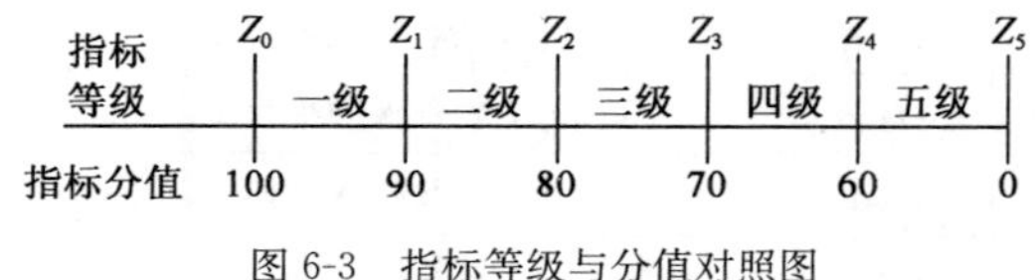

图 6-3　指标等级与分值对照图

指标的分级应以大量的统计资料为依据进行。随着时间的推移，农村公路的养护管理水平在不断提高，指标的分级值也要相应地调整。

1. 日常管理子系统

(1)组织建设

二级指标组织建设由机构配置、人员配置、固定场所配置3个三级指标来评价。

机构配置采用已设置农村公路养护管理机构数量与应设置数量的百分比来评价。

人员配置采用实际农村公路养护管理人员数量与按要求应配备人员数量的百分比来评价。

固定场所配置主要考核农村公路养护管理机构办公用固定场所的设置情况。主要评价内容为：①农村公路养护管理机构达到规范化标准；②各级人员有固定的办公、活动用房；③有固定的施工工具用房。指标分值确定见表6-2。

固定场所配置指标分值　　表6-2

满足条件	满足三项	满足两项	满足一项
指标分值	[80,100]	[60,80)	[0,60)

(2)资金管理

二级指标资金管理用资金到位率、资金使用情况2个三级指标评价。

资金到位率采用每年实际到位养护资金金额与按照规定到位金额的百分比来评价。

资金使用情况主要考核资金使用是否合理。主要评价内容为：①设立专用账户，专户存储，专款专用；②严格按资金使用进度计划合理使用资金；③无截留、挤占和挪用上级拨付的资金现象。指标分值确定见表6-3。

资金使用情况指标分值　　表6-3

满足条件	满足三项	满足两项	满足一项
指标分值	[80,100]	[60,80)	[0,60)

(3)人员管理

二级指标人员管理用持证上岗率、工作达标率2个三级指标来评价。

持证上岗率一般要求养路员符合有关条件，经培训具备养路员资格，获得养护资格证。本指标采用持证养路员数量与应配置数量的百分比来评价。

工作达标率一般要求养路员按规定日期和时间出勤，完成规定的工作内容。主要考核养路员出勤率和工作完成率，两者权重各占50％。

(4)制度管理

二级指标制度管理用制度建设、执行力、运行成效3个三级指标来评价。

制度建设主要考核各养护管理机构是否制定相关制度。主要评价内容为：①养护管理制度是否完备；②养护管理制度是否符合相关规定；③制度内容是否符合实际，具有可操作性。指标分值确定见表6-4。

制度建设指标分值 表 6-4

满足条件	满足三项	满足两项	满足一项
指标分值	[85,100]	[60,85)	[0,60)

执行力主要考核制度的执行情况。主要评价内容为:①责任是否明确到人;②责任人是否落实。按不符合件次扣分,每件次扣 5 分,扣完为止。

运行成效主要考核制度的执行效果。主要评价内容为:①是否对工作实绩进行考核;②是否对考核结果兑现奖惩。进行考核的得 30 分,不兑现奖惩的每件次扣 5 分,扣完为止。

(5)养护设备管理

二级指标养护设备管理用设备配置、设备完好率、设备档案管理 3 个三级指标来评价。

设备配置主要考核养护设备的配置情况。主要考核内容为:①配备类型是否完备,每缺一类扣 20 分;②是否按规定数量配备,每缺少一件扣 5 分。

设备完好率采用性能完好的已配置设备数量占配置设备总数的百分比来评价。

设备档案管理包括设备购置档案、维修记录、使用记录、折旧情况等,每缺一大项扣 25 分,每缺一次记录扣 5 分,扣完为止。

2. 交通安全子系统

(1)安全设施

二级指标安全设施用限高限宽设施、安全保障工程 2 个三级指标评价。

限高限宽设施采用已设置限高限宽设施数量与应设置数量的百分比来评价。

安全保障工程采用实际完成安保工程的工作量与计划工作量的百分比来评价。

(2)路政管理

二级指标路政管理用人员配备、设备配备、服务水平 3 个三级指标评价。

人员配备采用每百公里农村公路路政管理人员配备人数与按规定配备人数的百分比来评价。

设备配备采用现有路政管理设备件数与按规定应配备设备件数的百分比来评价。

服务水平以人民群众的满意情况来衡量,主要包括依法行政水平、路政事案查处情况、廉政情况、“三乱”治理情况等内容,随机调查 100 名人员,以抽样平均得分为此指标分值。

(3)安全效果

二级指标安全效果用责任事故率、畅通情况、应急保障 3 个三级指标来评价。

责任事故率主要考核由于养护管理的原因或责任而导致的养护施工过程中人员伤亡事故的发生情况,发生严重施工事故的该项指标不得分。指标分值确定见表 6-5。

责任事故率指标分值 表 6-5

事故次数	0	0	0	0	≥1
事故隐患	无事故隐患	存在轻微事故隐患	存在一般事故隐患	存在严重事故隐患	
指标分值	[90,100]	[80,90)	[70,80)	[60,70)	[0,60) (出现死亡事故得 0 分)

畅通情况主要考核在雨、雪、雾等恶劣天气情况下,重要的县道、乡道是否进行预警或疏通,按每考核周期内的不作为次数来评价。指标分值确定见表 6-6。

畅通情况指标分值　　表 6-6

不作为次数	[0,2]	(2,5]	(5,10]	(10,20]	>20
指标分值	[90,100]	[80,90)	[70,80)	[60,70)	[0,60)

应急保障主要考核在水毁、雪灾、路面堆积等不利条件下，养护部门是否及时处理，按不及时作为次数来评价。指标分值确定见表 6-7。

应急保障指数分值　　表 6-7

不作为次数	[0,2]	(2, 4]	(4,6]	(6,8]	>8
指标分值	[90,100]	[80,90)	[70,80)	[60,70)	[0,60)

3. 道路技术状况子系统

农村公路的道路技术状况包含路面、路基、桥涵隧构造物和沿线设施四部分评价内容，其中路面包括沥青路面、水泥混凝土路面。

(1)路面

用路面损坏状况指数(PCI)反映路面技术状况，按式(6-1)、式(6-2)计算。

$$PCI = 100 - \alpha_0 DR^{\alpha_1} \tag{6-1}$$

$$DR = 100 \times \frac{各类路面损坏的面积之和}{调查的路面面积} \tag{6-2}$$

上两式中：α_0——沥青路面采用 15.00，水泥混凝土路面采用 10.66；

α_1——沥青路面采用 0.412，水泥混凝土路面采用 0.461。

指标指数来源按《公路技术状况评定标准》(JTG H20—2007)对沥青路面、水泥混凝土路面评价的规定计算 PCI。

(2)路基

路基的损坏主要反映在路肩边沟不洁、路肩损坏、边坡坍塌、水毁冲沟、路基构造物损坏、路缘石缺损、路基沉降以及排水系统淤塞 8 个方面。路基技术状况用路基性能指数(SCI)评价，按式(6-3)计算。

$$SCI = \sum_{i=1}^{8} \omega_i (100 - GD_{iSCI}) \tag{6-3}$$

式中：GD_{iSCI}——第 i 类路基损坏的总扣分，最高分为 100；

ω_i——第 i 类路基损坏的权重；

i——路基损坏类型。

指标指数来源按《公路技术状况评定标准》(JTG H20—2007)对路基技术状况评定的规定计算 GD_{iSCI}、SCI。

(3)桥涵隧构造物

桥梁、隧道和涵洞构造物的损坏主要反映在桥头(涵顶)跳车、构造物部件破损、结构物排水性能不足。桥梁、隧道和涵洞技术状况用桥涵隧构造物性能指数(BCI)评价。

$$BCI = \min(100 - GD_{iBCI}) \tag{6-4}$$

式中：GD_{iBCI}——第 i 类构造物损坏的总扣分，最高分为 100；

i——构造物类型(桥梁、隧道或涵洞)。

(4)沿线设施

从责任牌完善率、防护设施完善率、标线完善率、管护情况和绿化率5个方面来评价沿线设施的技术状况,用沿线设施性能指数(TCI)评价,按式(6-5)计算。

$$\mathrm{TCI}=\sum_{i=1}^{5}\omega_i(100-\mathrm{GD}_{i\mathrm{TCI}}) \tag{6-5}$$

式中:$\mathrm{GD}_{i\mathrm{TCI}}$——第 i 类设施损坏的总扣分,最高分为100;

i——设施的损坏类型。

4. 区域路网子系统

区域路网状况是农村公路发挥效益的物质基础,是衡量农村公路管理水平的主要因素,从农村公路网的道路特征、通达深度、交通特征和服务水平四个方面来评价。

(1)道路特征

二级指标道路特征用路网容量、路网技术等级、路面铺装率3个三级指标来评价。

路网容量指路网流量 Q_{n} 达到最大值 C_{n} 时的值,此时的 C_{n} 称为路网容量,即:

$$C_{\mathrm{n}}=\max(Q_{1\mathrm{n}},Q_{2\mathrm{n}},Q_{3\mathrm{n}},\cdots,Q_{k\mathrm{n}}) \tag{6-6}$$

式中:$Q_{k\mathrm{n}}$——某一种交通状态公路网的流量(veh/d)。

公路网容量与路段和交叉口的容量有关,由于公路网的重要交叉口间距较远,为简化起见,不考虑交叉口对路网流量的影响。据此,路网容量的值为组成路网的各路段容量 C_i 的里程加权平均值,即 $C_{\mathrm{n}}=\sum C_iP_i$($P_i$ 为第 i 级公路占全路网的里程权)。

根据实际路网容量的大小参考表6-8中的标准给出指标分值。

路网容量指标分值 表6-8

C_{n}(veh/d)	≥7 500	[3 000,7 500)	[1 000,3 000)	[200,1 000)	[200,0)
指标分值	[90,100]	[80,90)	[70,80)	[60,70)	[0,60)

路网技术等级为路网各路段技术等级的加权平均值(里程权),算法见式(6-7)。

$$J=\frac{\sum J_iL_i}{\sum L_i} \tag{6-7}$$

式中:J——农村公路等级水平,$1<J<5$;

J_i——路段 i 的技术等级,$J_i=1,2,3,4,5$,对应一级公路、二级公路、三级公路、四级公路、等外公路;

L_i——区域各等级公路的里程(km)。

路网技术等级指标分值确定见表6-9。

路网技术等级指标分值 表6-9

评价标准等级	1	2	3	4	5
J	[1, 2)	[2, 3)	[3, 3.5)	[3.5, 4)	[4, 5)
指标分值	[90,100]	[80,90)	[70,80)	[60,70)	[0,60)

路面铺装率是反映公路网性能和质量的一个重要指标,特别是在农村公路中,是影响雨天通车里程的一个重要指标。其定义为区域内各路段路面铺装等级的加权平均值。算法为:

$$P=\frac{\sum L_i P_i}{\sum L_i} \tag{6-8}$$

式中：P——农村公路网铺装水平，$1<P<4$；

L_i——区域内路段 i 的公路里程（km）；

P_i——区域内路段 i 的路面等级，对应高级路面、次高级路面、中级路面和低级路面，P_i 分别取值 1、2、3、4。

路面铺装率指标分值确定见表 6-10。

路面铺装率指标分值　　表 6-10

P	(3.5,4)	[3.5,3)	[3,2.5]	[2.5,1.5)	[1.5,1)
指标分值	[90,100]	[80,90)	[70,80)	[60,70)	[0,60)

(2)通达深度

二级指标通达深度用路网连通度、路网密度 2 个三级指标来评价。

路网连通度（D_n）是指构成路网的边数与节点数目的比值，算法为：

$$D_n=\frac{L/\zeta}{nH}=\frac{L/\zeta}{\sqrt{nA}} \tag{6-9}$$

式中：L——路网的边数；

A——区域路网的面积（km^2）；

H——相邻两个节点之间平均空间直线距离（km）；

n——区域内应连通的节点数；

ζ——区域农村公路网的变形系数，其值与路线的弯曲情况及节点分布的几何形状有关。

路网连通度从整体上表达了路网中各节点间连通和通达的情况。路网中各节点的通达性是表示一个节点与其他节点联系难易程度的指标。连接点的路网边数越多，通达性越高。

当 $2.0\leqslant D_n\leqslant 3.14$ 时，表示路网连接各个节点达到良好状态；当 $D_n\geqslant 3.14$ 时，表示路网连接各个节点达到很好状态。现阶段可按表 6-11 中的标准确定指标评价分值。

路网连通度指标分值　　表 6-11

连　通　度	≥3.14	[2.0, 3.14)	[1.5,2.0)	[1.0,1.5)	[0,1.0)
指标分值	[90,100]	[80,90)	[70,80)	[60,70)	[0,60)

路网密度（δ）反映了一个地区的农村公路网发展水平，在某种程度上体现了路网的内部结构及其合理性，算法为：

$$\delta=\frac{L_n}{A} \tag{6-10}$$

式中：L_n——公路通车里程（km）；

A——公路网所属区域的土地面积（$100km^2$）。

路网密度指标分值确定见表 6-12。

路网密度指标分值 表 6-12

路网密度	≥200	[160,200)	[120,160)	[80,120)	[0,80)
指标分值	[90,100]	[80,90)	[70,80)	[60,70)	[0,60)

(3)交通特征

二级指标交通特征用交通流量、平均车速、路网交通密度和行车时间 4 个三级指标评价。

交通流量(Q_n)(veh/d)是指组成农村公路网中各路段交通量的加权平均值,算法为:

$$Q_n = \sum\left(\frac{q_i l_i}{L_n}\right) = \sum q_i p_i \tag{6-11}$$

式中:q_i——第 i 个路段上的交通量(veh/d);

l_i——第 i 个路段上的里程(km);

L_n——路网的总里程(km),$L_n = \sum l_i$;

p_i——里程权,$p_i = l_i / L_n$。

根据枣庄市农村公路交通量调查资料分析结果,目前可参考表 6-13 中的标准来确定该项指标的分值。

交通流量指标分值 表 6-13

交通流量(veh/d)	≥2 000	[500,2 000)	[100,500)	[60,100)	[0,60)
指标分值	[90,100]	[80,90)	[70,80)	[60,70)	[0,60)

平均车速(v_n)是根据交通分配中每一路段上的交通量及该路段的道路等级,求得每一路段的平均技术车速,再以各路段长度(l_i)为权计算的,算法为:

$$v_n = \frac{\sum(v_i l_i q_i)}{\sum l_i q_i} \tag{6-12}$$

式中:v_n——农村公路网的平均车速(km/h);

v_i——路网中第 i 个路段的平均车速(km/h);

l_i——路网中第 i 个路段的长度(km);

q_i——路网中第 i 个路段的交通量(veh/d)。

根据路网内实际平均车速的大小并参考表 6-14 中的标准给出指标分值。

平均车速指标分值 表 6-14

平均车速	≥80	[60,80)	[60,40)	[40,20)	[20,0)
指标分值	[90,100]	[80,90)	[70,80)	[60,70)	[0,60)

路网交通密度(K_n)指某一时刻路网单位长度路段上所拥有的车辆数,算法为:

$$K_n = \frac{N}{L_n} = \sum K_i \frac{l_i}{L_n} = \sum K_i p_i \tag{6-13}$$

式中:N——某时刻在整个公路网上的车辆数(veh);

K_i——第 i 个路段的交通密度(veh/km),是反映农村公路网车辆交通密集程度的一个物理指标。

根据实际路网交通密度的大小并参考表 6-15 中的标准给出指标分值。

路网交通密度指标分值　　表 6-15

路网交通密度	≥25	[10,25)	[5,10)	[3,5)	[0,3)
指标分值	[90,100]	[80,90)	[70,80)	[60,70)	[0,60)

行车时间(T_n)(h/km)指路网上车辆行驶单位里程所需要的时间,算法为:

$$T_n = \frac{1}{v_n} = \sum \frac{1}{v_i w_i} = \sum t_i w_i \tag{6-14}$$

式中:v_i——第 i 个路段的车速(km/h);

w_i——第 i 个路段的路权重。

根据实际路网上车辆行车时间的大小并参考表 6-16 中的标准给出指标分值。

行车时间指标分值　　表 6-16

行车时间(h/km)	≤0.012 5	[0.012 5,0.017)	[0.017,0.025)	[0.025,0.05)	≥0.05
指标分值	[90,100]	[80,90)	[70,80)	[60,70)	[0,60)

(4)服务水平

二级指标服务水平用拥挤度、里程饱和率 2 个三级指标评价。

拥挤度(路网饱和度)(S_n)指农村公路网流量(Q_n)与公路网容量(C_n)之比,算法为:

$$S_n = \frac{Q_n}{C_n} \times 100 \tag{6-15}$$

里程饱和率(P_n)指饱和路段长度与路网总里程之比,算法为:

$$P_n = \frac{\sum l_{si}}{L_n} \times 100 \tag{6-16}$$

式中:l_{si}——第 i 个饱和路段里程(km);

L_n——路网总里程(km)。

第二节　评价指标权重的确定

一、指标重要度专家调查法

1. 专家调查情况

本调查发放专家打分表共计 200 份,回收有效问卷 185 份,汇总情况见表 6-17~表 6-19。

一级指标统计结果　　表 6-17

编号	一级指标	指标重要度统计				
		极为重要	重要	次重要	一般	不重要
1	日常管理	106	73	4	2	
2	交通安全	107	67	11		
3	道路技术状况	115	68	2		
4	区域路网	67	88	26	4	

二级指标统计结果 表 6-18

编号	二级指标	指标重要度统计				
		极为重要	重要	次重要	一般	不重要
1	组织建设	83	70	19	13	
2	制度管理	55	105	24		1
3	资金管理	115	66	4		
4	人员管理	88	74	21	1	1
5	养护设备管理	65	69	24	25	2
6	安全设施	100	61	20	4	
7	路政管理	76	80	20	9	
8	安全效果	77	80	16	5	7
9	路面	66	69	33	5	12
10	路基	107	52	21	3	2
11	桥涵隧构造物	76	68	29	9	3
12	沿线设施	54	92	25	9	5
13	道路特征	36	80	36	16	17
14	通达深度	30	103	30	10	12
15	交通特征	36	78	44	19	8
16	服务水平	52	75	30	11	17

三级指标统计结果 表 6-19

编号	三级指标	指标重要度统计				
		极为重要	重要	次重要	一般	不重要
1	机构配置	65	116	4	0	0
2	(养护)人员配置	71	105	9	0	0
3	固定场所配置	45	92	33	15	0
4	资金到位率	97	80	8	0	0
5	资金使用情况	95	81	9	0	0
6	持证上岗率	53	93	24	8	7
7	工作达标率	52	106	18	9	0
8	制度建设	43	115	15	9	3
9	执行力	47	103	25	2	8
10	运行成效	25	112	22	13	13
11	(养护)设备配置	42	91	36	10	6
12	设备完好率	24	91	46	11	13
13	设备档案管理	33	77	47	13	15
14	限高限宽设施	84	62	34	5	0

续上表

编　号	三级指标	指标重要度统计				
		极为重要	重要	次重要	一般	不重要
15	安全保障工程	60	84	35	6	0
16	(路政)人员配备	70	70	39	6	0
17	(路政)设备配备	62	78	25	19	1
18	服务水平	46	90	18	31	0
19	责任事故率	85	69	19	3	9
20	畅通情况	51	93	25	9	7
21	应急保障	46	98	26	7	8
22	路面损坏状况	73	77	30	5	0
23	路肩边沟不洁	37	92	41	4	11
24	路肩损坏	55	99	28	3	0
25	边坡坍塌	85	84	14	2	0
26	水毁冲沟	63	98	23	1	0
27	路基构造物损坏	58	97	24	6	0
28	路缘石缺损	46	82	35	9	13
29	路基沉降	89	84	10	2	0
30	排水系统淤塞	58	99	20	5	3
31	桥头(涵顶)跳车程度	53	77	46	5	4
32	构造物部件破损程度	68	72	42	3	0
33	结构物排水性能	53	94	34	4	0
34	路桥同宽性	36	88	43	9	9
35	责任牌完善率	40	73	53	9	10
36	防护设施完善率	49	85	39	11	1
37	标线完善率	52	72	50	9	2
38	管护情况	50	79	36	17	3
39	绿化率	21	85	47	21	11
40	路网容量	33	74	57	16	5
41	路网技术等级	46	74	53	10	2
42	路面铺装率	49	82	47	7	0
43	路网连通度	35	66	60	21	3
44	路网密度	40	66	60	16	3
45	交通流量	40	73	50	21	1
46	平均车速	33	58	50	43	1
47	路网交通密度	35	66	48	30	6
48	行车时间	30	67	49	32	7
49	拥挤度	42	70	43	24	6
50	里程饱和率	32	75	49	23	6

2. 权重计算

上述专家调查结果实际上是对每个指标重要性的一种定性评价，需要运用一定的定量标度技术才可将其转化为定量的指标权重。

其具体方法如下。

(1)将 5 个重要度定量标度。专家在排序时将各指标按照重要程度分成 5 个等级——“极为重要”、“重要”、“次重要”、“一般”、“不重要”来排序，分别对应 5 个数值——9、7、5、3、1，如表 6-20所示。

指标重要等级标度 表 6-20

指标重要度	极为重要($j=1$)	重要($j=2$)	次重要($j=3$)	一般($j=4$)	不重要($j=5$)
数值标度值(k_j)	9	7	5	3	1

(2)计算每个指标定量标度值。每个指标的定量标度值(b)为该指标各重要度的得票数(c_{ij})乘以相应重要度标度值(k_j)的和，除以该指标的总得票数。以一级指标区域路网为例，其下 4 个二级指标的重要度统计见表 6-21。

指标重要度统计表 表 6-21

区域路网	指标重要度统计份数				
	极为重要	重要	次重要	一般	不重要
道路特征	c_{11}	c_{12}	c_{13}	c_{14}	c_{15}
通达深度	c_{21}	c_{22}	c_{23}	c_{24}	c_{25}
交通特征	c_{31}	c_{32}	c_{33}	c_{34}	c_{35}
服务水平	c_{41}	c_{42}	c_{43}	c_{44}	c_{45}

各项指标的定量标度值为：

$$b_i = \frac{\sum_j (c_{ij} \times k_j)}{\sum_j c_{ij}} \qquad (j=1\sim5) \tag{6-17}$$

计算各指标权重：

$$w_i = \frac{b_i}{\sum_i b_i} \tag{6-18}$$

以区域路网指标为例，计算过程见表 6-22。

权 值 计 算 表 表 6-22

区域路网	指标重要度统计份数					总份数	指标标度值	指标权值
	极为重要	重要	次重要	一般	不重要			
道路特征	36	80	36	16	17	185	6.101	0.243
通达深度	30	103	30	10	12	185	6.323	0.252
交通特征	36	78	44	19	8	185	6.284	0.25
服务水平	52	75	30	11	17	185	6.402	0.255
求和							25.11	1

同上可计算得到其他指标的权值。

由表 6-22 中权值计算结果看，区域路网中 4 个二级指标的权重值差别微小，这与指标实际的重要度是不相符的，因此，采用定性的重要度专家调查法来计算权重有一定的缺陷，虽然权重计算结果差别微小，但还是可以反映出各指标的重要度排序。有了这个重要度排序后，组织第二次专家调查，专家在各指标重要度顺序的提示下，对指标两两比较后打出指标评分矩阵，再运用层次分析法来计算各指标权重。

二、层次分析法

1. 构造判断矩阵

构造判断矩阵是层次分析法的基础，其元素的值反映了问题中各因素的相对重要性。为了形成判断矩阵，一般采用 1～9 及其倒数的标度方法(表 6-23)，再通过元素的两两比较得到。a_{ij} 表示 a_i 对 a_j 的相对重要性数值，即为判断矩阵 $\boldsymbol{A}$ 的元素，其值由专家考查后评价得出，则判断矩阵 $\boldsymbol{A}$ 为：

$$\boldsymbol{A}=\begin{bmatrix} a_{11} & a_{12} & \cdots & a_{1n} \\ a_{21} & a_{22} & \cdots & a_{2n} \\ \vdots & \vdots & \ddots & \vdots \\ a_{n1} & a_{n2} & \cdots & a_{nn} \end{bmatrix} \tag{6-19}$$

判断矩阵重要性标度及其含义 表 6-23

标度(重要性数值)	含 义
1	表示因素 a_i 与 a_j 比较，具有同等重要性
3	表示因素 a_i 与 a_j 比较，具有稍微重要性
5	表示因素 a_i 与 a_j 比较，具有明显重要性
7	表示因素 a_i 与 a_j 比较，具有强烈重要性
9	表示因素 a_i 与 a_j 比较，具有极端重要性
2,4,6,8	分别表示相邻判断 1～3、3～5、5～7、7～9 的中值
倒数关系	a_i 与 a_j 比较为 a_{ij}，a_j 与 a_i 比较为 a_{ji}，$a_{ji}=1/a_{ij}$

该判断矩阵有如下性质：

(1)$a_{ij}>0$。

(2)$a_{ii}=1$。

(3)$a_{ij}=1/a_{ji}(i,j=1,2,\cdots,n)$。

2. 权重的计算

根据判断矩阵 $\boldsymbol{A}=(a_{ij})_{n\times n}$，进一步计算各评价指标的相对权重。计算的方法有“和积法”和“特征根法”两种。在工程应用中，为了提高可操作性一般采用“特征根法”，其计算权重的过程如下。

(1)计算权重矩阵每一行元素的乘积(m_i)。

$$m_i = \prod_{j=1}^{n} a_{ij} \qquad (i,j = 1,2,\cdots,n) \tag{6-20}$$

(2)计算 m_i 的 n 次方根($\overline{\omega}_i$)。

$$\overline{\omega}_i = \sqrt[n]{m_i} \qquad (i = 1,2,\cdots,n) \tag{6-21}$$

(3)对向量 $\overline{\omega} = (\overline{\omega}_1,\overline{\omega}_2,\cdots,\overline{\omega}_n)^{\mathrm{T}}$ 作归一化处理,即:

$$\omega_i = \frac{\overline{\omega}_i}{\sum_{i=1}^{n}\overline{\omega}_i} \qquad (i = 1,2,\cdots,n) \tag{6-22}$$

则 $\omega = (\omega_1,\omega_2,\cdots,\omega_n)^{\mathrm{T}}$ 即为所求权重向量。

3. 一致性检验

(1)计算判断矩阵的最大特征根($\lambda_{\max}$)。

$$\lambda_{\max} = \sum_{i=1}^{n} \frac{(A\omega)_i}{n\omega_i} \tag{6-23}$$

式中:$(A\omega)_i$——向量 $\boldsymbol{A\omega}$ 的第 i 个元素。

计算 $\lambda_{\max}$ 是为了进行下一步的一致性检验。

(2)一致性检验。为了判断权重的分配是否合理,需要对权重矩阵进行一致性检验。

①计算一致性指标(CI)。

$$\mathrm{CI} = \frac{\lambda_{\max} - n}{n - 1} \tag{6-24}$$

②查表得相应的平均随机一致性指标(RI)。

判断矩阵 1～15 阶的平均随机一致性指标如表 6-24 所示。

判断矩阵的平均随机一致性指标 表 6-24

矩阵阶数 N	RI	矩阵阶数 N	RI
1	0	9	1.46
2	0	10	1.49
3	0.58	11	1.52
4	0.9	12	1.54
5	1.12	13	1.56
6	1.24	14	1.58
7	1.32	15	1.59
8	1.41		

③计算一致性比例(CR)。

$$\mathrm{CR} = \frac{\mathrm{CI}}{\mathrm{RI}} \tag{6-25}$$

当 CR＜0.10 时，即认为判断矩阵 **A** 具有满意的一致性，说明权重分配是合理的；否则，表明判断矩阵偏离一致性程度过大，需要调整判断矩阵，直到取得具有满意的一致性为止。

4. 合成权重

假设已经算出了第 n_{k-1} 层上 n_{k-1} 个元素相对于总目标的排序权重向量 $\omega^{k-1}=(\omega_1^{k-1},\omega_2^{k-1},\cdots,\omega_n^{k-1})^{\mathrm{T}}$，那么向下第 k 层上 n_k 个元素以第 $k-1$ 层上第 j 个元素为准则的排序权重向量为 $p_j^{(k)}=(p_{1j}^{(k)},p_{2j}^{(k)},\cdots,p_{nj}^{(k)})$，其中不受 j 支配的元素权重为零。

令 $p^{(k)}=(p_1^{(k)},p_2^{(k)},\cdots,p_{nk}^{(k)})$，该矩阵为 $n_k\times n_{k-1}$ 矩阵，表示第 k 层上各元素对第 $k-1$ 层上各元素的排序，那么 k 层上各元素对于总目标的合成权重如式(6-26)所示。

$$\omega_i^{(k)}=\sum_{j=1}^{n_{k-1}}p_{ij}^{(k)}\omega_j^{(k-1)}\qquad(i=1,2,\cdots,n)\tag{6-26}$$

5. 指数标度法

针对 9 级标度层次分析法中标度的不足，国内外学者提出了不少的改进方法，下面列出几种常见的标度改进方法，如表 6-25 所示。

以一级指标日常管理下的 5 个二级指标的权重计算为例，9 级标度法和指数标度法的判断矩阵比较如表 6-26 所示。

不同标度方法及其含义　　表 6-25

标　度	9/9～9/1	10/10～18/2	$9^{0/9\sim 8/9}$	$2^{0/2\sim 8/2}$	$e^{0/4\sim 8/4}$	$e^{0/5\sim 8/5}$
同样重要	9/9 (1.000)	10/10 (1.000)	$9^{0/9}$ (1.000)	$2^{0/2}$ (1.000)	$e^{0/4}$ (1.000)	$e^{0/5}$ (1.000)
微小重要	9/8 (1.125)	11/9 (1.222)	$9^{1/9}$ (1.277)	$2^{1/2}$ (1.414)	$e^{1/4}$ (1.284)	$e^{1/5}$ (1.221)
稍微重要	9/7 (1.286)	12/8 (1.500)	$9^{2/9}$ (1.629)	$2^{2/2}$ (2.000)	$e^{2/4}$ (1.649)	$e^{2/5}$ (1.492)
更为重要	9/6 (1.500)	13/7 (1.857)	$9^{3/9}$ (2.080)	$2^{3/2}$ (2.828)	$e^{3/4}$ (2.117)	$e^{3/5}$ (1.822)
明显重要	9/5 (1.800)	14/6 (2.333)	$9^{4/9}$ (2.655)	$2^{4/2}$ (4.000)	$e^{4/4}$ (2.718)	$e^{4/5}$ (2.226)
十分重要	9/4 (2.250)	15/5 (3.000)	$9^{5/9}$ (3.389)	$2^{5/2}$ (5.657)	$e^{5/4}$ (3.490)	$e^{5/5}$ (2.718)
强烈重要	9/3 (3.000)	16/4 (4.000)	$9^{6/9}$ (4.327)	$2^{6/2}$ (8.000)	$e^{6/4}$ (4.482)	$e^{6/5}$ (3.320)
更强烈重要	9/2 (4.500)	17/3 (5.667)	$9^{7/9}$ (5.523)	$2^{7/2}$ (11.314)	$e^{7/4}$ (5.755)	$e^{7/5}$ (4.055)
极端重要	9/1 (9.000)	18/2 (9.000)	$9^{8/9}$ (7.225)	$2^{8/2}$ (16.000)	$e^{8/4}$ (7.390)	$e^{8/5}$ (4.953)

9 级标度法和指数标度法的判断矩阵比较 表 6-26

指数标度法

评价指标名称 \ 计算因子		U_{21}	U_{22}	U_{23}	U_{24}	U_{25}	行乘积	5 次方根	归一后权重 W	AW	AW/W	max	CI	CR
资金管理	U_{21}	1	1.22	1.49	1.82	2.72	9.02	1.553	0.293	1.463	5.001	5.013	0.003	0.003
人员管理	U_{22}	0.82	1	1.49	1.49	2.23	4.06	1.323	0.249	1.251	5.018			
组织建设	U_{23}	0.67	0.67	1	1.49	1.82	1.22	1.041	0.196	0.986	5.025			
制度管理	U_{24}	0.55	0.67	0.67	1	1.49	0.37	0.819	0.154	0.774	5.017			
养护设备管理	U_{25}	0.37	0.45	0.55	0.67	1	0.06	0.571	0.108	0.538	5.001			

9 级标度法

评价指标名称 \ 计算因子		U_{21}	U_{22}	U_{23}	U_{24}	U_{25}	行乘积	5 次方根	归一后权重 W	AW	AW/W	max	CI	CR
资金管理	U_{21}	1	2	3	4	6	144	2.702	0.413	2.123	5.141	5.224	0.056	0.050
人员管理	U_{22}	1/2	1	3	3	5	22.5	1.864	0.285	1.492	5.235			
组织建设	U_{23}	1/3	1/3	1	3	4	1.333	1.059	0.162	0.862	5.324			
制度管理	U_{24}	1/4	1/3	1/3	1	3	0.083	0.608	0.093	0.487	5.231			
养护设备管理	U_{25}	1/6	1/5	1/4	1/3	1	0.003	0.308	0.047	0.244	5.189			

比较用以上两种标度方法计算的权重可以看出，指数标度法比 9 级标度法更客观、全面，并且克服了“一致性检验”不通过而造成的工作反复。因此，本书采用 $e^{0/5\sim 8/5}$ 标度法来确定指标的权重。

第三节 评价模型与评价方法

一、广义函数法

广义函数法是通过构造广义价值（或效用）函数 U，并计算 U 中各单项评价指标的指数（价值），经过加权求和，得到一个总的值，然后针对不同区（市）、乡镇（或同一地区不同时期）的农村公路养护管理状况作出比较分析。

具体步骤如下：

(1)根据实际情况，确定各指标的值。

(2)根据分级标定的结果，将各指标值变换为无量纲指数（价值），统一用分值大小来表述指标的贡献。

(3)用式(6-27)计算总得分。

$$U=\sum\omega_i u_i \tag{6-27}$$

式中：ω_i——各单项评价指标的合成权重值；

u_i——各单项指标的得分。

二、模糊综合评价法

模糊综合评价法是以模糊数学为基础，将一些边界不清、不易定量的因素特征化后合成为一个整体来进行评价。

农村公路养护管理评价涉及16个二级指标，并可进一步分为50个三级指标。因此，在采用模糊综合评价法时，先要构造模糊子集，把反映被评价对象的模糊指标量化，然后利用模糊变换原理对各指标进行综合，具体如下。

1. 建立评价等级集合 V

将评价等级分为5级：优秀、良好、中等、次、差，则对应的评价等级集合 $V=\{v_1,v_2,v_3,v_4,v_5\}=\{$优，良，中，次，差$\}$。

2. 建立评价因素集合 U

建立农村公路养护管理评价递阶层次模型，将三级指标作为评价因素，建立评价因素集合 U。

3. 计算权向量 $\boldsymbol{A}$

4. 计算模糊关系矩阵 $\boldsymbol{R}$

构造隶属函数，根据隶属函数确定每个评价指标分别对于各个评价等级的隶属度，得到模糊关系矩阵 $\boldsymbol{R}$。

根据前述的方法得到各评价指标的分值 $x\in[0,100]$，分别构造隶属函数 $\mu_{v1}(x)$、$\mu_{v2}(x)$、$\mu_{v3}(x)$、$\mu_{v4}(x)$、$\mu_{v5}(x)$。

(1)确定隶属函数 $\mu_{v1}(x)$。显然，x 越大，则对 v_1 的隶属度越大，因此选择升半柯西分布，即：

$$\mu_{v1}(x)=\begin{cases}0 & (x\leqslant a)\\ \dfrac{1}{1+\alpha(x-a)^{-2}} & (x>a)\end{cases} \tag{6-28}$$

评分值 x 不超过90分，则对 v_1 的隶属度为 $a=90$，$\mu_{v1}(90)=0$。考虑到 $x=100$ 时，应有 $\mu_{v1}(100)=1$，将 $95\leqslant x\leqslant 100$ 的曲线部分修正为直线，则有：

$$\mu_{v1}(x)=\begin{cases}0 & (0\leqslant x\leqslant 90)\\ \dfrac{1}{1+\alpha(x-90)^{-2}} & (90<x\leqslant 95)\\ \dfrac{x}{100} & (95<x\leqslant 100)\end{cases} \tag{6-29}$$

为了保证 $\mu_{v1}(x)$的连续性，应有：

$$\lim_{x\to 95}\frac{1}{1+\alpha(x-90)^{-2}}=0.95 \tag{6-30}$$

则 $\alpha=1.315\,789$。

于是，得到每一个评价因素对 v_1 的隶属度函数为：

$$\mu_{v1}(x)=\begin{cases}0 & (0\leqslant x\leqslant 90)\\ \dfrac{1}{1+1.315\,789(x-90)^{-2}} & (90<x\leqslant 95)\\ \dfrac{x}{100} & (95<x\leqslant 100)\end{cases}\tag{6-31}$$

(2)确定隶属函数 $\mu_{v2}(x)$ 。选择对称柯西分布，即：

$$\mu_{v2}(x)=\frac{1}{1+\alpha(x-85)^2}\tag{6-32}$$

取 $\mu_{v2}(80)=0.8$，则 $\alpha=0.01$。

于是，得到每一个评价因素对 v_2 的隶属度函数为：

$$\mu_{v2}(x)=\frac{1}{1+0.01(x-85)^2}\quad(0\leqslant x\leqslant 100)\tag{6-33}$$

(3)确定隶属函数 $\mu_{v3}(x)$ 。选择对称柯西分布，即：

$$\mu_{v3}(x)=\frac{1}{1+\alpha(x-75)^2}\tag{6-34}$$

取 $\mu_{v3}(70)=80$ ，则 $\alpha=0.01$ 。

于是，得到每一个评价因素对 v_3 的隶属度函数为：

$$\mu_{v3}(x)=\frac{1}{1+0.01(x-75)^2}\quad(0\leqslant x\leqslant 100)\tag{6-35}$$

(4)确定隶属函数 $\mu_{v4}(x)$ 。选择对称柯西分布，即：

$$\mu_{v4}(x)=\frac{1}{1+\alpha(x-65)^2}\tag{6-36}$$

取 $\mu_{v4}(60)=80$，则 $\alpha=0.01$。

于是，得到每一个评价因素对 v_4 的隶属度函数为：

$$\mu_{v4}(x)=\frac{1}{1+0.01(x-65)^2}\quad(0\leqslant x\leqslant 100)\tag{6-37}$$

(5)确定隶属函数 $\mu_{v5}(x)$ 。显然，x 越大，则对 v_1 的隶属度越小，因此选择降半柯西分布，即：

$$\mu_{v5}(x)=\begin{cases}1 & (x\leqslant a)\\ \dfrac{1}{1+\alpha(x-a)^2} & (x>a)\end{cases}\tag{6-38}$$

评分值 x 不超过 50 分，则对 v_5 的隶属度为 $\mu_{v5}(50)=1, a=50$ 。考虑到 $x=100$ 时，应有 $\mu_{v5}(100)=0$ ，将 $95<x\leqslant 100$ 的曲线部分修正为直线，则有：

$$\mu_5(x)=\begin{cases}1 & (0\leqslant x\leqslant 50)\\ \dfrac{1}{1+\alpha(x-50)^2} & (50<x\leqslant 95)\\ 1-\dfrac{x}{100} & (95<x\leqslant 100)\end{cases}\tag{6-39}$$

为了保证 $\mu_{v5}(x)$ 的连续性，应有：

$$\lim_{x \to 95} \frac{1}{1+\alpha(x-50)^2} = 0.05 \tag{6-40}$$

则 $\alpha=0.009\ 383$。

于是，得到每一个评价因素对 v_5 的隶属度函数为：

$$\mu_5(x) = \begin{cases} 1 & (0 \leqslant x \leqslant 50) \\ \dfrac{1}{1+0.009\ 383(x-50)^2} & (50 < x \leqslant 95) \\ 1-\dfrac{x}{100} & (95 < x \leqslant 100) \end{cases} \tag{6-41}$$

评价专家组对各个评价指标分别给出得分，然后根据以上的隶属函数，则可以确定每个评价指标分别对于 5 个评价等级的隶属度，从而得到模糊关系矩阵 $\boldsymbol{R}$：

$$\boldsymbol{R} = \begin{bmatrix} r_{11} & r_{12} & r_{13} & r_{14} & r_{15} \\ r_{21} & r_{22} & r_{23} & r_{24} & r_{25} \\ \vdots & \vdots & \vdots & \vdots & \vdots \\ r_{n1} & r_{n2} & r_{n3} & r_{n4} & r_{n5} \end{bmatrix} \tag{6-42}$$

(6)合成 $\boldsymbol{A}$ 和 $\boldsymbol{R}$，计算评价向量 $\boldsymbol{B}$。通过以上确定的权向量 $\boldsymbol{A}$ 和模糊关系矩阵 $\boldsymbol{R}$，依据模糊综合评价的模型，得到：

$$\boldsymbol{B} = \boldsymbol{A} \cdot \boldsymbol{R} = (a_1, a_2, \cdots, a_n) \begin{bmatrix} r_{11} & r_{12} & r_{13} & r_{14} & r_{15} \\ r_{21} & r_{22} & r_{23} & r_{24} & r_{25} \\ \vdots & \vdots & \vdots & \vdots & \vdots \\ r_{n1} & r_{n2} & r_{n3} & r_{n4} & r_{n5} \end{bmatrix} = (b_1, b_2, \cdots, b_5) \tag{6-43}$$

(7)模糊综合评判确定评价等级。在得到了模糊综合评价向量 $\boldsymbol{B}$ 之后，根据最大隶属度原则，可以确定农村公路养护管理的评价等级。

第四节　评 价 实 例

一、综合评价实例

以枣庄市交通运输局对薛城区农村公路养护管理评价为例。评价实施过程是评价小组人员先现场考察该区农村公路的养护管理情况，获取评价指标分值，然后由指标的合成权值和指标分值按式(6-27)计算得到该区农村公路养护管理状况的总分值，进而确定其评价等级。

1. 指标分值获取

对该区农村公路养护日常管理、所属的农村公路的技术状况、农村公路交通安全及农村公路路网质量进行现场考察，按指标分值评定标准，得到各三级指标分值。

日常管理一级指标下有 13 个三级指标，指标分值向量 $\boldsymbol{u}$=(91,76,82,96,94,82,86,96,82,81,82,81,93)。

交通安全一级指标下有 8 个三级指标，指标分值向量 $\boldsymbol{u}$=(81,78,86,78,92,91,86,67)。

道路技术状况一级指标下有18个三级指标，指标分值向量$\boldsymbol{u}$=(74,91,86,89,79,85,91,83,81,88,83,84,92,91,92,84,89,87)。

区域路网一级指标下有11个三级指标，指标分值向量$\boldsymbol{u}$=(78,67,69,84,68,89,78,83,81,87,78)。

2. 综合评价

由上汇集得评价指标分值向量$\boldsymbol{u}_i$(i=1,2,…,50)，$\boldsymbol{u}_i$=(91,76,82,96,94,82,86,96,82,81,82,81,93;81,78,86,78,92,91,86,67;74,91,86,89,79,85,91,83,81,88,83,84,92,91,92,84,89,87;78,67,69,84,68,89,78,83,81,87,78)。

由前述综合形成的指标合成权重得评价指标权重向量$\boldsymbol{\omega}_i$(i=1,2,…,50)，$\boldsymbol{\omega}_i$=(0.020,0.021,0.015,0.015,0.015,0.014,0.042,0.041,0.036,0.035,0.011,0.010,0.010;0.037,0.036,0.013,0.010,0.023,0.033,0.019 ,0.011;0.297,0.003,0.005,0.013,0.013,0.005,0.003,0.005,0.005,0.008,0.018 ,0.009,0.008,0.003,0.008,0.007,0.007,0.008;0.004,0.004,0.004,0.018,0.018 ,0.006,0.004,0.004,0.003,0.022,0.022)。

由式(6-27)计算得$U=\sum \boldsymbol{\omega}_i \boldsymbol{u}_i$=81.355。

故薛城区农村公路养护管理评价总评分为81.355。

按同样方法可以计算出其他区(市、县)的农村公路养护管理评价总评分，这样就可以根据各区(市、县)总评分进行排序。

二、模糊综合评价实例

利用上面的评价实例数据，采用多层次模糊综合评价法对薛城区农村公路养护管理状况进行评价。

1. 第一层次模糊综合评价

先由隶属函数对三级指标分值模糊化，形成二级指标评价的模糊关系矩阵$\boldsymbol{R}$，然后由权向量$\boldsymbol{A}$和模糊关系矩阵$\boldsymbol{R}$，依据模糊综合评价模型计算得到二级指标的评价向量$\boldsymbol{B}$。

以对一级指标日常管理下的二级指标组织建设的评价为例，它有3个三级指标：机构配置、人员配置和固定场所配置，它们相对于所属二级指标组织建设的权向量为$\boldsymbol{A}_{11}$=(0.352 7,0.377 1,0.270 2)，指标分值向量为$\boldsymbol{u}_{11}$=(91,76,82)，由隶属函数把指标分值模糊化，得到模糊关系矩阵$\boldsymbol{R}_{11}$：

$$\boldsymbol{R}_{11}=\begin{pmatrix} r_{111} \\ r_{112} \\ r_{113} \end{pmatrix}=\begin{pmatrix} 0.432 & 0.735 & 0.281 & 0.129 & 0.050 \\ 0 & 0 & 0.99 & 0.452 & 0.136 \\ 0 & 0.917 & 0.671 & 0.257 & 0.094 \end{pmatrix}$$

进行模糊评价得：

$$\boldsymbol{B}_{11}=\boldsymbol{A}_{11}\cdot\boldsymbol{R}_{11}$$

$$=(0.352\,7,0.377\,1,0.270\,2)\begin{pmatrix} 0.432 & 0.735 & 0.281 & 0.129 & 0.050 \\ 0 & 0 & 0.99 & 0.452 & 0.136 \\ 0 & 0.917 & 0.671 & 0.257 & 0.094 \end{pmatrix}$$

$=(0.152,0.507,0.654,0.285,0.098)$

同理可得其他二级指标的模糊评价向量。

2.第二层次模糊综合评价

由上述二级指标的模糊评价向量建立各一级指标评价的模糊关系矩阵 $\boldsymbol{R}_i(i=1,2,3,4)$，进行第二层次模糊综合评价。如对一级指标日常管理的评价来说，所属有组织建设、资金管理、人员管理、制度管理和养护设备管理 5 个二级指标，权值向量为 $\boldsymbol{A}_1=(0.196,0.293,0.249,0.154,0.108)$，模糊关系矩阵为 $\boldsymbol{R}_1=(R_{11},R_{12},R_{13},R_{14},R_{15})^{\mathrm{T}}$，则

$$\boldsymbol{B}_1=\boldsymbol{A}_1\cdot\boldsymbol{R}_1$$

$$=(0.196,0.293,0.249,0.154,0.108)\begin{bmatrix}0.152 & 0.507 & 0.654 & 0.285 & 0.098\\0.478 & 0.722 & 0.319 & 0.139 & 0.038\\0 & 0.890 & 0.703 & 0.269 & 0.097\\0.647 & 0.632 & 0.348 & 0.149 & 0.061\\0.282 & 0.800 & 0.551 & 0.218 & 0.083\end{bmatrix}$$

$$=(0.300,0.717,0.510,0.210,0.073)$$

同理可得其他一级指标模糊评价向量。

交通安全：$\boldsymbol{B}_2=(0.172,0.570,0.542,0.281,0.098)$。

道路技术状况：$\boldsymbol{B}_3=(0.038,0.556,0.838,0.446,0.133)$。

区域路网：$\boldsymbol{B}_4=(0,0.465,0.481,0.419,0.131)$。

3.第三层次模糊综合评价

由上述一级指标的模糊评价向量建立总目标模糊关系矩阵 $\boldsymbol{R}=(B_1,B_2,B_3,B_4)^{\mathrm{T}}$，进行第三层次模糊综合评价。一级指标权重向量 $\boldsymbol{A}=(0.2844,0.1813,0.4243,0.1100)$，得到总目标的模糊评价向量 $\boldsymbol{B}$：

$$\boldsymbol{B}=\boldsymbol{A}\cdot\boldsymbol{R}=(0.132,0.594,0.652,0.346,0.109)$$

4.确定评价等级

根据最大隶属度原则，该区农村公路养护管理总体状况等级为中等。

为了充分利用模糊综合评判带来的信息，将评价向量归一化，有 $\boldsymbol{B}=(0.066,0.296,0.324,0.172,0.054)$。可视其归一化后的评判结果向量为一权重，将评判集的等级用 1 分值数量化，则将评判结果进行加权平均，可得到总分。评判集 $V=\{v_1$(优)，v_2(良)，v_3(中)，v_4(次)，v_5(差)$\}$，数量化表示为 $\boldsymbol{V}=(1,0.80,0.70,0.60,0.50)^{\mathrm{T}}$，则得总分为 0.786。

5.评价结果分析

由归一化后的总目标模糊评价向量可以看出，养护管理状况的分布为优占 6.6%，良占 29.6%，中占 32.4%，中以下占 31.4%，优良率为 36.2%。

进一步分析上面计算得到的 4 个一级指标的模糊评价向量，归一化后得：

日常管理 $\boldsymbol{B}_1=(0.166,0.396,0.282,0.116,0.040)$；

交通安全 $\boldsymbol{B}_2=(0.103,0.343,0.326,0.169,0.059)$；

道路技术状况 $\boldsymbol{B}_3=(0.019,0.276,0.417,0.222,0.066)$；

区域路网 $\boldsymbol{B}_4=(0,0.311,0.322,0.280,0.088)$。

表现最好的是日常管理，等级为良，优良率为 56.2%；应引起重视的是道路技术状况评价，等级为中等，表现差些，优良率为 29.5%。这主要是由于道路技术状况权重最大的路面使用性能这一关键指标表现较差，影响了道路技术状况的等级，这一评价结果与实际路面状况是相符的。在各等级的农村公路中，高级、次高级路面比例不高，路面性能耐久性较差，增大了路面养护的难度，建议应加大投资，提高农村公路路面等级。表现不良的还有区域路网指标，等级为中等，优良率为 31.1%。这说明需要进一步加大农村公路路网的建设力度，提高农村公路路网的通达性和服务水平，满足农村公路通畅的目的。

三、模型比选结果

通过以上分析，可以看出广义函数法简单易行，便于操作，但仅能实现对评价对象的打分排序，并且在总评分值的计算中，由于整个系统的评价指标较多，又要求 $\sum_{i=1}^{n}\omega_i = 1$，势必导致每个指标分得的权重很小，以至于指标分值比指标权重小得多，这样在加权求和中，会丢掉许多信息，使评价结果失真。广义函数法是一种定值性的综合评价，使用的指标评价值是一个确定值，事实上指标在“优”、“良”、“中”等不同等级上可能均有表现，如果只用一个定值去衡量，然后参与系统的整体评价，势必会失掉指标本身的一些价值。如前述广义函数法评价实例中，总目标的评分值为 81.355 分，如果按 80～90 分为良好的评价标准可评定其等级为良好，可是从分值看，只是比中等略微高些，再失掉一些指标信息后得到的评价结果是否能反映真实情况，是值得怀疑的，而模糊评价法可以克服这一问题，能充分利用指标信息进行综合评价。

模糊综合评价法虽然计算比较复杂，但是它能对各级指标以及总目标作出较全面的评判，更符合实际。模糊综合评价法不但可以评价总目标和准则层指标的等级，而且能分析总目标和准则层指标的优劣等级分布状况，以便于找出问题，采取有针对性的改进措施。为使评价结果更好地服务于养护管理方案的制订，本书选取模糊综合评价法作为综合评价模型。

第七章 农村公路技术状况预测

农村公路是我国公路网的重要组成部分，是高速公路、国省道干线公路网的构造延伸。与高速公路、国省道等干线公路比较而言，农村公路具有不同的功能定位和表现特征。农村公路主要是为了实现区域内规模小、数量多、分布广的人口集聚点与路网的联系，并使其通过路网实现与其他各种人口密集点的联系，满足农民群众通勤（工作）、通学（上学）、通商（经商）等基本的生产生活需求。其技术特征如下。

(1)交通量小、技术等级低。在农村公路中，按照县道、乡道、村道的层次，其交通量和技术等级呈逐级递减的趋势。农村公路交通量小，通行车辆以农用车、中小型车辆为主，技术等级低，大多处于三、四级水平，且路面一般比较薄，沥青路面的面层厚度大多在 3～5cm，水泥路面的面层厚度大多在 18～20cm。

(2)服务水平较低，以保证安全、畅通为主。农村公路对行驶质量、行驶舒适性要求比较低，以为邻近区域的人们提供方便的出行条件为目的，直接服务于农村社会经济发展和农民生产生活，服务主体是广大农民群众。

(3)病害类型以路面破坏为主。本书的前期调研结果表明，农村公路病害以裂缝、龟裂、松散、坑槽等路面破坏形式为主，而路基、桥涵隧构造物、沿线设施的破坏并不严重。

第一节 农村公路 PCI 衰变特征研究

鉴于农村公路的上述特点，考虑到路面直接承受行车荷载和自然因素的作用，路面损坏状况是影响农村公路服务水平的主要因素，又由于农村公路路面结构强度方面的历史数据较少，且使用现有检测设备在农村公路上进行弯沉检测时，容易对路面产生较大的破坏，很难完成检测，因此，本书仅对农村公路路面损坏状况指数(PCI)的变化规律进行研究。

一、公路 PCI 衰变典型模式

综合国外路面使用性能的研究成果，结合对国内部分省市（或地区）路面使用性能实际变化状况的分析，路面使用性能的不同衰变过程可以归结为四种典型模式，衰变曲线形式如图 7-1所示。

图 7-1 中 4 条曲线分别代表 4 种不同的损坏类型，它们的共同特点是随着使用时间或荷载作用次数的增加，使用性能呈下降趋势，即路况不断恶化，所能提供的服务能力日益衰减；区别在于 4 条曲线反映的衰变过程有快有慢。

图 7-1a)中曲线为凸形曲线（先慢后快）。国外路面的衰变模式大多呈现这种形状。此种损坏模式在一定程度上反映出路面结构能力同其功能性之间的良好相关性。路面使用初期，

由于路面结构能力较强，能有效抵御包括行车荷载、环境因素造成的损坏，损坏速度缓慢。但随着时间的推移和行车荷载作用次数的增加，路面难免产生疲劳和裂缝、变形等损坏，这些损坏降低了路面的结构能力；在荷载和环境的综合作用下，路面损坏的速度越来越快。

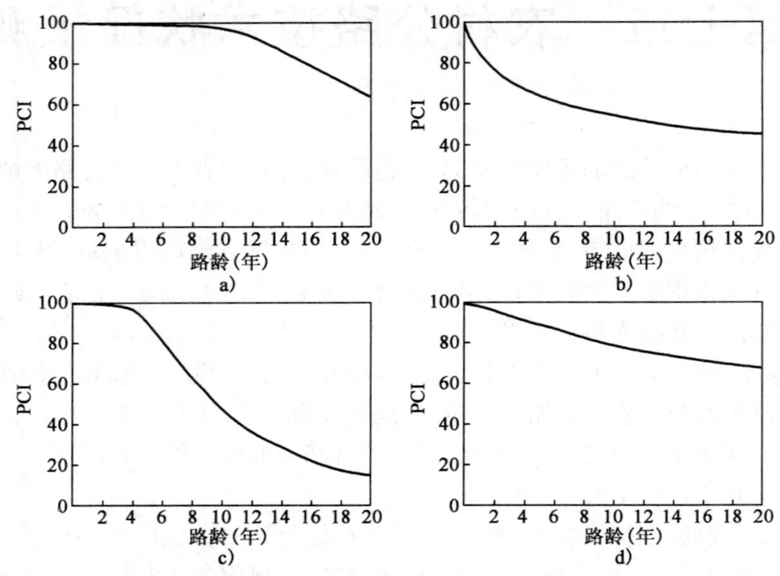

图 7-1　四种典型的路面衰变曲线

图 7-1b）中曲线为凹形曲线（先快后慢）。路面初期、早期的使用性能下降很快，而后期变慢。这种形式在我国极为普遍。由于设计和施工的诸多原因，路面投入使用后，很快出现损坏，而损坏的出现会大大降低路面服务能力。养护部门不得不投入较多的资金进行路面的维护，以延缓其恶化速度。

图 7-1c）中曲线为反 S 形曲线。路面使用初期，由于路面结构抗力较强，路面的损坏较少，服务能力衰变较慢；而后随着荷载作用年限的增加，损坏速度有所增加；而到了使用性能后期，路面的损坏又趋缓慢。这种形式可以看做是前两种形式的结合，在一定程度上也反映出整体强度对路面使用性能的影响。

图 7-1d）中曲线描述的是路面投入营运后使用性能随使用年限的增加近似呈直线递减。路面早期损坏快，后期缺乏必要的养护维修措施。

二、农村公路 PCI 衰变模式

对于农村公路，路面使用初期，由于路面结构抗力较强，能有效抵御包括行车荷载、环境因素造成的损坏，加之养护管理部门及时的养护，路面损坏速度较慢；而后随着时间的推移和行车荷载作用次数的增加，路面损坏类型逐渐增多，在行车荷载和环境因素的综合作用下，路面使用性能衰变逐渐增加；路面使用后期，养护管理部门加大养护资金投入，确保道路通行，路面的损坏趋于缓慢。通过对枣庄市农村公路的病害进行调查和分析，发现枣庄市农村公路路面的衰变规律与图 7-1c）中的曲线所反映的衰变规律一致，因此可以用其对应的方程来预测枣庄市农村公路路面使用性能。

第二节　农村公路 PCI 预测模型分析及应用

20 世纪 50、60 年代，国外就开始对路面使用性能预测进行研究，提出了各种预测模型。综合国内外现有的预测模型，路面使用性能的预测主要分为单一数值的确定型预测模型、预测状态分布的概率型预测模型、神经网络预测模型和灰色预测模型等。

由于我国农村公路网建设刚刚起步，对其 PCI 预测的研究起步更晚，相关的性能检测数据有限。因此，本书使用了两种预测农村公路路面使用性能的方法：确定型预测模型和灰色预测模型。

一、确定型预测模型

确定型预测模型主要研究路面结构（材料）的物理特征和力学特征在外界因素（载荷环境）作用下的相互关系，反映路面在行车荷载、环境因素和时间等综合作用下的使用性能变化规律，最终建立一个简洁、合理的方程，比较真实地来反映路面的衰变状况。

1. 模型选择原则

（1）能够正确反映路面使用性能衰变的全过程，能拟合图 7-1 的衰变模式。

（2）随着使用年数和累计轴载作用次数的增加，PCI 递减。

（3）满足必要的边界条件。

（4）方程形式简单，参数含义明确，能为路面使用性能的深入研究奠定基础。

2. 模型形式选择

根据上述原则，经过大量分析比较和深入研究，并考虑农村公路的实际情况，确定选用的标准衰变方程为：

$$\mathrm{PCI}=\mathrm{PCI}_0\left\{1-\exp\left[-\left(\frac{\alpha}{y}\right)^{\beta}\right]\right\} \tag{7-1}$$

式中：PCI_0——初始使用性能指数；

y——路龄；

α、β——模式参数。

由上式可见，为使方程形式简单，便于回归，选定路龄作为唯一变量，这样充分考虑了荷载因素的作用，较好地计入了非荷载因素对路面使用性能的影响。PCI_0 一般情况下为 100，有时略小于 100，表示路面开始使用时使用性能为最好。α、β 是回归参数，当 α、$\beta>0$ 时，使用性能指标单调递减。当 $y\to 0$ 时，$\mathrm{PCI}\to\mathrm{PCI}_0$；当 $y\to\infty$ 时，$\mathrm{PCI}\to 0$；当 α、β 取值不同时，可以拟合图 7-1的各类衰变模式。

3. 模型参数分析

式(7-1)中参数 α、β 都具有明确的数学和物理含义。当 $y=\alpha$ 时，无论 β 为何值，总有 $\frac{\mathrm{PCI}}{\mathrm{PCI}_0}=1-e^{-1}=0.632$，即曲线总要经过点（$\alpha$，0.632 PCI_0）。因此，参数 α 的数学含义是 PCI 衰变到初始值的 63.2%时的路面使用性能年数。

随着 α 值的增加，曲线的变化并不是很明显，即路面使用性能以基本相同的走向发展变化，只是到达初始值的 63.2%时有所不同。所以，参数 α 的大小反映了路面使用寿命的长短，定义其为路面衰变的寿命因子。结合实测数据的分析和工程检验，α 值一般在 2～20 之间，最常见的在 3～15 之间。当 β 由小到大时，曲线由凹形经直线变化为凸形或反 S 形，所以曲线的形态主要由 β 决定。不同的 β 值决定了路面的衰变模式，所以将 β 定义为路面衰变的模式因子。当 β 值特别小（<0.2）时，路面初期 PCI 下降非常快，以后的下降又异常缓慢，这种情况在实际过程中很少见到；当 β 值过大时，路面前期 PCI 则下降缓慢，这也不符合实际情况，所以 β 值一般是在 0.2～2.0 之间变化。采用不同的（α、β）组合，就可以拟合不同的路面衰变过程，见图 7-2。从选用不同参数时所对应的不同形状的曲线，可以看出该方程有普遍适用性。

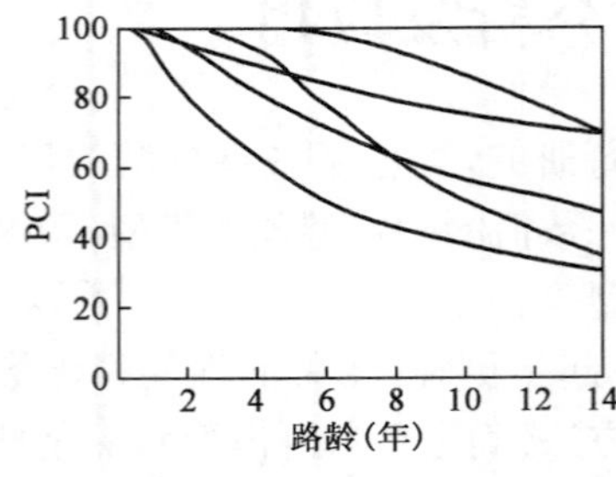

图 7-2　不同（α、β）组合的衰变曲线图

4. 模型应用实例

以枣庄市的 13 条沥青路面和 17 条水泥混凝土路面病害为例。数据列于表 7-1 和表 7-2 中。对 α 和 β 两个参数进行回归分析，得到参数 α 和 β 的数值，见表 7-3。

沥青路面病害数据　　表 7-1

市（区）名称	路 线 名 称	修建时间（年）	技 术 等 级	PCI
山亭区	李庄—幸福庄	2003	四级	67.39
山亭区	马窝—高庄	2003	四级	69.26
市中区	孟庄政府—东环路	2003	三级	69.59
市中区	永安—胡山口	2004	三级	78.02
市中区	西昌路—雷鸣水厂	2004	三级	75.58
市中区	营子—南村	2005	四级	82.69
滕州市	张孔庄—前李店	2005	四级	80.35
台儿庄	前薛线—大北洛	2006	四级	86.88
台儿庄	刘桥新村—林桥	2006	四级	91.60
滕州市	谭庄—南李楼	2006	四级	86.68
薛城区	磨庄—刘桥	2006	四级	87.85
滕州市	东田—大官	2007	四级	89.46
薛城区	小韩洼—大巩湖	2007	四级	94.19

水泥混凝土路面病害数据　　表 7-2

市（区）名称	路 线 名 称	修建时间（年）	技 术 等 级	PCI
薛城区	车峪—郯薛线	2003	四级	69.07
峄城区	仙人桥—米庄	2003	四级	71.97
薛城区	东黄—埠领	2004	四级	76.97
薛城区	南于—和尚寺	2004	四级	78.45
峄城区	沃落—左庄	2004	四级	73.50

续上表

市(区)名称	路线名称	修建时间(年)	技术等级	PCI
峄城区	姚庄—康庄东	2004	四级	74.57
山亭区	长城—火石沟	2005	四级	83.15
薛城区	郯薛线—戚庄	2005	四级	81.60
薛城区	绳桥—西丁	2005	四级	85.39
薛城区	东村—西村	2005	四级	87.19
薛城区	店子—六炉店	2006	四级	84.53
薛城区	东辛庄—大山	2006	四级	85.15
峄城区	苗圈—邢店	2006	四级	90.73
薛城区	金马—李村	2007	四级	89.65
薛城区	北安阳—马庄	2007	四级	93.34
峄城区	范庄—台韩线	2007	四级	93.15
峄城区	利增—平冯线	2007	四级	92.50

PCI 预测模型参数值　　表 7-3

路面类型	α	β	R^2
沥青路面	6.8147	1.0	0.9473
水泥混凝土路面	7.0674	1.0	0.9018

由此，可得沥青路面 PCI 确定型预测模型：

$$\mathrm{PCI}=\mathrm{PCI}_0\left\{1-\exp\left[-\left(\frac{6.8147}{y}\right)^1\right]\right\} \tag{7-2}$$

水泥混凝土路面 PCI 确定型预测模型：

$$\mathrm{PCI}=\mathrm{PCI}_0\left\{1-\exp\left[-\left(\frac{7.0674}{y}\right)^1\right]\right\} \tag{7-3}$$

根据式(7-2)、式(7-3)，为了更好地显示农村公路的 PCI 衰变情况，对未来 20 年内沥青路面和水泥混凝土路面的 PCI 值进行预测，其衰变曲线如图 7-3 所示。

对图 7-3 进行分析，可以得到以下几点结论：

(1)路面 PCI 值随着预测年份的增加而不断地减小，符合实际规律。

(2)沥青路面和水泥路面的 PCI 衰变曲线基本一致。

(3)路面使用前三年，PCI 衰变速度较慢，表明路段使用性能相对较好。

(4)第四年至第十年，路面损坏速度加快，表明处于这一时间段内的路面，若不及时予以处治，路面状况必将进一步恶化。

(5)十年之后，路面损坏速度又趋于缓慢，表明处于这一阶段的路面使用性能相对较差，需要采取大中修措施。

为考查预测模型的精度，以下对确定型预测模型进行误差分析，其结果见表 7-4 和表 7-5。

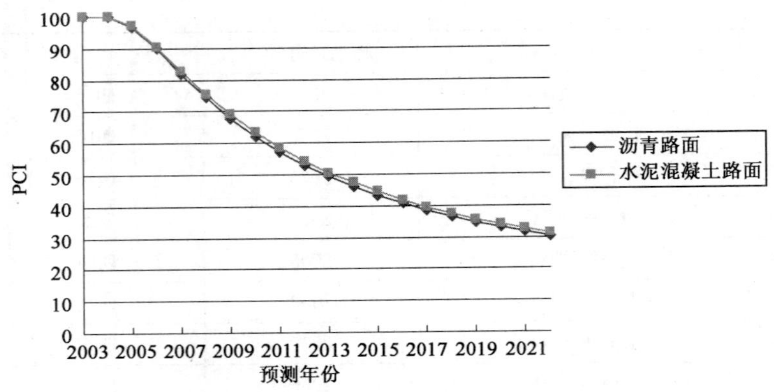

图 7-3 沥青路面和水泥混凝土路面衰变图

沥青路面误差分析

表 7-4

市(区)名称	路线名称	修建时间(年)	PCI	预测 PCI	绝对误差	相对误差
山亭区	李庄—幸福庄	2003	67.39	67.88	0.49	0.73%
山亭区	马窝—高庄	2003	69.26	67.88	1.38	1.99%
市中区	孟庄政府—东环路	2003	69.59	67.88	1.71	2.46%
市中区	永安—胡山口	2004	78.02	74.41	3.61	4.63%
市中区	西昌路—雷鸣水厂	2004	75.58	74.41	1.17	1.55%
市中区	营子—南村	2005	82.69	81.8	0.89	1.08%
滕州市	张孔庄—前李店	2005	80.35	81.8	1.45	1.80%
台儿庄	前薛线—大北洛	2006	86.88	89.69	2.81	3.23%
台儿庄	刘桥新村—林桥	2006	91.6	89.69	1.91	2.09%
滕州市	谭庄—南李楼	2006	86.68	89.69	3.01	3.47%
薛城区	磨庄—刘桥(C100)	2006	87.85	89.69	1.84	2.09%
滕州市	东田—大官	2007	89.46	96.69	7.23	8.18%
薛城区	小韩洼—大巩湖(C090)	2007	94.19	96.69	2.5	2.65%

水泥混凝土路面误差分析

表 7-5

市(区)名称	路线名称	修建时间(年)	PCI	预测 PCI	绝对误差	相对误差
薛城区	车峪—郯薛线(C065)	2003	69.07	69.21	0.14	0.20%
峄城区	仙人桥—米庄	2003	71.97	69.21	2.76	3.83%
薛城区	东黄—埠领(C105)	2004	76.97	75.67	1.3	1.69%
薛城区	南于—和尚寺(C052)	2004	78.45	75.67	2.78	3.54%
峄城区	沃落—左庄	2004	73.5	75.67	2.17	2.95%
峄城区	姚庄—康庄东	2004	74.57	75.67	1.1	1.48%
山亭区	长城—火石沟	2005	83.15	82.91	0.24	0.29%
薛城区	郯薛线—戚庄(C075)	2005	81.6	82.91	1.31	1.61%

续上表

市(区)名称	路线名称	修建时间(年)	PCI	预测 PCI	绝对误差	相对误差
薛城区	绳桥—西丁(C121)	2005	85.39	82.91	2.48	2.90%
薛城区	东村—西村(C145)	2005	87.19	82.91	4.28	4.91%
薛城区	店子—六炉店(C120)	2006	84.53	90.52	5.99	7.09%
薛城区	东辛庄—大山(C111)	2006	85.15	90.52	5.37	6.31%
峄城区	苗圈—邢店	2006	90.73	90.52	0.21	0.23%
薛城区	金马—李村(C142)	2007	89.65	97.08	7.43	8.29%
薛城区	北安阳—马庄(C136)	2007	93.34	97.08	3.74	4.01%
峄城区	范庄—台韩线	2007	93.15	97.08	3.93	4.22%
峄城区	利增—平冯线	2007	92.5	97.08	4.58	4.95%

表 7-4 中相对误差最大值为 8.18%，最小值为 0.73%，平均相对误差为 2.77%；表 7-5 中相对误差最大值为 8.29%，最小值为 0.2%，平均相对误差为 3.77%。两表中相对误差变化区间较大，主要由于农村公路面广、点散，系统地调查农村公路路面技术状况难度较大。采用时间空间法延长道路使用的时间序列，对公路病害数据进行回归分析后，参数 α 和 β 仍然存在一定误差，导致预测值和实际值存在一定偏差。随着农村公路路面病害数据的积累，确定型预测模型的预测精度将会不断提高。

以枣庄市部分农村公路为例进行路面使用性能的预测，预测结果见表 7-6 和表 7-7。

沥青路面使用性能预测值　　表 7-6

市(区)名称	路线名称	修建时间(年)	PCI(2010 年)	PCI(2011 年)	PCI(2012 年)
山亭区	李庄—幸福庄	2003	62.23	57.34	53.10
山亭区	马窝—高庄	2003	62.23	57.34	53.10
市中区	孟庄政府—东环路	2003	62.23	57.34	53.10
市中区	永安—胡山口	2004	67.88	62.23	57.34
市中区	西昌路—雷鸣水厂	2004	67.88	62.23	57.34
市中区	营子—南村	2005	74.41	67.88	62.23
滕州市	张孔庄—前李店	2005	74.41	67.88	62.23
台儿庄	前薛线—大北洛	2006	81.80	74.41	67.88
台儿庄	刘桥新村—林桥	2006	81.80	74.41	67.88
滕州市	谭庄—南李楼	2006	81.80	74.41	67.88
薛城区	磨庄—刘桥(C100)	2006	81.80	74.41	67.88
滕州市	东田—大官	2007	89.68	81.80	74.41
薛城区	小韩洼—大巩湖(C090)	2007	89.68	81.80	74.41

水泥混凝土路面使用性能预测值　　表 7-7

市(区)名称	路线名称	修建时间(年)	PCI(2010 年)	PCI(2011 年)	PCI(2012 年)
薛城区	车峪—郯薛线(C065)	2003	63.56	58.66	54.40
峄城区	仙人桥—米庄	2003	63.56	58.66	54.40

续上表

市(区)名称	路线名称	修建时间(年)	PCI(2010年)	PCI(2011年)	PCI(2012年)
薛城区	东黄—埠领(C105)	2004	69.21	63.56	58.66
薛城区	南于—和尚寺(C052)	2004	69.21	63.56	58.66
峄城区	沃落—左庄	2004	69.21	63.56	58.66
峄城区	姚庄—康庄东	2004	69.21	63.56	58.66
山亭区	长城—火石沟	2005	75.67	69.21	63.56
薛城区	郯薛线—戚庄(C075)	2005	75.67	69.21	63.56
薛城区	绳桥—西丁(C121)	2005	75.67	69.21	63.56
薛城区	东村—西村(C145)	2005	75.67	69.21	63.56
薛城区	店子—六炉店(C120)	2006	82.91	75.67	69.21
薛城区	东辛庄—大山(C111)	2006	82.91	75.67	69.21
峄城区	苗圈—邢店	2006	82.91	75.67	69.21
薛城区	金马—李村(C142)	2007	90.52	82.91	75.67
薛城区	北安阳—马庄(C136)	2007	90.52	82.91	75.67
峄城区	范庄—台韩线	2007	90.52	82.91	75.67
峄城区	利增—平冯线	2007	90.52	82.91	75.67

二、灰色预测模型

灰色预测是众多预测方法中的一种，具有需要原始数据少、计算简单、预测精度高的特点，可以通过对原始数据的处理和灰色模型的建立来掌握系统发展规律，能够对系统未来的状态作出科学的定量预测，比较适合目前农村公路PCI"小样本、贫信息"的特点，因此，在目前缺少大量历史数据的基础上，采用灰色理论中的GM(1,1)预测模型进行预测。

1. GM(1,1)模型

已知原始时间序列 $x^0=\{x^0(1),x^0(2),\cdots,x^0(n)\}$，对其做一次累加，得到生成时间序列 $x^1=\{x^1(1),x^1(2),\cdots,x^1(n)\}$，其中 $x^1(t)=\sum_{i=1}^{t}x^0(i)$。

其相应的微分方程为：

$$\frac{\mathrm{d}x^1(t)}{\mathrm{d}t}+ax^1(t)=b \tag{7-4}$$

式中：a、b——待估参数。

因为

$$\frac{\mathrm{d}x^1(t)}{\mathrm{d}t}\approx x^1(t+1)-x^1(t)=x^0(t+1) \tag{7-5}$$

将 $\frac{\mathrm{d}x^1(t)}{\mathrm{d}t}$ 理解为区间$[t,t+1]$中点取值，方程中的 $x^1(t)$ 也是如此，所以有：

$$x^0(t+1)=-\frac{1}{2}[x^1(t)+x^1(t+1)]\mu+b \qquad (t=1,2,\cdots,n-1) \tag{7-6}$$

写成矩阵的形式为：

$$Y=XB \tag{7-7}$$

式中：$X=\begin{bmatrix} -\frac{1}{2}[x^1(1)+x^1(2)] & 1 \\ -\frac{1}{2}[x^1(2)+x^1(3)] & 1 \\ \vdots & \vdots \\ -\frac{1}{2}[x^1(n-1)+x^1(n)] & 1 \end{bmatrix}$，$Y=\begin{pmatrix} x^0(2) \\ x^0(3) \\ \vdots \\ x^0(n) \end{pmatrix}$。

用最小二乘法得到：

$$\hat{B}=(x^{\mathrm{T}}x)^{-1}(x^{\mathrm{T}}x)=\begin{pmatrix}\mu \\ b\end{pmatrix} \tag{7-8}$$

由此可以得到时间响应：

$$\hat{x}^1(t+1)=\left[x^0(1)-\frac{b}{u}\right]\mathrm{e}^{-\mu}+\frac{b}{\mu} \tag{7-9}$$

$$\hat{x}^0(t+1)=\hat{x}^1(t+1)-\hat{x}^1(t) \tag{7-10}$$

式中：$\hat{x}^0$——生成数据时间序列的预测值。

2. GM(1,1)模型精度检验

灰色模型的精度通常采用后验方差检验，按照 GM(1,1)建模方法，求得 $\hat{x}^0$，即 $\hat{x}^0=\{\hat{x}^0(1),\hat{x}^0(2),\cdots,\hat{x}^0(n)\}$。

计算残差：$e(k)=x^0(k)-\hat{x}^0(k)$，得到残差向量：$\boldsymbol{e}=\{e(1),e(2),\cdots,e(N)\}$。

记原始数列 $\hat{x}^0$ 以及残差数列 e 的方差分别为 s_1^2 和 s_2^2。

$$s_1^2=\frac{1}{N}\sum_{i=1}^{N}[x^0(k)-\overline{x}^0]^2 \tag{7-11}$$

$$s_2^2=\frac{1}{N}\sum_{i=1}^{N}[e(k)-\overline{e}]^2 \tag{7-12}$$

上两式中：$\overline{x}^0=\frac{1}{N}\sum_{i=1}^{N}x^0(k)$，$\overline{e}=\frac{1}{N}\sum_{i=1}^{N}e(k)$。

然后计算后验方差比值：$C=s_2^2/s_1^2$，模型的好坏参见表 7-8。

灰色预测模型精度标准　　表 7-8

模型精度等级	C	模型精度等级	C
1 级(好)	$C<0.35$	3 级(勉强)	$0.5\leqslant C<0.65$
2 级(合格)	$0.35\leqslant C<0.5$	4 级(不合格)	$C>0.65$

3. 等维递归 GM(1,1)模型

为了提高预测精度，对上述 GM(1,1)模型进行改进：用已知数列建立的 GM(1,1)模型预测一个值，然后补充一个新信息数据到已知数列中，同时去掉最老的一个数据，接着再建立GM(1,1)模型，这样逐渐滚动预测，直到预测目标完成，这种灰色预测方法被称为等维灰色递归预测。灰色预测模型不像回归分析模型一样数据越多越精确，当取四维时预测精度已经达到较高的精度。利用等维灰色递归GM(1,1)模型，可以进行PCI的预测，其模型最大的优点是具有较强的适用性、移植性，无须标定即可应用到别的应用实例上，关键是预测时所需要数据量少，很适合我国农村公路的实际情况。

4. 灰色预测模型应用

(1)沥青路面使用性能预测

以枣庄市的马窝—高庄、西昌路—雷鸣水厂、张孔庄—前李店、谭庄—南李楼和大韩洼—大巩湖五条沥青路面为例，这五条线路修建年份分别为2003年、2004年、2005年、2006年和2007年。根据PCI的计算公式 $PCI=100-15DR^{0.412}$，可知五条线路的PCI依次为69.26、75.58、80.35、86.68和94.19。

①构造原始时间序列。

$x^0=\{x^0(1),x^0(2),x^0(3),\cdots,x^0(n)\}=(94.19,86.68,80.35,75.58,69.26)$

②累加生成时间序列。

$x^1=\{x^1(1),x^1(2),x^1(3),\cdots,x^1(n)\}=(94.19,180.87,261.22,336.8,406.06)$

③求矩阵 $\boldsymbol{X}$。根据式(7-7)得：

$$\boldsymbol{X}=\begin{bmatrix}-137.53 & 1\\ -221.05 & 1\\ -299.01 & 1\\ -371.43 & 1\end{bmatrix}$$

④求向量 $\boldsymbol{Y}$。根据式(7-7)得：

$$\boldsymbol{Y}=\begin{bmatrix}86.68\\ 80.35\\ 75.58\\ 69.26\end{bmatrix}$$

⑤求向量 $\boldsymbol{B}$。根据式(7-8)得：

$$\hat{\boldsymbol{B}}=(x^{\mathrm{T}}x)^{-1}(x^{\mathrm{T}}y)=\begin{bmatrix}\mu\\ b\end{bmatrix}=\begin{bmatrix}0.0731\\ 96.7662\end{bmatrix}$$

⑥将 μ 和 b 代入式(7-9)中得到预测方程：

$$\hat{x}^1(t+1)=\left[x^0(1)-\frac{96.7662}{0.0731}\right]e^{-0.0731t}+\frac{96.7662}{0.0731}$$

⑦求原时间序列。根据式(7-10)得：

$$\hat{x}^0=(94.19,\ 86.67,\ 80.56,\ 74.89,\ 69.61)$$

沥青路面的预测精度和预测结果见表 7-9 和表 7-10。

沥青路面灰色预测精度　　表 7-9

时间(年)	预 测 值	原 始 值	绝 对 误 差	相 对 误 差
2003	94.19	94.19	0.00	0
2004	86.67	86.68	0.01	0.07%
2005	80.56	80.35	0.21	0.26%
2006	74.89	75.58	0.69	0.92%
2007	69.61	69.26	0.35	0.51%

沥青路面近期灰色预测结果　　表 7-10

年份	2008	2009	2010	2011
PCI	64.70	60.14	55.90	51.96

从表 7-9 可以看出，预测值与原始值的绝对误差和相对误差都是很小的，模型精度均达到了 1 级标准。另外，从表 7-10 的预测结果可以得知，相隔两年的农村公路的 PCI 最多相差一个等级。

(2)水泥混凝土路面使用性能预测

以枣庄市的仙人桥—米庄、东黄—埠领、郯薛线—戚庄、东辛庄—大山和北安阳—马庄五条线路为例，这五条线路修建年份分别为 2003 年、2004 年、2005 年、2006 年和 2007 年。根据前期病害统计数据可知，这五条线路的 PCI 依次为 71.97、76.97、82.6、85.15 和 93.34。

①构造原始时间序列。

$x^0 = \{x^0(1), x^0(2), x^0(3), \cdots, x^0(n)\} = (93.34, 85.15, 81.6, 76.97, 71.97)$

②累加生成时间序列。

$x^1 = \{x^1(1), x^1(2), x^1(3), \cdots, x^1(n)\} = (93.34, 178.49, 260.09, 337.06, 409.0)$

③求矩阵 $\boldsymbol{X}$。根据式(7-7)得：

$$\boldsymbol{X} = \begin{pmatrix} -136.34 & 1 \\ -219.29 & 1 \\ -298.58 & 1 \\ -373.03 & 1 \end{pmatrix}$$

④求向量 $\boldsymbol{Y}$。根据式(7-7)得：

$$\boldsymbol{Y} = \begin{pmatrix} 85.15 \\ 81.6 \\ 76.97 \\ 71.97 \end{pmatrix}$$

⑤求向量 $\boldsymbol{B}$。根据式(7-8)得：

$$\hat{\boldsymbol{B}} = (x^{\mathrm{T}}x)^{-1}(x^{\mathrm{T}}y) = \begin{pmatrix} \mu \\ b \end{pmatrix} = \begin{pmatrix} 0.0558 \\ 93.2593 \end{pmatrix}$$

⑥将 μ 和 b 代入式(7-9)中得到预测方程：

$$\hat{x}^{1}(t+1)=\left[x^{0}(1)-\frac{93.2593}{0.0558}\right]e^{-0.0558t}+\frac{93.2593}{0.0558}$$

⑦求原时间序列。根据式(7-10)得：

$$\hat{x}^{0}=(93.34, 85.64, 80.99, 76.6, 72.44)$$

水泥混凝土路面的预测精度及近期预测结果见表 7-11 和表 7-12。

水泥混凝土路面灰色预测精度 表 7-11

时间(年)	预 测 值	原 始 值	绝 对 误 差	相 对 误 差
2003	93.34	93.34	0.00	0
2004	85.64	85.15	0.49	0.58%
2005	80.99	81.60	0.21	0.26%
2006	76.60	76.97	0.37	0.49%
2007	72.44	71.94	0.35	0.49%

水泥混凝土路面近期灰色预测结果 表 7-12

年份	2008	2009	2010	2011
PCI	68.51	64.79	61.27	57.95

由表 7-11 可知，预测值与原始值的绝对误差和相对误差都比较小，模型精度均达到了 1 级标准。由表 7-12 的预测结果可知，相隔两年的农村公路的 PCI 最多相差一个等级。

(3)预测结果分析

由上述分析可知，运用四维的等维灰色理论模型进行预测不仅可以在精度上满足要求，而且模型简单、便于预测。因此，灰色理论模型在进行农村公路路面使用性能预测时是符合客观规律的。

利用灰色预测模型对农村公路 PCI 值进行预测，将沥青路面和水泥混凝土路面的预测值加以对比，见图 7-4。

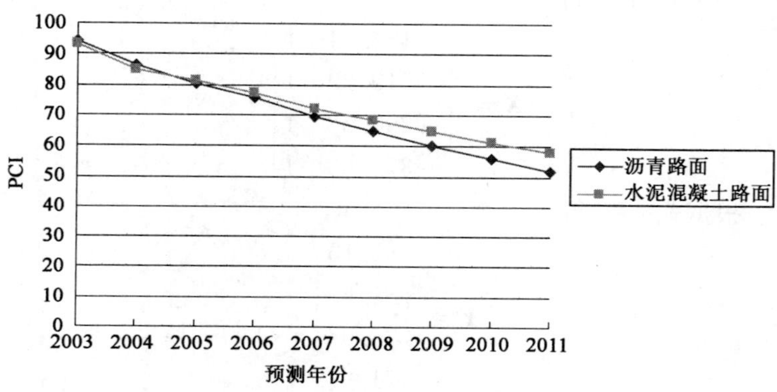

图 7-4 沥青路面和水泥混凝土路面 PCI 预测值对比图

由图 7-4 可以看出，道路使用初期，枣庄市水泥混凝土路面的 PCI 值下降的速度要比沥青路面快，2005 年之后，随着路龄的增加，水泥混凝土路面的 PCI 衰变速度明显要比沥青路面缓慢。

三、预测模型比选结果

根据上述分析可知，确定型预测模型具有较高的可靠性，在路面技术状况历史数据积累较多的情况下，推荐使用确定型预测模型，可以预测较长年份的 PCI。等维灰色预测模型具有“需要原始数据少、计算简单、精度高”的优点，在目前缺乏农村公路实际技术状况数据的情况下，具有较强的适用性，主要进行近期预测。随着农村公路路面技术状况数据的不断积累，应结合样本情况，使用确定型和灰色预测模型对路面技术状况进行综合预测。

第八章　农村公路养护管理决策

第一节　农村公路养护管理决策

农村公路的养护管理决策是根据路面使用性能的评价和预测结果对有限养护资金、有限养护能力等资源进行最优分配，确定最佳养护对策和实施序列的过程。对于农村公路养护管理单位来说，需要决策的内容包括：

(1)在一定规划期限内，对所辖路网中的哪些路段，以何序列、何种措施进行养护。

(2)在保证某种路况水平的前提下，所辖路网在规划期内用于路面养护需要投入多少资金。

(3)在一定的养护资金条件下，应如何对养护资金进行分配。

一、养护管理决策的层次

公路养护管理决策一般分为宏观决策和微观决策两个层次，在潘玉利的《路面管理系统原理》中，将其分别称为网级决策和项目级决策。考虑到农村公路已经形成了一定的规模，本书亦将农村公路养护管理决策划分为网级决策和项目级决策。

农村公路网级决策就是在给定限制条件下，进行资金分配方案的分析，选择最经济有效的方案，确定最需要养护的路段，合理地分配和使用有限的资源，最大限度地满足系统的要求。农村公路项目级决策的对象是具体路段，在网级决策确定了何时、何地、采用何种养护对策及具体路段分配的养护资金等条件的基础上，确定该路段最后采用的最佳养护方案。

二、养护管理决策的实施流程

不同的管理层次分别对应于不同的养护管理实施方法，一般来说，主要有两种方式：一种是"自上而下"的决策方式，另一种是"自下而上"的决策方式。"自上而下"的方式从网级决策开始，采用优化技术确定路网的资金最优分配方案和大中修项目，然后将宏观决策的结果作为项目级决策的约束条件，进一步确定每个管理路段的具体养护方案。"自下而上"的方式则从项目级决策开始，首先为每一个管理路段确定最佳的养护方案，然后在整个路网养护资金的约束下，按照一定的排序方法最终选定需要实施的项目。

应该采取哪种实施方式，并没有统一的标准，主要取决于路网的规模大小和管理部门的决策模式。针对农村公路路网整体规模大、项目分散、单体规模小的实际情况，应采用"自上而下"与"自下而上"相结合、以"自上而下"为主的养护决策方式，从路网全局的角度对养护资金的投入和分配进行优化，发挥决策者的宏观指导作用，体现其战略决策意图，保证养护管理决策的系统性，实现路网整体效益的最大化。具体决策流程如图 8-1 所示。

三、养护管理决策的目标分析

农村公路不同于干线公路，其技术等级一般较低，大多是三、四级公路，交通量较小，行驶的大多为农用车和中小型车辆，路面厚度一般比较薄，路面基层薄弱，路面结构承载能力较低。因此，在进行农村公路养护管理决策的时候，主要从两个方面考虑：一是在养护维修之后，保证道路安全畅通，使路网整体技术状况最优；二是在投资维修之后，保证投资效益最大化，使机会成本最小。

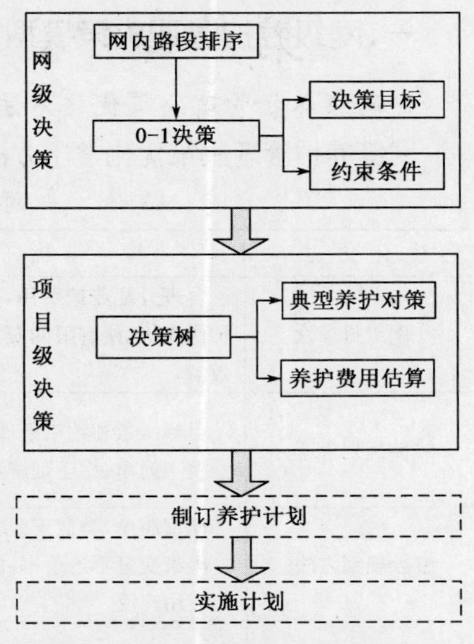

图 8-1　农村公路养护管理决策流程图

四、养护管理决策的影响因素分析

决策模型的合理与否是农村公路养护管理决策成败的关键。为使公路养护管理决策结果能够适应当地经济发展的需要，在进行决策时需要考虑多种因素，包括道路材料、设计、施工等工程实际因素，同时还包括道路等级、路面类型、路面破损状况、路龄、交通量、养护资金、养护能力、气候条件、政策因素以及所要求达到的服务水平等因素。对农村公路而言，主要考虑的决策因素有以下几点。

(1)路面损坏状况现状：路面损坏状况包括两部分，即路面状况指数(PCI)和主导损坏类型。PCI的大小将决定是否需要小修、中修、大修或改建，路面主导损坏类型将决定采取何种预处理措施。即使PCI相同，若路面上的主导损坏类型不同，所采用的对策也可能不同。

(2)路面损坏状况变化率：表示农村公路在未来年与决策年之间路面PCI的变化速度，反映了公路路面破坏的快慢程度。PCI变化率越大，说明路面破坏速度越快，养护部门应该及时采取养护措施。

(3)交通量：交通量是路面承受的直接外部荷载，是造成路面破坏的主要外部因素。在进行养护决策时，交通量越大的路段，受到的关注程度越高，对路面养护的要求也越高；同等损坏条件下，交通量大的路段应优先进行养护。

(4)日常管理水平：日常管理水平的高低与养护效果的好坏有直接相关，并且从提高养护管理部门积极性的角度出发，在其他条件相同的情况下，日常管理水平高的区域内的路段应优先考虑。

(5)路段重要性：路段在路网中的重要性越高，受到的关注程度越高，对养护的要求也越高；在同等的技术状况下，重要性高的路段应优先安排养护。

(6)养护能力：当地的养护技术、人员、施工装备等也是影响养护对策选择的因素。

(7)资金因素：资金供给是否有保障是影响养护对策选择的主要因素。

(8)政策因素：战略发展目标、产业布局、应急救援等政策因素也会影响到路面养护维修对策的选择。

第二节　农村公路养护管理决策模型

一、网级养护管理决策模型

1. 网级养护管理决策优化方法

网级养护管理决策优化常用方法及其优劣情况如表 8-1 所示。

网级养护决策优化方法优劣表　　表 8-1

优化方法	优　点	缺　点
网级排序法	合理分配养护费用，确定系统内路段的养护优先级，使有限的资金发挥出最大的经济效益	在选择项目时，没有考虑项目间的效益和项目实施时间的影响
线性规划方法	目标函数和约束条件均以线性形式表示；模型简单，易于理解和应用	解通常表现为各种路况占路网的百分比，而非具体的路段；一般解法难以处理路网规模较大的问题
整数规划方法	模型简单，类似于线性规划；决策变量不连续，只能为整数 0、1；应用广泛	传统解法难以处理路网规模较大的问题
目标规划法	可求解多目标规划问题；需要事先给定各个多目标条件的约束值	传统解法难以处理路网规模较大的问题
马尔可夫决策模型	考虑了路网性能发展的不确定性，及其对后面预测的影响；可以采用动态规划模型和线性规划模型两种表达方式	仅适用于路网财政规划；解表现为各种路况所占路网长度的百分比而非具体路段，因此难以了解不同路段的具体情况，也难以利用路网财政规划的结果进行项目级决策
动态规划法	最优策略由若干子策略组成；决策过程必须连续且前面决策产生的结果对后面决策的过程产生影响；通常同马尔可夫决策结合一起进行网级财政规划	较为复杂，不像线性规划有明确定义的过程；存在“维数障碍”，难以解决决策变量大的问题
集成近似优化方法	按某些标准对路网中的路面进行归类集成，将较大规模的规划问题转化成较小规模的规划问题，可以解决路网规模较大的规划问题；处理对象为路网里面的百分比而非具体路段	难以说明各路段的具体情况，也无法利用网级财政规划的结果进行项目级决策
启发近似优化方法	将大的优化问题划分为连续的小优化问题，将一步优化转化为多步优化；可产生具有一定精度的近似优化解；可以解决路网规模较大的规划问题	优化效果不理想，难以获得最优解

由表 8-1 可知，不同的决策方法有不同的特点与适用范围。考虑到农村公路养护资金有限，为了使有限的养护资金发挥最大的效益，本书使用排序法对路网内的路段进行排序，确定路段的养护优先顺序，应用技术性能、机会成本等最优为目标，同时考虑路段养护费用以及它所带来的经济效益等多项约束条件，对路段养护排序进行 0-1 决策校验。这样既可以完成实际工作中的养护资金需求测算，又可完成养护资金分配任务。

2. 网级养护决策排序

养护管理通常受到资金的限制，不可能满足所有的养护需求，在这种情况下，需要决策者按照一定标准确定路网中各条线路养护管理的先后顺序，排序结果可以反映路面养护的迫切性和综合重要程度。本书所考虑的排序影响因素包括 PCI 值、PCI 变化率(k_{PCI})、交通流量(AADT)、日常养护管理水平(RCSP)和路段在路网中的地位(LWDW)五个方面，排序规则见表 8-2 所示。

影响决策方案的因素　　表 8-2

影响因素	排序权重	排序规则
PCI 值	ω_1	按决策年各路段 PCI 分值排序，值小者排序靠前
PCI 变化率(k_{PCI})	ω_2	按各路段 k_{PCI} 大小排序，值大者排序靠前
交通流量(AADT)	ω_3	按决策年日均交通流量大小排序，值大者排序靠前
日常养护管理水平(RCSP)	ω_4	按决策年日常养护管理水平评价分值排序，值大者排序靠前
路段在路网中的地位(LWDW)	ω_5	路段技术等级、行政等级高，交通量增长快的排序靠前

决策年为制订养护计划的当年，为了确定未来 PCI 的变化率，需要预测 PCI 值的年称为未来年。为了准确反映 PCI 变化率，一般将未来年确定为决策年后的第三年，通过对未来年 PCI 值的预测可以确定 PCI 变化率。确定路段在路网中的地位时可采用专家经验法、综合打分法。

k_{PCI} 表示决策年与未来年 PCI 的变化情况，算法为：

$$k_{PCI}=\frac{PCI_0-PCI_j}{j}\times 100\% \tag{8-1}$$

式中：PCI_0——决策年的 PCI 值；

PCI_j——未来年的 PCI 值；

j——未来年与决策年的时间差。

根据枣庄农村公路的特点及专家调查结果，取：$(\omega_1,\omega_2,\omega_3,\omega_4,\omega_5)=(0.4,0.2,0.15,0.15,0.1)$。

用 μ_i 表示项目级决策排序结果，算法为：

$$\mu_i=\omega_1\cdot S_{PCI}+\omega_2\cdot S_{kPCI}+\omega_3\cdot S_{AADT}+\omega_4\cdot S_{RCSP}+\omega_5\cdot S_{LWDW} \tag{8-2}$$

式中：μ_i——第 i 条路段排序结果；

S_{PCI}——决策年 PCI 的排序值；

S_{kPCI}——PCI 变化率的排序值；

S_{AADT}——决策年平均日交通量排序值；

S_{RCSP}——决策年日常养护水平分值；

S_{LWDW}——路段在路网中的地位。

根据专家调查，将影响因素的权重确定为$(\omega_1,\omega_2,\omega_3,\omega_4,\omega_5)=(0.4,0.2,0.15,0.15,0.1)$。在实际使用中，可根据决策者的需要对权重进行调整。

3. 网级 0-1 决策模型

将 0-1 线性规划方法应用于网级决策的养护资金分配 0-1 决策模型，其目的是通过讨论若干目标是否符合决策者的意图，根据计算结果决定各个决策变量的取舍。其决策变量的取值只有 0 和 1，可以表达为：

$$x_i=\begin{cases}1,\text{优先养护}\\0,\text{不优先养护}\end{cases}$$

进行农村公路路网决策时，本书将机会成本最小和路网整体技术状况最优作为决策目标，将日常养护工作量、需养护的面积作为决策约束目标，则建立的决策模型的目标为：

$$\begin{cases}\min\ z_1=x_1y_1+x_2y_2+\cdots+x_ny_n\\\max\ z_2=x_1s_1+x_2s_2+\cdots+x_ns_n\end{cases}\tag{8-3}$$

约束条件为：

$$s.t.\begin{cases}x_1d_1+x_2d_2+\cdots+x_nd_n\leqslant D\\x_1m_1+x_2m_2+\cdots+x_nm_n\leqslant M\\x_1r_1+x_2r_2+\cdots+x_nr_n\leqslant R\end{cases}$$

式中：x_i——第 i 条需要养护的路段$(i=1,2,\cdots,n)$；

y_i——第 i 条路段的机会成本$(i=1,2,\cdots,n)$；

s_i——第 i 条路段养护后的路面使用性能分值$(i=1,2,\cdots,n)$；

M——养护资金总额；

R——养护人员总数；

D——养护面积总和。

基于式(8-3)，采用加权系数法将多目标规划问题转化为单目标规划问题，并通过权系数来反映各个目标对于决策者的重要程度，并采用加权求和法将多个目标函数组合成为一个单一目标的函数。具体如下。

设原问题中有 n 个目标 $z_j(x)(j=1,2,\cdots,n)$，乘以表示各个目标重要程度的一组权系数 $\lambda_j(j=1,2,\cdots,n)$，并且满足$\sum_{j=1}^{n}\lambda_j=1,\lambda_j>0$，然后求和作为总目标函数，即构造出如下单目标问题：

$$\min\ z'(x)=\sum_{j=1}^{n}\lambda_jz_j(x)=\lambda^{T}z(x)\tag{8-4}$$

并对此目标函数在原有的多目标函数的约束集合上求解非劣解，即单目标的非劣解。

二、项目级养护管理决策模型

决策树是通过采用树状结构的形式，根据公路等级、交通量、路况指数等影响因素，将路网不断进行细化、分枝，综合考虑各种组合条件，在各个分支的枝末，给出各种组合条件限制下的可能处治对策。

决策树简单明了，易于工程师和管理人员理解和操作；同时，在确定各种组合条件的可能对策时，能够通过专家调查等方法，综合考虑地区工程师的经验，很好地与人们的主观经验相结合进行项目级养护决策。

进行项目级决策需首先确定典型养护对策及其费用，然后采用决策树法确定各个路段的养护标准和养护对策。

1. 典型养护对策及其费用分析

典型农村公路养护对策必须满足下列条件。

(1)完备性：典型养护对策应包括根据已知信息可能采取的全部行动，即必须具有完备性。

(2)排他性：典型养护对策集中的每一对策都具有排他性，即对于同一种状况不可能同时采取两种不同的对策。

(3)等效性：对于同一状态的路面实施同一典型养护对策以后，向其他路面状态转移的概率应当相同，即应具有相同的效果。

综合考虑养护决策的影响因素，结合上述条件，选择小修保养、中修、大修、改建等作为典型养护对策，如表 8-3 所示。其中，小修保养主要是进行预防性养护，不能提升 PCI 的等级，只是维持目前的使用水平；中修是以修复公路的功能性能和结构性能为主，可以将 PCI 提高两级；大修将全面恢复公路的使用性能，可以使所有指标恢复到最优水平；改建不仅可以全面恢复公路的使用性能，甚至可以提高道路等级。

农村公路典型养护对策　　表 8-3

养护对策	主要工作内容	
	沥青路面	水泥混凝土路面
日常养护	清扫路面、排水设施养护、路肩养护、边坡养护、防雪防滑、排除雨后积水等	接缝保养及填缝料更换、清扫保洁、排水设施养护
小修	处理裂缝、麻面与松散；修补坑槽、沉陷、啃边、波浪与搓板等	维修裂缝，板边、板角修补；处理沉陷与拱起；修补坑洞、处理唧泥
中修	沥青表面处治、稀浆封层等；乳化沥青封层；沥青碎石；沥青混凝土	整块面板翻修；机械刻槽、处理磨光；铺设沥青磨耗层
大修或改建	部分路段修复；路面补强；改建	部分路段修复；水泥混凝土加铺；沥青混凝土加铺；局部路面碎石化后重铺路面结构；改建

经过实地调查，枣庄市日常养护、小修、中修、大修或改建的典型养护对策的标准公里费用如表 8-4 所示。

典型养护对策的标准公里养护费用　　表 8-4

典型养护对策	日常养护	小　修	中　修	大修或改建
费用	1.2	8	18	30

注：1. 标准公里定义为路面宽度 4m、长度 1km 的一个路段。

2. 费用单位为万元/标准公里。

由于养护方法的改进及物价上涨因素，表 8-4 中的费用应根据地域及时间的不同而做进一步的修订。

2. 决策树

由于本书选择 PCI 作为农村公路技术状况的主要评价指标，因而在决策树中采用 PCI 作为确定养护标准和养护对策的主要因素。根据相关的养护技术规范及枣庄市农村公路调研结果，结合枣庄市农村公路养护管理工作经验，将农村公路典型养护标准对应的 PCI 划分为四个区段，分别为 70～100、55～69、40～54、0～39，对应的养护方法分别为日常养护、小修、中修、大修或改建。依据成本低廉、技术成熟，评价标准稍有降低、适当采用新技术等原则，沥青路面和水泥混凝土路面不同区段对应的养护措施分别如图 8-2、图 8-3 所示。

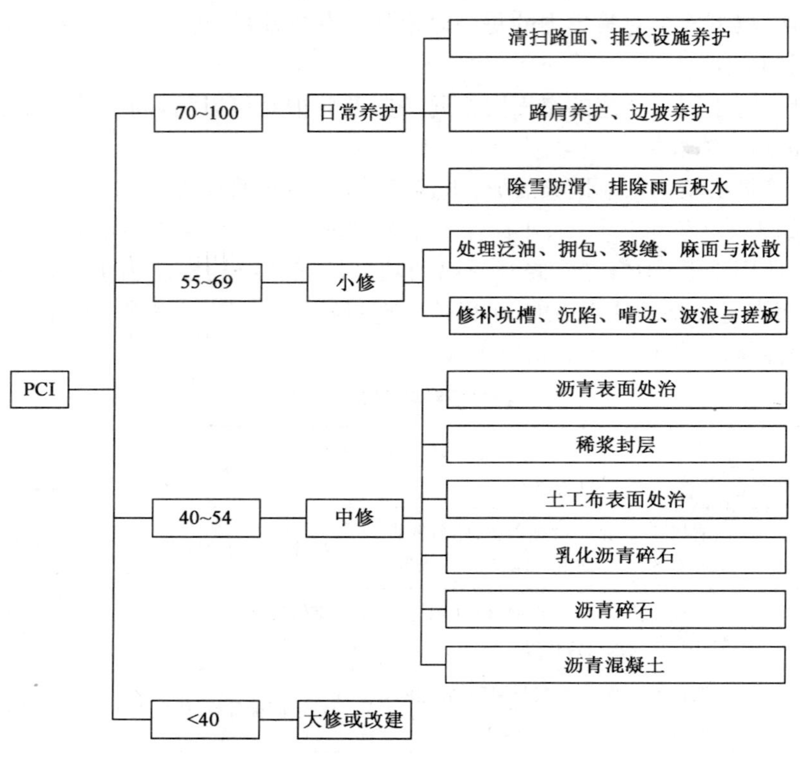

图 8-2　农村公路沥青路面养护决策树

从图 8-2 的决策树可以看出：在确定沥青路面养护对策时，首先判断该路段的 PCI 值是否大于 70，如果大于 70，养护对策以日常养护为主，并对一些小规模的病害进行小修处理；若 PCI 值处于 55～69，表明路面出现小规模病害或局部破损，需要进行小修；如果 PCI 值处于 40～54，表明路面破损较为严重，则采取中修的对策；如果 PCI 小于 40，则说明路面状况破损严重，需进行大修或改建。

从图 8-3 的决策树可以看出：在确定水泥混凝土路面养护对策时，应根据该路段 PCI 值所处区间选择相应的养护对策。如果 PCI 值大于 70，表明路面处于良好的状态，则对应的养护措施以日常养护为主，并对一些小规模的路面病害进行处理；如果 PCI 值处于 55～69，表明路面局部出现了一些小规模的病害，此时路面需要及时进行病害处理，以小修为主；如果 PCI 值处于 40～54，表明路面破损状况较为严重，需要及时采取中修，以免路面破损状况进一步恶化；如果 PCI 值小于 40，则说明路面状况破损严重，需进行大修或改建。

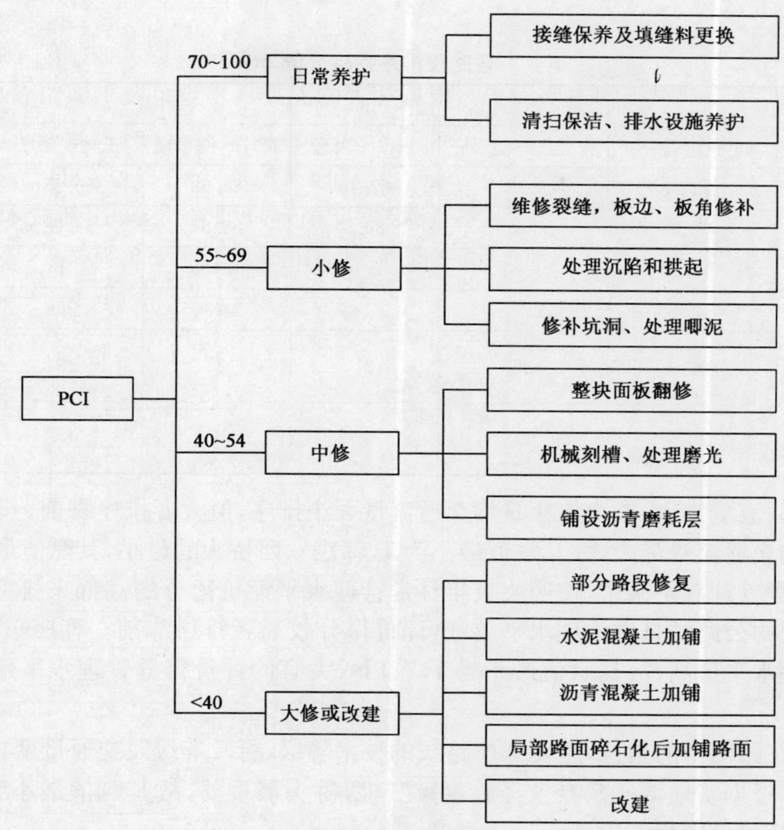

图 8-3　农村公路水泥混凝土路面养护决策树

第三节　决策实例

一、网级决策

1. 网内路段排序

以枣庄滕州市为例，假设 2008 年该市计划对所辖范围内的韩庄—西桥头、张孔庄—前李店、王林—李庄、谭庄—南李楼、东田－大官和千佛阁－坝子崖六条沥青路面公路进行养护维修。以 2008 年为决策年，2010 年为未来年，根据前期调查、评价及预测结果，各路段排序指标的分值如表 8-5 所示。

排序步骤如下：

(1)对 PCI 来讲，按决策年六条路段的 PCI 值的大小排序，值小者排序靠前，即路况越差其值越小。表 8-5 中，韩庄—西桥头的 PCI 值最小，故其赋值最小为 1，东田—大官的 PCI 值最大，其赋值最大为 6。

(2)对 PCI 变化率来讲，以未来两年内的各路段 PCI 变化率大小来排序。通过表 8-5，得知东田—大官的 PCI 变化率最大，故其赋值最小为 1，韩庄—西桥头的 PCI 变化率最小，其赋值最大为 6。

各路段排序指标分值 表 8-5

编号	1	2	3	4	5	6
线路名称	韩庄—西桥头	张孔庄—前李店	东田—大官	谭庄—南李楼	王林—李庄	千佛阁—坝子崖
2008 年 PCI	80.04	80.35	89.46	86.68	86.18	83.97
2010 年 PCI	77.39	77.69	86.5	83.81	83.32	81.12
PCI 变化率	1.325	1.33	1.48	1.435	1.43	1.425
交通流量	1 188	1 288	1 244	1 256	1 356	1 577
日常养护管理水平	95	89	81	85	86	83
路段在路网中的地位	1	3	2	4	6	5

(3)对交通流量来讲,按决策年日均交通流量大小排序,值大者排序靠前。表 8-5 中,千佛阁—坝子崖的交通流量最大,故其赋值最小为 1,韩庄—西桥头的最小,其赋值最大为 6。

(4)对日常管理水平来讲,按照决策年日常管理水平评价得分的高低来排序,评价得分管理水平越高说明公路的日常管理水平越好,评价得分较高者排序靠前。韩庄—西桥头路线的评价得分管理水平最高,故其赋值最小为 1,东田—大官的评价得分管理水平最低,其赋值最大为 6。

(5)路段在路网中的地位,主要考虑路线的技术等级、行政等级及交通量变化情况等因素,重要者靠前。根据实地调研及专家经验,韩庄—西桥头最重要,故其赋值最小为 1,王林—李庄最次要,其赋值最大为 6。

(6)五个影响因素的权重为 $(\omega_1,\omega_2,\omega_3,\omega_4,\omega_5) = (0.4,0.2,0.15,0.15,0.1)$,分别进行计算,得到 $\mu_i(i = 1,2,3,4,5,6) = (2.75,2.85,4.35,4.05,3.9,3.1)$,即在不考虑其他因素的情况下,仅按照养护的需要,养护的优先次序为韩庄—西桥头、张孔庄—前李店、千佛阁—坝子崖、王林—李庄、谭庄—南李楼、东田—大官。

具体计算结果如表 8-6 所示。

排序的实例应用 表 8-6

编号	1	2	3	4	5	6
线路名称	韩庄—西桥头	张孔庄—前李店	东田—大官	谭庄—南李楼	王林—李庄	千佛阁—坝子崖
PCI	1	2	6	5	4	3
PCI 变化率	6	5	1	2	3	4
交通流量	6	3	5	4	2	1
日常养护管理水平	1	2	4	3	6	5
路段在路网中的地位	1	3	4	6	5	2
μ_i	2.75	2.85	4.35	4.05	3.9	3.1
排序结果	1	2	6	5	4	3

2. 网级 0-1 决策

假定 2008 年滕州市用于农村公路养护的资金为 600 万，由于养护能力有限，最多只能对 200 000m² 的病害路面进行养护，同时要求养护后日常养护工作量为 500 工日。

具体的机会成本、排序及工作量等具体条件如表 8-7 所示。

0-1 决策实例　　表 8-7

路　线	路段养护排序	投资效益（万元）	机会成本（万元）	养护后日常养护工作量（工日）	需养护的面积（m^2）	养护费用（万元）	维修后公路技术状况指数
张孔庄—前李店	2	20	23	112	44 000	150	86
千佛阁—坝子崖	3	15	23	124	48 000	115	81
王林—李庄	4	23	21	100	46 000	155	85
东田—大官	6	19	23	110	42 000	145	82
谭庄—南李楼	5	18	23	130	40 000	140	83
韩庄—西桥头	1	21	23	160	48 000	150	82

则可以得到目标函数：

$$\begin{cases}\min z_1 = 23x_1 + 23x_2 + 21x_3 + 23x_4 + 23x_5 + 23x_6 \\ \max z_2 = 86x_1 + 81x_2 + 85x_3 + 82x_4 + 83x_5 + 82x_6\end{cases}$$

约束条件为：

$$s.t.\begin{cases}150x_1 + 115x_2 + 155x_3 + 145x_4 + 140x_5 + 150x_6 \leqslant 600 \\ 44\,000x_1 + 48\,000x_2 + 46\,000x_3 + 42\,000x_4 + 40\,000x_5 + 48\,000x_6 \leqslant 200\,000 \\ 112x_1 + 124x_2 + 100x_3 + 110x_4 + 130x_5 + 160x_6 \leqslant 500\end{cases}$$

为了简化计算过程，将上述多目标 0-1 线性决策转换为单目标 0-1 线性决策模型进行计算。

与养护管理部门交换意见，得到反映两个目标函数重要性的权数：

$$\lambda_1 = 0.45, \lambda_2 = 0.55, \lambda_1 + \lambda_2 = 1$$

则转化后的单目标规划为：

$$\max\ Z = 36.95x_1 + 34.2x_2 + 37.3x_3 + 34.75x_4 + 35.3x_5 + 34.75x_6$$

利用遗传算法求解得：$x_1 = x_3 = x_4 = x_5 = 1, x_2 = x_6 = 0$，即在三个约束条件下，应维修张孔庄—前李店、王林—李庄、东田—大官、谭庄—南李楼四条线路，这样才能在排序的基础上进一步满足约束条件，达到决策方案最优。所需的养护资金为 600 万元，机会成本为 90 万元，维修后路网的总体技术状况为 336 分。

二、项目级决策

根据网级决策结果和 PCI 值，从养护决策树状图中选取相应的养护对策，张孔庄—前李店、王林—李庄、东田—大官、谭庄—南李楼的养护对策以日常养护为主。

第三篇

农村公路路政管理

第九章 农村公路路政管理现状及存在的问题

第一节 国内外农村公路路政管理现状

一、国外农村公路路政管理现状

为加强公路的有效管理，世界各国都按照一定的原则对公路网进行分级管理。但不同国家的分级标准是不同的，美国按照行政区把公路划分为联邦资助公路系统、州公路系统和地方公路系统，按照功能又把公路分为干线公路、集散公路和地方公路。其他很多国家按照行政分级原则把公路分为国道、省(州、邦)道、县乡镇道路。国外公路网中和我国农村公路大致对应的部分一般称为县乡公路、地方公路、乡村公路或者叫做低交通量公路。

国外对农村公路的管理主要集中在州及其以下各部门，大多按照行政区设立各级地方公路管理机构，这些机构对其行政管辖范围内地方公路的建设、管理、养护负责。国外农村公路路政管理的整体特征是“法制健全、体制统一、责任明确、执法效率高”，已建立了较为完善的路政管理机制与管理模式，其工作重点为稳定规模、提高质量、完善管理系统、注重交通安全和环境保护、努力提高公路运输的经济效益与社会效益。

二、国内农村公路路政管理现状

随着农村公路建设的不断加速，我国农村公路的养护管理引起了各级各部门的高度重视。2005 年 9 月，国务院办公厅下发了《关于印发〈农村公路管理养护体制改革方案〉的通知》(国办发[2005]49 号)，2006 年交通部发布了《关于印发〈农村公路建设管理办法〉的通知》(3 号令)。山东省和其他省市一样，出台了一系列规范性文件。这些办法框定了农村公路的建管养职责、养护管理体制和资金渠道，对建立有效的农村公路养护管理体制有一定的指导意义。

但是这些办法更多关注的是农村公路的建设、养护和资金，对农村公路中乡道和村道的路政管理没有涉及或提及很少，更不用说思考农村公路的路政管理体制。目前农村公路的路政管理，在法律制度、管理体制、管理模式等方面都存在缺陷，也大大落后于农村公路的建设和养护管理。同时乡村公路(指乡道、村道)上违法堆物、违法建房、人为破坏、超限运输等现象层出不穷，乡村公路的路政管理几乎成为空白。

就目前农村公路路政管理现状来看，我国农村公路路政管理工作还处于摸索之中，本书从以下几个方面来分析农村公路路政管理的现状。

(1)执法依据

目前全国尚无统一的农村公路管理法律和法规。路政管理的依据只有 1997 年 7 月国家颁布的《中华人民共和国公路法》、2011 年 7 月国家颁布的《公路安全保护条例》以及一些地方法规，而且从国家法律法规上看没有农村公路的提法，农村公路并非法律规定的概念。由此交通运输部以及各地根据实际情况，制订了一些部门或地方性的规定和制度，来约束和实施农村公路路政管理工作，但出现了一些法规与制度不一致的情况，形成“政出多门”和“法出多门”的局面，对法规的效力和权威性产生了一定的不利影响，给路政管理执法者和守法者带来很多不便，也给依法治路造成一些障碍。

(2)理论研究

国内相关学者对路政管理的研究，主要集中在高速公路、国省道干线公路路政管理方面，专门针对农村公路路政管理的理论研究开展甚少。仅有的研究主要是一些农村公路基层管理单位人员针对路政管理实践中存在的具体问题展开的讨论。如 2009 年，河北省泊头市交通运输局的潘强在《农村公路路政执法中存在的问题及对策研究》一文中讨论了农村公路执法中存在的问题，从工作运行机制、执法薄弱环节等方面分析了产生这些问题的原因，并对农村公路路政执法工作提出了建议和措施。2010 年，湖南省常德市交通运输局的车德斌等在《常德市农村公路路政管理调查与思考》一文中分析了常德市农村公路路政管理的现状及存在的问题，提出了“提高认识，全力营造路政管理工作氛围；依法依规，切实抓好路政管理基础工作；严格执法，全面加强违法行为的综合治理”等管理措施。2011 年，安徽省蚌埠市县乡公路管理局的张茂水在《农村公路路政管理存在问题及对策》中总结了蚌埠市农村公路路政管理中存在的问题，分析了产生这些问题的原因，并提出了加强农村公路路政管理工作的途径。但是这些针对农村公路路政管理的研究不系统、不深入，未能从理论深度上研究解决农村公路路政管理中迫切需要解决的问题。

(3)管理系统

我国公路路政管理系统的研究开展较晚，到目前为止，国内已存在或开发的公路路政管理系统达几十种之多。但这些管理系统主要是针对高速公路或国省道干线公路，还没有专门针对农村公路的路政管理系统软件。

(4)评价实践

为提高农村公路路政管理工作的效率，一些地方对农村公路路政管理工作进行了有益的尝试，将农村公路路政管理工作纳入各级政府年度考核范围，将部门行为、行业行为变成政府行为和社会行为。在此基础上，交通主管部门从行业层面层层签订责任书，逐级落实责任，每年进行定期考核。考核项目主要包括路政外业管理、内业管理、目标管理、社会反馈等方面。考核方式以人工调查为主，以百分制打分的形式进行，信息化应用较为缺乏。

第二节　农村公路路政管理存在问题

一、农村公路路政管理理论不完善

虽然我国对农村公路路政管理开展了一些有益的实践和探索，但理论研究不深入，尚未形成系统、完善的农村公路路政管理理论体系。主要表现在如下几个方面：

(1)缺乏农村公路路政管理的法律适用性分析。

(2)缺乏农村公路路政管理业务的特殊性分析。

(3)缺乏农村公路路政标准化管理的相关研究。

二、农村公路路政管理效率低

主要表现在如下几个方面：

(1)机构设置、人员配置集约化程度低，职责不明确。

(2)路政管理与养护脱节，不能形成合力。

(3)路政管理社会化协作差。

(4)缺乏强有力的科技支撑。路政执法中信息科技化水平低，执法手段落后，信息统计、传输主要以手工为主，效率低下，出错率高；部门协调能力差，缺乏快速应急反应处置能力。

三、农村公路路政管理评价体系不完善

主要表现在如下几个方面：

(1)评价内容单一。对路政业务评价多，对路政工作管理情况评价少，且以定性指标为主，指标体系松散。

(2)评价方法客观性差。多依靠专家经验进行定性评价，基于数据分析的定量评价少，人为因素影响大，客观性差。

(3)评价结果单调。评价结果只是一些简单的统计图和定性描述，缺少专题地图、图表描述等形象直观的表现手段。

(4)评价手段落后。农村公路路政管理评价所需要的数据量大，评价指标多而分散，数据处理工作繁杂重复、工作量大，但目前仍以传统的人工评价手段为主，还未将信息技术、通信技术以及计算机技术等先进技术手段引入到农村公路路政管理评价工作中。

综上所述，国内外对高速公路或国省道干线公路路政管理及其评价的研究已经发展到了较高的程度。但是对农村公路路政管理及其评价的相关内容涉及较少，还未形成系统性的理论与方法，也未设有相关的信息化应用平台。

第十章　农村公路路政管理基础理论分析

第一节　路政管理的定义与性质

一、路政管理的定义

“路政管理”一词，在公路管理中有三种定义。

第一种是最广义的路政管理，泛指国家、政府、交通主管部门、公路管理机构对公路进行的行政管理，包括对公路规划、建设、养护、路政、收费、监督检查进行的行政管理。例如北京市路政局行使的路政管理职能，即为该定义。

第二种是最狭义的路政管理，特指《中华人民共和国公路法》第五章规定的交通主管部门、公路管理机构对公路进行的保护，即《中华人民共和国路政管理规定》第 2 条规定的“县级以上人民政府交通主管部门或者其设置的公路管理机构，为维护公路管理者、经营者、使用者的合法权益，根据《中华人民共和国公路法》及其他有关法律、法规和规章的规定，实施保护公路、公路用地及公路附属设施（以下统称‘路产’）的行政管理”。

第三种是介于第一种和第二种之间的路政管理，指交通主管部门、公路管理机构依照《公路安全保护条例》对公路实施的保护，包括狭义的路政管理和对养护的行政管理。

二、路政管理的性质

无论哪一种定义，对路政管理性质的认识都是一致的，即路政管理是行政行为。这一定性的主要法律依据是《公路安全保护条例》的第 5 条规定：县级以上人民政府应当将政府及其有关部门从事公路管理、养护所需经费以及公路管理机构行使公路行政管理职能所需经费纳入本级人民政府财政预算。这里既从职能上保障了“行使公路行政管理职能”，又从财政预算体制落实了政府的财政保障义务。

路政管理的范围即公路安全保护的范围，依据《中华人民共和国公路法》和《公路安全保护条例》的规定，包括路产、公路建筑控制区、公路规划控制区、公路安全保护区以及其他涉及公路安全保护的区域。

第二节　路政管理的范围

一、路产

公路、公路附属设施、公路用地，可以统称为路产。

（1）公路

《中华人民共和国公路法》没有规定公路的定义，但公路的定义是法定名词。《中华人民共和国公路管理条例》第 39 条规定："公路"是指经公路主管部门验收认定的城间、城乡间、乡间能行驶汽车的公共道路。这一定义随着 2011 年 7 月 1 日《中华人民共和国公路管理条例》的废止而停止使用。因此是否是公路，采用公路登记的办法进行确定。

公路的范围，根据《中华人民共和国公路法》第 2 条第 2 款规定——"本法所称公路，包括公路桥梁、公路隧道和公路渡口"确定。

公路的分类，按技术等级可以分为高速公路、一级公路、二级公路、三级公路、四级公路；按行政等级可以分为国道、省道、县道、乡道、村道。

(2)公路附属设施

《中华人民共和国公路法》第 52 条第 2 款规定：公路附属设施是指为保护、养护公路和保障公路安全畅通所设置的公路防护、排水、养护、管理、服务、交通安全、渡运、监控、通信、收费等设施、设备以及专用建筑物、构筑物等。

(3)公路用地

根据《中华人民共和国公路法》第 34 条"县级以上地方人民政府应当确定公路两侧边沟(截水沟、坡脚护坡道，下同)外缘起不少于 1m 的公路用地"的规定，确立了公路用地的法律制度。

二、公路建筑控制区

《中华人民共和国公路法》第 56 条第 1 款规定：除公路防护、养护需要的以外，禁止在公路两侧的建筑控制区内修建建筑物和地面构筑物；需要在建筑控制区内埋设管线、电缆等设施的，应当事先经县级以上地方人民政府交通主管部门批准。其中"公路两侧的建筑控制区"简称为公路建筑控制区。公路建筑控制区是行政法律制度，不是民事法律中土地的物权制度，因此不是路产。《中华人民共和国公路法》设立这一制度是基于保障公路运行安全，因此其本质是对于公路两侧的建筑控制区内的土地使用进行行政法的限制，在限制制度外不影响土地使用者的其他合法权益。

根据《中华人民共和国公路法》第 56 条第 2 款"前款规定的建筑控制区的范围，由县级以上地方人民政府按照保障公路运行安全和节约用地的原则，依照国务院的规定划定"的规定，公路建筑控制区的划定主体是县级以上地方人民政府，县级以上地方人民政府可以采用公告等方式进行行政确认。公路建筑控制区的界限应当依照国务院的规定划定。国务院的规定是指《公路安全保护条例》第 11 条"公路建筑控制区的范围，从公路用地外缘起向外的距离标准为：国道不少于 20m，省道不少于 15m，县道不少于 10m，乡道不少于 5m。属于高速公路的，公路建筑控制区的范围从公路用地外缘起向外的距离标准不少于 30m。公路弯道内侧、互通立交以及平面交叉道口的建筑控制区范围根据安全视距等要求确定"。"不少于"是指县级以上地方人民政府划定的最低线。

三、公路规划控制区

《中华人民共和国公路法》第 18 条规定：规划和新建村镇、开发区，应当与公路保持规定的距离并避免在公路两侧对应进行，防止造成公路街道化，影响公路的运行安全与畅通。这里所指“保持规定的距离”即公路规划控制区，其目的是防止公路街道化，影响公路的运行安全与畅通。

关于规定的距离，《公路安全保护条例》第14条有“新建村镇、开发区、学校和货物集散地、大型商业网点、农贸市场等公共场所，与公路建筑控制区边界外缘的距离应当符合下列标准，并尽可能在公路一侧建设：①国道、省道不少于50m；②县道、乡道不少于20m”的规定。因此，从公路建筑控制区边界外缘起算，国道、省道不少于50m，县道、乡道不少于20m的距离为公路规划控制区。

四、公路安全保护区

《中华人民共和国公路法》第47条第1款规定：在大中型公路桥梁和渡口周围200m、公路隧道上方和洞口外100m范围内，以及在公路两侧一定距离内，不得挖砂、采石、取土、倾倒废弃物，不得进行爆破作业及其他危及公路、公路桥梁、公路隧道、公路渡口安全的活动。其中“大中型公路桥梁和渡口周围200m、公路隧道上方和洞口外100m范围内，以及在公路两侧一定距离内”的规定，就是公路安全保护区的法律依据。公路安全保护区是行政法律制度，《中华人民共和国公路法》设立这一制度是基于保障公路建筑物的安全，因此其本质是对于公共产品、公益设施安全的保护。《中华人民共和国公路法》设立的这一制度，与民事法律中物权相邻安全关系是一致的。

为解决《中华人民共和国公路法》中特大桥梁和在公路两侧一定距离内没有详细规定的问题，《公路安全保护条例》第17条有“禁止在下列范围内从事采矿、采石、取土、爆破作业等危及公路、公路桥梁、公路隧道、公路渡口安全的活动：①国道、省道、县道的公路用地外缘起向外100m，乡道的公路用地外缘起向外50m；②公路渡口和中型以上公路桥梁周围200m；③公路隧道上方和洞口外100m”的规定。其中，“中型以上公路桥梁”包括了特大桥梁；“国道、省道、县道的公路用地外缘起向外100m，乡道的公路用地外缘起向外50m”，即是“公路两侧的一定距离”。

五、其他涉及公路安全保护的区域

《公路安全保护条例》第18条～第23条，还规定了涉及公路安全的重大危险源安全距离区、抽取地下水及架设浮桥控制区、禁止采砂区、桥区、疏浚作业控制区等。这些区域的保护由其他部门实施。

第三节　路政执法管理的行为种类

一、路政许可

路政许可，是指交通主管部门或者公路管理机构根据公民、法人或者其他组织的申请，经依法审查，准予其从事《中华人民共和国公路法》、《公路安全保护条例》规定的特定活动的行为。

1. 公路管理机构路政许可的项目与依据

(1)更新采伐护路林的许可：依据是《公路安全保护条例》第26条。

(2)涉路施工的许可:依据是《公路安全保护条例》第27条,包括修建铁路、机场、供电、水利、通信等建设工程需要占用、挖掘公路、公路用地或者使公路改线;跨越、穿越公路修建桥梁、渡槽或者架设、埋设管道、电缆等设施;在公路用地范围内架设、埋设管道、电缆等设施;利用公路桥梁、公路隧道、涵洞铺设电缆等设施;利用跨越公路的设施悬挂非公路标志;在公路上增设或者改造平面交叉道口;在公路建筑控制区内埋设管道、电缆等设施。

(3)公路超限运输的许可:依据是《公路安全保护条例》第35条,适用于车辆载运不可解体物品,车货总体的外廓尺寸或者总质量超过公路、公路桥梁、公路隧道的限载、限高、限宽、限长标准,确需在公路、公路桥梁、公路隧道行驶的。

(4)公路养护资质的许可。

(5)铁轮车、履带车和其他可能损害公路路面的机具在公路上行驶的许可:依据是《中华人民共和国公路法》第48条。

(6)在公路用地范围内设置非公路标志的许可:依据是《中华人民共和国公路法》第54条。

2.实行联合许可的事项

确需在中型以上公路桥梁跨越的河道上下游各1 000m范围内抽取地下水、架设浮桥以及修建其他危及公路桥梁安全的设施,应当经水利行政主管部门、流域管理机构等有关单位会同公路管理机构批准,并采取安全防护措施方可进行。

3.实行安全确认的事项

在公路桥梁跨越的河道上下游各500m范围内依法进行疏浚作业的,应当符合公路桥梁安全要求,经公路管理机构确认安全方可作业。

4.公路管理机构行政许可需要征求其他部门意见的事项

(1)涉路施工活动行政许可:公路管理机构对影响交通安全的,应当征得公安机关交通管理部门的同意;涉及经营性公路的,应当征求公路经营企业的意见。

(2)公路超限运输行政许可:公路管理机构在审批超限运输申请时,应当征求公安机关交通管理部门意见。

二、路政处罚

路政处罚,是指交通主管部门或者公路管理机构对违反《中华人民共和国公路法》、《公路安全保护条例》的行为,实施的行政制裁。从《中华人民共和国公路法》、《公路安全保护条例》授权给公路管理机构的范围来看,公路管理机构的行政处罚种类有:罚款、没收违法所得、吊销其资质证书。

三、路政强制

1.路政强制定义与分类

路政强制是指交通主管部门或者公路管理机构对违反《中华人民共和国公路法》、《公路安全保护条例》的行为,为保障行政案件处理的正常进行和行政处罚的执行,采取的行政强制措施和行政强制执行。

路政管理行政强制有两类:一是行政强制措施,包括扣留车辆、没收超限运输车辆通行证、没收伪造或变造的超限运输车辆通行证、强制拖离、扣留工具；二是行政强制执行，包括拆除、对扣留的车辆或工具依法处理等。

常用的路政强制如下。

(1)扣留车辆，适用范围为五种情形：经批准进行超限运输的车辆，未按照指定时间、路线和速度行驶的，责令改正后拒不改正的；未随车携带超限运输车辆通行证的；采取故意堵塞固定超限检测站点通行车道、强行通过固定超限检测站点等方式扰乱超限检测秩序的；采取短途驳载等方式逃避超限检测的；造成公路、公路附属设施损坏，拒不接受公路管理机构现场调查处理的。

(2)扣留工具，适用范围为造成公路、公路附属设施损坏，拒不接受公路管理机构现场调查处理的。

2.路政行政强制的流程

实施路政行政强制措施的程序如下：

(1)实施前须向行政机关负责人报告并经批准。

(2)由两名以上行政执法人员实施。

(3)出示执法身份证件。

(4)通知当事人到场。

(5)当场告知当事人采取行政强制措施的理由、依据以及当事人依法享有的权利、救济途径。

(6)听取当事人的陈述和申辩。

(7)制作现场笔录。

(8)现场笔录由当事人和行政执法人员签名或者盖章；当事人拒绝的，在笔录中予以注明。

(9)当事人不到场的，邀请见证人到场，由见证人和行政执法人员在现场笔录上签名或者盖章。

情况紧急需要当场实施行政强制措施的，行政执法人员应当在24h内向行政机关负责人报告，并补办批准手续。行政机关负责人认为不应当采取行政强制措施的，应当立即解除。

实施路政行政强制执行的程序如下。

(1)事先书面催告履行义务：催告应当以书面形式作出，并载明履行义务的期限；履行义务的方式；涉及金钱给付的，应当有明确的金额和给付方式；当事人依法享有的陈述权和申辩权。

(2)听取当事人陈述和申辩：行政机关应当充分听取当事人的意见，对当事人提出的事实、理由和证据，应当进行记录、复核。当事人提出的事实、理由或者证据成立的，行政机关应当采纳。

(3)作出强制执行决定：经催告当事人逾期仍不履行行政决定，且无正当理由的，行政机关可以作出强制执行决定书，决定书载明当事人的姓名或者名称、地址；强制执行的理由和依据；强制执行的方式和时间；申请行政复议或者提起行政诉讼的途径和期限；行政机关的名称、印章和日期。

在催告期间，对有证据证明有转移或者隐匿财物迹象的，行政机关可以作出立即强制执行的决定。

催告书、行政强制执行决定书应当直接送达当事人。当事人拒绝接收或者无法直接送达当事人的，应当依照《中华人民共和国民事诉讼法》的有关规定送达。

从《中华人民共和国公路法》、《公路安全保护条例》授权给公路管理机构的范围来看，公路管理机构的行政强制种类有：责令限期拆除、拆除、责令改正、责令补种、扣留车辆、责令车辆驾驶人提供超限运输车辆通行证或者相应的证明、没收超限运输车辆通行证、没收伪造或变造的超限运输车辆通行证、扣留工具。

四、路政收费

路政收费，是指交通主管部门或者公路管理机构依照《中华人民共和国公路法》、《公路安全保护条例》的规定，对路政许可和路政强制收取的行政规费。从《中华人民共和国公路法》、《公路安全保护条例》授权给公路管理机构的范围来看，公路管理机构的行政收费有：补偿费、补种费用、防护费、拆除费用。

除上述直接影响路政相对人权利与义务的路政行为外，交通主管部门或者公路管理机构还有路政命令、路政确认等行为。

第四节　农村公路路政管理的特殊性

一、农村公路管理体制特殊性

农村公路是一个政策名词。最早见于国务院办公厅下发的《关于印发〈农村公路管理养护体制改革方案〉的通知》（国办发［2005］49号），该《通知》提出："农村公路（包括县道、乡道和村道，下同）是全国公路网的有机组成部分，是农村重要的公益性基础设施"。

1.国家政策上的农村公路管理体制

根据国务院办公厅《关于印发〈农村公路管理养护体制改革方案〉的通知》（国办发［2005］49号）的要求，政策上的农村公路管理体制如下。

（1）县级人民政府：是本地区农村公路养护管理的责任主体。

（2）县级人民政府交通主管部门：具体负责养护管理工作，主要职责是负责组织实施农村公路建设规划，编制农村公路养护建议性计划，筹集和管理农村公路养护资金，监督公路管理机构的养护管理工作，检查养护质量，组织协调乡镇人民政府做好农村公路及其设施的保护工作。

（3）县级人民政府交通主管部门所属的公路管理机构：具体承担农村公路的日常管理和养护工作，拟订公路养护建议计划并按照批准的计划组织实施，组织养护工程的招投标和发包工作，对养护质量进行检查验收，负责公路路政管理和路权路产保护。县级人民政府交通主管部门没有设立专门公路管理机构的，可委托省级或市级公路管理机构的派出（直属）机构承担具体管理工作，不宜另设机构。

（4）乡镇人民政府有关农村公路管理、养护、保护以及养护资金筹措等方面的具体职责，由县级人民政府结合当地实际确定。经济条件比较好的乡镇要积极投入力量，共同做好农村公路养护管理工作。

同时，交通运输部还制订并出台了《农村公路建设管理办法》、《农村公路建设资金使用监督管理办法》、《农村公路养护管理暂行办法》等一系列规章和规范性文件，指导各地及时做好包括村道在内的农村公路建设、管理和养护工作。

2.法律法规上的农村公路管理体制

农村公路不是法律法规上的名词，在法律法规上县道、乡道和村道的管理体制如下。

(1)县道：根据《公路安全保护条例》的规定，县道的管理(包括路政管理和养护管理)应当由公路管理机构负责，养护实施由具有资质的养护单位实施。

(2)乡道：根据《公路安全保护条例》的规定，乡道的管理(包括路政管理和养护管理)应当由公路管理机构负责，养护法定义务主体是乡人民政府，养护实施由具有资质的养护单位实施。

(3)村道：根据《公路安全保护条例》的规定，村道的保护由乡人民政府参照《公路安全保护条例》中乡道的管理规定实施。

法律法规与政策不一致时，应当执行法律法规。

二、农村公路路政管理法律法规适用特殊性

对于国道、省道的路政管理，《中华人民共和国公路法》、《公路安全保护条例》是完全适用的。对于农村公路的路政管理，《中华人民共和国公路法》、《公路安全保护条例》的适用是有特殊性的：一是县道、乡道完全适用；二是村道仅"参照"适用。

考虑到乡镇人民政府无专职人员，而县级农村公路管理机构有专业人员，因此根据《中华人民共和国行政处罚法》、《中华人民共和国行政许可法》的规定，由乡镇人民政府委托县级农村公路管理机构进行路政和养护的管理，并以聘任路政协管员的方式实施。乡镇人民政府可与县级农村公路管理机构签订村道路政管理委托协议，这样从法律上来保证村道路政执法的专业性、权威性和有效性。

三、农村公路路政管理主体特殊性

国道、省道的路政管理(包括狭义路政管理和养护行政管理)主体是公路管理机构，其管理是行政行为。养护实施由具有资质的养护单位负责，其行为是企业行为。

农村公路中县道的路政管理(包括狭义路政管理和养护行政管理)主体是地方公路管理机构，其管理是行政行为。养护实施由具有资质的养护单位负责，养护单位行为是企业行为。

农村公路中乡道的路政管理(包括狭义路政管理和养护行政管理)主体是地方公路管理机构，其管理是行政行为。养护法定义务主体是乡级人民政府，其行为属于政府招标行为。养护具体实施可以招标，由具有资质的养护单位负责，养护单位行为是企业行为。

农村公路中村道的路政管理(包括狭义路政管理和养护行政管理)主体是乡级人民政府，其管理是行政行为。养护的实施没有法律法规规范。

四、农村公路路政管理内容的特殊性

农村公路的路政管理与国道、省道的路政管理在内容上有特殊性。

(1)公路建筑控制区的范围：从公路用地外缘起向外的距离，国道不少于20m，省道不少于15m，县道不少于10m，乡道不少于5m；属于高速公路的，公路建筑控制区的范围为从公路用

地外缘起向外的距离不少于30m;公路弯道内侧、互通立交以及平面交叉道口的建筑控制区范围根据安全视距等要求确定;村道没有法规规定。

(2)公路规划控制区:新建村镇、开发区、学校和货物集散地、大型商业网点、农贸市场等公共场所,与公路建筑控制区边界外缘的距离为国道、省道不少于50m;县道、乡道不少于20m;村道没有法规规定。

(3)公路安全保护区:国道、省道、县道的公路用地外缘起向外100m,乡道的公路用地外缘起向外50m;公路渡口和中型以上公路桥梁周围200m;公路隧道上方和洞口外100m;村道没有法规规定。

综上所述,与高速公路、国省道干线公路相比,农村公路路政管理无论是在其基本内涵上,还是在其管理主体、管理内容、法律法规的适用上都有其特殊性,这就要求我们不但要在理论上深入研究,而且要在实践中勇于创新,探索农村公路路政管理的客观规律,构建适合农村公路特点的路政管理模式,以保障农村公路的完好与畅通,更好地为社会主义新农村建设服务。

第十一章　农村公路路政管理模式

为更好地保护农村公路，在农村公路路政管理模式构建中应坚持如下基本原则：

(1)明确职责，各级互动。明确农村公路管理主体和各级政府的相应职责，落实责任，充分发挥各级政府的积极作用。

(2)落实投入，高效运转。以落实机构、人员和理顺管理机制为重点，稳定农村公路路政管理资金投入，在管理、养护各参与方之间形成良性的协同互动关系，提高农村公路路政管理工作效率。

(3)统一目标，区别对待。以服务社会主义新农村建设为目标，充分考虑县乡道、村道的不同特点和实际情况，区别对待，使管理模式更具有针对性和适用性。

第一节　农村公路路政管理模式及其内涵

管理模式，是指一种成型的、能供人们直接参考运用的完整的管理系统，通过这套系统来发现和解决管理过程中的问题，规范管理手段，完善管理机制，实现既定目标。农村公路路政管理模式，除具备以上基本特征外，在管理内容上，要囊括路政巡查、路政许可、路政案件处理等路政业务环节的主要内容；在管理形式上，要体现标准化、规范化、系统化；在管理手段上，要以现代科学技术为支撑，充分运用现代科学技术成果。

结合我国农村公路现状，通过理论研究与实践探索，总结出了符合农村公路特点的路政管理模式，即"政府主导、分类管理、区(县)为主、乡村协作、养护管理互补、科学评价"。它的基本内涵是以服务社会主义新农村建设为宗旨，以法规为依据将县乡道和村道分类管理，以三级人民政府为主体建立农村公路路政管理领导体制，以统一农村公路路政管理四个要素为载体，全面提升农村公路路政管理水平。简称为农村公路路政管理的"一个宗旨、两类管理、三级体制、四个统一"(图 11-1)。

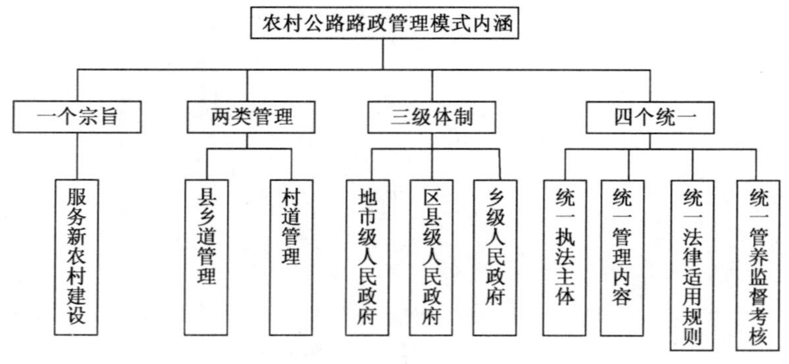

图 11-1　农村公路路政管理模式基本内涵

一、一个宗旨

农村公路是公路网的有机组成部分，是农村重要的公益性基础设施，连接广大的县、乡、村，直接服务于农业、农村经济发展和农民出行，是解决“三农”问题的基础条件之一。因此，必须以科学发展观为指导，以服务社会主义新农村建设为宗旨，不断提高农村公路路政管理水平，全面保障农村公路的良好状况和安全畅通，充分满足农民群众的出行需要，持续促进农村经济社会协调发展。

二、两类管理

依法行政是农村公路路政管理的基本原则。根据《公路安全保护条例》的适用范围，县乡道路政管理的主体有县级以上人民政府、交通主管部门、公路管理机构，《公路安全保护条例》完全适用。但村道路政管理的主体是乡镇人民政府，《公路安全保护条例》仅参照适用。因此，农村公路路政管理应当将县乡道和村道进行分类管理，在构建农村公路路政管理模式时需充分考虑到县乡道与村道的特点，使其既符合法律规定，又具有针对性和可操作性。

三、三级体制

县级以上人民政府中，中央和省级人民政府对农村公路路政管理主要是制定政策、法规、规章，市、区（县）级人民政府对农村公路路政管理应当是实质性的。明确了市、区（县）级人民政府的农村公路路政管理领导和职责，其交通主管部门及法规授权的公路管理机构，是具体实施县乡道路政管理的主体；乡镇人民政府是村道路政管理的主体（图 11-2）。

因此，应建立三级人民政府的农村公路路政管理体制。

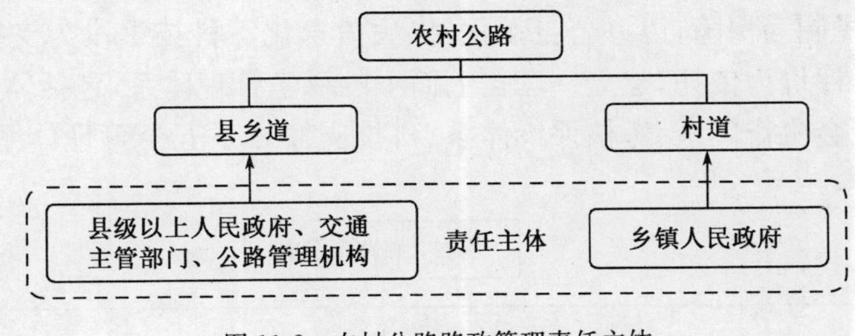

图 11-2　农村公路路政管理责任主体

四、四个统一

与国道、省道的路政管理相比，农村公路路政管理不但起步晚、起点低，而且在执法主体、管理内容、法律适用等方面有其特殊性。因此要统一农村公路路政管理要素，实施规范管理。

1. 统一农村公路路政管理执法机构

由区（县）农村公路管理机构实施县乡道的管理，内设路政大队、中队，代表区（县）农村公路管理机构实施路政管理。由于一方面路政人员编制少、装备差，另一方面交通主管部门在乡镇设立的交通运输管理所，其人员在成品油价格和税费改革后又需要安置，因此可以考虑将交通运输管理所改组为路政中队以充实农村公路的路政管理。乡镇设立的农村公路管理站是乡镇人民政府参照《公路安全保护条例》对村道实施路政管理和养护的内设部门。

2. 统一农村公路路政管理内容

将农村公路路政许可、路政处罚、路政强制、路政收费等执法程序、执法依据、执法标准、执法文书进行统一规范。

3. 统一农村公路路政管理对养护的监督和考核

在农村公路养护管理体制改革的基础上，统一由农村公路路政管理部门对养护进行监管并实施考核，使养护业务执行与养护工作考核主体分离，养护业务由乡镇农村公路管理站组织实施，而养护员业绩考核由路政管理人员在路政巡查过程中同步进行，这样不但使养护管理执行分离，有效监督乡镇农村公路养护工作，将路政管理与养护考核有机结合，充分发挥农村公路养护员的路政协管职责，并且可以节约人力，实现集约化管理。

4. 统一农村公路路政管理的法律适用规则

统一依据《中华人民共和国公路法》、《公路安全保护条例》约束和实施县乡道、村道的路政管理，避免出现制度与法规不一致的情况，使路政管理执法有法可依，执法必严，违法必究。

第二节　农村公路路政管理模式建设内容

一、主要建设内容

现代化的农村公路路政管理模式不仅是某个方面的规范和优化，而且是硬软件建设、内外部环境相互配合、完善统一的有机整体。不仅要实现管理的基本功能，还应更多地考虑适合农村公路的需要，在实践中全面建设落实所构建的农村公路路政管理模式。其建设的核心内容是以路政管理体制机制为保障，以办公自动化、执法信息化等科技手段为支撑，以标准化路政管理为途径，以科学评价为依托，建立一套自上而下的科学管理体系，包括体制机制保障体系、标准化管理体系、社会协作体系、考核评价体系、科技支撑体系五个管理体系。其基本框架如图 11-3 所示。

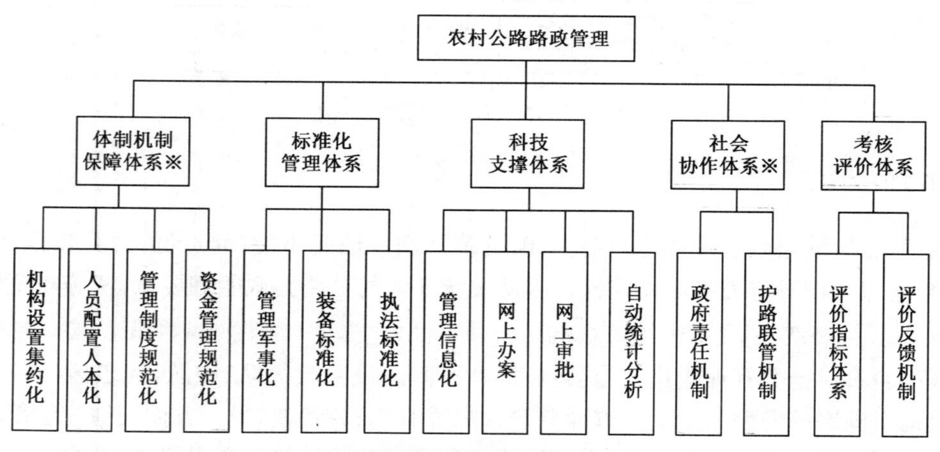

图 11-3　路政管理模式建设内容构成框架图

注：加※体系为管理模式中村道有特殊内容

1. 体制机制保障

(1)机构设置:在各区(县、市)农村公路管理处设置路政大队,在乡(镇)设置路政中队,并配置合格的路政管理人员,负责各自辖区内的农村公路路政管理工作,健全路政管理网络。各乡(镇)农村公路管理站在原有工作职责(乡村道养护员的选配、管理及考核等)不变的前提下,加强与路政中队、乡(镇)交通运输管理所的协同办公,强强联合,既养好路又管好路。

(2)人力资源管理:坚持以人为本、开拓创新,在干部配备、人事管理、劳动分配等方面着力推进科学化、民主化、制度化,着力建立公开、平等、竞争、择优的激励机制,为农村路路政管理提供强大的人力、人才保障。规定养护员也是路政协管员,除做好日常养护工作外,同时负责路政协管工作,及时制止违法行为并上报,由路政大队、中队进行查处。路政管理人员除每天的正常巡路及执法工作外,还应负责考核各自辖区内的农村公路养护员的日常工作。

(3)制度建设:随着农村公路的日益发展,路政管理工作的内容越来越广泛,管理难度也越来越大,路政管理制度建设的滞后,严重制约着路政管理工作的顺利开展。针对工作中日渐暴露出来的问题,应及时修订、完善已有的制度,建立新制度,以制度建设推动各项工作的全面发展,使路政管理进一步迈向规范化、制度化。路政管理制度建设主要包括路政基础性工作管理制度建设、路政内业管理制度建设、路政日常工作管理制度建设、路政队伍管理制度建设等方面。

(4)财务资金管理:以科技理财、制度理财和以德理财为手段,以部门预算控制为重点,规范财务管理工作,逐步健全财务管理制度,积极强化预算内控管理,努力控制各项成本开支,形成精细化的财务管理体系。各乡(镇)农村公路管理站,根据本部门检查情况及路政中队对养护员的考核情况,对养护员支付报酬,保证养护员补助的按时足额发放,防止挤占挪用。

2. 标准化管理

路政标准化管理,是指以外部标准(法律、法规)和内部标准(规章制度、文化理念等)为基础的管理体系,是实现路政管理模式的有效途径。具体而言,就是在法律法规的框架内,通过加强路政建设,建立标准化的路政大队中队、规范化的工作程序和管理制度、科学化的考评和监督机制,打造一支业务素质高、执法能力强、服务文明优质的路政管理队伍。

3. 科技支撑

路政管理是一个动态的管理,路政管理信息的及时采集、发布和传递是实现路政管理信息化的重要手段,是实时掌握公路运行情况并实施科学决策的重要依据。长期以来,路政管理采用的是原始的人工作业的管理方式,管理手段较为落后,工作效率低下,管理成本过高,已不能适应和满足路政管理工作的需要,应建设路政管理综合信息系统集成平台,实现路政案件网上处理、路政许可的网上审批,路政数据的自动统计与分析,提高路政管理的信息化水平。

4. 社会化协作管理

农村公路路政管理具有点多、面广的特点,仅仅依靠路政管理部门的力量很难达到管理目的,收到管理实效。实行农村公路社会化协作管理就是要遵循"资源互享、信息互通、人员互通、优势互补"的原则,将农村公路路政管理由所在地方政府纳入到社会治安综合治理责任范围,并与公路养护部门、政府规划、国土、公安交警部门以及村民自治委员会协调配合,建立由地方政府或组织、公路管理机构、公安交警共同构筑的联防协防体系。

(1)建立政府责任机制:积极争取农村公路沿线政府的支持,将农村公路的爱路护路、治安管理、环境保护、土地占用管理等责任作为沿线政府相关职能部门的重要工作内容,纳入到政府对部门工作业绩的考核范畴,从而增强沿线地方各政府职能部门对农村公路路政管理的责任意识和主动意识。

(2)建立护路联管机制:一是根据农村公路路政管理的特点,结合沿线管理实际,以公路经过的行政村为单位,在沿线群众中聘请护路联防员,建立群众情报网,发动群防力量,为路政部门提供管理信息,收集管理情报,宣传法律知识,从而增强农村公路沿线群众的爱路护路意识,扩大路政管理的覆盖面,提高路政管理效率。二是实行队站(路政中队与农村公路乡镇管理站)互动、养护管理互补,赋予养护员路政管理职责,构建农村公路内部联防网,缩小管理盲区。三是建立管段责任机制,明确每个路政员的管段责任,强化管理力度。通过以上网络和机制的建立健全,形成以协管员、路政员层层对应负责的联防网络,明确各方职责,使路政管理的信息资源和执法资源得到进一步拓展,大力激发和调动各方面的积极性,强化打击力度,提高执法效率,形成有案必报、报案必查、查案必果的良性互动机制,有效保护路产路权。四是与国土资源部门、规划部门、公安交警部门、水利水务部门等建立信息互通机制,做到对农村公路的联动联管。

此外,通过公示执法主体、执法人员、执法标准、执法程序、监督电话以及聘请执法监督员来建立社会化监管的立体网络,将路政执法行为纳入到社会的监督之中,主动接受群众和社会监督。

5. 考核评价

(1)路政考核与监督机制:科学合理的路政考核评价和监督管理是对各岗位职责的履行情况、工作流程的执行情况、管理制度的落实情况进行科学的监督和考核评价,是路政质量管理体系贯彻执行的重要保障,是保障路政岗位行为规范化的重要手段。通过路政大队对路政中队、路政中队对路政员、路政员对养护员的层层考核,保障路政各项管理制度的执行。

(2)激励机制:将考核成绩与部门、个人切身利益挂钩,把目标考核、业绩评估的结果与路政员的经济利益和选拔任用相结合,并作为单位评选先进、评价干部实绩、考查推荐干部和年度目标考核的重要内容。这样可以最大限度地激发干部、路政员、养护员的潜能,形成良好的竞争机制。

(3)责任追究机制:对在工作中出现严重疏漏和错误的,追究承办人和该单位负责人的责任,对造成严重后果的,还要给予相应的纪律处分。

二、村道的特殊内容

考虑到村道的特殊性,农村公路路政管理在建设内容上除了上述管理体系外,村道路政管理还有自身建设内容(图 11-4),具体如下。

1. 村道路政管理委托协议的签订

根据《中华人民共和国行政处罚法》、《中华人民共和国行政许可法》、《公路安全保护条例》的规定,由乡镇人民政府委托县级农村公路管理机构进行路政和养护的管理,乡镇人民政府可与县级农村公路管理机构签订村道路政管理委托协议,这样就从法律上保证了村道路政管理的专业性、权威性和有效性。

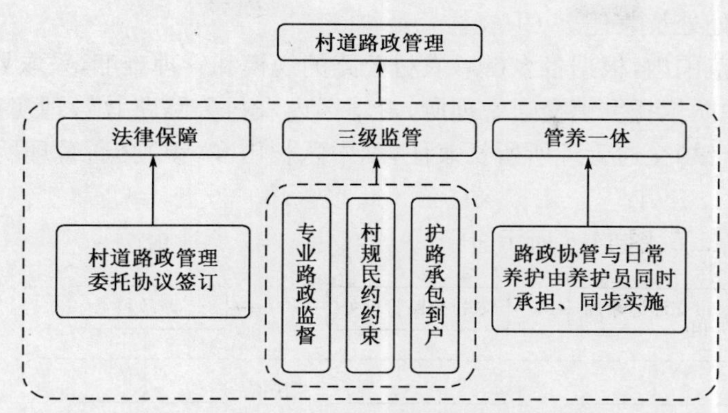

图 11-4　管理模式中村道的特殊内容构成图

2. 村道三级监管

考虑到村道里程数的庞大，公路管理部门承担能力有限，如果村道管理完全由公路管理部门来承担，则需配置的资源会过于庞大，而且也不现实。因此，村道的管理必须充分挖掘社会资源，紧紧依靠地方政府和村民自管的力量，实行“路政专业监督、乡村政府组织领导、村民积极参与”的三级监管格局。具体如下。

(1)路政专业监督。公路路政管理部门受乡镇人民政府委托行使村道路政管理执法权，处理路政业务和路政案件。

(2)制订村规民约。村民委员会在公路管理机构、乡镇人民政府指导下与村民协商制订护路管路村规民约，并监督实施。

(3)建立包路到户责任制。村道占用土地的所有权是集体土地，这和县乡公路建设必须首先办理征地，征收为国有土地，再出让或划拨从事建设是有区别的。根据《中华人民共和国物权法》的精神，村道的所有权是村集体的。村集体应当首先做好自己集体财产的保护工作。根据每户家庭承包土地的位置把与之相邻的一定数量的村道承包给家庭管护，建立包路到户承包责任制，村民委员会与之签订包路到户责任承包协议。

3. 养护管理一体化

落实资金，聘任村道养护员，承担路政协管以及日常养护等职责，身兼多职，把村道的养护与管理紧密结合起来，同步实施，实行一体化管理。同时加强宣传力度，使爱路护路意识深入人心，使村民人人参与到护路管路活动中，成为护路主力军。

第三节　农村公路路政管理标准化建设

一、体制机制建设

1. 机构设置

1)路政组织机构设置

地市级交通运输局农村公路管理处内设立路政科，全面指导监督辖区内农村公路路政管理工作；区(县)交通运输局设立农村公路路政大队(和区县农村公路管理处一门两牌)，大队长可由农村公路管理处处长兼任。

在区(县)管辖范围内,根据各乡(镇)农村公路的规模和管理难度,采取划片区设立农村公路路政中队,路政中队依托乡镇交通管理所,对辖区内农村公路路政管理实行管片负责制,路政中队中队长由乡(镇)交通管理所所长兼任,副中队长由乡(镇)交通管理所负责路政管理工作的副所长兼任。

组织机构如图 11-5、图 11-6 所示。

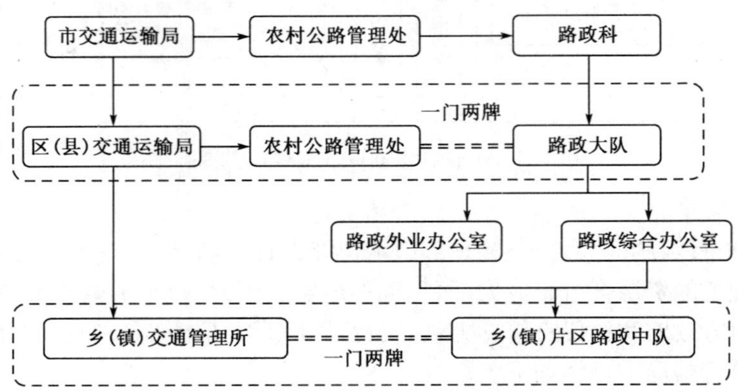

图 11-5 农村公路路政管理机构图

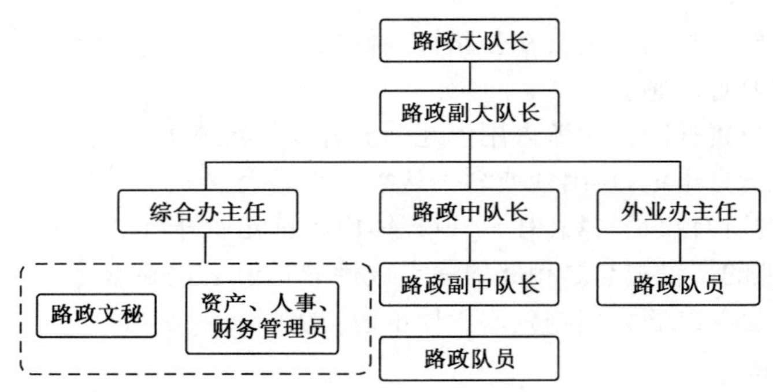

图 11-6 农村公路路政管理机构内部组织图

2)路政大队职责及目标要求

建立权责分明的目标责任体系,强化目标责任制管理,将工作目标分解到个人,谁管理谁负责,职责明确。

(1)职责

①制订辖区内农村公路路政管理工作计划、目标和任务,定期检查、考核路政中队管理工作。

②负责辖区内农村公路路政管理,宣传、贯彻、执行路政管理的法律法规。

③指导路政中队对辖区农村公路的路政管理。

④保护农村公路路产路权,实施路政巡查。

⑤管理农村公路两侧建筑控制区。

⑥依法制止、查处各种违章利用、侵占、污染、损坏和破坏路产的行为。

⑦受理辖区内路政许可申请，根据权限，审核并上报上一级公路管理机构，办理路政许可。

⑧参与公路工程交工、竣工验收。

⑨负责有关来电、来信和来访等事项的处理。

⑩法律、法规规定的其他职责。

(2)目标要求

①岗位职责、路政人员行为规范、执法监督台、辖区路网示意图等各种制度、图表健全上墙。

②路政统计报表科学规范、数据准确、上报及时，包括月、季、年度各种统计报表；做到年初有计划，半年、年终有总结。

③路政执法程序合法，法律文书制作具体规范；做到认定事实清楚、援引法律条文准确、格式填写规范；及时向上级请示、汇报发生的重(特)大路政案件的进展情况。

④逐步完善各类路产档案，路政档案根据内容详细分类，立卷归档，妥善保存。

⑤票据管理：路产赔(补)偿票据由指定专人领用、保管、上缴，票据填写要标准、规范。

⑥严格执行公路及其附属设施损坏占用收费的相关规定和“罚缴分离”制度。路产赔(补)偿款和罚没款应由当事人直接交纳银行指定账户。确因交通不便，经当事人提出，写出申请，可以当场收缴但两日内必须转存银行指定账户。

⑦路产完整，路域环境整洁，无乱砍滥伐行道树现象，引导有规划地种植行道树；无路阻路障；无擅自设置广告牌、宣传牌，无擅自增设交叉道口，无擅自埋设管线、管道；建筑控制区内无新增违法建筑物和构筑物。

⑧加强对超限运输车辆行驶公路的管理。

⑨严格执行路政巡查制度，每月上路巡查的时间不少于22日，路巡日记、案件记录整齐完备，路产完好率达到95%以上，结案率不低于98%。

⑩结合实际情况，积极开展路政执法综合治理活动，逐步建立长效管理机制。

⑪路政管理人员执行公务时，必须按规定着装，并持有效的执法证件；路政管理人员要以事实为依据，以法律为准绳，依法行政，努力打造“反应迅速、规范执法、文明服务”的执法队伍。

3)路政中队职责及目标要求

(1)职责

①按照大队下达的路政管理工作计划、目标、任务，具体落实本辖区内各项路政管理工作；同时配合路政管理大队做好相关工作。

②负责辖区农村公路路政管理，保护辖区内公路路产路权，实施路政巡查。

③依法制止、查处各种违章利用、侵占、污染、损坏和破坏路产的行为。

④负责对辖区内路政管理相关法律、法规的宣传。

⑤负责辖区公路附属设施的管理工作。

⑥按时上报路政管理报表、小结和信息资料等。

⑦承办上级交办的其他工作。

(2)目标要求

①路政管理中队和乡(镇)交通管理所合署办公；办公室内岗位职责、路政人员行为规范、执法监督台、辖区路网示意图等健全上墙；档案橱内档案盒规整齐全：执法文书档案盒、路巡日

记档案盒、路政案件卷宗盒(临时存放)、组织装备档案盒(路政人员资料、路政装备资料)。

②月、季、年度各种统计报表齐全,做到年初有计划,半年、年终有总结;路政案件月报、路政管理月报于每月 28 日前报路政大队[×月份路产损坏案件发生处理情况报表、×月份违章建筑案件发生处理情况报表、月(季)公路路政管理情况报表、月(季)公路路政事案发生处理情况报表]。

③路政执法程序合法,法律文书制作具体规范;做到认定事实清楚、援引法律条文准确、格式填写规范;及时向大队转送发生的重(特)大路政案件的进展情况。

④严格执行公路及其附属设施损坏占用收费的相关规定和"罚缴分离"制度。路产赔(补)偿款和罚没款由当事人直接到路政大队进行处理(涉及车辆的路政案件,必须由路政大队配合执法,如超限运输、污染路面等)。

⑤赔偿款、罚没款统一交到路政大队。路政大队给各中队设立专用账户,各中队的办公经费专户专用。

⑥及时整理有关使用过的执法文书,每月 28 日前报送大队,立卷归档,妥善保存。

⑦路产完整,路域环境整洁,无乱砍滥伐行道树现象,引导有规划地种植行道树;无路阻路障;无擅自设置广告牌、宣传牌,无擅自增设交叉道口,无擅自埋设管线、管道;建筑控制区内无新增违法建筑物和构筑物。

⑧加强对超限运输车辆行驶公路的管理。

⑨严格执行公路巡查制度,每月上路巡查的时间不少于 22 日,路巡日记、案件记录整齐完备,路产完好率达到 95%以上,结案率不低于 98%。

⑩积极依靠乡镇党委政府及各村(居)民委员会的支持,加强对穿村镇公路的路政管理;组织路政管理宣传活动,做好公路沿线群众路政法规的普法教育。

⑪路政管理人员执行公务时,必须按规定着装,并持有效的执法证件;路政管理人员要以事实为依据,以法律为准绳,依法行政,努力打造"反应迅速、规范执法、文明服务"的执法队伍。

2.人员设置

依据《路政管理规定》要求,公路管理机构应当配备相应的专职路政管理人员,具体负责不同岗位的路政管理工作,如公路巡查、路政案件查处、涉路施工行政许可、治超管理、档案管理、装备管理等。专职路政管理人员的编制由当地编制办确定,其标准目前各地区不尽一致,一般以公路管理机构所辖公路等级和里程为依据确定。比如,《河北省公路养护管理机制改革实施意见》规定"路政人员按国省道干线公路(含项目业主公路)每 10km 核定 1 名,按县级公路(含项目业主公路)每 20km 核定 1 名"。国内高速公路一般设置了路政大队、路政中队,其编制大致按照每 3~5km 1 人配置。而农村公路路政人员的配置标准,没有一个统一的标准,各地差别较大。由于农村公路点多、线长、面广,如按照干线公路的标准配置路政管理人员,则人员数量庞大,地方难以承受。除编制办确认人员外,为弥补专职路政管理人员的不足,还需聘请农村公路养护员、乡镇干部、村民作为路政协管员,参与路政巡查、路政案件报告等路政管理工作,以保证路政管理的覆盖面。

因此,按照我国农村公路的实际,初步确立一套人员配置标准是十分必要和有意义的。但目前路政管理的资源配置以及决策,多以传统的管理思路和模式为依据,往往受到人为因素的制约,一般决策的作出都由管理者参照有关规定,按照一定的经验或者直觉来完成,缺乏系统的、规范的、科学的依据，从而一方面有可能造成局部范围内人、财、物使用上的浪费，另一方面会导致管理上的失控。为此，本书采用路政管理复杂指数来划分不同农村公路路政管理的复杂程度，然后根据路政管理复杂指数确定路政管理资源配置标准。

1）人员配置标准

（1）路政管理复杂指数

要想建立路政管理复杂指数的专家评估系统模型，首先必须建立综合的评价指标体系。根据路政管理工作的特点和有关专家的经验，可以获得路政管理方面的大量信息，其中包含多种影响路政管理复杂程度的因素，有道路基本要素的影响，有周边环境的影响，有政策导向的影响，有管理因素的影响，有车流量的影响等等。因此在确定评价指标和模型时，应考虑系统性和层次性。系统性就是把影响路政管理复杂程度的因素作为一个整体，它们既各自反映不同的侧重面又互有联系；层次性是将众多的评价指标根据它们之间的相互联系和不同的作用分解为若干个有序层次，使之条理化，即将一个复杂的系统分解为递阶层次，以便于逐步分析。

根据对路政管理的影响因素的分析，将所包含的因素分层，按照最高层、中间层和最底层的形式排列起来，建立的指标体系层次如表 11-1 所示。

路政管理复杂指数评估指标体系表　　表 11-1

<table>
<tr><th>项　目</th><th colspan="2">指　标</th><th>指 标 说 明</th></tr>
<tr><td rowspan="9">路政管理复杂指数</td><td rowspan="4">道路特征</td><td>公路当量里程 L</td><td>$L=\sum l_i p_i$
式中：l_i——各等级公路里程（km）；
p_i——公路等级系数，二级公路＝2、三级公路＝1、四级公路＝0.8，等外公路＝0.5</td></tr>
<tr><td>桥梁涵洞隧道数量</td><td>辖区内桥梁、涵洞、隧道数量之和</td></tr>
<tr><td>穿村路段、穿集市路段数量</td><td>辖区内穿村路段、穿集市路段数量之和</td></tr>
<tr><td>平交路口数量</td><td>辖区内平交道口的个数之和</td></tr>
<tr><td>交通特性</td><td>交通流量 Q</td><td>$Q=\sum \frac{q_i l_i}{L_n}=\sum q_i p_i$
式中：q_i——第 i 个路段上的交通量；
l_i——第 i 个路段上的里程；
L_n——辖区路网的总里程，$L_n=\sum l_i$；
p_i——里程权，$p_i=l_i/L_n$</td></tr>
<tr><td rowspan="3">养护质量</td><td>路面损坏状况</td><td rowspan="3">评定值由课题《农村公路养护评价体系研究》给出</td></tr>
<tr><td>桥涵隧技术状况</td></tr>
<tr><td>沿线设施技术状况</td></tr>
</table>

在综合评价中由于各指标的单位、数量级不同，因此会影响综合评价的结果，甚至会导致评价结果的混乱。因此，必须统一标准，对数据进行预处理，即对所有指标进行标准化处理，使其成为无量纲、无数量级差别的形式，然后进行综合评价。

$$\left.\begin{aligned} X_j^* &= \frac{X_j-\min X_j}{\max X_j-\min X_j}（正向）\\ X_j^* &= \frac{\max X_j-X_j}{\max X_j-\min X_j}（逆向）\end{aligned}\right\} \tag{11-1}$$

根据专家调查表，由层次分析法分别求出各专家评估结果确定的指标权重 ω_i 。

根据式(11-2)计算某条(某区域)农村公路路政管理复杂指数。

$$U=\sum\omega_i X_j^* \tag{11-2}$$

(2)复杂程度的分级及人员配置

计算出公路路政管理的复杂指数后,确定路政管理复杂程度分级的依据,见表11-2。

路政管理复杂程度分级表 表11-2

复杂程度分级	复 杂 指 数	复杂程度分级	复 杂 指 数
简单	0～0.3	复杂	0.7～0.9
一般	0.3～0.5	极复杂	0.9～1.0
较复杂	0.5～0.7		

根据辖区内农村公路的路政管理复杂程度,并参考国内各地区公路路政人员配置情况,来确定专职路政员、路政内务后勤人员以及路政协管员的数量。农村公路所需路政管理人员配置标准可参考表11-3。

农村公路所需路政管理人员 表11-3

路政人员 / 路政复杂程度	每个路政大队或路政中队		路政协管员(名/10km)
	专职路政员(名)	路政内务后勤人员(名)	
简单(复杂指数0～0.3)	1	1	1
一般(复杂指数0.3～0.5)	2	1	1.5
较复杂(复杂指数0.5～0.7)	3	1	2.0
复杂(复杂指数0.7～0.9)	4	2	3.0
极复杂(复杂指数0.9～1.0)	4	2	3.5

2)职责与要求

所配置的路政管理人员应当具备以下条件:

(1)年龄在20周岁以上,但一线路政执法人员的年龄不得超过45岁。

(2)身体健康。

(3)大专以上文化程度。

(4)持有符合交通运输部规定的岗位培训考试合格证书。

3)人员管理

路政管理工作的突发性、全天候性、复杂性和广泛性决定了路政队伍的管理方式,应着力培养路政人员的快速反应能力、吃苦耐劳能力、能打硬仗和应对复杂局面的能力,这是提高路政人员综合素质的重要手段。人员管理主要包括:着装要求、队列训练、内务整理三个方面的内容。

(1)着装要求

按规定着制服上岗,保持干净整洁,熨烫平整,不得有污损。按规定缀订和佩戴领徽(章)、臂章、帽徽、肩徽、执法证件等交通管理标志。上路巡查时,需戴头盔,身着反光背心。制服应当配套穿着,不得混穿,不得在制服外罩便服。不得披衣、敞怀、挽袖、卷裤腿。扣好领钩、衣扣。着春(秋)装、长袖夏装时,必须内着配发的衬衣,系配发的领带。着冬装时,内衣领不得高于制服领,下摆不得外露。

路政员必须按季节着装，每年 3 月初～5 月底着春秋装，6 月初～8 月底着夏装，9 月初～10 月底着春秋装，11 月初～次年 2 月底着冬装。特殊情况下，可适当调整换装时间，但着装必须统一。着制服时应统一系深色皮带、穿深色袜子和黑色皮鞋，保持鞋面清洁，不得穿拖鞋、休闲鞋、露趾凉鞋或打赤脚。

日常执勤应戴头盔，扎白色武装带、戴白手套。参加集合、检阅、迎宾时，着制服，并扎外腰带。上级部门对着装有特别要求的，按上级要求执行。

着制服时不得进入酒店、娱乐等与工作无关的场所。着制服进入室内需脱帽。宿舍内头盔可统一放置在床上或其他统一位置。制服及帽徽、肩章、臂章等专用标志不得变卖，不得擅自拆改、借送他人；调离本单位时，专用标志一概上缴。

路政协管员着装要求同养护员着装要求。

(2)队列训练

每月开展一次军事队列训练，定期进行队列会操比武，培养良好的姿态、严整的风貌、协调一致的动作、优良的战斗作风，提高组织纪律性，增强战斗力。

军事队列训练内容包括：立正，稍息，报数，整理着装，向前、左、右、中看齐，向左、右、后转，跨立，站立，敬礼，齐步走，跑步，正步走等。身体素质体能训练内容包括：俯卧撑，仰卧起坐，跳跃，单、双杠，越野长跑等。

(3)内务整理

内务整理包括员工个人卫生、寝室公共卫生。每天必须整理好个人的被褥，打扫好宿舍的环境卫生，更要注意个人卫生，每人一日一查，每周一次彻底大扫除，每周一评比。内务整理达到军队的要求，被子像豆腐块，床面像镜面，牙刷、牙膏、牙缸、鞋子等物品放置一条线。

3. 制度建设

建立科学健全的管理制度，依照路政管理职责，将职能目标标准化、程序化和精细化，实现制度体系的专业性，在执行过程中发挥核心作用，从而促进和指导路政管理中的各项工作。

1)日常管理

主要包括以下几个方面：

(1)路政基础性工作管理制度，包括公路路产路权管理制度、超限运输管理制度、施工管理制度、突发应急事件管理制度等。

(2)路政内业管理制度，包括路政人员目标管理责任制度、请示汇报制度、值班制度、勤政廉洁制度、路政装备管理制度、路政票据管理制度等。

(3)路政日常工作管理制度，包括考核评价管理制度、内部监督管理制度、财务管理制度、法规宣传制度等。

(4)路政队伍建设管理制度，包括军事化管理制度、接待与信访制度、社会共建制度、队伍培训教育制度、文明执法制度等。

2)管片责任制

(1)原则

按照“细化目标、分级管理、逐级考核、层层落实”的组织原则，将路段划分到各路政大队外业小组以及路政中队，分解落实到每一位路政员，实行路政分片分段管理责任制，做到人人身上有管段，个个肩上有责任。实行以巡查为主、定点执勤为辅的管理方式，使道路管控范围达到 100%，消除管理盲点，切实维护路产路权，提高路政工作质量。

(2)目标

①道路畅通，施工现场规范、有序。

②红线控制内无新增违章建筑。

③路产设施完好，遏制偷盗、破坏现象。

④行车环境良好，打场晒粮、路边集市等行为得到遏制。

⑤法规宣传到位，村民爱路护路意识增强。

⑥护路协管员管理规范，护路员安全意识强，能有效协助路产路权的管理。

⑦破案率、结案率、索赔率在 95%以上。

⑧规范交通安全设施管理，确保交通安全设施完好。

⑨超限运输治理力度进一步加强，确保管片内超限运输状况得到有效遏制。

(3)实施办法

路政管段责任制实行四级管理：

一级管理是市农村公路管理处路政科根据全市路政管理目标，指导监督各区(县)路政大队的路政管理工作，统筹各路政大队的辖区责任制。

二级管理是区(县)路政大队根据本区域的具体情况，对路政中队下达管片责任制目标和考核标准。

三级管理是路政中队制订工作方案和具体措施，对目标任务进行分解，与各管段路政员签订工作责任状，实行路政员分段管理责任制。

四级管理是路政员制订个人管段的工作目标、计划，并将工作目标、计划通知本管段各护路协管员，使之协助共同完成好各项工作任务。

(4)具体内容

①负责管辖片区沿线乡镇、村庄的路政宣传教育、登记造册工作，每个月要求联合宣传一个学校或一个村庄。

②负责管辖片区路产设施的巡查和统计调查管理工作，并登记造册。

③负责管辖片区公路的巡查任务，要求每月徒步巡查 2 次，并做好记录，杜绝安全隐患。

④负责做好管辖片区内养护施工安全管理，实行养护施工安全管理全程监控，纠正和处理不规范施工行为，确保不出现安全生产责任事故。

⑤负责管辖片区红线控制区域的违章事项管理工作，确保无新增违章建筑。

⑥负责对破坏、偷盗路产设施和路损逃逸案件的联合查处。

⑦负责管辖片区协管员的管理和考核工作。

⑧负责管辖片区安全保护设施的报修、督办和验收工作。

(5)路产信息库的建立与管理

由各路政大队建立管段路产信息数据库，指定专人负责数据库的整理与更新；各路政中队负责各自片区路产信息数据的更新和资料收集，如有变更及时将更新内容报所在大队。

(6)路政协管员管理

农村公路养护员也是路政协管员，路政大队、中队负责所辖区路政协管员的培训、管理、考核等工作。具体工作如下：

①制订和完善路政协管员管理规定，强化管理，提高工作质量和工作效率。

②加强组织管理，建立“协管员—路政员—路政中队—路政大队”的层级管理结构。

③调动路政协管员的工作积极性，强化监督考核，加强日常管理和月度定期考核，做到工作成绩与补助挂钩，评选月度优秀护路员、护路先进示范路段、年度先进个人。

④强化日常管理，加强路政协管员的监督检查，及时发现问题及时整改；每日护路员应如实向巡查路政员报告管段内管理情况，每月协管员要对管段内情况进行统计，对统计的问题及时上报中队并及时整改。

⑤开展阶段性重点工作和专项工作管理，根据季节特点，开展专项清理活动，开展清障补绿、整治打场晒粮、整治路边集市、法律宣传等活动，减少管段内违章行为的发生，提高管段内群众的爱路护路意识。

⑥加强路政协管员培训教育，提高其工作技能、安全意识和联动效应。

⑦强化路政协管员工作沟通机制，做到日常巡查有沟通，月度、半年、年度片区有会议，努力构建左右互动、上下互通、整体联动的良好局面。

(7)工作质量标准

①路面清洁标准：路面无砂石碎料，路面无白色垃圾，路面无影响行车安全的大型障碍物。路面杂物垃圾总面积不得超过 $1m^2$，连续杂物垃圾占地长度总米数不超过 5m。

②边坡清洁标准：边坡无白色垃圾及杂物，边坡垃圾杂物占地面积不得超过 $1m^2$，连续杂物垃圾占地长度总米数不超过 5m。

③桥梁清洁标准：桥面无白色垃圾及杂物，桥面排水缝无杂物、杂草、垃圾，保持排水畅通。

④涵洞清洁标准：无垃圾堆放，无易燃物堆放，保证通道畅通无障碍物，垃圾杂物占地面积不得超过 $1m^2$，总长度不超过 5m。

⑤打场晒粮及占道经营标准：无打场晒粮、路边集市占道经营等违章行为，保持管片区无违章现象。

⑥法制宣传标准：对片区内群众、学校进行宣传，全年必须对管片范围内所有村庄、学校进行宣传，每次宣传 10～20 户。

⑦违章建筑物标准：红线控制区内无违章建筑物，及时调查并制止违章建筑行为。

⑧保护路产的标准：管段内路产完好，及时制止并报告破坏偷盗路产违法行为，及时统计损坏路产并报修。

⑨路政员工作自查标准：及时检查管段内各项工作，每月进行自查并及时填写管段内发生的相关情况，按时上交自查表。

4. 装备配置

1)标准化路政装备配置

路政装备是指路政管理机构在从事路政专业工作时配备的特殊专用装备，标准化路政大队建设应配备统一的路政装备，主要包括：路政办公用房、路政办公自动化设备(电脑、打印机等)、路政勘察取证装备(照相机、摄像机、录音机等)、路政通信设备(PDA 等)、路政巡查车辆和示警灯、清障施救车等公共装备，以及雨衣、头盔、武装带、反光背心等路政员个人装备。路政装备配制见表 11-4。

(1)路政巡查设备:配备2台以上专用路政巡逻车,车上应配置移动办公系统、打印机,并安装标识及示警灯。

(2)应急救援抢险装备:为及时处理突发事件,在发生人员伤亡时进行紧急救援,配备救援设备,包括消防器材、急救医疗用品和常用的汽车修理工具。

(3)勘察设备:路政执法过程中需要对路产损坏现场进行取证,记录真实的现场状况,配备照相机、摄像机、照明设备、现场勘察测量用具。

(4)作业标志:用于事故清障现场的引导、指示等,配备移动式灯光导向车、指向标志、限速标志、隔离装置等。

(5)通信设备:为保证路政执法工作的及时性,确保通信畅通,配备车载电台、PDA、移动电话、对讲机等通信设备。

(6)综合执法室设备:除了办公电脑、打印机、通信设备等基础办公设施外,还需配备电子触摸查询屏、POS刷卡机、验钞机等设备。

路政装备配制表 表11-4

装备分类	装备名称	数量	说明
路政巡查设备	执法车	2辆	大队
		1辆	中队
勘察设备	数码相机	1台	
	数码摄像机	1台	
	皮尺	10根	
作业标志	路锥、反光标、围栏	若干	
通信设备	对讲机	现场巡视人员每人1部	
	PDA		
办公设备	计算机	2台	
	打印机	1台	
	复印机	1台	

2)装备的领用与登记

(1)路政大队各科室、路政中队根据日常工作的需要,每年以书面形式将申请领用报告交大队综合办公室,集中统计,写出请示,交与相关部门负责人,经批准后购买和发放。

(2)各单位在领用装备时,领用人当面点清数量,领用后交与路政装备管理人员并签名备查,填写相应的装备物品发放单,做好登记。路政装备入库时,填写好入库单,做到物品数量准确。

(3)若遇装备管理员休息或外出,被委托人须切实负责,将发放的装备名称、数量及领用人登记齐全。

(4)路政各单位借用的临时装备,必须按期、如数归还。装备管理人员应对收回的装备认真进行质量检查,发现有遗失或损坏情况时,领用人需说明原因,进行详细记载;属人为遗失或损坏的,领用人照价赔偿。

(5)装备管理人员根据发放的装备,建立路政员装备发放登记卡,装备登记卡详细记载各种装备的领用、发放、交还情况。

(6)装备管理人员负责保管路政装备，将装备分门别类存放，在储藏柜外用标签标明存放物品名称，做到摆放有序、一目了然。

(7)发生装备人为遗失或损坏现象时，由责任人照价赔偿，对责任单位予以处理。

3)路政装备的保管

(1)路政大队、中队应建立严格的装备保管制度，根据工作需要和实际情况设立路政装备室，配备公共装备保管柜和路政员个人装备柜。

(2)公共装备要由专职装备管理人员负责保管，其主要职责是：贯彻落实上级有关路政装备管理的办法和规章制度，并组织实施；按时报送路政装备需求计划，做好装备的申请领用、验收、保管和发放等工作；负责本单位路政装备的维护保养等工作，保证设备的安全正常运行，确保所有装备随时可以使用。

(3)公共装备除路政巡逻车等由大队负责人、中队负责人承担保管责任外，其他公共装备由装备管理人员承担保管责任。

(4)路政员个人装备由个人承担保管责任，个人装备柜外要标明装备所属路政员名称，柜内装备要做到摆放标准统一。

(5)各路政单位要妥善保管装备，做好防抢夺、防盗窃、防破坏和防火、防潮等工作；要经常检查，提高装备的完好率。对经批准借出的装备，使用后要及时督促归还，对使用不当、造成损坏的，要向主要领导报告，按具体情节处理。发生装备人为遗失或损坏现象时，由责任人照价赔偿，并对责任单位和个人予以处理。

(6)严禁擅自将装备进行调换、转借、赠送、变卖、出租。

(7)路政装备应当定期进行维护保养。对外出或借调人员留下的装备，应当指定专人定期维护保养。发现装备损坏，应当及时上报，并根据损坏的程度及时组织修复。

(8)装备交接应当严格手续。主要领导工作调动，应由上级派人监督交接；装备管理人员调动，主管领导应予监督交接。禁止个人将公用物品带走。

4)路政装备的使用

(1)警灯、警报器的管理规定：严禁在公路以外的道路上使用警灯、警报器；严禁在非执行公务时使用警灯、警报器；在执行正常的路政巡查任务行驶途中或停车勘验、检查、处理时，可使用警灯示警(无特殊情况不得使用警报器)；在执行紧急任务、清障、处置突发事件途中，交通受阻时，可使用警报器；在雨、雾、冰、雪天气，视线不良或发生交通事故进行现场处置时，可使用警报器；两辆以上巡查车辆列队行驶时，如前车已使用警灯、警报器，无特殊情况后车不得使用警报器；夜间通过城镇、村庄等居民密集地段时，无特殊情况不得使用警报器；严禁擅自使用警灯、警报器为不符合规定要求的单位或个人活动开道；警灯、警报器的使用证由大队统一申领、换发。

(2)勘察取证设备的管理：照相机、摄像机等勘察取证设备由装备管理人员保管，保管人员应确保所有设备随时可以使用；路政勘察取证装备不得用于与工作无关的事情；其他单位或部门借用有关装备应征得单位负责人的批准，任何人不得擅自借出。

(3)办公设备的日常管理：电脑、打印机等日常办公设备应由能熟练操作设备的人员管理和使用；不得在工作时间利用电脑、PDA 进行游戏等与工作无关的事情；应保持电脑等办公设备的清洁。

(4)对讲机(手持、车载)的管理:对讲机是公用物品,应防止丢失和人为损坏;应保证值班对讲机24h开机,保证通信、联络畅通,严禁关机、挪作他用或转借个人;任何人不得利用手持对讲机、车载对讲机进行聊天等与工作无关的活动。

(5)路政车的使用管理:路政巡查车是开展日常巡查,进行路产巡视、路权维护的主要交通工具,必须严格执行车辆只得用于路政一线管理,不得挪作他用的规定。

5. 资金配置

以科技理财、制度理财和以德理财为手段,以部门预算控制为重点,规范财务管理工作,逐步健全财务管理制度,积极强化预算内控管理,努力控制各项成本开支,形成精细化的财务管理体系。各乡(镇)农村公路管理站,根据本部门检查情况及路政中队对养路员的考核情况,对养路员支付报酬,保证养护员补助的按时足额发放,防止挤占挪用。

二、路政业务标准化建设

1. 路政巡查管理

路政巡查主要由日常巡查和徒步巡查两部分组成。

1)日常巡查

日常巡查是有效维护公路路产路权,保障农村公路完好、安全、畅通而实施的基础性和日常性工作。应当提前制订巡查方案,并布置当天巡查重点,对巡查过程的各项事宜进行合理安排,保障巡查工作质量。日常巡查应当遵循全面、规范和巡查与调查处理相结合的原则。

(1)巡查准备

由巡查组长负责。巡查前,由巡查组长列队点名,清查上路巡查人员,布置当日巡查工作要点,明确分工。主要内容有:

①巡查人员应整理着装,携带交通行政执法证,检查巡查车的使用情况,确保警灯、警报器、通信设备工作正常。

②巡查人员应携带勘察箱,箱内须备置执法文书,包括有关法律、法规及规章制度、巡查日志、询问笔录、勘验检查笔录、现场勘察图等资料,并检查执法装备和用具是否齐全。

(2)巡查内容

路政巡查工作由两名以上路政员上路巡查,对辖区内农村公路巡查为两天一次,重要的县乡道巡查为一天一次。遇有特殊情况随时出发检查,如恶劣天气等特殊情况下应实行24h巡查。主要内容有:

①巡查管片内路产、标志、标线等安保设施及路况的完好情况。

②巡查和处理红线控制区范围内违章建筑情况。

③依法制止和查处非法占用、损坏、破坏公路、公路设施及公路附属设施的违法行为。

④依法制止和查处非法在大中型公路桥梁和渡口200m范围内、公路隧道上方和洞口外100m范围内以及公路两侧一定距离内挖沙、采石、取土、倾倒废弃物、进行爆破作业及其他影响行车安全的行为。

⑤依法制止和查处在公路和公路用地范围内摆摊设点、堆放物品、种植作物、放养牲畜、设置障碍、挖沟引水、排放污物以及其他侵占、污染等损害性行为。

⑥查处未经审批许可的违法施工作业。

⑦核实、监督、检查施工作业的现场管理，监督检查经路政审批许可的穿（跨）、架（埋）管线和其他工程项目的施工作业。

⑧检查超限运输车辆的审批许可手续，对已办理通行证的超限运输车辆提供有效的防护措施，督促其按规定的时间、时速、车道行驶，必要时安排巡查车辆护送。

⑨查处损害公路路面的履带车、铁轮车。

⑩监督考核养护员日常养护工作，及时清理路面和桥涵上的危险物。

(3)巡查规范

①一般情况下，要求巡查小组为 2～3 人，由当班巡查小组长负责，组长不在时指定一人为当班负责人。乘坐位置为：正驾驶位、副驾驶位、后排左侧位。

正驾驶位负责驾驶车辆，保障行车安全并观察路面情况；副驾驶位担任主要巡查工作，查看右侧标志牌、路肩、边坡、桥涵通道、防撞护栏、建筑控制区、绿化带和施工现场；后排左侧位担任辅助巡查工作，巡查左侧情况；当班负责人负责巡查日志填写和记录工作，并对本小组巡查质量、作风纪律、案件处理及安全负领导责任。

②巡查时间一般为上午 8:00～11:30，下午 14:00～17:00，可根据季节变换和实际情况进行调整。

③巡查要求如下。

a. 巡查对象为管辖片区内所有的县道、乡道及重要村道。

b. 巡查车辆应遵守交通法规，开启示警灯、通信电台等设备，车速一般不超过 40km/h，不能影响其他车辆正常行驶，夜间或恶劣天气行车时应减速慢行。

c. 巡查车不得随意驶出管辖片区，巡查车内未经批准不得私自搭载与工作无关的人员。

d. 巡查中巡查人员不得与驾驶员闲谈或有其他妨碍驾驶员操作的行为。

e. 巡查人员应着装整齐，统一着路政制服、黑色皮鞋，戴头盔，上路着反光背心，保持风纪严整，言行举止端正，认真履行巡查职责。

f. 巡查中不得吃零食、抽烟、看报纸、玩游戏机、闲谈或者从事其他与巡查无关的事情，非强光天气不得戴墨镜。

g. 发现紧急情况需停车处理调查时，应在确保安全的情况下，选择适当的位置停车，按规范设置安全标志，开启应急灯、示警装置，并从右侧车门下车。

h. 应将巡查及处理情况及时在巡查日志上详细记载，巡查结束后由巡查组长检查汇总。

(4)巡查处置

①巡查中发现违法违章案件，证据确凿、适用简易程序的，应按规定当场予以处置。适用一般程序的，应认真调查、取证、拍照、摄像，做好询问笔录、勘察笔录，并制止违法行为。

②巡查中发现违章建筑物，应立刻停车，调查基本情况。认真测量该建筑的占地面积和占用红线内的实际面积，责令停工，要求其恢复原状，并下达相关执法文书。不接受处理的，经上报同意后采取强制措施。

③巡查中遇有交通事故等突发事件时，须立即报告公安交警、大队或中队负责人，同时设立警戒区、安全标志，保护现场，抢救遇难人员，组织人员及车辆撤离危险区。如造成路产损失，应认真调查取证，勘察路产损失，按照公路赔（补）偿程序进行处理，及时通知养护单位，将

障碍物清扫干净，在事故发生地使用安全标志牌，及时通知养护单位修复路产。

④巡查中发现有路产损失且肇事车辆已逃逸的，应立刻停车勘验现场情况，收集证据，通知公安部门，说明车辆特征并做好相关记载。发现有路产设施丢失或破损的，应立即勘验现场，查找证据，向辖区内公安派出所报案，协助民警到就近村庄、废品收购场所查找，并联合当地公安部门对偷盗行为进行查处。

⑤巡查中发现路面障碍物影响行车安全时，巡查人员应及时清理；不能当场清理的，立即做好临时安全保障措施，并通知养护部门采取相关措施进行清理。

⑥巡查中遇有故障车，应主动停车询问并提供帮助；影响交通安全的，应立即设置临时安全警示标志，通知大队调派清障车辆施救。

⑦巡查施工作业现场以及路政许可事项的执行情况时，对不规范的行为当场予以纠正，对不服从管理的，责令其暂停作业直至规范为止。巡查中，主要查看施工人员是否统一着反光标志服，现场安全员是否实施安全巡查，查看现场标志牌设置是否规范，将现场情况做好登记。

(5)巡查总结

巡查完毕后，巡查小组负责人应列队讲评总结一日工作情况，检查巡查日志登记情况，及时向大队外业办主任或中队负责人汇报一日工作情况，并及时处理路政案件、巡查日志登网，路产报修，交接班等工作。

2)徒步巡查

徒步巡查是对驾车巡查工作的补充和强化，重点对驾车巡查中不易发现的情况进行巡查，以保护路产、维护路权为目的，及时掌握公路完好状况。

徒步巡查包含两个部分：一是养护员的日常养护巡查，并将巡查结果及时报告路政中队或大队；二是由路政中队组织实施，组织路政员每月至少开展 2 次徒步巡查，根据养护员巡查报告中的公路状况，每次选择重点路段巡查 6～9km。

(1)巡查内容

①检查桥梁、隧道的通行状态，查看是否有堆放易燃物、侵占公路用地范围、擅自取土、架设电线电缆、埋设管道等行为。

②检查公路涵洞情况，查看是否有占道、堵塞、堆放易燃物等情况。

③检查路基边坡和河床是否有滑坡、挖沙、取石、扩宽河床等现象。

④检查红线控制区，查看是否有违章建筑、占道摆摊设点等现象。

⑤检查安全保护设施，查看标志标牌、防撞护栏(墙)等的完好情况，查看是否有非法设置的标志标牌。

⑥检查边坡排水沟情况，查看是否有堆放物、排水是否畅通。

⑦走访沿线群众，调查了解周边动态。

(2)工作规范

①路政员巡查时统一戴头盔，穿着制服、反光标志服，携带执法证件。

②在执行公务时应当注意仪容仪表，在执法过程中讲究文明执法，先敬礼，再出示证件表明身份，然后处理问题。

③认真对待当事人或社会各界人士的咨询，耐心解说，自觉接受社会监督。

④应携带徒步巡查记录本，认真对照徒步巡查内容，逐一巡检并登记。

⑤巡查结束后，根据徒步巡查情况，针对发现的问题，研究整治措施。

3)巡查交接及信息交流

(1)巡查车辆及其设备的交接

巡查结束返回驻地后，车辆及其设备由驾驶员向专管人员交接，交接时必须仔细检查车辆的各个部位，确保车辆处于良好状态，无安全隐患，确保车辆设备(包括警报器、车辆固定电台、车辆备用轮胎、随车工具包、灭火器材等)性能良好、无缺损。现场填写车辆及其设备交接表并签字认可。

(2)路政执法装备及执法文书的交接

交接的路政执法装备包括电脑、PDA、数码相机(摄像机)、电筒、皮尺、勘验箱、反光背心、反光标志筒、头盔、武装带、印泥、停车示意牌等。执法文书包括法律法规及规章、询问笔录、勘验检查笔录、勘察图纸、巡查日志等。主要是外业巡查组之间的交接，由外业组长或指定人员进行交接。交接人员应对以上内容逐一检查，确保路政执法装备良好和执法文书齐全，确定达到要求后，交接双方应在路政执法装备及执法文书交接栏进行签字。

(3)当日巡查情况的交接

①外业巡查人员之间的交接。当日当班外业巡查人员总结巡查工作并填写巡查小结，及时登录到巡查日志上，检查当日巡查日志填写无误后签字移交给接班巡查人员。

②外业巡查人员与内业人员之间的交接。外业巡查人员在当日下班前将巡查情况及时向内业人员反馈，内业人员应及时做好记录，并将当日工作情况及遗留的工作问题向领导汇报，对待处理的问题进行统筹安排。

(4)巡查信息交流

当日巡查后，综合巡查信息，大队、中队内组织公路路政管理状况分析会，并将相关信息及时向公安、国土资源、规划、乡(镇)农村公路管理部门通报，重要信息应提交书面文件报告。

2.路政执法管理

路政执法是指路政管理机构根据国家法律、法规、规章的规定，依法保护公路路产、维护路权、保障畅通，对农村公路使用者以及其他相对人所采取的能直接产生法律效果的行政行为，包括路政案件处理、行政处罚、行政许可、行政强制措施等。

路政执法必须符合下列规定：执法主体符合法定的职责权限；严格按法律、法规、规章要求执法；事实清楚，证据确凿，处理适当，程序合法；文书使用规范；执法文明，接受监督。

1)路政案件处理

公民、法人或其他组织对公路造成路产损坏的，应依法缴纳路产损坏赔(补)偿费。对损坏公路路产的行为，查处、收缴路产赔(补)偿费的工作由路政大队具体实施。赔(补)偿案件处理分为简易程序和一般程序。

(1)简易程序

简易程序是指对路产损坏事实清楚，证据确凿充分，赔偿数额较小(1 000元及以下)，且当事人无争议的案件，可以当场进行处理。当场处理路产赔(补)偿案件的简易程序如下：

①路政执法人员(不少于2人)首先敬礼,向当事人出示执法证,表明身份,告知当事人损坏公路路产的违法事实,赔(补)偿路产损失的理由和法律依据,告知当事人享有的陈述、申辩权,听取当事人的陈述和申辩。

②依法询问当事人、证人,进行勘验并填写公路赔(补)偿案件勘验笔录,由勘验人、记录人分别签名,最后由当事人在当事人栏签名,拒绝签名的,由两名以上执法人员在文书上注明情况,对现场进行拍照存档。

③制作并送达路产损失赔偿清单,执法人员收取赔(补)偿费后,将赔(补)偿费收据第二联交付当事人。

④案件处理完毕后,将勘验笔录、事故照片、路产损失赔偿清单交内业人员,内业人员检查复核后归档制卷,并及时向银行缴纳赔(补)偿费。

(2)一般程序

有下列行为之一的,适用一般程序:对违法事实需要进一步调查取证的;当事人对认定的违法事实有争议的;当事人对作出决定的依据有异议的;路损金额在1 000元以上的;不适用简易程序的其他情形。

处理路产赔(补)偿案件的一般程序如下:

①路政执法人员(不少于2人)应该首先敬礼,向当事人出示执法证,表明身份,告知当事人损坏公路路产的违法事实,处理的理由、依据以及当事人享有的陈述、申辩权。

②路政执法人员进行调查取证。

a. 询问当事人事故发生的时间、地点以及事故发生时的详细情况,依法制作询问笔录。

b. 对事故现场进行勘验,并制作勘验检查笔录,双方签字按印。

c. 拍摄路损照片及事故车辆照片,一般案件拍摄现场全景和局部照片2～5张存档,复杂、重大案件可根据需要拍摄足够的照片,并进行录像。

d. 绘制现场勘察示意图,示意图上应标明车牌、桩号、路损明细等,当事人签字按印,绘图人员签名。

e. 在调查过程中,需要进行抽样取证的,应填制抽样取证凭证。

f. 在证据可能灭失或者以后难以取得的情况下,经大队长批准后,可以现场登记保存,并制作证据登记保存清单。

g. 对不属于路产损失赔(补)偿标准范围内的路产损失,应当委托有关单位和人员进行鉴定,制作鉴定意见书。

③初步调查结束后,案件调查人员应制作调查报告,提出处理意见报路政大队负责人审批,并将所有调查文书和事故照片移交内业人员登记存档。案件现场调查完后,24h内将案件录入路政管理系统。

④办案人员根据审查或核准意见,制作赔(补)偿通知书,于7日内送达当事人,由当事人在送达回证上注明收到日期、签名,送达人应告知当事人可申请复议或提起行政诉讼。

⑤处理决定生效后,当事人拒不履行的,路政大队可依法申请人民法院强制执行。

⑥案件结案后,由办案人员填写结案报告,并将相关文书移交内业人员,由内业人员完成卷宗整理和归档工作。

2)路政行政许可

路政行政许可是指公路路政管理部门根据行政管理相对人的申请,经审查依法赋予其从事公路行政法律、规范所限制事项的权利和资格的行为。包括占(利)用公路用地和建筑控制区、设置非公路标志标牌等许可事项的审批。

(1)许可项目

依据相关法律、法规、规定和公布的行政审批事项,农村公路涉路行政许可项目包括:

①涉路工程。

②增设非公路标志。

③行道树采伐更新。

④超限运输车辆行驶农村公路。

⑤铁轮、履带车及其他可能造成路面损坏的机具行驶农村公路。

(2)交通行政许可事项受理地点

区(县)行政审批中心交通运输局窗口。

(3)交通行政许可监督电话、举报方式、法律救济途径

应对外公布交通行政许可监督电话和举报方式,举报方式可以是口头举报或者书面材料举报。法律救济途径:申请行政许可,可向区(县)交通运输局陈述、申辩;不服行政许可的,可向区(县)人民政府申请复议或者向人民法院提起诉讼。合法权益因交通行政许可实施机关违法实施行政许可受到损害的,可依法要求赔偿。

(4)交通行政许可具体实施

①涉路工程。

申办渠道:占用、利用、穿越、跨越、挖掘农村公路、公路用地、公路建控区,开设平交道口,向区(县)农村公路路政大队提出申请。

许可条件:提交申请书,写明事由、地点、安保措施、施工期限、修复措施、补偿数额,提交设计图纸或平面布置图。

办理程序及时限:工作日内材料齐全有效的,随时给予受理。自受理之日起在20个工作日内进行审查并作出许可或者不予许可的决定,逾期不能作出决定的,经实施机关负责人批准,可以延长10日。对于作出准予许可决定的,在10日内向被许可人发放《涉路工程建设许可证》。

②增设非公路标志。

申办渠道:农村公路、公路用地、公路建控区范围内,增设非公路标志,向区(县)农村公路路政大队提出申请。

许可条件:提交申请书,申请书写明事由、地点、标牌结构、尺寸、内容、颜色、安保措施、标志设置时间、保持期限等事项,提交设计图纸或平面布置图。

办理程序及时限:工作日内材料齐全有效的,随时给予受理。自受理之日起在20个工作日内进行审查并作出许可或者不予许可的决定,逾期不能作出决定的,经实施机关负责人批准,可以延长10日。对于作出准予许可决定的,在10日内向被许可人发放《非公路标志设置许可证》。

③行道树采伐更新。

申办渠道：农村公路、公路用地、公路建控区范围内，行道树采伐更新，向区（县）农村公路路政大队提出申请。

许可条件：提交许可申请书、事由、地点、树种和数量、安保措施、采伐时间、补种措施。

办理程序及时限：工作日内材料齐全有效的，随时给予受理。自受理之日起在 20 个工作日内进行审查并作出许可或者不予许可的决定，逾期不能作出决定的，经实施机关负责人批准，可以延长 10 日。对于作出准予许可决定的，在 10 日内向被许可人发放《行道树采伐许可证》。

④超限运输车辆行驶农村公路。

申办渠道：超限运输车辆行驶农村公路，向区（县）农村公路路政大队提出申请。

许可条件：a. 书面申请；b. 有关资料和证件（货名、质量、外廓尺寸、车辆型号、自重、轴载质量、轴距、轮数、轮胎单位压力、行驶路线、车辆行驶证等）。

办理程序及时限：工作日内材料齐全有效的，随时给予受理。自受理之日起在 20 个工作日内进行审查并作出许可或者不予许可的决定，逾期不能作出决定的，经实施机关负责人批准，可以延长 10 日。对于作出准予许可决定的，在 10 日内发放《超限运输车辆通行证》。

⑤铁轮、履带车及其他可能造成路面损坏的机具行驶农村公路。

申办渠道：铁轮、履带车及其他可能造成路面损坏的机具行驶农村公路，向区（县）农村公路路政大队提出申请。

许可条件：a. 申请书，包括事由、行驶路线及时间、行驶采取的防护措施、补偿数额；b. 车辆或者机具车的行驶证件。

办理程序及时限：工作日内材料齐全有效的，随时给予受理。自受理之日起在 15 个工作日内进行审查并作出许可或者不予许可的决定，逾期不能作出决定的，经实施机关负责人批准，可以延长 10 日。对于作出准予许可决定的，在 10 日内发放《特殊车辆通行证》。

3）路政行政处罚

农村公路路政行政处罚是指路政执法主体对违反《中华人民共和国公路法》等法律、法规的公民、法人和其他组织所给予的一种制裁。行政处罚程序分为简易程序和一般程序。

（1）简易程序

违法事实确凿并有法定依据，对公民处以 50 元以下，对法人或者其他组织处以 1 000 元以下罚款或者警告的行政处罚，可以当场作出行政处罚决定的，适用于简易程序，遵循以下程序：

①路政执法人员应先敬礼，向当事人出示执法证，告知当事人认定的违法事实，处罚的理由、依据以及当事人享有的陈述、申辩权。

②路政执法人员依法询问当事人、证人，进行勘验并填写询问笔录、勘验检查笔录，制作处罚决定书，由办案人员在文书上签名，加盖行政处罚机关印章。

③当事人应签名确认，拒绝签名的，由两名以上执法人员在文书上注明情况。

④作出决定后，将处罚决定书当场交付当事人，并告知当事人可依法申请行政复议或提起行政诉讼。

⑤当场收缴罚款的，开具专用罚款收据。

⑥案件处理完后将相关资料移交内业人员整理存档。

(2)一般程序

除适用简易程序外的案件一律适用一般程序，应遵循以下程序：

①路政执法人员首先敬礼，向当事人出示执法证，告知当事人认定的违法事实，处罚的理由、依据以及当事人享有的陈述、申辩权。

②调查取证。初步调查由两名以上路政执法人员调查取证，询问当事人、证人，进行勘验，依法制作询问笔录、勘验检查笔录；复杂、重大案件要摄取现场全景或局部照片3～5张存档；在调查过程中，需要进行抽样取证的，应填写抽样取证凭证；在证据可能灭失或者以后难以取得的情况下，经路政大队负责人批准后，可以现场登记保存，制作证据登记保存清单，并应当在7日内作出处理决定；对涉及专门性问题的，应由有专业知识和技术能力的部门和人员进行鉴定，制作鉴定意见书；文书制作中必须由执法人员签名并填写执法证件号码，同时由被询问人、当事人、被取证人在文书上签名；相关文书移交内业人员处理，由内业人员制作交通违法行为调查报告，提出处理意见报负责人审查。

③调查终结后，案件事实清楚、证据齐全、符合行政处罚条件的，经审查批准，制作违法行为通知书，送达当事人，告知拟给予的行政处罚的内容、理由和依据及3日内可以进行陈述、申辩和提出听证申请的权利。

④审查案件调查资料、当事人陈述和申辩材料，根据不同情况作出如下处理决定：违法事实清楚、证据确凿充分、符合行政处罚法定条件的，作出行政处罚决定；案件需要进一步调查取证的，责令原案件调查人员补充调查；违法事实不成立的，不予行政处罚；违法事实轻微，依法可以不予行政处罚的，作出不予处罚的决定；违法行为已构成犯罪的，应将有关材料移送司法机关处理。

⑤作出行政处罚决定后，制作处罚决定书当场交付或在7日内送达当事人，由当事人在送达回证上注明收到日期、签名或盖章；对已生效的处罚决定，当事人拒不履行的，依法申请人民法院强制执行。

⑥案件结案后，由内业人员填写结案报告，并完成案件的整理和归档工作。

(3)送达执法文书

当事人送达交通行政处罚决定书等有关执法文书的，由受送达人在送达回证上签收；受送达人不在场的，交与其同住的成年家属签收；受送达人已指定代收人的，交代收人签收；受送达人拒绝签收的，应当邀请有关见证人到场，说明情况，在送达回证上填写拒收事由和日期，由送达人、见证人签章，把执法文书留置在受送达人的住处，视为送达；直接送达有困难的，可以委托其他交通行政执法机关代为送达，或者以邮寄、公告的方式送达；邮寄送达的，以挂号回执上注明的收件日期为送达日期，公告送达的，自公告之日起经过60日，即视为送达。

4)行政强制措施

路政行政强制措施是指路政管理部门在实施路政管理的过程中，依法对违反公路法律、法规的公民、法人或者其他组织的财产实施暂时性控制或是依法强制其停止违法行为而采取的措施。农村公路路政行政强制措施包括暂扣车辆、终止车辆运行及强制拆除。适用范围及处理程序如表11-5所示。

行政强制措施适用范围及处理程序　表 11-5

适用范围	处理程序
对公路造成较大损坏，当场不能处理完毕的车辆	依法责令该车停止行驶并停放在指定场所，按照赔偿程序进行实施，完毕后，立即放行车辆
在公路用地范围内设置公路标志以外的其他标志	制作并送达告诫书，告知当事人拆除决定的事实、理由及依据，拆除期限和不拆除的后果，并告知当事人依法享有的权利； 复核当事人提出的事实、理由和依据；经督促告诫，当事人不拆除的，制作并送达路政强制措施决定书； 制作路政强制措施笔录； 实施强制拆除； 当事人拒不履行行政处罚决定的，或依法强行拆除受到阻挠的，依法申请人民法院强制执行

5）文明执法规范

路政文明执法从路政微笑服务、执法人员形象、执法文明用语、路政业务工作、接待礼仪、便民服务等方面，进一步深化、细化路政执法流程及规范，形成一套统一的服务标准和工作标准。

（1）职业道德规范

路政执法人员应当做到热爱交通、忠于职守、依法行政、廉洁自律、风纪严整、接受监督。必须严格按照法定权限，在法定职责范围内实施行政行为，不得推诿或者拒绝履行法定职责。严禁越权执法，严禁滥用职权，应当做到清正廉洁、克己奉公，不徇私枉法，不以权谋私。严禁利用职权"吃、拿、卡、要"，不得以各种名义索取、接受行政相对人的宴请、礼品、礼金以及消费性的娱乐活动。不得使用依法被暂扣或者证据登记保存的车辆以及物品。严禁参与和职权有关的各种经营性活动，不得利用职权为配偶、子女及其他亲属从事经营性活动提供便利条件。不得向管理相对人借款、借物、赊账、推销产品、报销任何费用或者要求相对人为其提供服务。不得弄虚作假，隐瞒、包庇、纵容违法行为，不得为行政管理相对人的违法行为开脱、说情。执法人员在驾驶执法车辆时，遇遭受意外受伤、突然患病或者遇险群众的求助，应及时提供可能的帮助和服务。

（2）执法人员仪容举止

执法人员应当仪容端庄，保持仪表整洁，并遵守下列要求：保持头发、面部、口腔、手部等清洁、干净、卫生。头发要梳理整齐，不得留长指甲，执法时不得以围巾遮面。男性行政执法人员不得留长头发、长胡须、长鬓角，不得露光头。女性行政执法人员执法时不得头发披肩，不得染指甲、化浓妆、佩戴首饰，不得在制服上挂胸花、胸针等装饰品。

执法人员执法时应当举止文明，保持良好形象，并遵守下列要求：现场执法的身姿、敬礼和手势标准，参照现行规定执行。指挥车辆手势要明确、利索、规范。两名及以上行政执法人员着装徒步巡查或者外出时，应当两人成行、三人及以上成列，做到威严有序。外出时，应当遵守公共秩序和社会公德，维护公路行政执法人员的良好形象。在行政相对人情绪激动或有过激言行时，应当冷静处理，以理服人，不得针锋相对，激化矛盾。如遇暴力抗法，应当沉着应对，及时报警，注意自身安全，防止事态失控。

(3)文明执法行为规范

路政执法人员应当严格按照职责权限和有关规定，尊重行政管理相对人的权利和人格，维护其合法权益。依法进行监督检查时，执法行为应文明礼貌，应当先敬礼、出示证件并说明事由，不准采取扒车、强行追车等危险方法执法。受理行政许可申请、接待群众来访以及与当事人、证人或其他人员谈话时，应当礼貌待人、语言文明、态度和蔼。及时妥善处理受理事项，不得以任何借口推诿或拖延。执法活动中对当事人遇到的困难，在法律、法规允许并力所能及的范围内，应当给予其热情帮助或者为其提供便利。

路政人员行政执法时应当言语热情诚恳，表述通俗易懂，对外地驾驶员必须使用普通话，并使用规范的文明执法用语。严禁使用讥讽性、歧视性、羞辱性、训斥性、威胁性语言和讲粗话、讲脏话。调查取证时，执法人员不得使用恐吓、威胁、诱导性的语言。执法人员应以理服人、语言文明，不得出言不逊、讽刺挖苦、讲脏话、骂人。

①主动向被检查对象表明身份、出示执法证件。

执法实施前：同志，您好，一路辛苦了，我们是××单位路政执法人员，这是我们的执法证件(出示)。

②向被检查对象说明执法理由。

执法开始：根据××法律(法规、规章)的规定，我们依法对××事项实施监督检查，请您给予配合与支持，谢谢。

③向被检查对象告知享有的权利与应尽的义务。

执法实施时：我们对您是否存在××行为需要调查核实，您依法享有陈述、申辩的权利，以及应尽配合调查的义务，请出示××票、证，或与我们一起察看××现场，谢谢合作。

④要求被检查对象在调查笔录上签名。

现场调查结束时：我们对您的××行为调查情况作了笔录，请您认真阅读，如无异议，请您签名，谢谢。

⑤向被检查对象告知执法结果。

当未发现违法违规情况时：您好，对不起，耽误您的时间了，谢谢您的合作。您可以走了，祝一路平安。

当发现有违法违规事实时：您好，经检查，您的××行为，违反了××法律(法规、规章)第××条××款的规定，我们将依法对您作出处罚，请予以理解与配合，谢谢。

⑥要求被检查对象在处罚决定书上签名。

送达处罚决定时：您好，经调查核实，您存在××违法违规行为，现依据××法律(法规、规章)第××条××款的规定，对您作出××处罚决定，请您在文书上签名，谢谢。

您若对××处罚决定有异议，可在××日内，向××人民政府或××交通行政机关申请复议，或在法定期限内提起行政诉讼，谢谢。

⑦践行文明执法。

当交通执法遇到抵触时：同志，您好，为了维护交通运输管理正常秩序，确保道路安全通畅，我们正在依法执行公务，请您给予配合与支持，谢谢。

当被检查对象出现偏激言语、行为时：同志，您好。请您注意讲话(行为)方式，不要骂人(动手)，尊重我们的执法，谢谢合作。

⑧正确处理不明真相群众的反应。

当遇到不明真相群众阻挠执法时：你们好！我们是××单位路政执法人员，我们正在依法执行公务，可能耽搁你们的旅途时间，或给你们的生产、生活带来不便，敬请谅解。如对我们的执法工作有意见，欢迎提出批评建议，谢谢。

⑨不断改进交通文明执法方式。

执法结束前：欢迎您对我们的工作提出改进意见或建议，谢谢您的支持与配合。

执法结束后：耽误您的宝贵时间，谢谢您的合作。祝一路平安、愉快，欢迎下次再来××地方，再见。

⑩树立交通文明执法新形象。

当服务对象来执法单位办事时：您好，欢迎您来我队办事。我是××工作人员，很高兴能为您提供服务或帮助。

当服务对象离开执法单位时：您好，您需要办理的事项已办结，或请您下次来时带齐××票、证，××表格等资料，或请您下次来时按××程序办理，谢谢您的支持与配合，再见。

(4)驻地办公室文明执法规范

大队、中队驻地通过在办公场所设置公示栏、电子显示屏、公众查阅室、电子触摸屏、公示栏、活页材料等形式，向管理相对人公示办事指南、执法主体(执法人员)、执法依据、执法程序、收费项目及标准、执法结果、监督方式等情况。

办公人员在上班时间做到仪容仪表整洁、佩证上岗；不迟到、不早退、不擅离职守；不得做与本职工作无关的事，不得上网聊天、炒股、玩游戏、看影视剧等。工作时间，窗口工作人员保持办公桌面的工作资料、办公用品摆放整齐，保持办公场所环境卫生整洁，为相对人提供必要的服务。

办公人员在接待客人时注意：对来访的客人，应马上起身相迎，主动打招呼问候，让座倒水；微笑问答，礼貌待客，不可情绪急躁，东张西望，不时看表，做出很不礼貌的行为；对客人提出的问题有问必答，讲解清楚，不知道或不甚了解的问题，转告客人，待问清情况后再作答复；对不认识的客人来访，应热情接待，当客人递名片时，应站起双手相接，然后认真看一看，存放起来。

3. 应急保障管理

应急保障管理是路政管理的一项重要职责。应急保障管理要采取多方协作机制，完善恶劣天气、自然灾害、重特大事故等应急措施，提升公路安保能力，消除安全隐患，保证公路畅通。应加强路政执法人员遇到此类情况的应变以及处理能力，及时、有效地处理各种影响车辆正常通行的紧急情况，保障公路畅通。

1)应急保障机制

公路应急管理的主要力量是各公路养护管理单位、交警部门，根据实际情况再通知急救、消防、环保、公安、安监等部门参与。在处置过程中，公路管理单位主要负责监控、报警、联络，路政部门负责保护路产路权和维护秩序，交警部门负责交通秩序管理、事故责任认定和治安刑事案件，急救部门负责人员伤亡处理，消防部门则负责火灾、危化品泄漏的处置。环保、公安、安监部门则视情况分别参与环境污染、重大治安刑事案件和重大安全生产事故的处理。因此，应加强农村公路应急管理机制建设，提升应急管理效率。

(1)监测预警机制

真正有效的应急管理,不仅表现在事件发生以后的应对能力,还要求在事件发生前,有充分的预见和周到的防范。突发事件的监测预警,首先要健全公路交通信息采集、监测和反馈系统,要充分利用多种信息采集方式,包括监控设施、人工巡查、报警电话等,尤其是要利用农村公路养护员、沿线村民的信息源作用,对现有的道路状况和交通信息进行统计、分析和数据挖掘,及时发现异常情况,及早发出预警信息。其次要联合地方气象部门,建立公路气象灾害预报预警系统,以便对可能发生的灾害性天气和地质灾害及时采取预警和应对措施。最后,要大力发展信息化智能交通建设,充分应用GIS/3G技术等各种高科技技术和手段,构建公路应急管理系统平台,提高对各种信息的自动采集和分析处理效率,把握应急处置的先机。

(2)资源准备机制

资源准备是公路应急管理中最为基础性的内容,资源的储备水平与抗风险能力是成正相关的。因此,应当加强对公路应急管理资源的全盘考虑和统筹规划,一是建立应急救灾物资储备系统,针对公路可能发生的突发紧急情况,储备应急所需的工程机械、救灾物资、运输设备、专用器材和特殊场所(如危化品储存仓库等),确保紧急情况下能随时调用。二是提供后备支援力量,动员社会力量作为公路应急管理的坚实后盾,加大路地共建力度,保障公路安全畅通。

(3)统一联动机制

公路应急管理各部门应当建立畅通及时的通信系统,做到资源互享、信息互通、人员互动,在政府应急管理机构的统一指挥协调下,形成合力,全力开展应急处置和救援工作。

(4)快速反应机制

据现有研究表明,突发事件的响应时间每缩短1min,事件清除时间可缩短4～5min;在事故发生后30min内死亡的人数占总死亡人数的85%以上,如果有效救援能在30min内实现,事故致死率将大为降低。因此,建立快速反应机制,对于减少人员伤亡和缩短事件清除时间,具有重要意义,是公路应急管理中至关重要的原则。要实现快速反应,首先要在管辖片区合理分配和布局救援力量,采取就近调度;其次要不断改进应急救援装备,提高救援能力;最后要强化各部门预警和值班管理,明确制订接处警响应时间,科学量化指标,切实保障处置救援效率。

(5)信息发布机制

良好的信息沟通机制可以保证信息准确、及时地传递,以便政府及职能部门快速制订突发事件应对的政策和决策,因此,在应急管理过程中,要充分重视公民的知情权,建立统一协调的信息发布机制,为处置突发事件营造有利的舆论环境。要运用信息网络技术,实现各部门信息及时沟通以及整个社会资源的协同运作。

2)应急事件处置

(1)恶劣天气的处置

①与气象部门建立联系机制,做好恶劣天气处置预案。加强巡查,发现雨、雪、冰、雾等恶劣天气时,立即将天气信息、路面信息上报中队或大队,以及公安交警部门。

②做好恶劣天气情形下的人员和物资安排,确保道路的安全畅通和事故的及时处理。

③路政和清障人员在各自岗位待命,随时做好出巡处置准备。

④配合养护等部门做好防滑防冻等处置工作,雾天能见度低、冰雪严重时可协助交警做好交通管制工作。

⑤在危险路段(长大纵坡地段、视距不足地段、隧道进出口、重要平交道口等)做好恶劣天气情形下的防范工作,安排专人现场管理。

(2)交通事故造成交通堵塞的处置

①路政人员接到事故报告后,应及时赶赴现场,赶赴现场人员不少于 2 人。

②路政人员到达现场后,配合交警做好事故现场的保护和交通疏导工作。

③在初步了解情况后,根据现场情况实行分工协作,具体要求为:设置安全标志,配合交警部门实行交通管制,避免其他车辆出现连锁事故;将滞留人员撤离危险区并抢救伤员,抢救贵重货物及乘客财产,同时防止有毒、有害、易燃、易爆物的侵害,可通知就近路政中队、乡镇农村公路管理站等单位支援。

④向当事人出示证件、表明身份,迅速勘察现场,了解事故现场状况、事故性质、涉及范围,填写勘验笔录,绘制事故现场平面图,并摄取现场全景及肇事车辆、损坏设施等局部照片存档;向有关当事人就事情经过、路损情况等提出询问,填写询问笔录,要求当事人填写事故经过。如当事人有伤亡情况或因故离开现场,应及时到医院或要求事故相关见证人(如车主、随车人员等)配合,做好笔录。

⑤如事故造成大面积抛物或油污污染,应视情况作出初步处理,并联系养护部门及时清理路面抛物或油污;配合交警及时清障,恢复正常通行。

(3)公路路基严重水毁的处置

①路政人员获悉水毁情况后,应立即赶赴现场,同时向值班领导报告情况。

②在现场按规范设置警示标志牌,防止车辆驶入危险路段;配合养护部门立即采取应急措施,防止水毁进一步扩大,并立即组织施工单位进行修复。

③如现场情况紧急,报领导批准后,可实施改道通行。

(4)挖方边坡或山体崩塌、滑坡的处置

①发现挖方边坡或山体崩塌、滑坡后,迅速赶到现场,并通知交警部门到场协同处理。

②配合交警设置警示标志,维护现场秩序,分流受阻车辆;协助配合现场救助,将伤员送往就近医院治疗。

③配合养护部门清理路面堆积物,维护现场秩序。

(5)桥梁无法通行或路面被水淹没的处置

立即赶赴现场,配合交警设置警示标志,实行交通管制。

(6)危险品外流、外泄类事故的处置

①发现车辆危险品外流、外泄时,立即中止事故车辆运行。

②报告值班领导,通知消防和交警部门协同处理。

③根据现场情况需要,协同交警设置警示标志,维护现场秩序,疏散现场群众,必要时指挥车辆绕道或改道通行,抢救现场伤员,并送往就近的医院。

④如危险品为有毒气体时,现场人员应在有安全保障措施的情况下配合消防人员处理。

⑤在泄漏无法避免的情况下,需马上通知当地环保部门和政府,必要时对处于污染范围内的人员进行疏散,避免人员伤亡事故发生。

⑥如危险品进入河道或公共水体时,应立即通知当地环保部门采取相应措施。

⑦协助交警部门勘察清理现场,恢复交通。

三、路政内务及科技化管理建设

路政内务和科技化管理是路政执法及日常管理的重要组成部分，是记载路政执法过程和结果、反映路政管理动态等工作的基础性资料，是提高路政工作效率和质量的重要保障，加强路政内业管理的规范化、制度化、程序化、法制化，有利于更好地指导路政执法及日常管理工作。

1. 路政报表

路政报表由内业负责，按照规定式样和标准，定期填写各种统计报表，以中队、大队名义上报的报表应有负责人签字并加盖公章。在每月末、季末、年末按规定格式填写路政管理综合报表。综合报表内容：本月(季度、年度)路政管理概述及下月(季度、年度)工作要点、路政申请事项统计表、路政案件综合报表、交通事故案件综合报表、待处案件登记表。

2. 票据管理

1)收据领用和核销

收据统一向上级部门申领和发放；路政大队使用收据由综合办人员负责领取和保管，并建立收据使用登记台账；路政员移交领用收据时应认真清点，如发现空号、跳号、缺页时，及时报告内业人员，否则后果由使用人员负责。

2)收据使用

路政人员使用、填写收据时，内容应齐全完整，字迹要清晰规范，注明填写时间、缴费人姓名、车牌号、案卷编号等内容，并由收款人、缴款人签字后，将第二联交付当事人，使用完应将整本收据和收缴款项交回大队指定人员；路政人员在收据使用过程中不得跳页或缺页，因填写失误等情况造成收据不能使用时，应立即注明“作废”字样。

3. 路政档案

路政档案应设置合理、立卷规范，确保档案安全。由综合办公室负责收集整理、立卷归档和管理路政档案，为农村公路行政执法和日常管理积累档案资料。根据路政管理的实际，结合档案文书管理的要求和规范，按照“分门别类、一案一档”的原则设立。路政档案管理按国家档案管理规定的格式、期限以及标准的卷宗和档案封面进行装订、保管。

路政管理的台账、报表、档案目录等尽量使用计算机录入和打印，执法文书、档案封面等需要填写的栏目，一律使用黑色墨水笔填写。执法文书必须严格按照填制规则进行填写。

档案文书的查阅和借阅应按规定严格管理。法律性文书档案不得外借使用，查阅应填写查阅登记表。内部执法人员需查阅的，应报负责人批准；其他人员需查阅的，应提出书面申请报批。

专人负责路政档案管理工作，具体负责路政档案的设置、整理、归档和管理工作。

1)公路路政赔(补)偿案件档案

(1)简易程序的案件档案

简易程序的案件档案是指路产损坏事实清楚，证据确凿充分，赔偿数额较小(1 000 元及以下)，且当事人无争议的案件，当场进行处理所形成的文书案卷档案。文书立卷顺序：公路路政案件勘验检查笔录、专用票据(复印件)、其他材料。按年度和一月一装订的原则立卷归档，按月打印封面和目录并装订，一月案件合并立一卷，一年度案件装一盒。简易程序的案件不编写案号。

(2)一般程序案件档案

一般程序案件档案是指按照一般程序处理，赔偿数额在1 000元以上公路赔(补)偿案件所形成的文书案卷档案。文书立卷顺序：卷宗封面、卷宗目录、赔(补)偿决定书、赔偿清单、立案报告、勘验笔录、询问笔录、事故现场勘验图、现场勘察照片、抽样取证凭证、证据登记保存清单、鉴定意见书、调查报告、送达回证、收据、结案报告、专用票据(复印件)。按年度和一案一号、一案一卷的原则装订、立卷、归档，可以数卷(一般为10卷)装一盒。案号编排：参照机关公文号进行填写，即所在地简称＋执法部门简称＋文书简称＋顺序号。

2)行政处罚案件档案

行政处罚案件档案是指处罚违反国家有关路政管理法律法规的当事人所形成的文书案卷档案。

(1)简易程序的案件档案

文书立卷顺序：卷宗封面、文书目录、询问笔录、交通行政(当场)处罚决定书、罚没款专用收据(复印件)。按年度和一案一号的原则立卷归档。按个案一案一装订，10个案件合并立一卷，可以数卷(一般为10卷)装一盒。案号编制：*交罚字＋执法单位所在地代码＋执法门类代码＋顺序号。执法单位所在地代码参照机动车号牌代码编定。

(2)一般程序的案件档案

文书立卷顺序：卷宗封面、卷宗目录、交通行政处罚案件询问笔录、勘验检查笔录及勘验图、抽样取证凭证、证据登记保存清单、鉴定意见书、交通违法行为调查报告、交通违法行为通知书、交通行政处罚决定书、送达回证、结案报告、罚没款专用收据(复印件)。按年度和一案一号、一案一卷的原则装订、立卷、归档，可以数卷(一般为10卷)装一盒。案号编制：罚字[**]N号；其中**代表年份；N代表案件流水号。

3)违法建(构)筑物档案

违法建(构)筑物档案是指对违反有关路政管理法律法规设置建(构)筑物、非公路标志牌、占(利)用公路用地的案件处理所形成的案卷文书档案。文书立卷顺序：卷宗封面、卷宗目录、询问笔录、勘验检查笔录及勘验图、交通违法行为调查报告、交通违法行为通知书、限期拆除通知书、送达回证、结案报告(涉及采取强制措施的，按交通运输部下达的新执法文书格式执行)。按年度和一案一号、一案一卷的原则装订、立卷、归档，可以数卷装一盒。案号编制：拆字[**]N号，其中**代表年份；N代表案件流水号。

4)路政许可档案

路政许可档案是指处理除公路防护、养护外，占(利)用公路、设置管线或超限运输等申请事项所形成的文书档案。文书立卷顺序：档案封面、档案目录、当事人书面申请及具体设置方案(包括路政管理部门认为应该提供的其他资料)、路政管理许可申请表、占(利)用公路许可证、占(利)用公路协议书。按年度和一事一卷的原则装订、立卷、归档，可以数卷装一盒。编号规则：许可[**]字第N号，其中**代表年份；N代表流水号。

5)统计报表档案

统计报表档案是指根据上级要求上报的各类统计报表和专项报表所形成的档案，按路政管理报表、其他报表分别建立档案，并按年度及形成时间顺序归档。

(1)路政管理报表：根据上级规定上报的各类路政管理报表，包括各类日报、月报、年报等。

(2)其他报表：除路政管理常规报表外，其他如春运、防汛等专项报表。

6)路政巡查档案

归集巡查日志，按年度及形成时间顺序归档。

7)路产档案

按照片区责任制，分区分路段建立路产信息库资料，由管片责任人定期对路产的更新进行统计并归档。

8)路政管理人员档案

路政管理人员档案包括人员名册、人员登记表、月度考核记载表、个人年度工作总结、年度奖惩情况登记表，按形成时间归档。

9)路政装备档案

归集路政装备及资产领取和使用的基本情况，建立装备汇总表、路政员装备领用卡(一人一卡)和装备台账(一物一台账)。

10)公文档案

对所收发的文件档案，按年度进行立卷归档。

(1)收文档案：归集所有收到的文件，按时间顺序进行登记。可以合并设置，也可以根据不同来文单位分类设置。

(2)发文档案：归集本单位发出的文件，按时间顺序进行登记。应将发出文件的原稿和正式文件一并建档、归档。

(3)传真：归集收到的传真资料。

(4)信息简报：归集收到的各类信息简报。

(5)会议材料档案：按一般性会议材料、重大会议材料、会议记录纪要等类别设置。年底参照档案管理办法有关规定对当年所有的公文档案进行统一整理归档。

11)护路协作联防档案

归集护路联防工作情况的文件和资料。包括护路联防协议，养护员(路政协管员)基本资料，与联防部门共同开展法制宣传、联合整治等共建活动的方案、举措、成效等书面资料和声像资料。

12)路政宣传档案

(1)路政法制宣传档案：归集路政管理有关的法律法规和规章制度，以及进行路政法制宣传活动情况的资料。

(2)文明行业创建档案：归集各类好人好事、表彰、获奖情况；各类群众来信、来访、举报的处理和惩处情况；行风监督和评议情况的资料；各级领导视察路政工作的重要指示、讲话、声像资料等。

(3)发表新闻稿件档案：归集本单位在各类新闻媒体上发表或报道的文字、图片、声像资料等。

13)路政台账

根据路政工作及档案归档的需要，建立路政台账。

(1)公路赔(补)偿案件台账:按案发时间顺序登记辖区内发生的赔(补)偿案件,按年度归入公路赔(补)偿案件档案保存。

(2)违法建(构)筑物台账:按案发时间顺序登记辖区内发生的违法建(构)筑物、非公路标志牌、占(利)用公路等情况和处理结果,按年度归入违法建(构)筑物档案保存。

(3)路政许可台账:按受理时间的顺序登记占(利)用公路用地、设置管线、超限运输等许可事项,按年度归入路政许可档案保存。

(4)行政处罚台账:按案发时间顺序登记辖区内的行政处罚案件,按年度归入行政处罚档案保存。

4. 路政信息管理

(1)基础信息管理

路政信息主要包括:政务信息(与路政管理有关的法律法规、政策文件等)、公路信息、路政动态信息(路政巡查中所采集的资料及对有关事件的处理过程和结果)。

路政内业人员为专职信息员。路政信息采取简报的形式,不定期上报下传。路政信息的采集、筛选、加工、编发必须情况真实、数据准确。上报信息须经领导签发,反馈信息要及时送领导阅处,确保路政信息的时效性,一事一报、急事急报、不迟报、不漏报、不瞒报。

(2)路政案件的录入、处理

路政执法人员(不少于 2 人)对事故现场勘验完毕后,在现场使用路政移动办公设备,进入路政管理网络系统对案件进行录入。如遇特殊情况在现场无法对案件进行登入的,由现场办案人员在现场调查完毕后 24h 内录入。

第十二章　农村公路路政管理评价指标体系与评价方法

第一节　路政管理评价指标体系构建

一、路政管理评价体系结构

按照霍尔三维结构系统工程分析方法，可以建立农村公路路政管理评价体系三维结构，如图 12-1 所示。

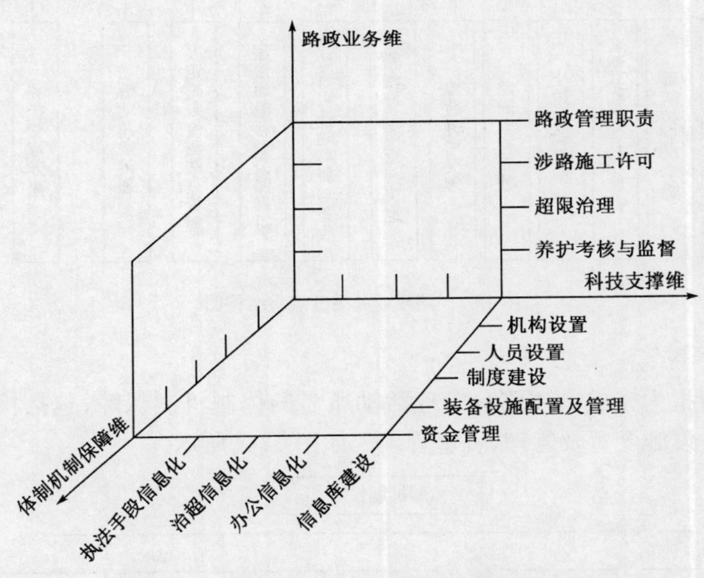

图 12-1　农村公路路政管理评价体系三维结构图

农村公路路政管理系统不但是多维的，而且是多层次的，在每一个维度内它又是一个独立的层次结构系统。利用层次分析法基本思路进行农村公路路政管理系统结构分析是非常有效的。层次分析法是由美国运筹学家 T. L. Satty 于 20 世纪 70 年代中期提出的系统工程分析方法，它首先对评价对象进行系统分析，将问题条理化、层次化，形成一个递阶的多层次结构分析模型。

为此，需对农村公路路政管理三维结构中的每个维度做进一步的层次分解，形成各自的子系统结构。在每一个子系统内按属性分成若干组，形成不同层次。同一层次的元素作为准则，对下一层的某些元素起支配作用，同时它又受上层次元素的支配。

1. 路政业务

路政业务指农村公路路政管理过程中的各种业务内容，包括路政管理职责、涉路施工行政许可、超限治理、养护考核与监督五个执法和管理活动。

对这五个元素作进一步的分解，路政管理职责包括路政宣传、路产登记、路政巡查、建筑控制区管理、养护现场秩序维持、交竣工验收参与、路政案件查处等元素；涉路施工许可包括路政许可受理、路政许可审查与决定、路政许可活动的监督与验收等元素；超限治理包括超限运输行驶公路行政许可、固定超限检测站点管理、流动超限治理等元素；为评价养护管理执行与其考核分离的效果，从养护管理效果、养护员考核监督两个方面来评价。层次结构如图 12-2 所示。

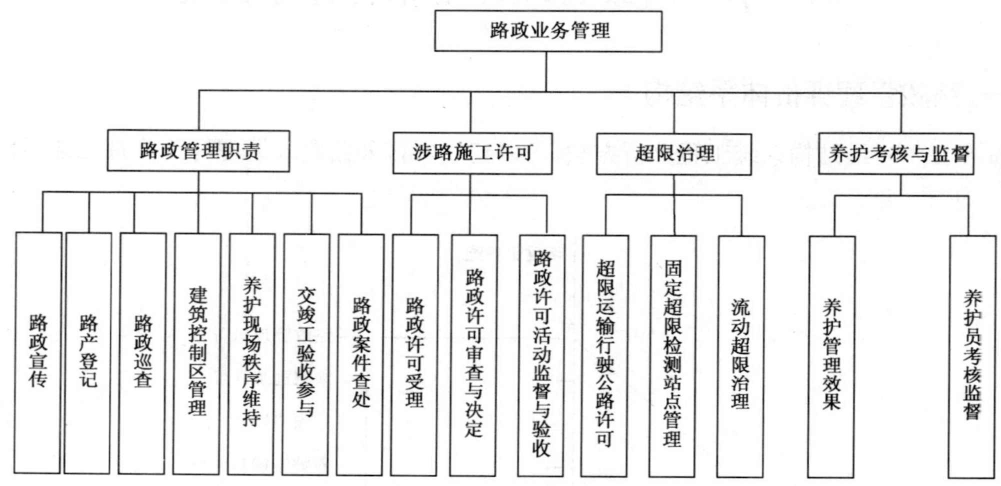

图 12-2　路政业务维度层次结构图

2. 体制机制保障

体制机制保障指为完成上述路政管理活动所需的体制机制保障，包括机构设置、人员管理、制度建设、装备设施配置及管理、资金管理。如图 12-3 所示。

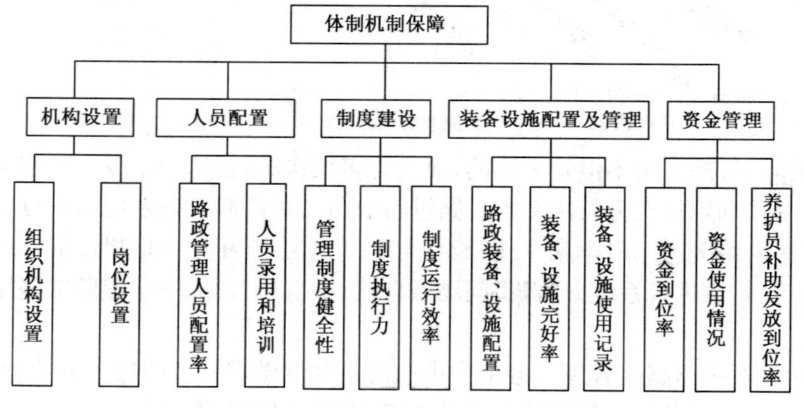

图 12-3　体制机制保障维度层次结构图

3.科技支撑

科技支撑指在农村公路路政管理中运用先进的科学技术，提高信息化管理水平，包括执法手段信息化、治超信息化以及信息库建设。

在科技支撑维度内，按信息化管理的要求和内容分为执法手段信息化、治超信息化、信息库建设三个元素；考虑内务管理也是路政业务实施的重要保障和支撑，将内务管理也归于此维度内。结构层次如图 12-4 所示。

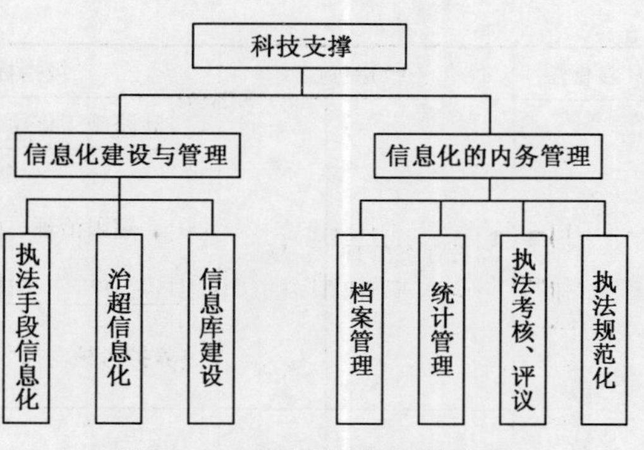

图 12-4　科技支撑维度层次结构图

二、评价指标体系

根据农村公路路政管理三维层次结构建立农村公路路政管理评价三级指标体系。

1.路政大队评价的指标体系(表 12-1)

农村公路路政管理路政大队评价指标体系表　　表 12-1

目标层	一级指标层		二级指标层		三级指标层		
农村公路路政管理评价	体制建设	U_1	机构设置	U_{11}	1	组织机构设置	U_{111}
					2	岗位设置	U_{112}
			人员配置	U_{12}	3	路政管理人员配置率	U_{121}
					4	人员录用和培训	U_{122}
	机制建设	U_2	制度建设	U_{21}	5	管理制度健全性	U_{211}
					6	制度执行力	U_{212}
					7	制度运行效率	U_{213}
			装备、设施配置及管理	U_{22}	8	路政装备、设施配置	U_{221}
					9	装备、设施完好率	U_{222}
					10	装备、设施使用记录	U_{223}
			资金管理	U_{23}	11	资金到位率	U_{231}
					12	资金使用情况	U_{232}
					13	养护员补助发放到位率	U_{233}
	路政业务管理	U_3	路政管理职责	U_{31}	14	路政宣传	U_{311}
					15	路产登记	U_{312}
					16	路政巡查	U_{313}
					17	建筑控制区管理	U_{314}
					18	养护现场秩序维持	U_{315}
					19	交竣工验收参与	U_{316}
					20	路政案件查处	U_{317}
			涉路施工许可	U_{32}	21	路政许可受理	U_{321}
					22	路政许可审查与决定	U_{322}

续上表

目标层	一级指标层		二级指标层		三级指标层		
农村公路路政管理评价	路政业务管理	U_3	涉路施工许可	U_{32}	23	路政许可活动的监督及验收	U_{323}
			超限治理	U_{33}	24	超限运输行驶公路行政许可	U_{331}
					25	固定超限检测站点管理	U_{332}
					26	流动超限治理	U_{333}
			养护考核与监督	U_{34}	27	养护管理效果	U_{341}
					28	养护员考核监督	U_{342}
	内务和科技化管理	U_4	内务管理	U_{41}	29	执法规范化	U_{411}
					30	执法考核、评议	U_{412}
					31	档案管理	U_{413}
					32	统计管理	U_{414}
			信息化管理	U_{42}	33	执法手段信息化	U_{421}
					34	治超信息化	U_{422}
					35	信息库建设	U_{423}

2. 路政中队评价的指标体系(表 12-2)

农村公路路政管理路政中队评价指标体系表 表 12-2

目标层	一级指标层		二级指标层		三级指标层		
农村公路路政管理评价	体制建设	U_1	机构设置	U_{11}	1	组织机构设置	U_{111}
					2	岗位设置	U_{112}
			人员配置	U_{12}	3	路政管理人员配置率	U_{121}
					4	人员录用和培训	U_{122}
	机制建设	U_2	制度建设	U_{21}	5	管理制度健全性	U_{211}
					6	制度执行力	U_{212}
					7	制度运行效率	U_{213}
			装备、设施配置及管理	U_{22}	8	路政装备、设施配置	U_{221}
					9	装备、设施完好率	U_{222}
					10	装备、设施使用记录	U_{223}
			资金管理	U_{23}	11	资金到位率	U_{231}
					12	资金使用情况	U_{232}
					13	养护员补助发放到位率	U_{233}
	路政业务管理	U_3	路政管理职责	U_{31}	14	路政宣传	U_{311}
					15	路产登记	U_{312}
					16	路政巡查	U_{313}
					17	建筑控制区管理	U_{314}
					18	养护现场秩序维持	U_{315}

续上表

目标层	一级指标层		二级指标层		三级指标层		
农村公路路政管理评价	路政业务管理	U_3	路政管理职责	U_{31}	19	交竣工验收参与	U_{316}
					20	路政案件查处	U_{317}
			超限治理	U_{32}	21	固定超限检测站点管理	U_{321}
					22	流动超限治理	U_{322}
			养护考核与监督	U_{33}	23	养护管理效果	U_{331}
					24	养护员考核监督	U_{332}
	内务和科技化管理	U_4	内务管理	U_{41}	25	执法规范化	U_{411}
					26	执法考核、评议	U_{412}
					27	档案管理	U_{413}
					28	统计管理	U_{414}
			信息化管理	U_{42}	29	执法手段信息化	U_{421}

评价指标分值取百分制形式，取值范围为[0，100]。为了评价的需要，对每个指标都进行分级操作，共分为5级，最优的为一级，次优的为二级，以此类推，如图12-5所示。

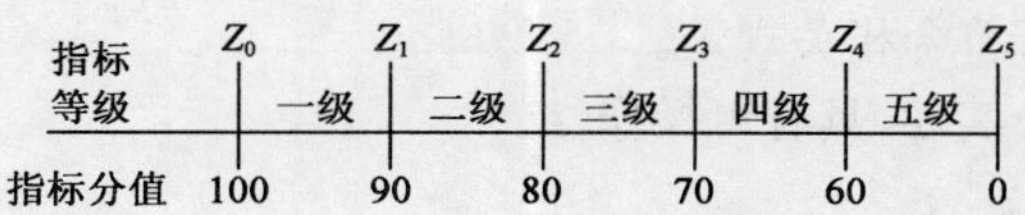

图12-5 指标等级与分值对照图

第二节 评价指标的标定

一、体制建设

(1)组织机构设置：采用已设置的农村公路路政管理机构数量与应设置数量的百分比来评价。组织机构数量是指按农村公路路政管理体制改革规划要求本辖区内应设置农村公路路政管理大队、路政管理中队的数量。

(2)岗位设置：路政管理人员的岗位通常分为外勤和内务。外勤一般包括公路巡查、路政许可监督检查、路政案件查处等；内务一般包括行政许可受理审查、档案管理、统计管理、装备管理等。路政岗位设置根据管辖公路路政管理难度指数，以及路政业务量、编制数等因素确定。

本项指标采用实际农村公路路政管理机构岗位数量与按要求应设置数量的百分比来评价。

(3)路政管理人员配置率：采用实际农村公路路政管理人员数量与按要求应配备人员数量的百分比来评价。

(4)人员录用和培训:从路政管理人员的录用情况和上岗人员的业务培训情况两个方面进行考查评价。两部分内容各占50%分值。

①路政管理人员录用应具备以下条件:

a.年龄在20周岁以上,但一线路政执法人员的年龄不得超过45岁。

b.身体健康。

c.大专毕业以上文化程度。

d.持有符合交通运输部规定的岗位培训考试合格证书或本级人民政府颁发的行政执法证书,"路政管理人员录用"评价分值 $a=\frac{符合要求的人数}{总人数}\times 0.5$。

②"人员培训"评价分值 $b=\frac{实际培训人学时数}{计划培训总人学时数}\times 0.5$。

③"人员录用和培训"指标总评分值$=100(a+b)$。

二、机制建设

(1)管理制度健全性:该指标主要考核各路政管理机构是否制定相关制度。

主要评价内容:

①路政管理制度是否完备。

②路政管理制度是否符合相关规定。

③制度内容是否符合实际,具有可操作性。

指标分值确定见表12-3。

管理制度健全性指标分值　　表12-3

满足条件	满足三项	满足两项	满足一项
指标分值	[85,100]	[60,85)	[0,60)

(2)制度执行力:主要考核制度的执行情况。

主要评价内容:

①责任是否明确到人。

②责任人是否落实。

按不符合件次扣分,每件次扣5分,扣完为止。

(3)制度运行效率:主要考核制度的执行效果。

主要评价内容:

①对工作实绩是否进行考核。

②对考核结果是否兑现奖惩。

进行考核的得30分,奖惩不兑现的每件次扣5分,扣完为止。

(4)路政装备、设施配置:主要考核路政装备、设施的配置情况。

主要考核内容:

①配备类型是否完备,每缺一类扣20分。

②是否按规定数量配备,每缺少一件扣5分。

(5)装备、设施完好率:采用性能完好的已配置装备、设施数量占配置装备、设施总数的百分比来评价。

(6)装备、设施使用记录:包括设备购置记录、维修记录、使用记录、折旧情况等,每缺一大项扣 25 分,每缺一次记录扣 5 分,扣完为止。

(7)资金到位率:采用实际到位路政管理资金金额与按照规定到位金额的百分比来评价。

(8)资金使用情况:主要考核资金使用是否合理。

主要评价内容:

①设立专用账户,专户存储,专款专用。

②严格按资金使用进度计划合理使用资金。

③无截留、挤占和挪用上级拨付的资金现象。

指标分值确定见表 12-4。

资金使用情况指标分值 表 12-4

满足条件	满足三项	满足两项	满足一项
指标分值	[80,100]	[60,80)	[0,60)

(9)养护员补助发放到位率:主要考核农村公路管理站是否足额按期发放养护员补助,防止挪用,确保养护员工作的正常开展和充分发挥养护员的工作积极性,体现监督考核与执行分离的农村公路管理新思路。

采用考核期内实际到位路政管理资金金额与按照规定到位金额的百分比来评价。

三、路政业务管理

(1)路政宣传:主要考查是否全方位、多层次开展路政管理宣传活动,做到“报刊有文、电视有形、电台有声、站场有声势、街旁有标语、交通繁华地段有宣传点”。

路政宣传主要评价内容:

①有专门的路政管理工作会议,并有文字、图片资料证明,否则扣 5 分。

②路政宣传活动有计划书、有总结报告,否则每项扣 5 分。

③宣传形式新颖、富有创意,并出示图片、音像资料证实的,加 5 分。

④开展路政管理咨询活动、上路巡回宣传、散发宣传材料,开展集中执法活动,并出示图片、音像资料证实,否则每项扣 5 分。

⑤公路沿线设置规范的永久性宣传标语,10km 以上的线路不少于 2 条,10km 以下的线路不少于 1 条,每少 1 条扣 5 分;制作不规范、不醒目,剥落、损坏的,每条扣 2 分。

⑥在国家、省、市级媒体上发表新闻报道、文章、音像,并提供原件,字数在 200 字以上的,每篇分别加 10 分(国家级)、5 分(省级)和 2 分(市级);达不到字数或无刊号的刊物上发表的,2 篇折合 1 篇。在各级媒体无发表稿件的,扣 10 分。

(2)路产登记:公路路产包括公路、公路用地和公路附属设施。按《公路安全保护条例》第 10 条规定:公路管理机构应当建立健全公路路产档案,对公路、公路用地和公路附属设施调查核实、登记造册。

路产登记从以下几个方面评价:

①公路路政管理机构应在县级以上人民政府的领导下，会同有关部门对所管辖的公路、公路用地和公路附属设施进行调查和登记，明确权属性质等。

②对公路及公路附属设施进行分类，按照公路等级、路段、位置、设置年份等分门别类进行登记造册，并绘制地图。

③公路路产确权登记造册后报县级以上人民政府备案。

④已经建成使用的公路，按照确权登记的要求，逐步开展调查登记。

⑤新建的公路，公路路政管理机构应积极主动联系建设单位要求其及时移交公路路产登记名册。

指标分值确定见表12-5。

路产登记指标分值 表12-5

满足条件	满足五项	满足四项	满足三项	满足两项	满足一项
指标分值	[90,100]	[80,90)	[70,80)	[60,70)	[0,60)

(3)路政巡查：用路政巡查率(ρ)评价。由上路巡查时间率(ρ_1)、巡查线路覆盖率(ρ_2)、巡查记录完整率(ρ_3)综合考核评定。

$$\rho = 100 \times (0.4\rho_1 + 0.4\rho_2 + 0.2\rho_3) \quad (12\text{-}1)$$

式中：ρ_1——实际上路巡查的天数与要求上路巡查的天数之比；

ρ_2——实际巡查线路路程长度与辖区线路里程总长度之比；

ρ_3——巡查记录数与实际巡查数的比值。

(4)建控区管理：主要考查建筑控制区内施工活动和构筑物管理。

主要评价内容：

①新的违法建筑未制止，造成事实的，每处扣5分。

②举报时简易房已建成主体、砖混房已打好基础的，每次扣5分。

③控制区内擅自埋设管线、电缆、广告牌等设施未及时发现并举报的，每次扣5分。

④治理完的穿村路段，未达到和未保持路宅、路田分离的，扣5分；穿村道路脏乱差、有集市现象的，每处扣2分。

⑤擅自充填边沟、搭接道口的，每处扣5分。

⑥大中桥上下游500m内，擅自挖砂、取土未通知整改和上报的，每次扣5分。

(5)养护现场秩序维持：考查是否对公路养护作业现场秩序实施检查监督，检查是否监督公路养护作业施工路段按规范设置标志设施，维护施工路段的正常秩序。

主要评价内容：

①是否设置渠化装置，包括锥形交通路标、安全带、路栏、施工隔离墩、防撞墙等。

②是否设置施工警告灯。

③是否设置施工作业区交通标志，包括警告标志、禁令标志、指示标志和施工区标志。

④是否设置临时性的路面标线引导交通。

⑤是否设置夜间照明设施。

评价方法：

①养护施工区发生重大交通事故的，本项指标为0分。

②上述内容不满足的，每件次扣5分。

(6)交竣工验收参与：从以下几个方面考核评价参与公路工程交工竣工验收的情况。

①检查验收公路标志标线的设置是否符合《中华人民共和国道路交通安全法》和《道路交通标志和标线》(GB 5768.1—2009～GB 5768.3—2009)的规定。

②检查公路路面有无妨碍交通的遗撒物、遗留物等，有则责令改正。

③对公路建设的手续和土地征收手续进行验收。

④对公路建设之前公路建筑控制区内的建筑物、构筑物及埋设的管线等设施进行备案；依法处理公路建设之后公路建控区内的建筑物、构筑物及未经批准埋设的管线。

⑤检查接受通过验收的工程建设单位移交的路产档案。

评价方法：

①考核期内有一项交竣工验收工程未参与的，本项指标得0分。

②参与工程验收的指标分值见表12-6。

交竣工验收参与指标分值　　表12-6

满足条件	满足五项	满足四项	满足三项	满足两项	满足一项
指标分值	[90,100]	[80,90)	[70,80)	[60,70)	[0,60)

(7)路政案件查处：用路政案件处理率(ρ)评价由路政案件发现率(ρ_1)、查处率(ρ_2)、破案率(ρ_3)、结案率(ρ_4)综合评定。

$$\rho = 100 \times (0.2\rho_1 + 0.3\rho_2 + 0.3\rho_3 + 0.2\rho_4) \tag{12-2}$$

式中：ρ_1、ρ_2、ρ_3、ρ_4——分别表示路政案件发现、查处、破案、结案的件数与实际路政案件总数的比值。

(8)路政许可受理：主要考查涉路施工行政许可信息公开以及许可受理的规范性。

主要评价内容：

①各类涉路施工行政许可项目信息公示齐全、许可申请程序清楚、咨询渠道畅通。

②正确履行告知义务。

③无在申请材料不齐全、不符合法定形式的情况下受理许可申请的事件。

指标分值确定见表12-7。

路政许可受理指标分值　　表12-7

满足条件	满足三项	满足两项	满足一项
指标分值	[80,100]	[60,80)	[0,60)

(9)路政许可审查与决定：主要考查各类涉路施工许可申请受理后的审查与许可决定的规范性。

主要评价内容：

①对申请人提交的材料实质性内容未按规定逐项核实的，每件扣5分。

②现场勘察、调查材料错误、模糊不清或未按法律法规、规范性文件要求审批以及未按规定标准收费的，每件扣5分。

③穿跨越公路、平交道口建设方案和施工安全方案未经安全论证的，每缺一项扣 5 分。

④实施一次安全评价，并有正规设计、专家意见落实的，加 5 分。

⑤未在法定期限作出许可决定或报送上级审批或报送材料不全、不符合法定形式的，每件扣 5 分。

⑥无许可项目最多只得 70 分；有许可项目不办理的，本项指标值得 0 分。

(10)路政许可活动的监督及验收：主要考查路政管理单位能否对涉路施工活动进行监督管理，及时制止并改正不符合行政许可决定书的行为，并对涉路施工项目进行验收。

主要评价内容：

①对许可事项现场监管不力导致不良后果的，每件扣 5 分。

②路产恢复或安全设施未实施到位及不符合要求的，每件扣 5 分。

③不组织验收的，本项指标值得 0 分。

(11)超限运输行驶公路行政许可：主要考查路政管理部门是否按规定办理超限运输行驶公路行政许可。

主要评价内容：

①无越权超限运输申请受理审批事件，受理审批机构适当。

②在规定时间内进行审查并提出书面答复意见。

③根据申请情况勘测选定通行路线，计算公路、桥梁承载能力，制订通行加固和改建方案，与承运人签订的加固或改建协议完备。

④核发超限运输车辆通行证。

⑤超限运输现场跟踪管理到位。

指标分值确定见表 12-8。

超限运输行驶公路行政许可指标分值 表 12-8

满足条件	满足五项	满足四项	满足三项	满足两项	满足一项
指标分值	[90,100]	[80,90)	[70,80)	[60,70)	[0,60)

(12)固定超限检测站点管理：主要考查依法设立的固定超限检测站点的建设管理和执法行为。

主要评价内容：

①积极申请设立固定超限检测站点。

②设立的固定超限检测站点有合法的批文，并在现场张贴公示。

③固定超限检测站点建筑面积、车辆临时停靠场面积、临时卸货场面积符合工作或安全需要。

④固定超限检测站点配备足额设备及执法人员。

⑤监督电话畅通，视频监控连续，执法规范，场所周围无短途驳载现象。

指标分值确定见表 12-9。

固定超限检测站点管理指标分值 表 12-9

满足条件	满足五项	满足四项	满足三项	满足两项	满足一项
指标分值	[90,100]	[80,90)	[70,80)	[60,70)	[0,60)

(13)流动超限治理:除固定超限检测站点外,根据需要及时有效开展流动超限治理。

主要评价内容:

①对辖区内货物集散场所实施有效监管,无超限车辆驶出。

②辖区公路桥梁两头均应设置规范的限载标志。

③根据需要及时在乡、村道出入口设置必要的限高、限宽设施。

④及时在超限车辆集中路段、行驶集中时段上路巡查。

⑤流动超限治理现场执法规范。

指标分值确定见表12-10。

流动超限治理指标分值　　表12-10

满足条件	满足五项	满足四项	满足三项	满足两项	满足一项
指标分值	[90,100]	[80,90)	[70,80)	[60,70)	[0,60)

(14)养护管理效果:采用《农村公路养护管理评价体系研究》课题评价方法计算得到评价对象的养护管理水平综合评分值。

(15)养护员考核监督:主要考查农村公路管理路政管理中队是否承担起对乡镇农村公路养护员的考核工作,实施对养护员的监督管理,使农村公路养护业务执行与工作考核主体分离,即养护业务由乡镇农村公路管理站组织实施,而养护员业绩考核由路政管理人员在路政巡查过程中同步进行。

主要评价内容:

①养护员除做好日常养护工作外,同时承担路政协管工作。

②实行"路政中队考核养护员"制度。

③路政中队对养护员的考核结果准确,并及时反馈乡镇农村公路管理站。

指标分值确定见表12-11。

养护员考核监督指标分值　　表12-11

满足条件	满足三项	满足两项	满足一项
指标分值	[80,100]	[60,80)	[0,60)

四、内务和科技化管理

(1)执法规范化:主要考查路政管理员日常工作行为的规范化、标准化水平。

主要评价内容:

①文明用语、手势、面部表情规范标准。

②人员着装整齐,标志(牌)齐全规范,工作场所整洁。

③问询及时、耐心。

④投诉回复响应快,接到投诉后立即展开调查,第一时间将调查结果告知投诉人,实行首问负责制。

⑤社会声誉良好(随机选取驾乘人员、村民调查获取)。

指标分值确定见表12-12。

执法规范化指标分值 表 12-12

满足条件	满足五项	满足四项	满足三项	满足两项	满足一项
指标分值	[90,100]	[80,90)	[70,80)	[60,70)	[0,60)

在路政管理执法、服务过程中出现“吃、拿、卡、要”等行为的，采取一票否决制，本项得0分。

(2)执法考核、评议：主要考查是否实施执法考核评议、奖惩制度。

主要评价内容：

①建立和完善行政执法考评方案、标准。

②健全考核评价组织机构和人员。

③有序开展、有效组织执法评议考核。

④建立执法评议考核结果与干部绩效考评联系制度。

⑤落实考评情况通报制度。

指标分值确定见表 12-13。

执法考核、评议指标分值 表 12-13

满足条件	满足五项	满足四项	满足三项	满足两项	满足一项
指标分值	[90,100]	[80,90)	[70,80)	[60,70)	[0,60)

(3)档案管理：主要评价路政管理机构在路政管理活动中形成的，作为原始记录保存的文字、图表、音像及其他各种方式为载体的资料管理情况。

主要评价内容：

①各类档案规整齐全、无遗漏。

②各种法律文书认定事实清楚、援引法律条文准确、格式填写规范、适用法律程序合法。

③管理得当，一案一卷、装订规范。

评价方法：

每查出一项不满足要求扣除 5 分。

(4)统计管理：主要考查路政管理机构的业务统计工作，包括各类统计台账、路政统计报表。路政管理机构填写、上报统计报表做到“准、快、全、明”。

主要评价内容：

①准。报表的数字资料准确无误，无弄虚作假。

②快。按照规定时间统计形成文档并上报。

③全。按规定内容和指标逐表逐项逐页填写，必须完备无缺。

④明。在统计报表以外，要有必要的文字说明或综合分析结论。

评价方法：

每查出一项不满足要求扣除 5 分。

(5)执法手段信息化：主要考查路政管理中科技化、信息化水平。

主要评价内容：

①信息化设施齐备。通过便携式电脑、PDA、上网卡、车载 GPS、便携式打印机和车载逆变电源等组成移动执法网络提高办案速度，方便驾乘和管理；建立自动化办公系统，实现办公

系统的通用性、个性化、开放性、自动化、智能化、无纸化，规范操作流程，提高工作效率。

②建立可移动路政执法办公系统，实现路政管理信息的及时交换与传递。

③建立跨地域协同办公系统，实现路政案件的就近处理。

④建立路政执法流程管理系统，实现路政执法工作的程序化。

⑤建立路政报表自动生成系统，实现路政数据的自动统计与分析。

指标分值确定见表12-14。

执法手段信息化指标分值　　表12-14

满足条件	满足五项	满足四项	满足三项	满足两项	满足一项
指标分值	[90,100]	[80,90)	[70,80)	[60,70)	[0,60)

(6)治超信息化：主要考查车辆超限治理中信息化建设、应用水平。

主要评价内容：

①建立治超综合信息监控中心，实行联网控制。

②治超办、超限检测站间业务协同、数据共享、管理联动。

③建立货运源头治超信息系统。

指标分值确定见表12-15。

治超信息化指标分值　　表12-15

满足条件	满足三项	满足两项	满足一项
指标分值	[80,100]	[60,80)	[0,60)

(7)信息库建设：主要考查农村公路路政管理信息库建设和维护水平。

主要评价内容：

①信息采集准确、录入正确，保证信息完整性、准确性和真实性。

②信息库实行动态管理和维护，信息更新及时。

③信息库硬件配置适用。

④信息库有专人管理、维护。

⑤信息库检索方便，信息利用率高。

指标分值确定见表12-16。

信息库建设指标分值　　表12-16

满足条件	满足五项	满足四项	满足三项	满足两项	满足一项
指标分值	[90,100]	[80,90)	[70,80)	[60,70)	[0,60)

第三节　评价指标权重的确定

运用层次分析法构造判断矩阵计算指标权值时，通常由多位专家评价打分构成不同的判断矩阵，对每位专家的判断矩阵分别计算权值向量并进行一致性检验，当对某位专家的计算结果不满足一致性要求时，舍弃该组数据。最后，对各位专家计算得到的权值向量取平均值即可得各指标的权重。

但上述方法存在明显不足:在构造判断矩阵时没有考虑专家个体的差异,这些专家有的来自基层一线路政管理部门,有的是上级管理部门的行政管理人员,或是路政管理研究人员,参与评价的专家的知识结构、经验水平以及对评价指标的熟悉程度也不同,如果只是根据各位专家的权值向量取平均值来获得各指标的权重,显然忽略了专家的可信度(即可靠性程度)。因此,在用层次分析法确定评价指标的权重时,要考虑参与决策的专家的可信度,此处提出一种基于专家可信度的层次分析法(Specialist Confidence based AHP,简称 C-AHP 法),来确定评价指标权重。

一、专家可信度分析

参与专家从职称、从事行业、判断依据、对路政管理的熟悉程度、对评审的自信程度五个方面进行自我综合评价,如表 12-17 所示。

评审专家自我评价表 表 12-17

评 价 因 素	因素特性描述	分 值
职称	正高、副高、中级	10、9、8
从事行业	农村公路路政管理人员、乡村农业方面人员、公路技术管理人员	10、9、8
判断依据	理论分析、参考学术著作、直观判断	10、9、8
对路政管理的熟悉程度	专业相符(熟悉)、相关专业(较熟悉)、专业不符(一般)	10、9、8
对评审的自信程度	自信、较自信、一般	10、9、8

二、专家可信度

设专家组有 n 位专家,第 i 位专家的自我评价值为 q_i ,则:

$$q_i = a_i \cdot b_i \cdot c_i \cdot d_i \cdot e_i \tag{12-3}$$

式中:a_i、b_i、c_i、d_i、e_i ——分别表示第 i 位专家的职称、从事行业、判断依据、对路政管理的熟悉程度、对评审的自信程度五个方面的自我评价值。

则第 i 位专家的可信度为:

$$\gamma_i = \frac{q_i}{\sum_{i=1}^{n} q_i} \quad (i=1,2,3,\cdots,n) \tag{12-4}$$

专家可信度向量为 $\boldsymbol{\gamma} = (\gamma_1, \gamma_2, \gamma_3, \cdots, \gamma_n)$ 。

三、基于专家可信度的指标权重计算

用含有专家可信度的线性加权和,对每位专家求出的指标权重进行加权平均,得到专家组最后确定的对 m 项评价指标的权重向量 $\boldsymbol{W}$:

$$\boldsymbol{W} = \boldsymbol{\gamma} \cdot \boldsymbol{\omega} \tag{12-5}$$

式中:$\boldsymbol{\gamma}$——专家可信度向量,$\boldsymbol{\gamma} = (\gamma_1, \gamma_2, \gamma_3, \cdots, \gamma_n)$;

$\boldsymbol{\omega}$—— n 位评价专家群体权重矩阵,按式(12-6)计算。

$$\boldsymbol{\omega} = \{\omega_i^j \mid i = 1,2,\cdots,n; j = 1,2,\cdots,m\} = \begin{pmatrix} \omega_1^1 & \omega_1^2 & \cdots & \omega_1^m \\ \omega_2^1 & \omega_2^2 & \cdots & \omega_2^m \\ \vdots & \vdots & \ddots & \vdots \\ \omega_n^1 & \omega_n^1 & \cdots & \omega_n^m \end{pmatrix} \tag{12-6}$$

本书在枣庄市交通运输系统以及其他有关单位选取了农村公路路政管理方面的资深人士作为专家，按上述方法对指标定权，确定的指标权重结果如表 12-18 所示。

农村公路路政管理评价指标权重表　　表 12-18

一级指标	一级指标权重	二级指标	二级指标权重	三级指标		三级指标权重	三级指标合成权重
体制建设	0.181 3	机构设置	0.502	1	组织机构设置	0.645 7	0.058 776
				2	岗位设置	0.354 3	0.032 257
		人员配置	0.498	3	路政管理人员配置率	0.549 8	0.049 654
				4	人员录用和培训	0.450 2	0.040 653
机制建设	0.284 4	制度建设	0.331 4	5	管理制度健全性	0.343 0	0.032 324
				6	制度执行力	0.343 0	0.032 324
				7	制度运行效率	0.314 0	0.029 591
		装备、设施配置及管理	0.290 0	8	路政装备、设施配置	0.353 0	0.029 114
				9	装备、设施完好率	0.324 0	0.026 722
				10	装备、设施使用记录	0.3 23 0	0.026 640
		资金管理	0.378 6	11	资金到位率	0.425 1	0.045 772
				12	资金使用情况	0.325 6	0.035 058
				13	养护员补助发放到位率	0.249 4	0.026 852
路政业务管理	0.424 3	路政管理职责	0.367 4	14	路政宣传	0.094 0	0.014 652
				15	路产登记	0.132 4	0.020 644
				16	路政巡查	0.227 9	0.035 526
				17	建筑控制区管理	0.215 3	0.033 553
				18	养护现场秩序维持	0.077 0	0.011 996
				19	交竣工验收参与	0.050 1	0.007 815
				20	路政案件查处	0.203 3	0.031 689
		涉路施工许可	0.300 8	21	路政许可受理	0.349 8	0.044 635
				22	路政许可审查与决定	0.399 6	0.051 002
				23	路政许可活动的监督及验收	0.250 6	0.031 983
		超限治理	0.149 4	24	超限运输行驶公路行政许可	0.448 4	0.028 419
				25	固定超限检测站点管理	0.321 3	0.020 363
				26	流动超限治理	0.230 2	0.014 591
		养护考核与监督	0.182 4	27	养护管理效果	0.549 8	0.042 560
				28	养护员考核监督	0.450 2	0.034 845

续上表

一级指标	一级指标权重	二级指标	二级指标权重	三级指标		三级指标权重	三级指标合成权重
内务和科技化管理	0.110 0	内务管理	0.598 7	29	执法规范化	0.342 2	0.022 537
				30	执法考核、评议	0.280 2	0.018 451
				31	档案管理	0.207 6	0.013 669
				32	统计管理	0.170 0	0.011 191
		信息化管理	0.401 3	33	执法手段信息化	0.517 9	0.022 861
				34	治超信息化	0.178 2	0.007 868
				35	信息库建设	0.303 8	0.013 411

第四节　综合评价模型和评价方法

一、评价方法概述

农村公路路政管理评价影响因素众多，且大部分因素只能做定性分析，很多关键因素无法进行定量分析，具有很强的不确定性，从而给评价工作带来一定的难度。

综合评价的方法很多，根据评价方法所依据的理论不同，大致可分为两种类型：一种是主观的非量化评价，主要由个人或群体对目标进行评价，有公众偏好法、详细描述法等；另一种是客观的量化评价，主要通过对被评主体的特性等进行理性分析研究来进行评价，有量化综合法、层次分析法、模糊综合评价法、灰色关联度分析法、数据包络分析法、神经网络评价法等方法。可用于路政管理评价的方法有以下几种。

(1)专家评价法

专家评价法是以专家主观判断为基础对评价对象作出评价的一种方法。在定性分析的基础上，专家评价法以打分的方式通过加权平均求出评价主体的总分值而得到评价结果，作出定量评价。这种方法的优点是使用方便、直观性强，但由于主观性强且缺乏理论性与系统性而无法保证评价结果的客观性和准确性。

(2)层次分析法

层次分析法根据系统的目标把其划分成不同的组成因素，同时使之条理化，建立起一个有序的、多层次的系统分析结构模型，然后对因素间的重要程度进行比较，构造判断矩阵，依据单一准则重要性排序并进行一致性检验，最后根据计算组合权重得到各决策因素相对于目标的重要性排序。层次分析法可以简化系统分析，对定性的指标进行定量的分析和处理，在一定程度上克服了评价主观判断的片面性和不一致性，是一种较为科学的决策方法。但由于判断矩阵由专家给出，因而其一致性会受到个人因素的影响，评价矩阵就难以保证判断的传递性，因此，在指标多时不宜采用，但用于指标权重确定却是有效的。

(3)模糊综合评价法

1965 年，美国加利福尼亚大学 L. A. Zadeh 教授发表的论文提出了模糊集合的概念和模糊性问题，给出了模糊概念的定量表示法。模糊综合评价法就是根据模糊数学理论，将一些不确定的量进行量化，从而实现综合评价的目的。这种方法体现了自然界中客观存在的不确定性和模糊性，符合客观规律。但是使用模糊综合评价需要确定隶属度函数，模糊综合评价法中隶属函数的确定和因素权重的分配包含人的主观因素，容易带来误差，这是模糊综合评价法的难点及关键。并且，模糊综合评价法用于多对象的路政管理评价时，需先对某一对象进行综合评价，得到模糊评价向量，根据最大隶属度原则确定其隶属等级；然后依次计算其他对象的评价等级，对各评价对象进行等级比较，显然，这种方法没有把各评价对象放在一个评价模型中同时进行比较，这与进行农村公路路政管理评价的目的不太相符。

(4)神经网络评价法

神经网络是20世纪中期发展起来的模拟人脑神经系统结构、由大量并行神经元相互连接组成的非线性自适应动态系统。它有计算、记忆、学习和智能处理等功能，可以不同程度地模仿人脑的信息处理过程，具有非凸性、非定常性、非局域性和非线性等特点。神经网络评价法能降低评估过程中的人为因素，保证评估结果的客观性，但也存在着局限性。首先，神经网络的推理过程是在“黑箱”中进行的，推理的过程不透明。再次，对农村公路来说，要想全面建立农村公路路政管理评价系统的神经网络模型，首先必须获取足够的系统学习样本，使系统得到学习训练，形成稳定的评价模型，然后才能应用于路政管理状况的评价。而目前我国各地农村公路的建设水平参差不齐，路政管理体制差别较大，还没形成一个统一的模式，有些地区农村公路还处于失养失管状态，要想取得各个子系统的样本数据，难度较大，还需要做大量的样本调查统计工作，以充实系统样本，逐步建立起完整的系统网络模型。因此，神经网络法目前还难以用于路政管理评价实践中。

(5)灰色理论评价法

灰色理论评价法是一种定量计算与定性分析相结合的评价方法，它以层次分析理论为指导，灰色理论为基础，适用于对系统中的定性因素进行定量评价，能较好地解决评价指标模糊、复杂的问题。灰色理论中的灰色关联度分析对农村公路路政管理评价十分合适，它不但能较好处理包含大量定性指标的系统评价问题，并且能把评价对象放在一个计算模型中进行综合评价比较，这与评价目的十分吻合。并且，应用灰色理论中的聚类分析法，可以确定评价对象的优劣等级。

因此，各种评价方法都有各自适用的范围和难点，单独使用任何一种评价方法无法满足路政管理评价的要求，而农村公路路政管理评价体系是一个由高级向低级逐渐分解的过程，评价过程则是从低级向高级逐级传递，低级的评价结果作为高级的输入元素。基于此，本书提出一种基于层次分析法的灰色分析方法，该方法综合了层次分析法和灰色分析方法的优势，采用考虑专家可信度的层次分析法来确定评价指标的权重，以灰色多层次关联分析和聚类分析方法作为路政管理综合评价模型。

二、灰色综合评价模型

灰色综合评价模型就是综合应用灰色关联分析法和灰色聚类分析法所建立的一种数学模型，分别用以确定评价对象的优劣次序和评价等级。

假定评价系统由 m 个被评对象和 n 个指标构成，则第 i 个对象的 n 个指标值构成数列 $D_i=(d_{i1},d_{i2},\cdots,d_{ij},\cdots,d_{in})(i=1,2,\cdots,m;j=1,2,\cdots,n)$，那么 m 个被评对象的原始指

标值构成如下的矩阵 $\boldsymbol{D}$：

$$\boldsymbol{D}=\begin{bmatrix}D_1\\D_2\\\vdots\\D_m\end{bmatrix}=\begin{bmatrix}d_{11}&d_{12}&\cdots&d_{1n}\\d_{21}&d_{22}&\cdots&d_{2n}\\\vdots&\vdots&\ddots&\vdots\\d_{m1}&d_{m2}&\cdots&d_{mn}\end{bmatrix}\tag{12-7}$$

1. 灰色关联分析确定优劣次序

(1)确定最优指标集

设最优指标集 $D_0=(d_{01},d_{02},\cdots,d_{0n})$，式中 $d_{0j}(j=1,2,\cdots,n)$ 为第 j 个指标的最优值。当评价指标为取值越小越好的成本型指标时，$d_{0j}=\min(d_{1j},d_{2j},\cdots,d_{mj})$；当评价指标为取值越大越好的效益型指标时，$d_{0j}=\max(d_{1j},d_{2j},\cdots,d_{mj})$。选定最优指标集后，可构造矩阵 $\boldsymbol{G}$：

$$\boldsymbol{G}=\begin{bmatrix}\mathrm{D_0}\\\mathrm{D_1}\\\mathrm{D_2}\\\vdots\\\mathrm{D_m}\end{bmatrix}=\begin{bmatrix}\mathrm{d_{01}}&\mathrm{d_{02}}&\cdots&\mathrm{d_{0n}}\\\mathrm{d_{11}}&\mathrm{d_{12}}&\cdots&\mathrm{d_{1n}}\\\mathrm{d_{21}}&\mathrm{d_{22}}&\cdots&\mathrm{d_{2n}}\\\vdots&\vdots&\ddots&\vdots\\\mathrm{d_{m1}}&\mathrm{d_{m2}}&\cdots&\mathrm{d_{mn}}\end{bmatrix}\tag{12-8}$$

(2)指标值的规范化处理

由于指标值往往具有不同的量纲和数量级，因此不能直接比较，需要对矩阵 $\boldsymbol{G}$ 进行规范化处理，一般可以采用标准化处理法、极值处理法和功效系数法，这里采用极值处理法。

设 $M_j=\max(d_{1j},d_{2j},\cdots,d_{mj})$，$m_j=\min(d_{1j},d_{2j},\cdots,d_{mj})$。

对于极小型指标：

$$d_{ij}^{*}=\frac{M_j-d_{ij}}{M_j-m_j}\tag{12-9}$$

对于极大型指标：

$$d_{ij}^{*}=\frac{d_{ij}-m_j}{M_j-m_j}\tag{12-10}$$

则可得到规范化矩阵：

$$\boldsymbol{H}=\begin{bmatrix}D_0^*\\D_1^*\\D_2^*\\\vdots\\D_m^*\end{bmatrix}=\begin{bmatrix}d_{01}^*&d_{02}^*&\cdots&d_{0n}^*\\d_{11}^*&d_{12}^*&\cdots&d_{1n}^*\\d_{21}^*&d_{22}^*&\cdots&d_{2n}^*\\\vdots&\vdots&\ddots&\vdots\\d_{m1}^*&d_{m2}^*&\cdots&d_{mn}^*\end{bmatrix}\tag{12-11}$$

(3)关联系数矩阵的确定

根据灰色关联分析法可以求得第 i 个对象的第 j 个指标与第 j 个最优指标的关联系数 ε_{ij}：

$$\varepsilon_{ij}=\frac{\min\limits_{i}\min\limits_{j}|d_{ij}^{*}-d_{0j}^{*}|+\rho\max\limits_{i}\max\limits_{j}|d_{ij}^{*}-d_{0j}^{*}|}{|d_{ij}^{*}-d_{0j}^{*}|+\rho\max\limits_{i}\max\limits_{j}|d_{ij}^{*}-d_{0j}^{*}|} \tag{12-12}$$

其中，ρ 为分辨系数，$\rho\in[0,1]$，一般取 $\rho=0.5$ 。由 ε_{ij} 可得各评价对象的关联系数矩阵 $\boldsymbol{E}$：

$$\boldsymbol{E}=\begin{bmatrix}E_1\\E_2\\\vdots\\E_m\end{bmatrix}=\begin{bmatrix}\varepsilon_{11}&\varepsilon_{12}&\cdots&\varepsilon_{1n}\\\varepsilon_{21}&\varepsilon_{22}&\cdots&\varepsilon_{2n}\\\vdots&\vdots&\ddots&\vdots\\\varepsilon_{m1}&\varepsilon_{m2}&\cdots&\varepsilon_{mn}\end{bmatrix} \tag{12-13}$$

(4)灰色关联度的确定

根据关联系数行向量 $\boldsymbol{E}_i$ 和指标权重向量 $\boldsymbol{W}_i$，可求得各评价对象的关联度 $\boldsymbol{R}_i$（$i=1,2,\cdots,m$）。按评价系统的层次进行，具体步骤如下。

步骤一：计算单层次的关联度。灰色关联度的计算公式如式(12-14)所示。

$$\boldsymbol{R}_i=\boldsymbol{W}_i\times\boldsymbol{E}_i=\begin{bmatrix}W_1\\W_2\\\vdots\\W_n\end{bmatrix}\times(\varepsilon_{i1},\varepsilon_{i2},\cdots,\varepsilon_{in}) \tag{12-14}$$

式中：$\boldsymbol{W}_i$——某一层的各指标相对于上层指标的权重。

步骤二：计算多层评价系统的最终关联度。将第 l 层的各指标的关联系数进行合成，分别得到它们所属 $l-1$ 层的各指标的关联度，然后把这一层所得到的关联度作为原始数据，再重复进行上一层次的单层评价，以此类推至最高层。

根据灰色关联度 $\boldsymbol{R}_i$（$i=1,2,\cdots,m$）的大小，建立评价对象的关联序，以此分析多个评价对象的综合评价优劣次序。

2. 灰色聚类分析确定评价等级

灰色聚类以灰数的白化函数生成为基础，将聚类对象对于不同聚类指标所拥有的白化数，按 n 个灰类进行归纳，从而判断聚类对象所属的灰类。

记Ⅰ，Ⅱ，Ⅲ，…，ω 为聚类对象（令 $i=$ Ⅰ，Ⅱ，Ⅲ，…，ω），这里指参评的农村公路路政管理单位；$1^*,2^*,3^*,\cdots,n^*$ 为聚类指标（令 $j=1^*,2^*,3^*,\cdots,n^*$）；$1,2,3,\cdots,m$ 为聚类灰类（令 $k=1,2,3,\cdots,m$），这里根据路政管理部门综合评价要求，取为优、良、中、次、差五类；d_{ij} 为第 i 个聚类对象对于第 j 个聚类指标所拥有的白化数，称为聚类白化数，这里 $i\in\{$Ⅰ，Ⅱ，Ⅲ，…，$\omega\}$，$j\in\{1^*,2^*,3^*,\cdots,n^*\}$；$f_{jk}$ 为第 j 个聚类指标对第 k 个灰类的白化函数。

具体步骤如下。

步骤一：根据给定的 d_{ij} 构造样本矩阵 $\boldsymbol{D}$，见式(12-7)。

步骤二：确定优、良、中、次、差五个灰类的白化函数 f_{jk} 。灰色聚类分析中的白化函数一般采用三角白化函数形式，但它不适用于本书的评价要求。为此，本书研究构造了中心点梯形白化函数形式，能较好适用于农村公路路政管理评价需求，如图 12-6 所示。

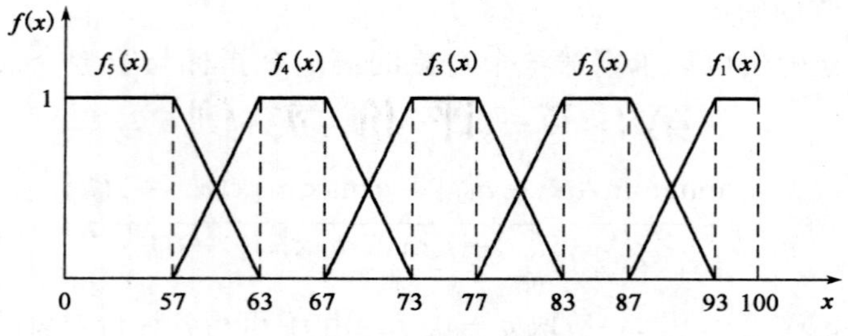

图 12-6　白化函数图

$$
优：f_1(x)=\begin{cases}0 & x\in[0,87]\\ \dfrac{x-87}{93-87} & x\in(87,93]\\ 1 & x\in(93,100)\end{cases} \tag{12-15}
$$

$$
良：f_2(x)=\begin{cases}0 & x\notin[77,93]\\ \dfrac{x-77}{83-77} & x\in(77,83]\\ 1 & x\in(83,87]\\ \dfrac{93-x}{93-87} & x\in(87,93)\end{cases} \tag{12-16}
$$

$$
中：f_3(x)=\begin{cases}0 & x\notin[67,83]\\ \dfrac{x-67}{73-67} & x\in(67,73]\\ 1 & x\in(73,77]\\ \dfrac{83-x}{83-77} & x\in(77,83)\end{cases} \tag{12-17}
$$

$$
次：f_4(x)=\begin{cases}0 & x\notin[57,73]\\ \dfrac{x-57}{63-57} & x\in(57,63]\\ 1 & x\in(63,67]\\ \dfrac{73-x}{73-67} & x\in(67,73)\end{cases} \tag{12-18}
$$

$$
差：f_5(x)=\begin{cases}1 & x\in[0,57]\\ \dfrac{x-57}{63-57} & x\in(57,63]\\ 0 & x\in(63,100)\end{cases} \tag{12-19}
$$

步骤三：求聚类权重 η_j 。η_j 为指标体系中各三级指标的合成权重值。

步骤四：求聚类系数。第 i 个聚类对象对于第 k 个灰类的聚类系数为 σ_{ik} 。

$$
\sigma_{ik}=\sum_{j=1}^{n^*}f_{jk}(d_{ij})\eta_j \tag{12-20}
$$

步骤五：构造聚类向量。

$$
\boldsymbol{\sigma}_i=(\sigma_{i1},\sigma_{i2},\cdots,\sigma_{ik}) \tag{12-21}
$$

步骤六:进行聚类。在 $\boldsymbol{\sigma}_i$ 中挑选最大者判断聚类对象所属灰类(优、良、中、次、差)。

第五节　评 价 实 例

山东省枣庄市位于山东省南部,总面积 4 563km²,人口 372.93 万人。辖 6 个区(市)、64 个乡镇(街道)、2 481 个行政村(居委会)。枣庄市农村公路(县、乡、村道)占整个公路网的 85%左右,以低等级公路(三、四级)为主,农村公路路政管理是枣庄市农村公路管理部门的主要工作。下面以枣庄市交通运输局对所属 6 个区(市)的农村公路路政管理评价为例,说明灰色评价模型的应用。评价实施过程是评价小组人员先现场考查各区农村公路的路政管理情况,获取各项指标的评分值,然后应用灰色关联分析模型计算灰色关联度,对各参评单位进行排序,再应用灰色聚类分析模型,计算聚类系数,确定各个参评单位的评价等级。

一、指标值获取

对各区农村公路路政管理体制机制建设和运行情况、路政业务管理、内务和科技化管理情况进行现场考查,考核各项指标,按前述指标评定方法,获取各指标的评价等级值或评分值。对定量指标直接使用其评分值;定性指标按指标评定标准,由评价等级值得出指标的评分值。考核小组评定的各单位指标评分值如表 12-19 所示。

各区(市)三级指标评分值　表 12-19

三级指标		三级指标权重	滕州市	峄城区	市中区	台儿庄区	薛城区	山亭区
1	组织机构设置	0.645 7	91	85	84	79	88	85
2	岗位设置	0.354 3	88	80	85	78	84	80
3	路政管理人员配置率	0.549 8	82	78	76	80	75	81
4	人员录用和培训	0.450 2	96	89	86	80	90	79
5	管理制度健全性	0.343 0	82	90	91	89	88	86
6	制度执行力	0.343 0	86	90	87	79	91	80
7	制度运行效率	0.314 0	96	90	91	91	90	89
8	路政装备、设施配置	0.353 0	82	78	75	79	80	85
9	装备、设施完好率	0.324 0	81	80	78	75	70	88
10	装备、设施使用记录	0.323 0	90	91	92	90	88	90
11	资金到位率	0.425 1	78	70	79	80	78	75
12	资金使用情况	0.325 6	84	88	87	86	80	90
13	养路员补助发放到位率	0.249 4	78	75	80	79	78	70
14	路政宣传	0.094 0	90	92	90	90	88	90
15	路产登记	0.132 4	85	95	90	100	95	90
16	路政巡查	0.227 9	88	80	85	88	85	78
17	建筑控制区管理	0.215 3	80	80	83	85	90	85
18	养护现场秩序维持	0.077 0	90	90	100	90	95	95
19	交竣工验收参与	0.050 1	95	100	100	100	100	95

续上表

三级指标		三级指标权重	滕州市	峄城区	市中区	台儿庄区	薛城区	山亭区
20	路政案件查处	0.203 3	78	80	85	80	75	82
21	路政许可受理	0.349 8	90	90	95	90	96	92
22	路政许可审查与决定	0.399 6	88	85	88	80	90	86
23	路政许可活动的监督及验收	0.250 6	80	78	75	85	80	75
24	超限运输行驶公路行政许可	0.448 4	80	75	80	85	78	70
25	固定超限检测站点管理	0.321 3	75	80	72	68	75	70
26	流动超限治理	0.230 2	80	85	80	80	75	85
27	养护管理效果	0.549 8	90	88	85	82	88	90
28	养路员考核监督	0.450 2	70	88	80	90	78	75
29	执法规范化	0.342 2	89	96	90	95	90	90
30	执法考核、评议	0.280 2	91	90	95	90	87	90
31	档案管理	0.207 6	90	87	90	80	90	90
32	统计管理	0.170 0	91	78	90	88	95	85
33	执法手段信息化	0.517 9	75	70	80	76	75	70
34	治超信息化	0.178 2	74	70	75	78	80	80
35	信息库建设	0.303 8	70	78	75	70	65	68

二、灰色关联分析确定优劣次序

1. 确定参考指标集

由上述指标评价值可得参考指标集 $D_0=\{\max D_j(j=1,2,\cdots,6)\}=(91,88,82,96,91,91,96,85,88,92,80,90,80,92,100,88,90,100,100,85,96,90,85,85,80,85,90,90,96,95,90,95,80,80,78)$。

2. 指标值的规范化处理

采用极值法对指标值进行规范化处理，可得规范化处理后的指标值，如表 12-20 所示。

规范化处理后的指标值 表 12-20

指标	滕州市	峄城区	市中区	台儿庄区	薛城区	山亭区	指标	滕州市	峄城区	市中区	台儿庄区	薛城区	山亭区
U_{111}	1	0.5	0.417	0	0.75	0.5	U_{222}	0.611	0.556	0.444	0.278	0	1
U_{112}	1	0.2	0.7	0	0.6	0.2	U_{223}	0.5	0.75	1	0.5	0	0.5
U_{121}	1	0.429	0.143	0.714	0	0.857	U_{231}	0.8	0	0.9	1	0.8	0.5
U_{122}	1	0.588	0.412	0.059	0.647	0	U_{232}	0.4	0.8	0.7	0.6	0	1
U_{211}	0	0.889	1	0.778	0.667	0.444	U_{233}	0.8	0.5	1	0.9	0.8	0
U_{212}	0.583	0.917	0.667	0	1	0.083	U_{311}	0.5	1	0.5	0.5	0	0.5
U_{213}	1	0.143	0.286	0.286	0.143	0	U_{312}	0	0.667	0.333	1	0.667	0.333
U_{221}	0.7	0.3	0	0.4	0.5	1	U_{313}	1	0.2	0.7	1	0.7	0

续上表

指标	滕州市	峄城区	市中区	台儿庄区	薛城区	山亭区	指标	滕州市	峄城区	市中区	台儿庄区	薛城区	山亭区
U_{314}	0	0	0.3	0.5	1	0.5	U_{341}	1	0.75	0.375	0	0.75	1
U_{315}	0	0	1	0	0.5	0.5	U_{342}	0	0.9	0.5	1	0.4	0.25
U_{316}	0	1	1	1	1	0	U_{411}	0	1	0.143	0.857	0.143	0.143
U_{317}	0.3	0.5	1	0.5	0	0.7	U_{412}	0.5	0.375	1	0.375	0	0.375
U_{321}	0	0	0.833	0	1	0.333	U_{413}	1	0.7	1	0	1	1
U_{322}	0.8	0.5	0.8	0	1	0.6	U_{414}	0.765	0	0.706	0.588	1	0.412
U_{323}	0.5	0.3	0	1	0.5	0	U_{421}	0.5	0	1	0.6	0.5	0
U_{331}	0.667	0.333	0.667	1	0.533	0	U_{422}	0.4	0	0.5	0.8	1	1
U_{332}	0.583	1	0.333	0	0.583	0.167	U_{423}	0.385	1	0.769	0.385	0	0.231
U_{333}	0.5	1	0.5	0.5	0	1							

3. 关联系数计算

求得$\min\limits_i \min\limits_j |d_{ij}^* - d_{0j}^*| = 0$，$\max\limits_i \max\limits_j |d_{ij}^* - d_{0j}^*| = 1$，一般取 $\rho = 0.5$，则：

$$\varepsilon_{ij} = \frac{\min\limits_i \min\limits_j |d_{ij}^* - d_{0j}^*| + \rho \max\limits_i \max\limits_j |d_{ij}^* - d_{0j}^*|}{|d_{ij}^* - d_{0j}^*| + \rho \max\limits_i \max\limits_j |d_{ij}^* - d_{0j}^*|} = \frac{0.5}{|d_{ij}^* - d_{0j}^*| + 0.5}$$

由此可计算得到关联系数，结果见表 12-21。

关联系数表　　表 12-21

关联系数	滕州市	峄城区	市中区	台儿庄区	薛城区	山亭区	关联系数	滕州市	峄城区	市中区	台儿庄区	薛城区	山亭区
ε_{111}	1	0.5	0.462	0.333	0.667	0.5	ε_{316}	0.333	1	1	1	1	0.333
ε_{112}	1	0.385	0.625	0.333	0.556	0.385	ε_{317}	0.417	0.5	1	0.5	0.333	0.625
ε_{121}	1	0.467	0.368	0.636	0.333	0.778	ε_{321}	0.333	0.333	0.75	0.333	1	0.429
ε_{122}	1	0.548	0.459	0.347	0.586	0.333	ε_{322}	0.714	0.5	0.714	0.333	1	0.556
ε_{211}	0.333	0.818	1	0.692	0.6	0.474	ε_{323}	0.5	0.417	0.333	1	0.5	0.333
ε_{212}	0.545	0.857	0.6	0.333	1	0.353	ε_{331}	0.6	0.429	0.6	1	0.517	0.333
ε_{213}	1	0.368	0.412	0.412	0.368	0.333	ε_{332}	0.545	1	0.429	0.333	0.545	0.375
ε_{221}	0.625	0.417	0.333	0.455	0.5	1	ε_{333}	0.5	1	0.5	0.5	0.333	1
ε_{222}	0.563	0.529	0.474	0.409	0.333	1	ε_{341}	1	0.667	0.444	0.333	0.667	1
ε_{223}	0.5	0.667	1	0.5	0.333	0.5	ε_{342}	0.333	0.833	0.5	1	0.455	0.4
ε_{231}	0.714	0.333	0.833	1	0.714	0.5	ε_{411}	0.333	1	0.368	0.778	0.368	0.368
ε_{232}	0.455	0.714	0.625	0.556	0.333	1	ε_{412}	0.5	0.444	1	0.444	0.333	0.444
ε_{233}	0.714	0.5	1	0.833	0.714	0.333	ε_{413}	1	0.625	1	0.333	1	1
ε_{311}	0.5	1	0.5	0.5	0.333	0.5	ε_{414}	0.68	0.333	0.63	0.548	1	0.459
ε_{312}	0.333	0.6	0.429	1	0.6	0.429	ε_{421}	0.5	0.333	1	0.556	0.5	0.333
ε_{313}	1	0.385	0.625	1	0.625	0.333	ε_{422}	0.455	0.333	0.5	0.714	1	1
ε_{314}	0.333	0.333	0.417	0.5	1	0.5	ε_{423}	0.448	1	0.684	0.448	0.333	0.394
ε_{315}	0.333	0.333	1	0.333	0.5	0.5							

4. 单层次综合评价

由灰色加权关联度计算公式 $\boldsymbol{R}_i = \boldsymbol{W}_i \times \boldsymbol{E}_i = \begin{bmatrix} W_1 \\ W_2 \\ \vdots \\ W_n \end{bmatrix} \times (\varepsilon_{i1}, \varepsilon_{i2}, \cdots, \varepsilon_{in})$，计算各二级指标的关联度，结果见表 12-22。

二级指标关联度　　表 12-22

二级指标	关联度	滕州市	峄城区	市中区	台儿庄区	薛城区	山亭区
机构设置	R_{11}	1	0.4591	0.5195	0.3333	0.6273	0.4591
人员管理	R_{12}	1	0.5035	0.4094	0.5061	0.4472	0.5777
制度建设	R_{21}	0.6154	0.6903	0.6781	0.4811	0.6645	0.3882
装备、设施配置及管理	R_{22}	0.5644	0.5339	0.5941	0.4545	0.3922	0.8385
资金管理	R_{23}	0.6297	0.4989	0.8071	0.8137	0.5903	0.6212
路政管理职责	R_{31}	0.5179	0.5103	0.6663	0.6924	0.6249	0.4696
涉路施工许可	R_{32}	0.5273	0.4208	0.6313	0.5004	0.8747	0.4555
超限治理	R_{33}	0.5594	0.7437	0.5219	0.6707	0.484	0.5002
养护考核与监督	R_{34}	0.6999	0.7417	0.4695	0.6334	0.5712	0.7299
内务管理	R_{41}	0.5773	0.6532	0.7209	0.5531	0.597	0.5363
信息化管理	R_{42}	0.4762	0.5359	0.8149	0.5513	0.5385	0.4706

5. 高级层次综合评价

一级指标关联度计算结果如表 12-23 所示。

一级指标关联度　　表 12-23

一级指标	关联度	滕州市	峄城区	市中区	台儿庄区	薛城区	山亭区
体制建设	R_1	1	0.4812	0.4647	0.4194	0.5376	0.5182
机制建设	R_2	0.606	0.5725	0.7026	0.5993	0.5574	0.607
路政业务管理	R_3	0.5601	0.5605	0.5983	0.6207	0.6692	0.5174
内务和科技化管理	R_4	0.5367	0.6061	0.7586	0.5524	0.5735	0.5099

进一步计算可得到总目标层的关联度，结果见表 12-24。

总目标层的关联度　　表 12-24

单位	滕州市	峄城区	市中区	台儿庄区	薛城区	山亭区
关联度 R_i	0.65037	0.55454	0.62136	0.57058	0.60301	0.54221
优劣次序	1	5	2	4	3	6

三、灰色聚类分析确定评价等级

(1)构造聚类分析数据，见表 12-25。

(2)计算各指标的灰类白化函数值。白化函数如式(12-15)～式(12-19)及图 12-6 所示。

以对滕州市的路政管理评价为例，将该区路政管理评价的35个三级指标的评分值带入到相应的白化函数式中，计算得到各指标的白化函数值，如表12-25所示。

滕州市（$i=1$）路政管理评价三级指标白化函数值[$f_{1j}(d_{1j})$]　　表12-25

三级指标	三级指标指数值 d_{1j}	三级指标合成权重值 η_j	$f_{j1}(d_{1j})$	$f_{j2}(d_{1j})$	$f_{j3}(d_{1j})$	$f_{j4}(d_{1j})$	$f_{j5}(d_{1j})$
U_{111}	91	0.058 776	0.666 7	0.333 3	0	0	0
U_{112}	88	0.032 257	0.166 7	0.833 3	0	0	0
U_{121}	82	0.049 654	0	0.833 3	0.167	0	0
U_{122}	96	0.040 653	1	0	0	0	0
U_{211}	82	0.032 324	0	0.833 3	0.167	0	0
U_{212}	86	0.032 324	0	1	0	0	0
U_{213}	96	0.029 591	1	0	0	0	0
U_{221}	82	0.029 114	0	0.833 3	0.167	0	0
U_{222}	81	0.026 722	0	0.666 7	0.333	0	0
U_{223}	90	0.026 640	0.5	0.5	0	0	0
U_{231}	78	0.045 772	0	0.166 7	0.833	0	0
U_{232}	84	0.035 058	0	1	0	0	0
U_{233}	78	0.026 852	0	0.166 7	0.833	0	0
U_{311}	90	0.014 652	0.5	0.5	0	0	0
U_{312}	85	0.020 644	0	1	0	0	0
U_{313}	88	0.035 526	0.166 7	0.833 3	0	0	0
U_{314}	80	0.033 553	0	0.5	0.5	0	0
U_{315}	90	0.011 996	0.5	0.5	0	0	0
U_{316}	95	0.007 815	1	0	0	0	0
U_{317}	78	0.031 689	0	0.166 7	0.833	0	0
U_{321}	90	0.044 635	0.5	0.5	0	0	0
U_{322}	88	0.051 002	0.166 7	0.833 3	0	0	0
U_{323}	80	0.031 983	0	0.5	0.5	0	0
U_{331}	80	0.028 419	0	0.5	0.5	0	0
U_{332}	75	0.020 363	0	0	1	0	0
U_{333}	80	0.014 591	0	0.5	0.5	0	0
U_{341}	90	0.042 560	0.5	0.5	0	0	0
U_{342}	70	0.034 845	0	0	0.5	0.5	0
U_{411}	89	0.022 537	0.333 3	0.666 7	0	0	0
U_{412}	91	0.018 451	0.666 7	0.333 3	0	0	0
U_{413}	90	0.013 669	0.5	0.5	0	0	0
U_{414}	91	0.011 191	0.666 7	0.333 3	0	0	0
U_{421}	75	0.022 861	0	0	1	0	0
U_{422}	74	0.007 868	0	0	1	0	0
U_{423}	70	0.013 411	0	0	0.5	0.5	0

(3)确定指标聚类权重 η_j 。η_j 为表 12-25 中三级指标的合成权重值。

(4)计算聚类系数 σ_{ik} 。第 i 个聚类对象对于第 k 个灰类的聚类系数为：$\sigma_{ik}=\sum_{j=1}^{n^*} f_{jk}(d_{ij})\eta_j$。

经计算，得到五个灰类相应的聚类系数，由聚类系数最大者确定其所属灰类，由此得其灰类为“良”，即评价等级为“良”，如表 12-26 所示。

聚类系数及所属灰类 表 12-26

灰类	优($k=1$)	良($k=2$)	中($k=3$)	次($k=4$)	差($k=5$)	所属灰类
聚类系数 σ_{1k}	0.241 4	0.490 6	0.244	0.02	0	良

同上步骤，可计算得到其他各区（峄城区、市中区、台儿庄区、薛城区、山亭区）所属灰类，评价结果分别为“良、良、良、良、中”。

四、评价结果分析

由上计算结果可知，所属 6 个单位农村公路路政管理水平优劣次序为 $r_1>r_3>r_5>r_4>r_2>r_6$；从整体来看，各区路政管理工作良好，除山亭区的评价等级为中等外，其他各区为良好，并且由图 12-7 得：滕州市、市中区、薛城区的路政管理工作整体水平明显要高于峄城区、山亭区以及台儿庄区，尤其是峄城区、山亭区的农村公路路政管理水平有待提高。

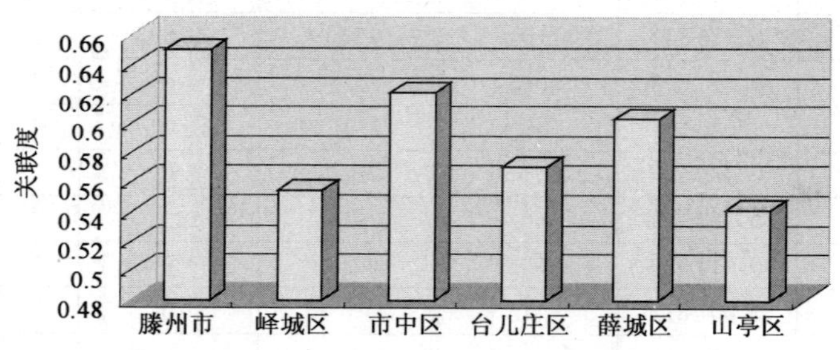

图 12-7 综合评价优劣次序比较图

再进一步分析各单位在体制建设、机制建设、路政业务管理、内务管理及科技化水平四个一级指标上的优劣次序，如图 12-8～图 12-11 所示。滕州市在农村公路路政管理体制机制建设上进行了大力改革，理顺体制关系，健全了机制，着力探索农村公路路政管理发展之道，成效明显，而其他各区在体制机制建设上有些滞后，但滕州市在其他方面没有表现出显著优势，某些方面还落后于其他区，因此，滕州市在体制机制改革后，需尽快加强路政管理业务水平等方面的建设力度。

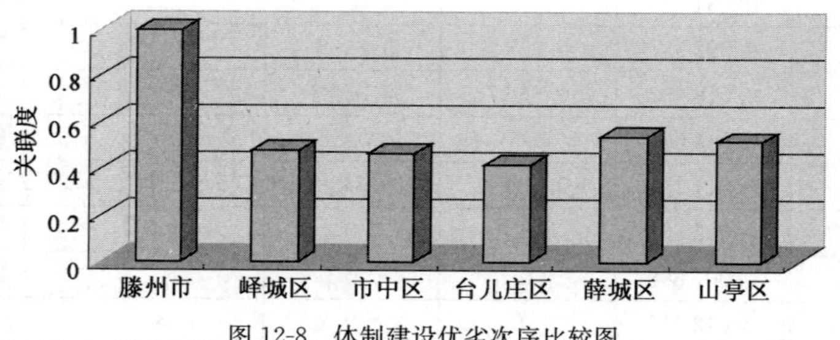

图 12-8 体制建设优劣次序比较图

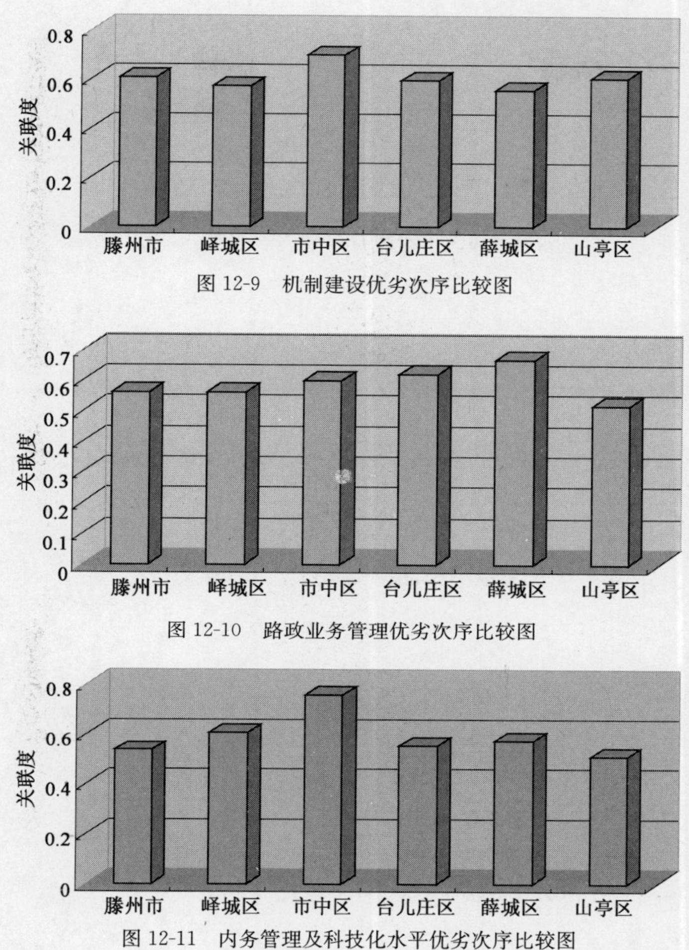

图 12-9　机制建设优劣次序比较图

图 12-10　路政业务管理优劣次序比较图

图 12-11　内务管理及科技化水平优劣次序比较图

从上述实例分析来看，采用构建的灰色综合评价模型对农村公路路政管理的状况进行评价，计算结果准确可靠，符合实际情况，具有较强的适用性。

第四篇

农村公路安全保障工程

第十三章　农村公路安全保障工程现状及发展趋势

第一节　农村公路安全保障工程定义

一、农村公路安全保障工程的内涵

“安全”在现代汉语词典中的解释为不受威胁，没有危险、危害、损失，人类的整体与生存环境及资源和谐相处，互不伤害，不存在危险、危害的隐患，是免除了不可接受的损害风险的状态。“保障”是指作为社会成员之间某种意义上交互动态的有限支撑和支持，比如基本生存、基本生活、基本医疗、就业、失业、基本养老、居住条件等，它需要依靠全社会的文明和逐步增加的财富及逐渐完善的法治建设来实现。因此，公路安全可以解释为是一种状态，即将人员伤害或财产损失的风险降低至并保持在可接受的水平或其以下状态。公路安全保障可认为是通过对公路设施进行持续的危险识别，并采取交通工程措施来保证此种可接受状态。

为了全面提高我国农村公路设施的服务水平，保障行车安全，交通部2004年发布了公路安全保障工程实施方案，即采用交通工程措施，对已有山岭重丘地区二级以下（含二级）技术等级的公路及其沿线设施中存在影响行车安全的明显隐患进行整治，以提高公路行车的安全性。其主要任务是对全国山岭重丘区二级以下（含二级）技术等级公路中的急弯、陡坡、傍涧（河、湖、沟）路段，增设安全防护设施，完善交通标志、交通标线，改善全国公路的交通安全条件。

因此，农村公路安全保障工程可以定义为：在充分尊重农村公路网道路条件、运营环境及农村公路使用需求的基础上，应用农村公路危险路段识别技术判定危险路段，对影响行车安全的隐患路段，采取交通工程措施进行综合整治，并结合日常养护、管理工作提高公路行车安全性，保证道路人员伤害或财产损失风险处在可接受水平的系统工程。

二、农村公路安全保障工程系统特征

1. 整体性

农村公路安全保障工程的整体性特征需要研究农村公路安全保障形式应具有的整体性取向。农村公路安全保障形式的整体协调发展是多层次的，并且其外部环境与内部环境整体的协调层次都有扩展和分化。在系统整体内部，有各个子项目系统协调发展问题，而各个子项目系统内部也同样都有深入可分的协调发展层次，如在安全保障管理子系统内部有技术性与非技术性保障协调问题；在技术性保障里面有“人”的管理，“车”的管理以及“路”的协调管理问

题；在人的管理方面存在着对驾驶员、行人、路侧居民等协调管理问题。其他子系统，如设施应用子系统，则存在着路侧宽容性与路面结构协调设计问题；路侧宽容性中的边沟、边坡、路肩和绿化合理协调组合设计问题。农村公路安全保障工程整体协调发展包括各个子系统所有层次的协调发展问题，是一个复杂有序的协调系统。

2. 复杂性

农村公路安全保障工程包含“人与车、车与路、路与环境、环境与人”的复杂关系。该系统存在着四个显著特征：①结构复杂性，它既有“硬”子系统（人、车、路和环境因素），又有“软”子系统（经济和管理因素），子系统下又有下一层子系统，同一层次与不同层次的子系统之间有着耦合性及关联性；②目标和功能综合性，即它具有科学的、技术的、生态的、经济的和社会的目标，以及人的素质、管理和生态性保护等多方面的功能；③主动性，即考虑作为主动环节人的因素，具有“人与车、人与路、人与环境、人与技术”等各种复杂的关系；④属于“发展中系统”，这是因为系统的结构、参数、特征和功能等都处在变化之中，即系统本身处在发展中。

可见，农村公路安全保障工程不是一个单纯的单级系统，而是一个内容丰富、功能综合、目标多样、影响因素众多的系统。对农村公路安全保障工程的研究不应只着眼于片面性，应把新的系统理念应用到农村公路安全保障工程中，从整体全局的观点出发去研究和应用农村公路安全保障工程。

第二节　农村公路交通安全现状

一、农村公路交通安全现状

通过对全国农村公路事故数据的统计分析发现，农村公路交通安全状况令人堪忧。自2005 年以来（中国的交通事故统计自 2005 年起才开始按公路行政等级进行分别统计分析），中国农村公路交通事故总数量和死亡人数变化如表 13-1 及图 13-1、图 13-2 所示。

全国农村公路事故数量及所占百分比　　表 13-1

年份	农村公路交通事故数量		农村公路交通事故死亡人数	
	事故数（起）	占整体交通事故百分比（%）	死亡人数（人）	占整体交通事故百分比（%）
2005	93 022	34.09	21 768	28.38
2006	79 668	35.62	19 818	29.37
2007	68 964	36.14	17 832	29.59
2008	59 187	38.48	16 803	31.30
2009	54 153	39.12	15 987	31.75
2010	49 562	39.64	15 020	32.28

从上述图表可以看出，自 2005 年以来，中国农村公路交通事故数与交通事故死亡人数呈缓慢下降态势，但是在整体交通事故数与交通事故死亡人数中的比例却呈较快上升态势，在2010 年农村公路交通事故死亡人数占整体交通事故的比例达到 32.28%。这说明中国交通事

故多发点正从城市向农村地区转移，农村公路交通安全正面临更为严峻的形势。

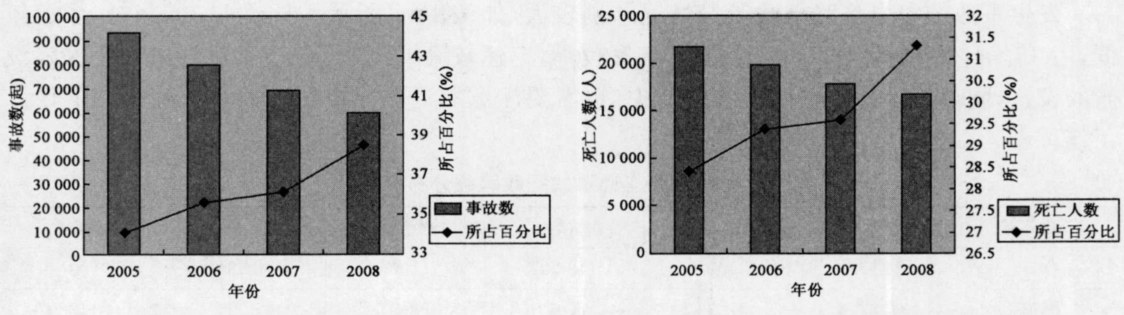

图 13-1　农村公路交通事故

图 13-2　农村公路交通事故死亡人数

二、农村公路交通事故主要特征

1. 天气特征

在影响交通事故的原因中，天气是非常重要的影响因素。将天气划分为晴、阴、雨、雾、雪五种情况，不同天气条件下交通事故发生比例如图 13-3 所示。其中晴天中发生的事故最多，所占比例为 60.47%，其次是阴天 25.62%和雨天13.21%，雾天和雪天中发生的交通事故相对较少。因此，在农村公路的交通事故中，需要特别注意阴天和雨天情况下交通事故的发生，应设置相应的标志标牌提醒出行者注意。

图 13-3　农村公路交通事故天气影响分布

2. 车型特征

农村公路上行驶的车型种类相对高速公路、城市道路等情况要复杂，包括货车、客车、自行车、畜力车、摩托车、拖拉机等。具体的比例情况如表 13-2 所示。

农村公路交通事故车型比例　　表 13-2

事故车辆车型	所占比例(%)	事故车辆车型	所占比例(%)
摩托车	32.44	自行车	2.60
小型客车	26.74	人力车	0.01
大型客车	5.17	拖拉机	4.85
小型货车	16.50	拖挂车	10.01
中型货车	0.01	三轮车	1.67
大型货车	0.01	畜力车	0.01

从表 13-2 中可以看出在农村公路交通事故的车型分布中，摩托车的所占比例最大，接近 1/3，即发生事故的所有车型中每 3 辆就有 1 辆是摩托车。其次是小客车占 26.74%，所占比重也较大。然后是小型货车、拖挂车。其中较为具有农村特点的是拖拉机和三轮车，所占比例分别是 4.85%和 1.67%。农村公路上车型分布非常广泛，不同车型的性能不同，导致交通状况比较复杂，容易发生交通事故，存在较为严重的安全隐患。

3. 道路特征

发生事故的农村公路行政等级情况差别较大，如表 13-3 所示。县道占 26.34%，乡道较低，占 12.44%，县道相对于乡道、村道流量较小，车速较高。因此，要注意对县道安全保障设施的设置，同时在经过农村公路的国道中，也需要注意邻近村庄道路的安全保障措施的设计工作。

农村公路交通事故行政等级分布表　　表 13-3

行政等级	事故次数(起)	比例(%)	受伤人数(人)	比例(%)	死亡人数(人)	比例(%)
合计	124 953	100	149 007	100	46 534	100
国道	34 903	27.93	43 071	28.91	15 924	34.22
省道	40 488	32.40	47 181	31.66	15 590	33.50
县道	32 948	26.37	39 000	26.17	10 151	21.82
乡道	15 540	12.44	18 374	12.33	4 180	8.98
其他	1 074	0.86	1 381	0.93	689	1.48

4. 车辆碰撞形态

由表 13-4 可知，农村公路事故形态中正面相撞和侧面相撞最多，均属于两车事故。其次挂撞行人的事故也是比较突出的，占 14.95%。其他如撞固定物、翻车占 7%～9%，追尾和同向刮擦占 2%～4%。

农村公路交通事故形态分类　　表 13-4

事 故 形 态	所占比例(%)	事 故 形 态	所占比例(%)
正面相撞	37.46	同向刮擦	2.79
侧面相撞	20.00	尾随相撞	1.98
挂撞行人	14.95	撞静止车辆	1.32
撞固定物	8.45	对向刮擦	0.96
翻车	7.40	撞动物	0.81
追尾	3.73	碾压	0.15

三、农村公路交通事故原因

农村公路造成交通事故的主要原因有操作不当、超速行驶、酒后驾驶、逆行、违法变更车道、违法超车、违法倒车、违法掉头、违法上道路行驶、违法行车、违法占道行驶、未保持安全距离、未避让行人、未让行、无证驾驶等。事故中也存在两种或者两种以上的违章现象，例如操作不当且酒后驾车，酒后驾车并超速行驶等情况。其中各种不同的事故原因所占的比重情况如图 13-4 所示。

从图中可以看出，造成农村公路交通事故的主要原因前三位分别是：未让行、未保持安全距离和超速行驶，其所占比例均在 13%左右。这三个原因分别涉及良好的驾驶习惯、速度管理等方面的内容。在农村公路的安全设计方面需要重点设置相关的警告警示标志、限速标志、减速标志等，提高出行者的安全意识，减少交通事故造成的损失。

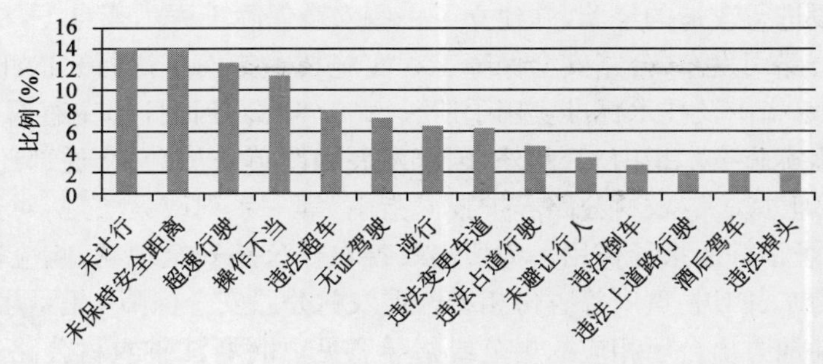

图 13-4　农村公路交通事故原因比例

第三节　农村公路安全保障现状及发展趋势

我国山区丘陵地形众多，农村公路中存在大量的危险边坡、临水、临崖等高落差及危险路段。由于建设资金缺乏，许多省份在农村公路建设过程中往往没有对农村公路进行安全保障设施的配套建设，加之部分农村客运车辆老旧、超限载客，农民群众的道路交通安全意识薄弱，因此，农村公路交通安全问题随着农村公路通车里程的增加而日益凸显。

一、农村公路安全保障现状

1. 国外研究现状

国外对公路安全保障工程的研究开始较早，技术应用等也较国内成熟。1996 年，联邦交通安全办公室发布《澳大利亚农村公路安全行动计划》；2004 年，美国参议院通过了 SAFETEA，众议院通过了 TEA-LU，这两项建议都以公路交通安全为目标，在某些方面直接针对乡村公路交通安全；NHTSA 与 NRHA 联合出版《农村公路交通安全行动指南》；美国、加拿大等国根据各自乡村地区低交通量道路的交通特征和区域类型，对低交通量道路进行了功能分类研究；美国密西西比州建立了统一的事故上报系统，针对不同类型的振动带展开研究，试验适用于双车道乡村公路的振动带；美国佐治亚州为减少冲出路外事故，在乡村公路上采取增设了路肩振动带和中心线突起路标等措施。

总体来说，国外对农村公路安全保障工程主要倚重道路交通安全技术，注重道路环境因素的充分利用和道路安全设施的应用，针对性较强，多采取具体的补救措施，相应的技术已经处于成熟发展阶段并在各类公路上得到了较好的应用；对农村公路安全保障工程的其他相关内容，如路面结构、养护维修等理论也相继展开了研究，提出了许多适合低交通量道路的安全技术策略，有效地降低了道路事故发生率；对乡村道路安全评价研究较早，技术相对成熟，而对安全保障核查的研究力度还有待加强。综上所述，国外对农村道路的安全保障工程研究技术相对成熟，但系统性的理论、技术改进还需进一步完善。

2. 国内研究现状

2004 年我国开始在全国国道、省道干线公路上实施以“消除隐患、珍视生命”为主题的公路安全保障工程，介绍了对国省干线公路中的急弯、连续急弯、陡坡、连续下坡、急弯陡坡、视距不良、路侧险要路段进行改造的经验,并建立了一些安全保障工程示范点。

同年,交通部公路司发布《公路安全保障工程实施技术指南》(试行),次年编写了《公路安全保障工程实施技术指南及技术标准实用手册》。2007 年 2 月 1 日起交通部正式颁布实施了《公路安全保障工程实施技术指南》。此外,国家发展和改革委员会、交通部还先后出台了《农村公路改造工程管理办法》、《农村公路养护技术指南》等一系列政策法规,对全国农村公路建设和养护管理起到了很好的指导作用。为切实改善农村公路安全现状,响应国家新农村建设号召,浙江、河南、山东、四川、重庆等省份相继开展农村公路安全保障工程,为许多农村公路系上了"安全带",个别地方出台了相应的规范或指导意见,如《浙江省农村公路养护技术规范》、《济源市农村公路安全保障工程实施意见》,为提高国内农村公路安全性能作出指导性贡献。

在国内,公路安全保障工程研究多年来偏重于国道、省道等高等级公路,对国、省道安全保障工程的改造成功地借鉴了国外的经验和技术,其实施效果明显,大大改善了国、省道交通安全问题。而对低等级农村公路存在的交通安全隐患多,安全保障工程改造点繁多,改造资金有限,改造技术单一等问题,缺乏详细研究。近年来,交通运输部、各省市加大对农村公路的关注力度,投入巨大的人力、财力、物力,逐步改善农村公路安全保障现状,并取得了一定的成果。但专门针对农村公路的交通安全保障技术还没有专项研究和统一标准,且强调某一方面安全保障措施的作用,以政策指导,宏观调控为主,缺少多因素多角度系统性的理论方法研究和技术应用可行性。

综上所述,国内外实践均证明通过全面实施公路安全保障工程,公路交通事故发生率明显降低,安全保障工程成为公路的"安全屏障"和生命的"守护神"。

我国幅员辽阔,地形复杂,农村公路交通组成多样化,国内外的"人、车、路和环境"均存在显著的不同,使得国外对于安全保障的许多相关研究不能直接被国内引入和应用。因此,应结合国情,针对国内交通特性,研究适合我国农村公路安全保障工程系统的理论、技术、核查、评价等内容。

二、农村公路安全保障现状存在的问题

总结性分析了国内外农村公路安全保障现状、我国农村公路建设现状及交通安全现状,分别对农村公路安全保障工程中的设施综合应用、常态条件下安全保障应用、突发事件下安全保障应用及核查评价体系的现状进行研究,指出了农村公路安全保障存在的具体问题。

(1)安全形势严峻。面对不断扩大的农村公路建设规模和严峻的农村公路交通安全形势,农村公路安全保障水平亟待提高。

(2)安全保障理论不完善。对部分农村公路安全保障工程开展了一些有益的实践和探索,但尚未形成系统、完善、全面的农村公路安全保障系统理论。

(3)安全保障技术片面单一。

①我国地形复杂,农村公路交通组成多样化,农村公路安全保障工程点多面广。安全保障工程多是依赖于交通安全设施,目前针对农村公路交通安全保障技术还没有专项研究及统一标准。

②常态条件下安全保障缺少主动引导防护,且交通参与者安全行为意识淡薄,路面破损严重,超限超载等现象普遍存在。

③突发事件下安全保障以行政管理预案为主，一般采取封路禁行等消极方法，缺少相应的管理技术和科学措施；部分预案仅针对于暴雨等恶劣天气，对其他天气层级的预案考虑较少。

(4)安全保障核查及评价不成体系。目前我国尚未建立针对农村公路安全保障工程系统的核查及评价体系，因此该领域仍属于空白阶段。

(5)缺乏为农村公路工程技术人员提供直接指导或参考的手册或指南。

三、农村公路安全保障工程发展趋势及理念

遵循全面系统性、经济可操作性等原则，本着"以人为本、协调并进、可持续发展"的理念，以科学发展观为指导，尊重客观实际，紧紧围绕农村公路安全保障工程的新形势和新要求，详细探讨了农村公路安全保障工程的发展趋势。

1. 设施适用化

"安全、经济、环保、有效"八字方针是安全保障工程的实施原则，它们是相辅相成的。安全是其他几方面的基础，经济、环保、有效是能否确保安全保障工程合理性、长期性、有效性的前提和保证。因此，在安全保障工程具体实施过程中，需通过创新理念，结合农村公路特点，分析比较交通安全设施，提出适合于农村公路经济、技术条件的安全设施选用及布设方案，合理、科学地选用技术措施。在充分考虑安全保障工程设施结构合理、坚固耐用的同时，还应高度重视景观、自然以及每个局部、细节的技术处理，对安全设施进行合理设置、精心布局，为环境增色，达到自然和谐的效果。

2. 安养一体化

农村安全保障工程应与农村公路日常养护管理维修工作融为一体。安全保障工程提倡综合性处置措施，路侧宽容性改善措施，因地制宜的工程处理方法，追求自然，利用当地土生土长的植物进行绿化和水土保持方案，而这都依赖于长期的日常养护维修工作。安全保障工程不仅是采取工程措施改善安全状况，其更重要的是要把安全、经济、环保的观念融入到农村公路日常养护管理维修之中，把它作为保通、保畅紧密相连的一项日常工作来抓。除了采取工程硬措施改善隐患路段外，更重要的是整个农村公路养护管理工作思想理念的更新和提升。农村公路安全保障工程与养护维修充分结合，对我国农村公路建设管理水平无疑将有质的飞跃。

3. 体系全面化

安全保障工程倡导主动引导、预防事故发生，综合处置、努力降低事故伤害程度，被动防护"三部曲"。实际工作中应拓展思路，从全面提升农村公路保通、保畅、安全、舒适水平的角度出发，逐步改善农村公路的交通安全状况。因此，农村公路安全保障工程不应只着眼于常态条件下交通安全设施方面，而应涵盖突发事件下的农村公路应急安全保障。就全国范围来讲，针对突发事件下农村公路交通应急的研究还较少，但是随着农村公路道路条件和交通条件的不断改善，对使用交通工具完成农村公路应急情况下的交通疏散过程进行系统科学地研究是非常有必要的，为我国农村公路应急管理体系提供必要的技术支持。

4. 决策科学化

决策科学化是指决策者为了实现某种特定的目标，凭借科学思维，运用科学的理论和方法，利用科学手段和科学技术，系统地分析主客观条件后所进行的决策。决策科学化的根本是

实事求是，决策的依据要实在，决策的方案要实际，决策的结果要实惠。农村公路安全保障工程实行科学决策的意义主要在于降低决策的风险和成本，提高决策的质量，进一步增强决策的预见性、前瞻性和针对性，牢牢把握安全保障工作的主动权。通过深入地调查研究及科学评价，有利于提高效率、减小失误，促进农村公路安全保障工程可持续发展。

第四节　农村公路安全保障工程理论体系

一、大系统理论的哲学思想

大系统是一种复杂的事物体系。它是高阶系统、中阶系统和低阶系统的集合，是具有多个目标、由关联着的若干子系统组成、信息上存在分散结构的复杂系统，是现代系统工程和现代控制理论的最新发展。大系统通常规模庞大、结构复杂、子系统众多，且伴随着各种不确定的因素和对立因素的交叉、渗透和影响，具有极复杂的结构和功能的系统工程。

二、基于大系统理论的农村公路安全保障工程分析

大系统通常都是多输入、多输出、多干扰的多变量系统。由于无论是工程系统还是生态系统、生命系统或社会系统，从结构、功能和目标等方面来看，都具有某些控制关系的类似性。考虑到农村公路安全保障工程的对象特性，并依据农村公路安全保障工程结构的整体性和层次性，采用分解协调方法对系统进行分析。

(1)目标的分解是一切系统研究的基本环节。一个大系统有其特定的总目标或总任务，农村公路安全保障工程的总目标为通过实施农村公路安全保障工程，保证道路人员伤害或财产损失的风险处在可接受的水平或其以下状态，最大限度地降低事故死亡率和特大交通事故的发生率，为保障行车安全提供良好的公路环境。因此，结合人、车、路、资金、环境、理念等要素，农村公路安全保障工程总目标可分解为：经济节约、设施精细、决策科学、环境和谐、全面持续。

(2)大系统是由大量的分系统，子系统以及更小、更低级的系统按照递阶形式组合起来的。

农村公路安全保障工程实际上是每一系统都由具有一定决策功能的控制器(或决策者)管理，低层次系统的控制器是局部控制，顶级控制器则指挥调度全局。以农村公路安全保障工程理念、趋势为导向，结合农村公路特点，应用多目标方法及多级低阶形式结构模型，从逻辑思维上对农村公路安全保障工程系统进行结构分解，具体为理论、技术、体系、应用。

(3)系统协调是在分解的基础上，抓住要害，有针对性地调整结构和内外相互关系，充分发挥系统的整体功能，实现系统的整体优化。

对农村公路安全保障工程系统原型，采用对比分析等方法，区分主次，找出关键，进行正确的系统分析与分解协调，利用大系统理论进行逻辑思维建模，最终达到发展持续化、交通和谐化的目标。

三、农村公路安全保障理论体系主要内容

基于大系统理论对农村公路安全保障工程进行的目标与功能分解，以及对系统进行的组织协调，同时结合我国农村公路环境、交通、道路特点，借鉴和利用世界各国的先进经验，构建

起我国农村公路安全保障理论体系。该理论体系由农村公路安全保障工程设施综合应用技术、农村公路常态条件下安全保障引导防护技术、农村公路突发事件下安全保障应急响应技术及农村公路安全保障工程核查、评价四部分构成,具体内容如下。

1. 农村公路安全保障工程设施综合应用技术

结合农村公路的实际情况,对各种交通安全设施的设置方法、形式及规格进行综合分析研究,从农村公路安全设施、路侧宽容性及路面结构三个方面对农村公路安全保障设施的综合应用技术进行分析,选择出既能满足使用要求而又要投资最少的适用于农村公路的安全保障设施。

(1)农村公路交通安全设施

在对各种交通安全设施的适用条件、设置要求总结对比分析的基础上,结合农村公路特点及等级,提出适用农村公路设施的选择建议方案。

(2)路侧宽容处理措施

基于农村公路特点,结合农村公路等级,采用对比分析的方法,分析路侧宽容应用技术,提出适用农村公路路侧宽容处理措施建议。

(3)农村公路路面结构

从路面结构设计角度出发,采用轴载换算方法,对沥青路面、水泥路面结构进行力学分析研究,提出适用农村公路路面结构的推荐方案。

2. 农村公路常态条件下安全保障引导防护技术

在着眼于常态条件下农村公路安全保障技术研究的同时,基于危险路段识别技术、危险路段防护技术、人车路管理技术以及路面养护维修技术,构建常态条件下农村公路安全保障引导防护技术体系,支撑常态条件下农村公路安全保障。

(1)农村公路危险路段识别技术

鉴于农村公路目前统计资料缺乏的实际情况,提出无事故资料下山区农村公路危险路段的识别方法;应用模糊层次法提出无事故资料下一般农村公路危险路段的识别方法;采用质量控制-鉴别指数法,提出基于事故统计资料的路网级别下的农村公路识别方法;应用双变量区间过滤法提出基于事故统计资料的单条道路的农村公路识别方法。

(2)典型危险路段防护技术

结合农村公路危险路段各自的地形、地质、线形、交通流及环境特征,从道路线形、交通安全设施方面提出针对急弯路段、长陡坡路段、视距不良路段、桥梁路段、平面交叉口、穿越村庄集镇等路段、长直线及长直线接小半径曲线路段等典型危险路段提出安全保障防护措施。

(3)人车路管理技术

基于农村地区交通混行严重、交通安全意识淡薄等实际状况,提出加强安全教育、制定行为规范、强化监管三大措施,针对农村地区机动车数量快速增长、车型构成复杂、车辆性能差异大等现状,提出分车型、分车种的分类化管理措施。

(4)路面养护维修技术

在分析农村公路各种类型路面产生病害的原因这一基础上,提出农村公路沥青路面病害的处治对策、预防性养护的方法及水泥混凝土路面病害处治对策。

3.农村公路突发事件下安全保障应急响应技术

在我国标准、规范所确定的公路设计指标体系下，从保障农村公路交通安全出发，通过界定农村公路突发事件的范围及本质特征，在总结影响农村公路突发事件条件下安全保障应急响应技术的各种因素基础上，从交通事故、临时作业、地质灾害、特殊天气四个方面对农村公路突发事件下安全保障应急响应技术进行研究。

(1)通过对农村公路交通事故的调查、统计，运用系统工程学和交通工程学的相关知识，确定农村公路交通事故的持续时间和影响范围分区，并针对不同分区提出不同的安全保障应急措施。

(2)根据农村公路临时作业的特征，对农村公路临时作业区进行分区，在不同的分区里，选定不同的交通安全设施，并对交通安全设施的设置位置、数量、间距等作了具体的规定。

(3)结合常见地质灾害的特点及地质灾害常发区域农村公路的道路特征和交通状况，深入研究地质灾害对交通安全的影响机理，建立包括灾前防治、交通安全设施设置、灾后交通组织在内的地质灾害条件下安全保障应急响应体系。

(4)基于不同天气对农村公路安全的影响程度不同，对其相应的管理特点进行分析，针对不同的天气层级提出不同天气层级下的交通管理方案及安全设施设置方案。

4.农村公路安全保障工程核查、评价

在上述理论基础之上，提出一套农村公路安全保障工程核查清单，基于农村公路安全保障方案“预核查”的农村公路安全保障方案评价技术，实现基于农村公路安全保障工程实施前后安全保障核查清单的安全保障工程评价的可操作性。

(1)结合农村公路特点，整合项目研究内容及成果，提出一套对应于农村公路安全保障工程系统中相关技术和措施的核查清单，以弥补缺乏适用于农村公路安全保障工程核查清单的不足。

(2)提出基于安全保障方案选择层次结构模型的农村公路安全保障方案评价技术，同时提出基于相对权重理论的农村公路安全保障工程安全评价方法，实现了基于农村公路安全保障工程实际核查清单的安全保障工程评价的可操作性。

第十四章　农村公路安全保障设施综合应用技术

农村公路安全保障设施设置混乱，存在诸多安全隐患，国内还没有针对农村公路安全保障设施综合应用技术进行系统性研究。通过对农村公路安全保障设施的调查分析，以系统性、适用性、灵活性为依据，深入研究安全设施、路侧宽容、路面结构三大内容，实现了农村公路安全保障设施的选用方案与设置条件、路侧宽容性处理、路面结构选择等功能目标，提出了基于不同道路等级、交通量和适应轴载的农村公路沥青路面、水泥混凝土路面结构推荐方案，创新适应于农村公路的安全保障设施综合应用技术，从而有效减少交通事故发生。

第一节　农村公路交通安全设施综合应用技术

一、防护设施

基于农村公路交通、道路、环境的特点，在总结研究分析安全设施设置的基础上，参考现有规范及各地方的设置经验，采用类比分析的方法，对护栏设置要求、防护设施类型及选择进行了分析与研究。

1. 护栏设置要求

1)设置条件

(1)护栏本身也是一种障碍物，因此应首先采用宽容设计理念对路侧安全净区内的障碍物进行妥善处理。

(2)公路路侧安全净区宽度得不到满足，失控车辆越出路外产生的事故严重度高于碰撞护栏的严重度时，应按护栏设置原则进行安全处理。

(3)不同形式的路基护栏之间，或路基护栏与桥梁护栏之间应进行过渡处理。

2)护栏端头及过渡段处理

(1)护栏端头处理

①波形梁护栏端头。波形梁护栏在行车方向上游端头宜设置成外展地锚式或圆头式。如果条件允许，建议在端头前方放置防撞桶以进一步提高护栏端头的安全性。公路上一般采用圆头式端头(图 14-1)、地锚式端头(图 14-2)，这两种方式在使护栏端部高度基本保持不变的情况下，将端头自然掩入边坡并进行锚固。

②混凝土护栏端头。混凝土护栏端部的处理形式主要有外展式和斜坡式。外展式端头使路侧护栏端部距离行车道更远，有时可结合实际地形条件，将端头“隐藏”或“消隐”于路侧山体或挖方边坡中，如图 14-3 所示。斜坡式端头在于减小车辆与端头的直接作用面积，通过斜坡向上爬升时转移和消耗部分碰撞能量，如图 14-4 所示。如果路侧具备条件，斜坡式端头也应

进行外展处理。

图 14-1　圆头式端头

图 14-2　地锚式端头

图 14-3　外展式端头

图 14-4　斜坡式端头

③缆索护栏端头。缆索护栏端头处理通常遵循与波形梁、混凝土护栏相类似的原则，即结合地形和道路线形条件进行外展处理，使端部立柱尽量远离行车道，设置在坡度平缓的土路肩上；无外展条件的路段，宜采用反光材料标志其轮廓，或利用周围地物遮蔽护栏端头；端部附近的立柱适当加密或加强，防止立柱发生倒伏或倾斜。

(2)护栏过渡段处理

不同形式、不同刚度的护栏之间均应进行过渡处理，以保持护栏强度的连续性，防止事故车辆在护栏不连续的地方穿过。过渡段的设置应保证护栏整体刚度的逐渐过渡，避免大刚度护栏成为路侧障碍物，如图 14-5 所示。

图 14-5　护栏过渡段

2. 防护设施类型

(1)缆索护栏

缆索护栏的优点是设置条件较宽,对车辆的包容性好。缆索护栏适合于长直线、有不均匀下沉、有特殊美观要求的路段。

(2)波形梁护栏

波形梁护栏适用性强,基本上适合于所有路段,尤其是小半径弯道和需要视线诱导的路段。

(3)混凝土护栏

混凝土护栏有很多类型,如高性能混凝土护栏、混凝土防撞护栏(包括 GM 型、NJ 型、F 型)、直立式混凝土护栏等。

混凝土护栏具有视线诱导效果好、安全性高、施工容易、维修费用低廉等特点,主要设置于路侧特别危险的悬崖、跨河大桥、临河、急弯、连续弯等路段。

(4)防撞桶

防撞桶设置在公路转弯路段的平曲线外侧、出入口三角带端头、桥梁护栏端头、上跨桥桥墩处等存在安全隐患的地点,起警示和缓冲作用。在发生车辆冲撞时能降低事故严重度,减少事故损失。防撞桶视使用地点的情况尽可能地多设几个(一般为 4～9 个),并以钢带或其他材料连接成整体。

(5)防撞墩

防撞墩放置在公路转弯、出入口及其他需要隔离或防撞的危险地段,起安全隔离、警示、预防碰撞等作用,而且能在发生碰撞时起缓冲作用,吸收并降低碰撞冲击力。

(6)示警桩

示警桩防护能力较差,但可起到视线诱导的作用,适用于运行车速较低、危险度不大的农村公路。

(7)示警墩

示警墩既可起到视线诱导作用,又可发挥护栏的作用,主要用于一般陡坡路段、视距不良等路侧危险程度不大的路段。

(8)柱式护栏

柱式护栏适用于车速低、流量不大的农村公路,在急弯、陡坡等危险路段宜加密设置,如图 14-6 所示。

(9)因地制宜的防护设施

由于农村公路不同于高等级公路,具有流量小、车速低等特点,且防护设施的设置受到地理条件、资金条件的限制,因而可选择木质护栏、废旧化工塑料防撞桶、木桩示警柱、油桶护栏、花盆式护栏等因地制宜的防护设施。

①木质护栏。在车速低、交通量不大的旅游景区,可设置材料相对低廉、贴近自然的木质护栏,如图 14-7 所示。

②废旧轮胎护栏。路侧设置柔性钢丝加废旧轮胎护栏,既环保又降低成本,还能保证一定的防撞强度,适用于四级及四级以下的农村公路。

③桶装集料护栏。桶装集料护栏由废旧汽油桶、沥青桶制成,其制作工艺简单,可就地取

材，维修费用低廉，但桶装集料护栏对路侧净宽要求较高。

图 14-6　柱式护栏

图 14-7　木质护栏

④木桩示警柱。在交通量小、视距不良路段设置木桩示警柱，代替传统的混凝土示警柱。木桩示警柱可就地取材，施工工艺简单，能有效地节约成本，适宜于四级及四级以下的农村公路。

⑤栽石（毛石、卵石）护栏。栽石护栏采用废弃毛石、卵石等石材筑成，具有材料成本低廉、抗撞性好的优点，适应于具有一定路侧宽度、交通量不大的农村公路，如图 14-8 所示。

⑥城墙式护栏。城墙式护栏用浆砌块石与现浇混凝土筑成，具有防撞等级较高、与沿线环境协调性较好的优点，适应于临河、临崖、急弯等危险性较大的路段，如图 14-9 所示。

图 14-8　栽石护栏

图 14-9　城墙式护栏

⑦废旧化工塑料防撞桶。在路肩宽度允许的非险要路段，利用废旧化工塑料桶填装土的方式设置防撞桶，同时种上花木，既降低成本，又可美化环境，适宜于四级及四级以下的农村公路。

⑧花盆式防护墩。花盆式防护墩采用现浇混凝土及浆砌片石或砖块浇筑而成，适用于有一定路肩宽度和对环境要求较高的路段。

3. 防护设施选择

依据防护设施选择考虑因素，如防撞等级、变形量、现场条件、材料的通用性、养护等。在对上述各种防护设施防护效果、价格对比分析的基础上，结合农村公路等级，提出防护设施选择建议方案，见表 14-1。

防护设施选择建议方案　　表 14-1

公路等级		防护设施类型
县道	二级	波形梁护栏 缆索式护栏
	三级	混凝土护栏 桶装集料护栏
乡道	二级	花盆式护栏 示警墩
	三级	栽石护栏 示警墩
	四级	钢丝加废旧轮胎护栏 栽石护栏
村道	四级	钢丝加废旧轮胎护栏 示警桩 废旧化工塑料防撞桶

二、交通标志

1. 支撑形式

由于农村公路路面宽度较小，一般为双向两车道或单车道道路，而且交通量小，车型多为小型车，设计车速较低。因此，综合各地方设置经验得出：农村公路上通常采用造价低、施工便利，与道路景观协调性较好的柱式、附着式支撑形式；当视距受限、景观上有要求时可采用悬臂式、双立柱式支撑形式。

2. 指路标志信息选取

1)指路标志信息选取应遵循的原则

(1)关联、有序。

(2)便于不熟悉路网的道路使用者顺利达到目的地。

(3)信息量适中。

①一块指路标志板面中，各方向指示的目的地信息数量之和不宜超过六个。

②一般道路交叉口预告标志和交叉口路口告知标志板中，同一方向指示的目的地信息数量不应超过两个；同一方向需选取两个信息时，应在一行或两行内按照信息由近到远的顺序由左至右或由上至下排列。

(4)信息应连续。预告标志中出现的信息应在告知标志中再次出现；某一信息一旦出现，应在到达该信息之前的指路标志中连续出现，不应中断。

(5)农村公路与其他道路相交时，应根据相交道路的行政等级，按照表 14-2 的规定，设置相应的交通标志。

2)路径指引标志板信息分层及选取

(1)交叉口预告标志、告知标志的信息级别，应根据相交公路的行政等级、服务区域的特点，在对交通流的流向和流量加以综合分析的基础上，按表 14-3 选取。

农村公路路径指引标志 表 14-2

主线公路	被交路段			
	国　道	省　道	县　道	乡、村道
县道	（预）、告、确	（预）、告、（确）	（预）、告、（确）	（告）
乡、村道	（预）、（告）、（确）	（预）、（告）、（确）	（告）	（告）

注：预-交叉口预告标志；告-交叉口告知标志；确-确认标志，包括地点距离标志、公路编号标志、道路名称标志；（　）-可根据需要设置的交通标志。

公路标志信息分层表 表 14-3

信息类别		A层信息	B层信息	C层信息
公路编号		高速公路、国道编号（名称）	省道编号（名称）	县道、乡道编号（名称）
地区名称信息		重要地区（直辖市、省会、自治区首府、副省级城市、地级市）	主要地区（县及县级市）	一般地区（乡、镇、村）
地点名称信息	交通枢纽信息	飞机场、省级火车站、港口、重要交通集散点	地级火车站、长途汽车总站、大型平面交叉、大型立交桥	县级火车站、长途汽车站、较大型平面交叉
	文体、旅游信息	国家级旅游景区、自然保护区、大型文体设施	省级旅游景点、自然保护区、博物馆、文体场馆	地级及县级旅游景点、博物馆、纪念馆、文体中心
	重要地物信息	国家级产业基地、省部级政府机关	省级产业基地、科技园、地级政府机关	地级及县级产业基地、县级政府机关

当同一方向有多类层次信息时，应按照由上到下的顺序对表 14-4 的信息类别加以选择，直至满足规定的信息数量为止。

农村公路与各等级公路交叉处标志信息要素选择参考表 表 14-4

标志所在位置	主线方向	被交公路方向				
		国道	省道	县道	乡道	村道
县道	（B层）C层	A层（B层）	（A层）B层	（B层）C层	（B层）C层	C层
乡道	（B层）C层	A层（B层）	（A层）B层	（B层）C层	C层	C层
村道	C层	C层	C层	C层	C层	C层

注：1. 表中不带括号的信息为首选信息，带括号的信息适用于无首选信息，或根据需要作为第二个信息。
2. 接近首选信息所指示的目的地时，该信息作为第一个信息；如需要选取第二个信息，则仍按本表的顺序筛选。

当同一方向有同层次同类多个信息时，应按照由近到远的顺序加以选择。

当有多个C层信息时，应综合考虑交通吸引量、经济发展水平等因素选择相对更为重要的信息。

如无法按照表 14-4 的规定选取必要的信息时，可降级选取信息。必要时，也可升级选取信息。

同一方向主要目的地信息数量不应超过两个；当选取两个地名时，宜按由近到远采用同一行内由左到右或在两行内由上到下的顺序排列。

(2)县道、乡道的地点距离标志，可根据需要采用两行或三行排列。

第一行(第二行)可在沿线的(A层)、(B层)、C层信息中选取沿线最近的(次近的)目的地信息，并按表14-4的规定选取，且地点距离标志指示信息中，至少应有一个信息与平面交叉告知标志中的信息相呼应。

最下一行可选取沿线较远处的B层信息(如县及县级市等)作为基准地区信息，并相对固定。当邻近基准点地区时，可按表14-3的顺序选择沿线距当前所在地最远的其他B层信息作为基准点。

3.反光膜

反光膜按其不同的逆反射性能分为五个等级，见表14-5。

不同等级的反光膜　　表14-5

等　级	类　型	
一	微棱镜型反光膜	
二	密封胶囊型反光膜	
三	透镜埋入型反光膜	超工程级反光膜
四		工程级反光膜
五		经济级反光膜

反光膜的选用要适宜农村公路车流量及车速相对较低的特点。其选用标准可参考以下方案：二级公路选用三级反光膜，三级公路选用四级反光膜，四级公路选用五级反光膜。如遇实际交通流量较大的农村公路，夜晚视距不良路段、线性差等危险路段需要提高逆反射效果时，可适当提高反光膜等级。

4.因地制宜的标志

对于农村公路而言，交通标志选择应本着经济有效的原则，材料、结构形式选择可因地制宜，灵活应用，并与路面标志相结合。如采用玻璃钢材料的标志牌；沿线建筑、树木悬挂警告标志；使标志路面化、墙体化，即把标志信息施画于路面或墙体上。

农村公路标志的选用可借鉴如下形式。

(1)醒目个性化的告示标志

结合公路沿线分布的不同景观特色，可以设计具有鲜明图案、简单明了、可视性良好的个性化版面，通过这些个性的版面设计，使道路使用者了解周边公路的环境特点，注意行驶安全。

此外，个性化的标志还可具备卡通的效果，在一定程度上能够起到放松心情、消除驾驶疲劳的作用，如图14-10所示。

(2)太阳能交通标志

在通电不畅的地区或在夜晚对标志反光性能要求比较高的地点，设置如图14-11所示的太阳能标志，既省电又能提高警示效果。

(3)路面、墙体标志

图 14-10　个性化标志

在路侧宽度受限的路段，可把标志信息施画于路面或墙体上，既经济又不失鲜明，如图14-12 所示。

三、交通标线

1. 材料选用

(1)标线材料类型

按照标线材料本身的特性，标线分为溶剂型涂料标线、热熔型涂料标线、水性涂料标线、双组分涂料标线、预成型标线带等。

(2)标线材料选用

标线材料众多，每种都有其特点，应根据不同地区、不同路面、不同标线类别、养护维修的便宜性等分别选用不同的标线材料(表 14-6)。

图 14-11　太阳能标志

①普通路面建议采用溶剂型反光标线，以预防交通事故的发生。

②高等级农村公路的水泥路面可采用热熔喷涂型涂料，以提高性价比。

在对上述几种材料的性能及价格进行对比分析的基础上，根据农村公路等级，并参考各地方设置经验，提出了标线材料选取建议方案，见表 14-7。

图 14-12　墙体、路面标志

不同标线材料特征比较　　表 14-6

特　　性	溶剂型	热熔型	水　性	双组分	预成型
夜间反射性	良	优	良或优	优	良
耐磨性	一般	强	强	强	强
VOC(易挥发性物质)	高	中	低	较低	低
寿命	短	长	长	长	—
适用范围	各种路面标线	各种路面标线	各种路面标线	各种路面标线	文字、箭头、图案等
成本	低	中	高	高	高

标线材料选取建议　　表 14-7

公路等级		材料类型
县道	二级	热熔型、预成型(根据需要)
	三级	热熔型、溶剂型
乡道	二级	溶剂型
	三级	溶剂型
	四级	溶剂型
村道	四级	溶剂型

2. 减速标线

(1)减速标线分类

减速标线按实际情况可分为涂料型减速标线，视、错觉减速标线，彩色路面铺装以及振动标线，如图 14-13、图 14-14 所示。

图 14-13　视、错觉减速标线

图 14-14　振动标线

(2)减速标线选用

基于上述几种类型减速标线的性能、设置条件，根据农村公路等级，提出减速标线选取建议方案，见表 14-8。

减速标线选取 表 14-8

<table>
<tr><th colspan="2">公路等级</th><th>材料类型</th></tr>
<tr><td rowspan="2">县道</td><td>二级</td><td>涂料型减速标线、视错觉减速标线、振动标线</td></tr>
<tr><td>三级</td><td>涂料型减速标线、视错觉减速标线</td></tr>
<tr><td rowspan="3">乡道</td><td>二级</td><td rowspan="2">涂料型减速标线
视错觉减速标线(有条件时可设)</td></tr>
<tr><td>三级</td></tr>
<tr><td>四级</td><td rowspan="2">涂料型减速标线</td></tr>
<tr><td>村道</td><td>四级</td></tr>
</table>

四、视线诱导设施

1.诱导设施类型

(1)轮廓标

借鉴现有规范,并参考各地方设置经验,提出以下建议:在路侧有岩壁、护栏等可附着物时,轮廓标可采用附着式;在无可附着物时,轮廓标可采用柱式。反光膜可选用工程级反光膜,也可将反光膜附着于两侧示警桩上代替轮廓标来诱导驾驶员视线。

轮廓标设置间距:直线路段设置间距不应超过50m,在曲线路段或匝道处设置间距不应大于表14-9的规定;公路路基宽度、车道数量有变化的路段及竖曲线路段,可适当减小轮廓标间隔。在轮廓标布设时,应注意从直线段过渡到曲线段或曲线段过渡到直线段的布设处理,以使视线诱导标保持连续性,平顺圆滑地过渡。

曲线路段或匝道处设置间距 表 14-9

曲线半径(m)	≤89	90~179	180~274	275~374	375~999	1 000~1 999	≥2 000
设置间隔(m)	8	12	16	24	32	40	48

(2)线形诱导标

①线形诱导标设置要求:线形诱导标的设置应和线形一致,并垂直于车辆的行驶方向,至少在150m远处就能看见,其设置间距应保证驾驶员至少能看到三块线形诱导标或能辨明前方进入弯道运行。任何曲线只要设置了线形诱导标,则至少应设置3个。线形诱导标的设置高度最低为标志下缘距地面1.2m。

②线形诱导标设置间隔与道路设计速度有关,线形诱导标最大设置间距见表14-10。

线形诱导标的最大设置间距 表 14-10

设计速度(km/h)	80	60	40	30	20
设置间距(m)	55	37	20	15	10

(3)凸面反光镜

凸面反光镜设置于较狭窄、截角视距不良的交叉口,或急转弯通视条件不良的路段上。设置凸面反光镜,可增大驾驶员的视野与视距,减少交通事故的发生。

(4)道口标柱

道口标柱设在公路沿线较小平面交叉两侧,用来提醒主线车辆提高警觉,防范小支路车辆突然出现而造成意外。

(5)突起路标

突起路标按逆反射性能分为逆反射型(简称A类)和非逆反射型(简称B类)。A类突起路标由工程塑料、金属或钢化玻璃等材料基体和逆反射器组成;B类突起路标一般不含反射器,直接由工程塑料、陶瓷或金属材料基体和色表面组成。

突起路标通常配合标线使用,也可单独使用,多安装于弯道、出入口、桥梁隧道等需要特别提示道路轮廓的路段。突起路标与涂料标线配合使用时,应选用定向反光型,其颜色应与标线颜色一致。设置于路面中心线的突起路标,应选用双面反光型,如图14-15所示。

(6)切削式振动带

在资金缺乏的情况下,农村公路可采取切削式振动带,提醒驾驶员注意安全。切削式振动带可以设置在水泥混凝土和沥青混凝土路面的路肩及中央分界带上,如图14-16所示。

图14-15 突起路标

图14-16 切削式振动带

2. 诱导设施选用

基于农村公路道路、交通、环境特点,在分析上述几种诱导设施诱导效果及价格的基础上,研究出诱导设施的选用条件。

(1)对于路侧危险程度低、线形指标较好的路段,可选用示警桩、黄色陶瓷道钉、切削式振动带等视线诱导设施。

(2)对于线形指标较差的路段,可选用轮廓标、线形诱导标等。

(3)对于设置有路侧防护设施的路段,可采用附着式视线诱导设施。

五、其他安全设施

1. 避险车道

由于受地形限制,加上农村公路资金有限、设计标准较低,为了避免较大的工程量,在确定线形时往往顺应当地地形,这就造成了一些农村公路的长下坡路段坡度过大、坡长过长的状况。

针对以上状况,有必要在高差大、坡度陡、纵坡长的农村公路路段相应位置,设置供失控车辆紧急避险以及防止车辆失控的交通安全设施。

(1)设置条件

当平均纵坡≥4%,纵坡连续长度≥3km,交通组成中大、中型车辆比例较高时,宜考虑设置避险车道。

(2)避险车道类型

避险车道可分为三种类型:重力型、沙堆型、制动砂床型。制动砂床型是将干净光滑的天然砂砾铺设在匝道上,通过砂砾的滚动阻力使失控车辆减速、停止,且通常设置在上坡路段。由于制动砂床型具有高安全性和受地形限制较小的优点,因此其在道路建设中被广泛应用,如图14-17所示。

图14-17 避险车道

(3)设置位置

在连续下坡或陡坡接小半径曲线路段等事故多发路段的前方,可沿小半径曲线切线方向设置避险车道,此外避险车道设置时要结合地形,宜设置在有山坡的路段。

(4)端部及两侧防撞设施

农村公路应充分利用周围地形,采用造价低、易于施工的材料作为缓冲装置。如在挖方路段,可以将山体作为防撞墙,使失控车辆经过料坑减速后直接撞击前方山体,山体前设置砂堆作为缓冲装置以保证驾驶员安全。当设置点前方没有山体可以利用时,可直接摆放足够的砂堆使车辆缓冲后停止。

农村公路的避险车道可设置为开放式,即两侧不设置防撞护栏,这样既可以节省投资,又方便解救进入避险车道后的失控车辆。但是,当避险车道的设置点在悬崖路段时,靠悬崖一侧须设置防撞设施,以防止失控车辆侧翻。

2. 减速设施

农村公路减速设施的选取可采用如下形式。

(1)减速带

减速带形式要适宜,需要与所处场合、道路等级、交通量、车速等因素相匹配,通过综合分析后确定。减速带形式主要有:橡胶式、道钉式、热熔型、卵石、条石、沥青混合料式等。

(2)减速丘

减速丘是我国农村公路普遍使用的减速设施,由沥青或混凝土筑成,纵断面形状有圆形、弓弦曲线形、抛物线形,可设置在靠近学校、城镇、村庄的道路上。

(3)减速路面

减速路面是一种有效的减速设施,其按材料不同分为:弹石路面(图14-18)、块石路面(图14-19)、比利时路面、路面薄层铺装等。选用时,可根据当地的情况选取适当的减速路面,使达到减速效果的同时节省资金。

3. 错车道

农村公路上修建兼顾港湾式紧急停车带功能的错车道,一方面可解决农村公路单车道路段车辆错车问题,另一方面还可满足故障车辆临时停放的需求。

错车道设置应以因地制宜为原则，结合当地农村公路的地形条件、交通量、车辆组成状况等，既要保证农村公路的交通安全，又要节省资金、减少工程量。

图 14-18 弹石路面图

图 14-19 块石路面

农村公路错车道设置应注意如下事项：

(1)错车道设置间距宜在 300～500m 范围内，且任意相邻两个错车道间应能互相通视。

(2)有错车道路段的路基宽度应不小于 7m，错车道宽度可设置为 3m。

在具体设置过程中，要考虑到本地农村公路的交通组成中大型货车所占比例及尺寸大小，即错车道的有效长度与宽度均应能满足本地最大车辆的错车、停车需求。

第二节 农村公路路侧宽容设施综合应用技术

一、路侧净区处理

农村公路路侧宽度如图 14-20 所示。

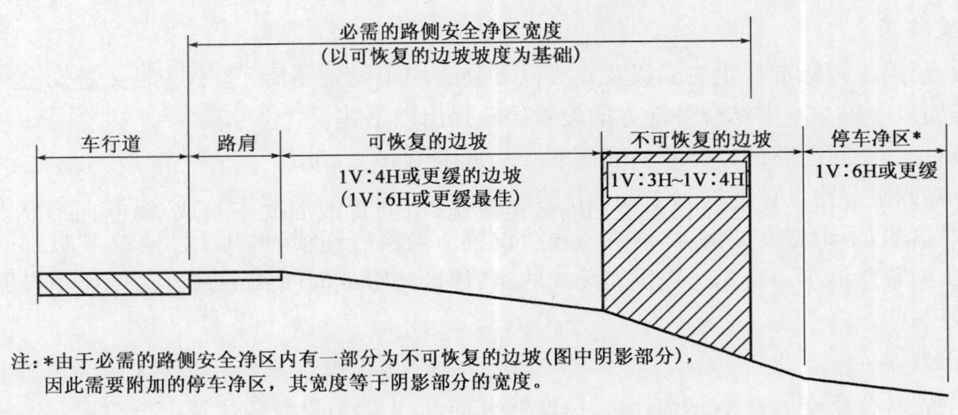

图 14-20 路侧安全净区宽度

对于农村公路路侧安全净区的取值，建议以平均日交通量为依据，采用如图 14-21 与图 14-22 所示的宽度范围。若道路为曲线，路侧安全净区宽度则应该在参考图 14-21 或图 14-22 的基础上，以车辆运行速度和平曲线半径为依据，采用如图 14-23 所示的修正值进行修正。

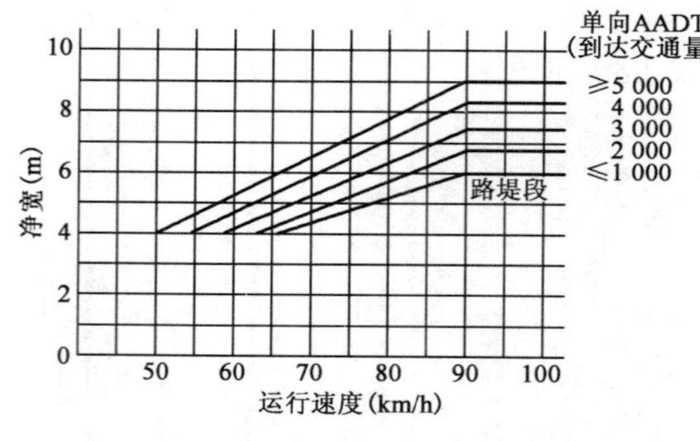

图 14-21　路堤段路侧安全净区宽度

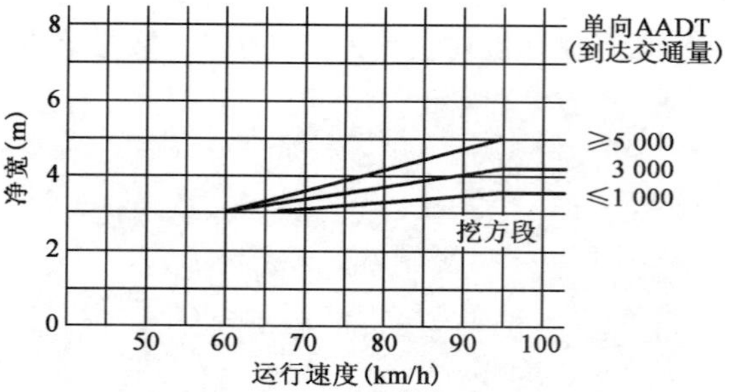

图 14-22　挖方段路侧安全净区宽度

路侧净区内的障碍物是影响交通安全的一大隐患，因而应适当地情况将障碍物进行处理。

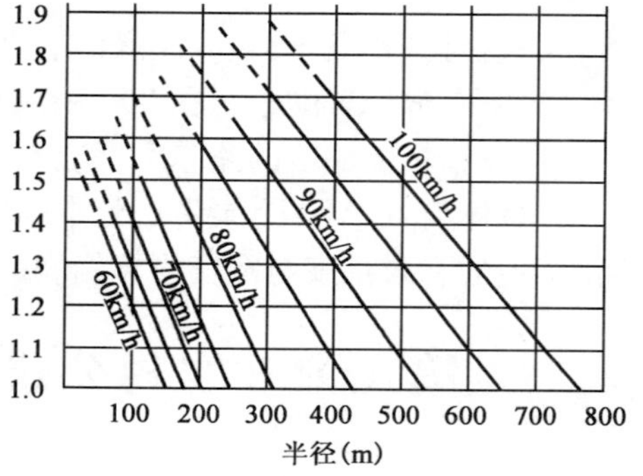

图 14-23　路侧安全净区宽度修正值

(1)若净区内存在障碍物，应去除行车净区内的障碍物。

(2)如净区内障碍物不能去除，可考虑重新设计已有障碍物，使车辆能安全穿越。

(3)也可将障碍物移至不易受撞击的位置。

(4)若障碍物难以去除，则可采用纵向护栏或在障碍物前设置防撞缓冲设施，以降低车辆撞击障碍物的严重程度。

(5)如因条件限制不能实施上述措施，则应对障碍物加以视线诱导。

二、路肩处理

1. 硬路肩

现行公路工程标准规定对二级及二级以下公路均不设硬路肩，鉴于这对交通安全的考虑不够，需加以改善。本书结合各地方的设置经验提出以下建议：

(1)对二、三级公路的硬路肩一般值取 2m，低限值取 1.25m。

(2)对四级公路设计速度为 40km/h 的硬路肩取 0.60m。

注意事项：不论宽度如何，路肩应该连续设置。当路肩连续时，几乎所有驾驶员都能离开行车道实施紧急停车。当无法提供连续式的路肩时，较窄或间断式的路肩仍然比不设路肩的情况要好一些。

2. 土路肩

基于农村公路交通量小、车辆运行速度低等特点，土路肩设置应注意以下事项：

(1)对于等级较高、有条件的农村公路，路肩应尽量硬化，宽度宜设置在 0.5～1.5m，并与路面保持同一高度，注意硬化部分的路基强度和压实度，避免基层出现不均匀沉降、反射裂缝等。

(2)对于交通量较小的三、四级农村公路，无条件硬化时，可采取与绿化相结合的方式对路肩进行硬化。

三、边沟宽容处理

农村公路边沟设计应注重宽容性。宽容性边沟形式包括浅碟形边沟(图 14-24)、矩形边沟(局部危险路段加盖板)等。

图 14-24　浅碟形边沟

排水设施断面类型的选择应根据地形地貌、路基填挖高度及汇水面积、各种排水设施的泄流能力,以及对行车安全与环境景观的影响程度等方面综合考虑。在选择边沟形式和设置边沟时应注意以下几点:

(1)矩形盖板边沟和浅碟形边沟是常用的两种形式。带泄水孔盖板的矩形边沟具有路基视觉增宽、防止车轮卡陷和边坡碎落堵塞等功能。在公路用地受限制较小的地段,应考虑设置浅碟形边沟。

(2)在满足排水条件下,可将边沟设计为浅碟形边沟,使驶出路外的车辆能够驶回公路或不侧翻;当浅碟形边沟不能满足排水要求时,可设计为矩形深边沟,同时加上盖板,避免车辆驶入路侧边沟发生事故。

(3)浅挖方路段宜选用浅碟形边沟,深挖方路段宜选用矩形加盖板边沟,环境景观较好的路段宜采用暗埋式。

(4)对加盖板的矩形边沟,应对盖板进行结构强度验算,确保在车辆的冲击荷载作用下不会破坏。

(5)对浅碟形边沟可以植草绿化,既保护了边沟,又绿化了环境。

(6)应注意边沟的养护,及时清理淤积,使其排水顺畅。

四、边坡宽容处理

1. 路堤边坡

坡度小于等于 1∶4 的边坡为可返回边坡,此类边坡相对安全,车辆驶入该边坡可停车和返回行车道。为确保安全,边坡上不应存在固定障碍物,坡顶(路缘石)应进行圆滑处理。

坡度介于 1∶3～1∶4 的边坡为不可返回边坡,大多数车辆驶入此类边坡后都无法停车或返回行车道。边坡上不应存在固定障碍物,通常不需要设置安全护栏,路基高度过高时可设置警示桩或视线诱导设施。

坡度大于 1∶3 的边坡为危险路堤边坡，车辆冲入此类边坡时，驾驶员无法控制车辆，车辆发生事故的可能性大。若边坡距车道的距离小于安全路侧净区宽度，可对边坡进行放缓改建；当边坡无法进行改建时，一般应考虑设置护栏。

2. 路堑边坡

当道路处于挖方路段时，路堑边坡对驶出路外车辆的安全性保障由障碍物存在状况及其平整程度决定。

(1)如果路堤边坡坡度小于等于 1∶3，并且边坡上不存在障碍物，那么路堑边坡本身不会造成太大危险。

(2)在山区低等级农村公路上，由于侧向空间小，车辆容易与路线傍山一侧凸出的岩壁发生刮蹭或撞击。因此，应给合道路、交通和事故状况，对路侧凸出岩壁加以整治。

五、绿化宽容处理

1. 公路绿化处置措施

(1)边坡处置措施

路堑边坡可选用垂直绿化、凿岩绿化、客土喷播和植生袋生态防护等措施。路堤边坡施工弃渣坡面可采用倾倒植被土的方法，恢复自然植被生长条件。通过边坡处置，达到稳定边坡、保护坡面、恢复植被的目的。

(2)土路肩与土边沟处置措施

公路土路肩及土边沟绿化体量较大，人工植被绿化投资大，后期养护费用高，最好的方法是逐步恢复原生态自然植物。土路肩和土边沟内的施工废物必须彻底清除，回填砂砾土并简单夯实。

(3)公路沿线人工构造物处置措施

公路挡土墙、护坡等防护设施较多，人工痕迹明显，对公路整体环境有一定影响，可采用地锦垂直绿化或进行“人文、艺术”等装饰性处置措施。

(4)公路路外环境改造与处置

应借助当地政府力量，拆除或清理沿线违章建筑和非公路标志，整治穿村路段脏、乱、差的环境，治理公路沿线采石、小煤矿等，从而改善路外环境。

2. 农村公路路侧绿化防护措施

不合理的路侧绿化也是我国路侧安全的主要危险物之一。植树、植草更多地是考虑绿化的要求，往往忽视路侧安全的问题。最突出的表现是植被距离行车道太近，使得基于路侧净区的宽容设计即便是在有条件的平原区也难以付诸实施。

实践证明直径超过 10cm 的树木对道路行车会构成威胁。树木离路边越近，车辆就越容易碰到它们。从保护环境的角度考虑，对于紧邻行车道的树木应首先采取移植方式处置，如不能够移植别处或更远的地方，又确实对行车安全产生十分不利的影响时，应予以砍伐。对于路侧临空而危险性不大的路段，路侧树木可起到一定的防护作用，但应注意树木的修剪，以免遮挡驾驶员的视野。

第三节　农村公路路面结构安全性应用技术

道路是交通运输的载体，车辆在道路上行驶必然受到道路条件的制约，但世界上多数国家的公众舆论与交通管理机构在调查道路交通事故时都简单地认为，发生事故的基本原因是由于驾驶员的粗心或错误以及汽车的故障，也就是说把事故的主要责任归咎于人与车。而交通事故的发生在很大程度上是取决于路面的使用性能，路面结构强度不足使得车辆在道路上行驶时存在很多安全隐患。因此，合理选择路面结构能够有效延缓路面病害的发生，提高路面安全性能，减少交通事故，促进农村公路安全保障工程的有效实施。

参照《公路沥青路面设计规范》(JTG D50—2006)和《公路水泥混凝土路面设计规范》(JTG D40—2002)，结合农村公路不同等级、交通量及累计轴载次数，并考虑道路所在地区气候特点、当地建筑材料及成功筑路经验，对不同行政等级、技术等级、交通量、货车比例及累计标准轴次下的农村公路沥青路面、水泥混凝土路面结构进行了设计。

农村公路与专用公路适用的沥青路面、水泥混凝土路面结构及交通量适应情况见表14-11～表14-14。

农村公路沥青路面结构　　表 14-11

行政等级	技术等级	交通量	大客车及中型以上货车比例	累计标准轴次(次/车道)	路面结构
县道	二级	10 000～15 000	15%以下	700 万	细粒式沥青混凝土 40mm 中粒式沥青混凝土 50mm 水泥稳定碎石 200mm 水泥稳定碎石 200mm 新建路基
		5 000～10 000	6%～15%	380 万	细粒式沥青混凝土 40mm 水泥稳定碎石 200mm 水泥稳定碎石 200mm 新建路基
			6%以下	200 万	细粒式沥青混凝土 40mm 水泥稳定碎石 180mm 水泥稳定碎石 180mm 新建路基
	三级	2 000～6 000	15%以下	130 万	细粒式沥青混凝土 40mm 水泥稳定碎石 160mm 水泥稳定碎石 160mm 新建路基

续上表

行政等级	技术等级	交通量	大客车及中型以上货车比例	累计标准轴次（次/车道）	路面结构
乡道	二级	5 000～15 000	15%以下	200 万	细粒式沥青混凝土 40mm 水泥稳定碎石 180mm 水泥稳定碎石 180mm 新建路基
	三级	2 000～6 000	15%以下	130 万	细粒式沥青混凝土 40mm 水泥稳定碎石 160mm 水泥稳定碎石 160mm 新建路基
	四级	2 000 以下（双车道）	15%以下	60 万	细粒式沥青混凝土 40mm 水泥稳定碎石 160mm 石灰粉煤灰土 160mm 新建路基
村道	三级	2 000～6 000	6%～15%	100 万	细粒式沥青混凝土 40mm 水泥稳定碎石 180mm 石灰粉煤灰土 180mm 新建路基
			6%以下	60 万	细粒式沥青混凝土 40mm 水泥稳定碎石 200mm 新建路基(片石处理上路床)
	四级	2 000 以下（双车道）	15%以下	40 万	细粒式沥青混凝土 40mm 水泥稳定碎石 180mm 新建路基(片石处理上路床)
		400 以下（单车道）	15%以下	9 万	细粒式沥青混凝土 40mm 水泥稳定碎石 180mm 新建路基

农村公路专用公路沥青路面结构　　表 14-12

行政等级	技术等级	交通量	大客车及中型以上货车比例	累计标准轴次（次/车道）	路面结构
专用公路	二级	5 000 以上	15%以上	1 000 万	中粒式沥青混凝土 50mm 粗粒式沥青混凝土 70mm 水泥稳定碎石 200mm 水泥稳定碎石 200mm 新建路基
	三级	2 000～6 000	15%以上	700 万	中粒式沥青混凝土 40mm 粗粒式沥青混凝土 50mm 水泥稳定碎石 200mm 水泥稳定碎石 200mm 新建路基

注：专用公路为连接农村、乡镇与厂矿、林业等企业厂区及交通轴载较大的物流通道，为满足这些企业生产运输和生产流程的需要以及农村的基础建设而修建的农村公路。

农村公路水泥混凝土路面推荐结构　　表 14-13

行政等级	技术等级	交通量	大客车及中型以上货车比例	累计标准轴次（次/车道）	路面结构
县道	二级	10 000～15 000	15%以下	2 100 万	水泥（C30 以上）混凝土 250mm 水泥稳定碎石 200mm 新建路基
		5 000～10 000	6%～15%	1 400 万	水泥（C30 以上）混凝土 250mm 水泥稳定碎石 200mm 新建路基
			6%以下	960 万	水泥（C30 以上）混凝土 240mm 水泥稳定碎石 200mm 新建路基
	三级	2 000～6 000	15%以下	840 万	水泥（C30 以上）混凝土 220mm 水泥稳定碎石 200mm 新建路基

续上表

行政等级	技术等级	交通量	大客车及中型以上货车比例	累计标准轴次（次/车道）	路面结构
乡道	二级	5 000～15 000	15%以下	960 万	水泥(C30 以上)混凝土 240mm 水泥稳定碎石 200mm 新建路基
	三级	2 000～6 000	15%以下	840 万	水泥(C30 以上)混凝土 230mm 水泥稳定碎石 200mm 新建路基
	四级	2 000 以下（双车道）	15%以下	280 万	水泥(C30 以上)混凝土 220mm 水泥稳定碎石 200mm 新建路基
村道	三级	2 000～6 000	6%～15%	840 万	水泥(C30 以上)混凝土 220mm 水泥稳定碎石 200mm 新建路基
			6%以下	350 万	水泥(C30 以上)混凝土 210mm 水泥稳定碎石 200mm 新建路基
	四级	2 000 以下（双车道）	15%以下	280 万	水泥(C30 以上)混凝土 210mm 水泥稳定碎石 200mm 新建路基
		400 以下（单车道）	15%以下	14 万	水泥(C30 以上)混凝土 200mm 水泥稳定碎石 200mm 新建路基

农村公路专用公路水泥混凝土路面结构 表 14-14

行政等级	技术等级	交通量	大客车及中型以上货车比例	累计标准轴次（次/车道）	路面结构
专用公路	二级	5 000 以上	15%以上	3 400 万	水泥(C30 以上)混凝土 270mm 水泥稳定碎石 200mm 新建路基
	三级	2 000～6 000	15%以上	2 900 万	水泥(C30 以上)混凝土 260mm 水泥稳定碎石 200mm 新建路基

注：专用公路为连接农村、乡镇与厂矿、林业等企业厂区及交通轴载较大的物流通道，为满足这些企业生产运输和生产流程的需要以及农村的基础建设而修建的农村公路。

第十五章　农村公路常态条件下安全保障引导防护技术

针对农村公路安全保障工程中存在的不注重对交通事故主动防护的问题，农村公路常态条件下安全保障引导防护技术从道路安全管理和交通工程设计两个角度出发，加强对交通参与者和车辆进行适时引导、主动防护，消除事故隐患，预防交通事故发生，全面提升农村公路交通安全状况。从绝对指标、相对指标两方面对农村公路危险路段进行定义，集成提出两套基于有事故和无事故资料条件下的农村公路危险路段识别方法，总结提出典型危险路段防护措施，人、车、路管理及路面养护维修等具体安全保障技术措施，实现了人车路系统的综合防护，多因素多角度全方位研究农村公路安全保障工程等功能。

第一节　农村公路危险路段识别技术

一、危险路段基本理论

1. 危险路段定义

传统方法定义的危险路段对于我国农村公路来讲都不太适合，因此有待研究适宜农村公路既明确又普遍适用的定义。

考虑到事故发生原因与道路本身、交通设施、交通流量、交通环境等因素的关系，以及实际运用的可操作性，结合农村公路的特点，提出了适宜农村公路的绝对指标和相对指标两种定义。

绝对指标定义：2km 范围内或道路路桥、涵洞的全程，三年内发生 3 起并造成人员死亡事故的路段，或 500m 范围内三年中发生过 3 起以上造成人员伤亡事故的路段，以及由于道路条件、交通流量而影响行车安全的路段。

相对指标定义：三年内道路一定范围内发生交通事故的次数或特征明显高于其他位置的路段，或由于道路条件、交通流状况而影响行车安全的路段。

绝对指标定义增加了操作的实用性，相对指标定义则可以进一步识别潜在危险路段，同时便于危险路段识别方法的确定。两种指标定义综合考虑了道路、交通流状况，互相补充，可以更全面、更具体地指出危险路段的特征。

2. 危险路段的鉴别目的和意义

对危险路段鉴别标准与方法的研究，其根本目的在于完善安全保障设施，减少交通事故，确保道路畅通。具体表现在以下几个方面：

(1)提出危险路段的鉴别标准与方法，启发相关部门开展对危险路段的深层次研究，强化对重点路段的交通秩序管理，健全农村公路交通安全设施，完善农村公路安全保障体系。确定危险路段，制订科学的整治方案，实施安全保障工程，改善道路通行条件，减少引发交通事故的因素，以达到道路工程设计的理论标准。

(2)通过危险路段的确定，告知广大交通参与者，尤其是机动车驾驶员，更加自觉地遵守交通法规，规范自己的交通行为，最大限度地减少交通事故。

(3)鉴别危险路段，并对其采取有针对性的改善措施，能以最小的投入，最大限度地降低全路的事故率，从而取得较大的社会效益和经济效益。

(4)通过危险路段的研究可以获得事故与道路交通条件之间的联系，找出道路交通设计中的缺陷，而从各单项指标看，这些缺陷往往并不违反现有设计规范的规定。其研究结果可为道路安全评价提供技术支持，通过道路安全评价，将一些安全隐患消灭在规划、设计阶段。

3. 危险路段定性判别方法

定性判别方法主要考虑构成危险路段的因素，以及影响行车安全的因素。定性判别方法可以指导工作人员初步判别危险路段，减少工作量。

(1)构成危险路段的因素

一般情况下，构成危险路段的原因包括以下内容：①车道、路肩宽度不够；②坡度突变；③公路平面线形连接不当；④平、纵断面视距不足；⑤直线路段过长；⑥超高不足或反超高；⑦平纵线形组合不协调；⑧路面附着系数不足或积水；⑨路旁建筑物或居民点过密；⑩交通标志、管理设施不足或设置不当。

(2)危险路段判别标准

确定公路本身存在的影响行车安全的因素，如急弯、陡坡、连续下坡、视距不良、路侧险要、长直线接小半径曲线等包含两种以上的组合，极易发生交通事故的路段(连续下坡加急弯路段等，直线加小半径曲线，连续急弯加视距不良路段)；非公路本身而是行人、自行车或环境等对行车造成安全隐患的路段，也可以作为危险路段实施安全保障工程，以减少其他因素对公路行车安全的影响。

(3)农村公路危险路段识别方法的确定

由于农村公路目前处于全面建设阶段，部分基础资料还未完善，特别是事故统计数据，因此需要根据现有事故统计资料有无情况分别确定危险路段的识别方法。基于农村公路的特点，提出了针对农村公路不同条件下的危险路段识别方法，见表 15-1。

农村公路危险路段识别方法确定　　表 15-1

类　别	识别方法	适用条件
无事故统计资料的方法	模糊评价法	农村公路无事故统计资料(需要资料较全面)
	加权分析法	农村公路无事故资料(适用于山区农村公路)
基于事故统计资料的方法	质量控制法-鉴别指数法	农村公路有事故统计资料(针对路网级道路)
	双变量区间过滤法	农村公路有事故统计资料(针对单条道路)

二、无事故资料条件下危险路段识别方法确定

对于无事故统计资料的农村公路，需通过对道路本身的安全状况进行评价，以有助于基层技术人员进行危险路段的识别，逐步提升农村公路交通安全的水平。

加权分析法对山区农村公路从路堤高度、弯道半径、支路口、纵坡坡度四个方面进行安全评价。该方法综合考虑各种能够引起交通事故的主要因素，计算方法相对简单，可操作性强。

模糊评价法把与事故发生紧密关系的高频指标作为模型评价的指标，这些一级指标为道路线性、路基、路面、桥涵、隧道、道路交叉口、道路类型、道路交通工程。该方法是将层次分析法、专家评分法及模糊综合评判法相结合，在复杂的系统中较准确地反映出道路安全系统的状况。加权分析法适用于对山区农村公路危险路段的识别；模糊层次法考虑了所有影响道路交通安全的因素，对任何农村公路都适用。这两种方法既可用于对正在运营的农村公路进行评价，也可以用于对规划、设计阶段的农村公路进行评价。

三、基于事故的危险路段识别方法确定

农村公路县、乡、村道路交通流量差别较大，事故伤亡程度低。质量控制法考虑了交通量的因素，有利于将不同等级和不同交通状况对事故的影响因素考虑进去，适用于对路网级的事故多发道路进行宏观路段分析。鉴别指数法同时考虑了交通量、路段长度的因素，可以用来对事故多发路段进行微观评价。两种方法综合运用，适合农村公路县、乡、村道路路网条件下等级差别大、交通流量差别大的路段。

采用过滤法进行事故多发段的判别，基本目的是对路段上的事故按里程进行统计，通过滤出路段的事故密度来进行多发段的判别。过滤法原理简单，应用方便，对滤出路段内事故统计值做事故分布曲线，可以比较直观地分析事故多发段沿公路里程的分布情况；对于事故多发段的治理，可根据资金情况，按滤出路段事故指标从大到小依次处理，相邻有交叉的路段可以整合考虑。

质量控制法-鉴别指数法是从全路网条件下进行事故多发点段的识别，双变量区间过滤法则是针对单条道路进行考虑。在实际操作时，这两种方法可以根据需要进行选择。

第二节　典型危险路段防护技术

结合农村公路危险路段各自的地形、地质、线形、交通流及环境特征，提出农村公路中急弯路段、长陡坡路段、视距不良路段、桥梁路段、平面交叉口、穿越村庄集镇路段、长直线及长直线接小半径曲线路段等，容易发生交通事故的典型危险路段安全保障工程防护技术。

一、急弯路段防护技术

常见的急弯路段类型有：单个急弯、连续急弯，桥头接小半径曲线等。进行方案设计时，可采取以下措施之一或综合采用以下措施：

（1）设置向左（右）弯路连续急弯标志、禁止超车标志、限速标志，桥梁前设置桥梁预告标志、慢行标志，根据具体情况重复设置连续弯道标志、解除禁止超车标志、解除限速标志；若遇连续急弯路段，还需使用辅助标志说明限速路段长度。

（2）若仅设置限速标志不能满足减速要求，可考虑在进入弯道前设置减速路面、减速坎等减速设施。

(3)急弯路段易视距不良,因此当路面比较窄时,可考虑在弯道起点设置鸣笛标志;同时根据事故资料和弯道处实际车速,考虑对小半径弯道外侧路面进行加宽或增加超高处理。

(4)设置中心实线,或禁止跨越对向车行道分界线,将双向车流分开。

(5)车速较快的桥头路段或急弯路段,可提前设置减速丘或减速标线等减速措施,也可设置减速带或减速路面等强制减速设施。

(6)路侧设置视线诱导标或轮廓标等诱导设施。

(7)根据路侧危险程度在弯道外侧设置护栏,或因地制宜地设置其他防护设施;若桥头有曲线路段,则需注意桥头路基上的护栏与桥梁护栏之间的安全过渡。

(8)若桥梁架在陡坡底部,则应在桥梁栏杆上悬挂废旧轮胎等缓冲设施。

(9)路侧合理设置边沟和边坡,边沟尽量设计成宽浅边沟,并尽量提供路侧容错空间。

(10)条件允许时,在路侧设置硬路肩或土路肩,清理弯道外侧障碍物,增加路侧净区。

二、陡坡路段防护技术

常见的陡坡路段有一般陡坡和连续下坡。进行方案设计时,可采取以下措施之一或综合采用以下措施:

(1)设置下陡坡警告标志、连续下坡告示标志、限速标志、爬坡标志等。

(2)双车道公路设置中心实线、禁止超车标线。

(3)设置振动标线、减速带、减速丘等减速设施,路侧设置视线诱导标或轮廓标等视线诱导设施。

(4)根据路侧危险程度和历史事故资料设置相应的防护设施。

(5)根据地形条件及路侧危险程度建议考虑设置避险车道,并在坡道起点处设置避险车道的预告标志。

(6)根据实际条件,在路侧设置合理的边沟和边坡,及时排除路面积水,同时增加路侧安全空间。

(7)在路侧设置路肩和路肩振动带,提醒驾驶员按照正常车道行驶,并尽量提供路侧容错空间。

三、急弯陡坡路段防护技术

在方案处理时,除选择单个急弯采取的综合措施外,还可采取以下措施之一或综合采用以下措施。

(1)在急弯前的直线路段设置限速标志和警告标志,提醒驾驶员注意,做好减速准备。

(2)设置振动标线或减速带等减速设施,逐步控制车速,使车辆能以安全的速度通过小半径曲线。

(3)如果路侧危险度较高,可考虑设置护栏等防护设施与减速路面等强制减速措施。

四、视距不足路段防护技术

(1)提前设立预告标志、限速标志、禁止超车标志、鸣喇叭标志或反光镜,在不满足视距的路段施画行车道中心线。

(2)根据需要在弯道外侧设置线形诱导标或轮廓标。

(3)根据路侧危险程度或历史事故资料,因地制宜地设置防护设施。

(4)合理的设置边沟,以免车辆驶出路外后发生侧翻事故。

(5)设置路肩,增宽左侧路缘带,同时通过改画标线将行车道往右侧移动,增加左侧横向净距,以达到左右视距要求,为车辆提供路侧容错空间。

五、桥涵路段防护技术

(1)桥梁两端应设置适当的警告标志及防护设施。

(2)桥面两侧须设置警告标志、桥名标志、限载标志、桥面变窄标志、防撞护栏等。

(3)在进入桥涵前一段距离处设置减速标志或标线,并根据车速情况设置减速带、减速坎等减速设施,强制驾驶员采取减速措施;进入桥涵路段,对路面进行拉毛处理或设置薄层铺装,以便对车辆进行强制减速。

(4)根据桥梁与路基搭配状况,可根据需要在桥头设置轮廓标或不同等级的防撞设施。

(5)桥梁两端应设置完善的排水设施和足够的护坡,桥梁台背处须设置牢固的搭板。

(6)为保证行车视距,需拆除或调整桥头一定范围内的障碍物。

六、路侧险要路段防护技术

(1)设置警告标志、限速标志。

(2)根据路侧危险程度,合理设置振动标线、减速标线,视错觉标线等标线,或是设置减速丘、减速路面等强制减速设施,提醒或强制驾驶员减速。

(3)在路侧合理设置轮廓标与线形诱导标等视线诱导设施。

(4)在路侧因地制宜地设置防护设施,减轻车辆冲出路外发生事故的严重程度。

(5)在满足排水条件下,尽量将边沟设计成浅碟形边沟。

(6)根据路侧状况,尽量放缓路侧边坡,清除路侧危险物,提供充足的路侧净区。

(7)进行路肩加宽与硬化,设置路肩振动带,防止车辆冲出路外发生事故。

七、平面交叉口防护技术

1.农村公路与国省道交叉

(1)支线在主线具有集散功能时,应设置减速让行标志及标线。

(2)支线在主线具有干线功能时,应设置停车让行标志及标线。

(3)支线纵坡大于3%时,建议支线上设置减速带、减速路面等强制减速设施。

(4)及时清除路侧障碍物,保证交叉口视距。

(5)合理设置边沟,及时清理路面积水。

2.两条及两条以上农村县道公路与国省干线公路平面交叉

(1)建议将这样的平面交叉修建或改建成环形交叉。

(2)按照环形交叉的要求设置合理的标志、标线。

(3)按照环形交叉的要求设置合理的其他交通安全设施。

(4)及时清除路侧障碍物,保证车辆行驶安全。

(5)合理设置边沟,及时清理路面积水。

3. 一条农村乡道公路与国省干线公路平面交叉

(1)根据道路交通流状况,合理设置停车让行标志或标线。

(2)在山岭重丘区设置减速丘、减速路面等强制减速设施。

(3)及时清除路侧障碍物,保证车辆行驶安全。

(4)合理设置边沟,及时清理路面积水,为行车提供安全空间。

4. 农村村道公路与国省干线公路平面交叉

(1)根据交通量大小,合理设置减速带、减速坎等强制减速设施。

(2)在平原区域村道过密时,适当合并村道与国省干线公路平面交叉个数。

(3)及时清除路侧障碍物,保证车辆行驶安全。

(4)合理设置边沟,及时清理路面积水,为行车提供安全空间。

(5)支线为无铺装路面时,支线与主线衔接处尽量进行硬化处理。

5. 农村县道公路与农村县道公路平面交叉

(1)当处于城镇或城镇结合部时,考虑按要求设置指路标志、标线,并根据视距情况、交通事故资料设置红绿灯。

(2)当处于平原远离城镇时,应根据设计速度修整平交处,保证视距要求。

(3)当处于山岭重丘区时,须设置指路标志,在纵坡大于3%的道路上设置减速带、减速坎等强制减速设施,并根据路侧情况考虑设置其他交通安全设施。

(4)及时清除路侧障碍物,保证车辆行驶安全。

(5)合理设置边沟,及时清理路面积水。

6. 农村县道公路与农村乡道、村道公路平面交叉

(1)县道上设置指路标志、减速标线。

(2)乡道、村道公路上设强制减速设施,如减速带、减速路面、减速坎等。

(3)当农村县道公路与通村公路交叉时,通村公路上设置道路名称标志。

(4)及时清除路侧障碍物,保证车辆行驶安全。

(5)合理设置边沟,及时清理路面积水。

(6)乡道、村道为无铺装路面时,与县道衔接处尽量进行硬化处理。

(7)合理设计交叉口车辆转弯半径,保证车辆转弯时的安全。

7. 农村乡道公路与乡道、村道公路平面交叉

(1)乡道上设置交叉警告标志,村道上设置道路名称标志。

(2)视距不良、纵坡较大的一侧设置减速带、减速坎等强制减速设施。

(3)及时清除路侧障碍物,保证车辆行驶安全。

(4)合理设置边沟,及时清理路面积水,为行车提供安全空间。

(5)乡道、村道为无铺装路面时,与有铺装路面衔接处尽量进行硬化处理,保证不影响主线行车安全。

(6)合理设计交叉口车辆转弯半径,保证车辆转弯时的安全。

8. 农村公路与铁路平面交叉

(1)在道口设置停车让行标志。

(2)在距道口一定距离处设置交叉口警告标志、减速设施。

(3)农村公路与铁路交叉的视距应保证汽车瞭望视距。

八、穿越村庄集镇等路段防护技术

1. 穿越村镇的学校路段

(1)在学校前一段距离处设置注意儿童标志、限速标志和禁鸣喇叭标志。

(2)在学校学生集中穿越公路的地方应设置人行横道线及人行道预告标志，学校门口前设置减速带、减速坎等强制减速措施。

2. 穿越集镇和村庄路段

(1)大于200m的穿越集镇和村庄路段，设置限速标志、村庄警告标志或注意行人等警告标志；在村庄中的横向小巷处，设置减速标线、减速带等设施。

(2)对于100～200m长的村庄路段，设置村庄标志，若有学校，设置注意儿童标志；对于100m以下的村庄路段，直线段设置鸣笛标志；曲线段则要设置村庄标志、鸣笛标志。

(3)在过集镇村庄的视距不良路段，设置禁止停车标志、鸣喇叭标志或反光镜；在弯道视距不足处画中心实线、设置村庄警告标志，有条件时可因地制宜设置防护设施。

(4)在村镇密集路段，应设置花坛或隔离栅等隔离设施。

(5)行人横穿较多的路段，可考虑设置人行横道线，同时设置黄闪灯以提醒驾驶员注意。

(6)及时清除路面、路侧障碍物，保证路面行车安全。

(7)合理设计路肩、边沟，及时清理路面积水，保证路肩不高于路面，为行车提供安全空间。

九、长直线及长直线接小半径曲线路段防护技术

(1)在直线区间两旁设置警告标志或公益性标志。

(2)在长直线起始段和终点段设置警示标志、预告标志，预先告知长平直线的长度及结束时的长度。

(3)在长平直线路段上每隔一定距离设置一个距离确认标志或振动减速带。

(4)设置中心实线或隔离设施，强行分离对向行驶车辆，保证车辆各行其道。

(5)长直线中间夹有小半径曲线或路线有小偏角时：

①着重进行平、纵线形配合的改善。

②无法重新改造时，应设置相应的标志、标线，如有条件还可设置避险车道。

(6)增加路肩宽度，或设置路肩振动带，合理设计边沟，增加路侧净空。

第三节　人、车、路管理技术

人、车、路是公路交通的基本构成要素，因此交通安全状况的改善应同时着眼于这三个方面，才能从根本上解决各种交通安全问题，达到人、车、路的和谐相处。由于农村公路的交通特点以及其他方面原因，农村公路在人、车、路管理方面存在多种问题，从而使农村公路交通安全存在各种隐患，因此有针对性地提出人、车、路三方面管理措施对改善农村公路交通安全状况是十分必要的。

一、交通参与者安全管理

针对农村公路交通快慢不分、混合交通严重，农村地区人们交通安全意识淡薄，驾驶员驾驶水平不一，驾驶习惯差等问题，以交通参与者为对象从加强宣传教育、交通参与者分类管理、强化行为监管三个方面展开，提出具体的管理措施。

1.加强公路安全教育

积极响应国家加强公路文化建设的号召，采用设置标语、路边宣传栏，应用广播、电视、互联网、手机短信等多样化宣传教育方式和办法，提高农村地区交通安全教育覆盖面，并将农村公路交通中驾驶员和学生这两个特殊群体作为安全教育的重点，全面提高农村地区人们的交通安全意识。

2.农村公路交通行为规范

将农村公路交通参与者划分为驾驶员、运营人员及乘客、道路施工及养护人员、道路沿线居民四种，根据不同的交通参与方式和参与程度，提出具体的规范和管理措施。

(1)驾驶员

做好车辆日常保养和检查工作；不断提高交通安全意识及驾驶技能，凡是饮酒、服用国家管制精神药品或麻醉药品、过度疲劳、情绪不稳定等情况禁止驾车；仔细进行车辆技术状况检查；严格按照驾驶证、从业资格证驾驶相应车辆。

在车辆行驶过程中不开情绪车、冒险车、急躁车，不超速超载、不疲劳驾驶、不接打电话、不抽烟、不吃东西、不与他人闲谈；通过危险路段时严格遵守“一慢、二看、三通过”的原则；路况不明路段做到“减速、鸣号、靠右行”、“宁停勿绕”、“宁停三分不抢一秒”；遵守道路法规，遇到施工作业时，服从指挥；发生交通事故要及时通知相关部门并积极救治伤者。

(2)运营人员及乘客

客运经营者：严禁使用报废、擅自改装、拼装、检测不合格的客车以及不符合国家规定的车辆从事农村客运经营；定期对车辆进行维护和检测，确保车辆、设备安全有效；遵守有关经营服务管理和安全生产管理的法律、法规和政策。

客运乘客：拒绝搭载不合格车辆及非法运营车辆；不得携带危险品乘车。

(3)农村公路施工及养护人员

养护施工人员须具备一定的相关安全知识和安全技能；施工开始前协调相关部门做好交通分流和管制措施；施工过程中养护施工人员应穿着统一样式的安全制服；夜晚施工时应设置相应警示标志，穿着反光背心；养护施工应做到快速高效。

(4)道路沿线居民

禁止占用路面晾晒农业作物；禁止沿线违法设置广告牌；积极维护道路环境，禁止向路面抛洒废弃物；积极监督并举报破坏路面及其附属设施的行为。

3.强化农村公路交通监督与管理

(1)科学利用警力资源：提倡在农村公路交叉口安装太阳能信号灯、黄闪警示灯等安全设施；建议在三级以上农村公路设置监控系统，对违法行为进行监控；增添测速仪、测酒仪和警务通等科技装备，提高监管效率。

(2)推进农村公路安全管理进程:农村公路交通安全管理不能只依靠有限的警力,应当争取地方政府尤其是乡镇政府的大力支持,成立县(市)、乡(镇)、村三级领导管理机构。建立由政府领导、综合协调,交通各级部门共同协作的交通安全综合管理机制。

(3)加大交通违法违规处理力度:建立更加细化的驾驶员违规记录档案,针对恶意违规行为加大处罚力度,包括吊销执照和更加严厉的经济处罚,加大交通事故机动车责任方赔偿额度。

二、车辆管理

农村公路交通的一个突出特点是车辆构成复杂,包括小汽车、摩托车、小货车、机动三轮车等多种机动车以及自行车、畜力车等非机动车,同时由于多方面原因还存在各种性能不达标车辆上路的现象。因各种车辆的动力性能和安全性能差异较大,所以给农村公路交通带来了较大的安全隐患。车辆管理主要从非运营各类灵活运行车型管理和运营车辆管理两个角度提出具体措施。

1. 灵活运行车型管理

(1)小汽车:加强农村地区驾驶行为安全教育,引导小汽车驾驶员礼让行人以及其他非机动车,严禁超速、醉酒驾驶等违法驾驶行为,并对交通事故责任人加大处罚力度。

(2)摩托车及电动车:严格考试制度和登记注册制度;考虑下调摩托车以及电动车的办证上户费用标准,提高农民上户办证挂牌的积极性;严格执行摩托车报废制度;多部门协调强化针对摩托车及电动车的路面管控,限制摩托车及电动车发展规模,定期开展专项整治工作。

(3)农用车:突出管理主体,深化管理体制改革,可以考虑进行相关的安全知识教育、驾驶员培训、发照上牌等系统化农用车管理方式;强化农用车源头管理,形成户籍化、系统化县乡村三级管理网络;加大农用车辆路面管控;以立法的形式,就农用车出厂、监测、发照、上牌、行驶、管理等一系列问题形成法规约束机制;加强法律法规宣传教育。

2. 运营车辆管理

建立车辆技术档案;定期进行车辆维护及车辆性能检测和等级评定;完善安全设施配备,禁止擅自改装车辆。

三、道路管理

随着国家对农村基础设施建设的重视,农村公路的建设规模逐步扩大,但其缺少规划、建养水平不高、重建轻养、资金缺乏等问题也相继出现。对此,提出如下具体措施。

1. 注重农村公路路网规划

(1)5 年为 1 周期布局路网规划

建议以 5 年为 1 周期布局路网规划,其中县道由县级相关部门负责,乡、村道由各乡镇人民政府落实。规划时应充分考虑当地经济、地形、人文等情况,因地制宜,项目设计应严格按照安全生产“三同时”的原则,即安全设施必须与项目主体同时设计、同时施工、同时投入生产和使用。

(2)强化公路用地管理

规划完成后,要及时进行道路红线内土地征用工作,特殊路段应进行充分的安全性设计。

2.提高农村公路建设和养护水平

积极采用先进工具和技术,运用最新道路建设方法,完善农村公路建设相关配套设施,提高公路建设整体水平;建立一支年龄和知识结构相对合理的养护队伍,提高养护队伍整体技术水平;加强对农村道路养护技术人员的专业技术培训,采取定期培训方式,不断提高农村道路养护人员的技术水平。

四、超限超载治理

导致农村公路存在超限超载问题的原因是多方面的。一方面农村运输市场的组织化程度不高,运输企业数目繁多,运输业主通过压价相互争夺客户,而超载超限恰恰是他们能够以较低的价格还能保证基本利益要求的主要手段;另一方面农村地区非运营车辆驾驶员缺少交通安全意识,不顾车辆自身荷载水平及道路条件,盲目追求货物装载量及大轴载车辆,导致道路损毁并埋下巨大安全隐患。治理超限超载问题,宏观上要依托政府机构和相关职能部门,在责任明确的前提下采取完善立法、教育宣传、队伍建设、市场监管等行政措施,微观上采取完善路面管理、加强超限超载检测、道路升级改造、源头治理等管理措施。

1.行政措施

(1)明确责任主体和共建职责

确立各县(市)人民政府是农村公路治超工作的责任主体,县市人民政府加强领导,协调交通、公安、监管、法制、宣传、监察等各相关部门抓好治超工作,县市交通局作为农村公路治超工作的责任单位,负责具体的管理工作。

(2)完善相应法律法规

建立和健全基于超限超载治理的道路运输法律法规体系,明确国家、地方、各级交通管理及行政管理部门、企业及个体在法律法规中所具有的职责和承担的义务,以及政策实施主体。

(3)开展法制宣传

地方各级政府及有关部门应大力宣传《中华人民共和国公路法》和《中华人民共和国道路交通安全法》相关法律法规,让广大人民群众尤其是农村地区驾驶员和车主学法、懂法、守法;向大家宣传、介绍超限超载运输的危害性;提高农村居民的交通安全意识和法制观念。

(4)加强执法队伍建设

对县道和部分道路等级大于三级的道路,抽调专用警力加大巡查力度,实行治超工作目标责任制,建立执法人员执法工作评价机制,并配合相应的激励与处罚手段,将治超工作量化为具体的指标,对执法人员的工作根据各个指标进行打分,评价执法人员的工作。

(5)领导建立完善的运输市场结构

对于从事长途干线运输或大批货源运输的大型运输公司,确定运输公司为所属车辆发生超限超载的首要责任主体。凡是在某运输公司名下的车辆,无论是在属地运输还是在外地,一旦发生超限超载,将追究该运输公司的责任。同时,无论是挂靠车辆还是公司内部自有车辆,驾驶员或乘客发生的人身财产损失都将由公司全权赔偿。

2.管理措施

1)路面管理

(1)限高限宽设施

①以堵为主:根据客观情况选择在农村公路入口或者接近住宅区的村口位置设置限高限宽设施,限制超限超载车辆驶入。

②疏导为辅:建议在国道及省道与农村公路交叉口设置提醒标志,并设置限宽限高路线平面布设图,指引驾驶员在允许通行路径行驶;限超设施应该设置禁令标志,明确限制宽度、高度等信息;在乡道及村道应该设置限超设施距离警示牌,提醒驾驶员安全驾驶。

③针对设置:针对四级、等外路及低于三级的桥梁,应设置必要的限超设施、警示标志;对于部分超载严重,限超设施经常损坏且必须设置的道路,考虑设置S形的路障。

④宽容通过:考虑消防、救护以及抢险等特殊车辆的进出问题,建议合理设计限高限宽设施尺寸,对于必须严格控制设置尺寸的路段,限高限宽设施可以考虑采用上锁可分解的形式。

⑤完善设施设置及明确管理责任主体:建议农村公路养护人员负责限超设施的维护工作,责任主体为养护管理部门。

(2)超限超载检测

针对重型车辆行驶区域,改变集中式布控为分散式布控,在超限超载严重的路段设置治超检查点,严密监控超限车辆,并采取固定和流动治理相结合的方式,其中县道及超限超载多发乡道建议设置固定超限超载称重站;而对于村道及其他的乡道建议利用流动稽查站使用便携称重设备进行检测,同时为了长期保持治超力度及建立治超长效机制,可以使用车辆自动称重等技术手段连续监测车辆超限超载行为,针对易发生超限超载车辆强制安装“货物自动测重仪”,对车辆实行不间断监控。

(3)加强处罚力度和检查力度

改变守株待兔的检查方式,实施高强度、高密度的机动式巡逻检查,并加大处罚力度。建议采取如下处罚措施:①在出现超限超载现象时,采取“一超三罚”的制度,即罚货主、罚运输企业、罚驾驶员,以使其做到相互制约;②第一次超限超载的驾驶员将被登记在案并处以经济处罚,第二次发现将扣留驾驶执照一个月并处以经济处罚,一年内超限超载三次的驾驶员将被吊销驾驶执照并处以更加严厉的经济处罚。

2)制定农村公路驶入标准

根据农村公路相应的道路等级和客观道路质量,制定相应的道路驶入标准,包括限高、限宽、限轴载,形成从单个检查点到单条道路再到整个农村公路路网的点、线、面超限超载治理结构。

3)部分农村道路升级改造

改扩建部分交通流量较大的道路,提高其设计等级,提高农村公路桥梁的荷载设计,满足农村市场大吨位运输的需求,提高道路整体承载能力。

4)源头治理

在货物装载单位实行货物装载登记、监管制度,并与货物装载单位建立合法装载、配载责任制。要求在货物装运场地配备称重设备,建立货物装载登记制度,并按月报送货物装载登记报表,包括车辆号牌、车辆轴数、车货总重、货物承运人、货运起讫地、装载日期等相关信息。发生超限超载时，责令其当场卸载，并将超限超载企业信息抄告各相关部门联合治理，同时与路面治超相结合，严厉打击为超限超载运输提供分合载场地的非法经营者以及处罚相关运输企业。

第四节　农村公路路面养护维修关键技术

自2003年“村村通”工程启动，全国加大了对农村公路的建设以及对路面改造工程的实施投入，农村公路的数量和质量都有了较大幅度地提高。虽然农村公路建设取得了很大的成绩，但随着车流量增大、重型车辆增多、车速增快以及超限超载现象的存在，加之农村公路管理机构人员少、养护管理运行机制不够健全、养护资金不足等问题的日益突出，以及地方公路建设管理部门重建轻养的现象依然存在，农村公路病害已露端倪，原有路面已无法适应新形势下的要求。

根据农村公路病害调查结果，通过分析和归纳，找出农村公路的主要病害及病害程度，并通过分析各区域地形条件、公路自然区划特征等，对主要病害产生的原因进行了系统分析和研究。针对农村公路典型病害，提出了相应的处治措施及农村公路养护的基本措施，同时还提出了适合于农村公路的路面冷再生技术，以期能对农村公路的设计、施工和养护提供指导。

一、路面病害处治对策

1. 病害防治原则

根据农村公路路面质量评价，结合公路等级、交通量、路面铺筑年限、公路养护资金情况，按照以下原则对农村公路路面病害进行防治。

(1)路基路面在满足强度的情况下，以日常养护和预防性养护为主，对路面破损部分及时进行维修；路基路面在不满足强度的情况下，根据路线等级及重要程度，按照轻重缓急的原则，通过养护大中修工程措施处理。

(2)先处治路面结构型病害，再解决平整度和路面抗滑等方面的问题。对路面功能和结构已不能适应现有交通量或轴载需要的路段，通过路面改造来提高道路的通行能力和服务质量。

(3)充分利用当地路面养护材料，加大路面材料的再生利用，科学防治路面病害，节约养护费用，降低养护成本。

(4)树立路面常年养护和全面养护的思想，积极实施路面预防性养护，做到路面病害随发生随处治；同时，有预见性地提出路面养护思路，防止路面破损的蔓延和扩大。

(5)加强对路面状况的监控，降雨后要及时排除路面积水，防止雨水沿路面裂缝等空隙下渗到路面内部。

2. 沥青路面病害处治对策

根据沥青路面损坏的形态、特征和因素，可将路面的损坏形式分为裂缝、变形和表面损坏(坑槽、松散等)三大类。具体表现形式包括：横向裂缝、纵向裂缝、网裂、龟裂、车辙、波浪、坑槽、松散、沉陷、翻浆、泛油、磨光、露骨等。从农村公路路面病害调查情况来看，沥青路面的主要病害有坑槽、裂缝和松散。应针对各种病害产生的原因、路面结构类型、维修季节的气候特点等情况，采取相应的维修措施。

1)沥青路面裂缝的处治

(1)在高温季节全部或大部分可愈合的轻微裂缝,可不加处理;在高温季节不能愈合的轻微裂缝,可采用以下两种方法进行处治。

①沿裂缝涂刷少量稠度较低的沥青。

②将有裂缝的路段清扫干净并均匀喷洒少量沥青,再均匀撒布一层干燥洁净的石屑或粗砂,并用轻型压路机进行矿料碾压。

(2)对于路面的纵向或横向裂缝,应根据裂缝的宽度按以下步骤予以处治。

①缝宽在 6mm 以内:清除缝中杂物及尘土;将稠度较低的热沥青灌入缝内,灌入深度约为缝深的 2/3;填入洁净的石屑或粗砂并压实;将溢出缝外的沥青及石屑、粗砂清除。

②缝宽在 6mm 以上:除去已松动的裂缝边缘,沿裂缝开槽后用压缩空气吹净;采用砂粒式或细粒式热拌沥青混合料填充并压实。

(3)因沥青性能较差、路面设计使用年限较长或油层老化等原因出现的大面积裂缝,此时如基层强度尚好,可采用乳化沥青稀浆封层或热沥青封层罩面等方法进行处治。

(4)由于土基、路面基层强度不足或路基翻浆等引起的裂缝类破损,首先要处理土基或基层,然后再修复路面。

2)沥青路面坑槽的处治

(1)按照"圆洞方补,斜洞正补"的原则,画出所需修补坑槽的轮廓线;沿所画轮廓线开凿至坑底稳定处,其深度不得小于原坑槽的最大深度。

(2)清除槽底、槽壁的松动部分及粉尘、杂物,并涂刷黏层沥青;填入沥青混合料并整平。

(3)用小型压实机具将填好的部分压(夯)实,新填补的部分应略高于原路面;若坑槽较深(7cm 以上),应将沥青混合料分两次或三次摊铺和压实。

(4)若因基层局部强度不足而使基层破坏形成的坑槽,应先处治基层,再修复面层。

3)沥青路面沉陷的处治

(1)因路基不均匀沉降而引起的局部路面沉陷,若土基和基层已经密实稳定,不再继续下沉,可只修补面层。根据路面的破损状况分别采取下列处治措施:路面略有下沉,无破损或仅有少量轻微裂缝,可先在沉陷处喷洒或涂刷黏层油,再用沥青混合料将沉陷部分填补,并压实平整。

(2)因路基沉陷导致路面破损严重,矿料已松动、脱落形成的坑槽,应按照上述修补坑槽的方法予以处治。

(3)因土基或路面基层结构受到破坏而引起的路面沉陷,应先处治好基层,再重做面层。

4)沥青路面松散的处治

(1)因沥青用量偏少或低气温施工造成的沥青面层松散,应采用以下方法处治:先将路面上已松动的矿料收集起来,待气温升至 15℃以上时,喷洒沥青,再均匀撒上石屑或粗砂,用轻型压路机压实。

(2)对于因油温过高,沥青老化失去黏结性而造成的松散,应将松散部分全部挖除后,重做面层。

(3)由于基层或土基软化变形而造成的路面松散,应先处治好基层,再重做面层。

3. 水泥混凝土路面病害处治对策

水泥混凝土路面较多地使用在乡村公路中,其养护要点如下:

(1)水泥混凝土路面养护的基本要求是做好预防性、经常性养护,通过经常性的巡查,及早发现病害,查明原因,采取适当维修措施,保持路面处于良好的技术状况。

(2)水泥混凝土路面必须经常清除泥土和污物,如有个别小石块应随时扫除,以免因车辆碾压而破坏路表。在与其他不同种类路面连接处或平交道口,更应勤加清扫。

(3)水泥混凝土路面的保养重点在接缝处,应经常填充或铲除多余的填缝料,保持接缝完好、表面平顺、行车平稳。

(4)当路面表面出现局部性龟裂、剥落、磨光等破损时,可在路面表面凿除破损到一定深度,而后在上面进行薄层表面处治。

4.砂石路面病害处治对策

(1)砂石路面的养护要点如下:

①路面发生高低不平,应铲去凸出部分,并用同样的粒料补平低凹部分,碾压密实,使与原路面保持一致。

②局部路面被全部磨损,应清除磨损部分,重铺路面。

③路面因行车碾压而减薄,应加铺路面料。

(2)路面上发生坑槽和车辙后,为避免积水和扩大损坏范围,应按破坏面积大小和深浅程度采用与原路面料相同的材料及时修补。

(3)路面出现松散时,应将松动的材料扫集堆起,然后整平路面表层,洒水润湿,重铺路面料。

(4)路面出现波浪时,利用雨后或晴天洒水,用镐将凸出部分刮去,凹陷处拉毛整平,刮出的粒料如黏性不足,可增加适当黏土或筛去过多细料增加适量粗料铺平,并及时碾压密实。

(5)路面翻浆时,可在路肩上每隔5m开挖横沟或加大加深边沟以利排水,同时挖出翻浆土重铺路面。如果是由于路基翻浆引起的路面翻浆,应先彻底处理路基翻浆,然后再重铺路面。

二、农村公路路面冷再生技术

沥青路面冷再生技术通过重复利用原路面基层与面层材料,可达到节约资源、保护生态环境、降低工程造价的目的。

(1)冷再生材料铺筑的结构层主要作为公路路面的基层或底基层,也可作为低等级公路的面层。通过利用高等级公路、干线公路废弃的路面材料作为农村公路的结构层,能够缓解农村公路投资少的问题,有效降低农村公路投资成本。

(2)由于冷再生技术很好地利用了原有公路的废弃材料,可有效节约因开发砂石料和废弃沥青混合料占用的大量土地资源,避免废弃沥青混合料对弃置场所及其周边环境的污染,有效保护了农村的生态环境。

(3)冷再生技术符合我国现阶段可持续发展战略,通过利用旧路材料进行道路维修。冷再生技术是在保护环境的前提下,又节约了工程费用,通过对原路面的就地利用,节省了大量的砂石料资源,降低了筑路成本;有效保护了农村的生态环境,为农民营造一个自然清新的生活环境,更好的服务“三农”。

第十六章　农村公路突发事件下安全保障应急响应技术

农村公路突发事件类型多样、情况复杂、危害严重，目前国内外还没有针对农村公路突发事件下应急响应技术的系统性研究。通过对农村公路突发事件的调查分析，从农村公路交通事故、临时作业、地质灾害和特殊天气（包括雾、雨、冰雪、风等）四个方面进行研究，深入探索适合于农村公路突发事件下的安全保障应急响应技术。根据交通事故的影响范围，率先确定了农村公路交通事故影响分区，提出了农村公路突发事件下具体的应急手段和措施，有效降低了突发事件给农村公路带来的巨大人员和财产损失。

第一节　农村公路交通事故安全保障应急响应技术

一、农村公路交通事故安全保障基础

1. 农村公路交通事故持续时间阶段划分

交通事故持续时间是从交通事故发生至交通事故排除后交通恢复到正常状态所持续的时间。一般分为四个阶段：事故发现阶段、事故响应阶段、事故排除阶段、事故恢复阶段，整个事故的演变过程如图 16-1 所示。

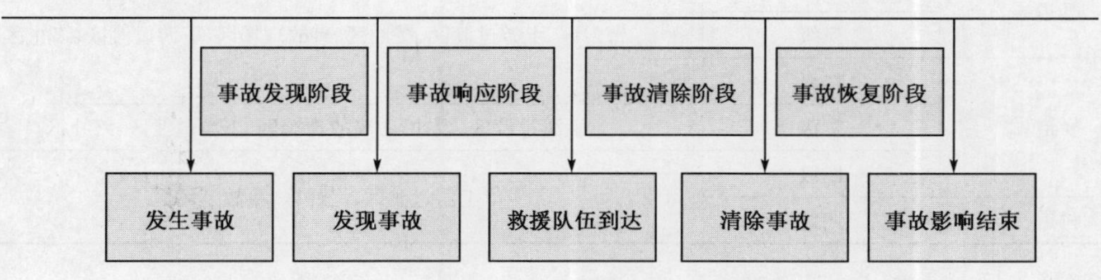

图 16-1　发生交通事故时农村公路交通状态演变过程

其中，前三个阶段表示事故的延迟时间，可以通过快速检测事故和事故清除来减小。第四个阶段表示事故被清除后拥堵消散的时间，是不可以控制的变量，因为它不仅依赖于交通事故本身的性质和特点，而且依赖于事故发生期间农村公路的交通状况。

因此，不同严重程度、不同类型的交通事故有不同的持续时间。分析事故持续时间影响因素，结合现阶段事故发生后管理部门的应急响应水平和实施应急救援的机动性、时效性及各种不同组织方案实施的条件，在制订紧急交通组织预案时，将事故持续时间划分为表 16-1 所示的 5 个区段。

交通事故持续时间区段划分 表 16-1

事故持续时间(h)	≤0.5	0.5～1	1～2	2～4	>4

2. 农村公路交通事故影响区划分

农村公路发生交通事故后，需要采取紧急措施对事故点上游和下游行驶的车辆进行临时组织，以防止发生二次交通事故，减少车辆由于事故而产生的延误时间，把事故现场外的损失降到最低。在采取紧急交通组织措施时，对事故点不同的区域应采取不同的策略和方法，以使组织方案能够发挥最大的效益。根据交通事故的影响范围，可将交通事故影响区划分为警告区、上游过渡区、缓冲区、事故现场区、下游过渡区和终止区六个区域(图 16-2)。

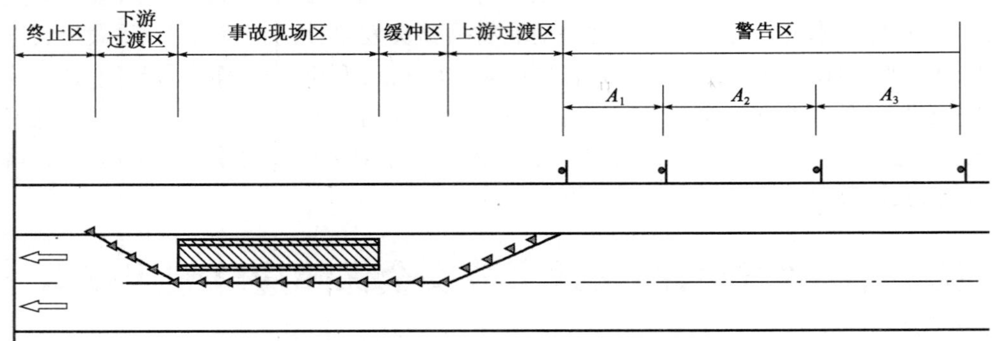

图 16-2 交通事故影响分区

农村公路相对于高等级公路，具有车速低、流量小、路面窄等特点，交通事故影响区确定应根据不同的道路等级进行适当地简化处理，详见表 16-2。

各等级农村公路事故影响区划分 表 16-2

公路等级		交通事故影响区划分
县道	二级	警告区、上游过渡区、缓冲区、事故现场区、下游过渡区、终止区
	三级	
乡道	二级	
	三级	上游过渡区、缓冲区、事故现场区、下游过渡区、终止区
	四级	上游过渡区、缓冲区、事故现场区
村道	四级	

(1)警告区

警告区为从作业保护区起点设置的交通事故标志到上游过渡区之间的路段，用以警告驾驶员已经进入事故发生路段，按交通管制措施调整行车状态。

根据计算，可以得到表 16-3 所示的警告区最小长度 S。

警告区最小长度 S 表 16-3

行政等级	技术等级	设计速度(km/h)	警告区最小长度(m)
县道	二级公路	80,60	1 000～800
	三级公路	40,30	600～400
乡道	二级公路	80,60	1 000～800

(2)过渡区

过渡区包括两种,即上游过渡区和下游过渡区。

(3)上游过渡区

上游过渡区长度设置是否合理,可以通过计算得出,也可以直接在现场观察出来。若车辆在通过过渡区时经常有紧急制动或在过渡区附近拥挤较为严重,则有可能是前方的交通标志设置不当或上游过渡区长度过短。

(4)下游过渡区

下游过渡区是为了将车流再引入正常车道的一个过渡路段。若下游过渡区设置得当,将有利于交通流运行轨迹平滑。下游过渡区的长度一般只须保证车辆有足够的路程来调整行车状态即可,所以可按 30m 取值。

在利用对向车道来转移本向车流的情况中,本向车道的下游过渡区实际上就是对向车道的上游过渡区,因此设置要求与上游过渡区相同。

(5)缓冲区

缓冲区是过渡区到工作区之间的一段空间,主要是提供一个缓冲路段,给失误车辆有调整行车状态的余地,避免发生严重的二次交通事故。因此,在缓冲区内一般不准堆放东西,救援、指挥车辆应停放于缓冲区靠近事故现场区一侧。为了更有效地保护事故现场救援人员,在过渡区与缓冲区之间,可以设置防冲撞装置,以加强防护作用。缓冲区的最小长度宜取20～50m。

(6)事故现场区

事故现场区的长度应根据交通事故所占用车道的长度确定。事故现场区是保护交通事故现场的场所,也是进行交通事故救援、停放救援车辆、保护救援工作人员安全的场所,在事故现场区与开放交通的车道之间要有明确的隔离装置。事故现场区的布置,还要考虑为救援车辆提供安全的进口和出口。

(7)终止区

终止区是为通过或绕过事故发生路段的车辆提供调整行车状态的路段。在终止区的末端应设有解除限速或超车的交通标志,以使驾驶员明白已经通过了交通事故路段,并恢复正常的行车状态。终止区最小长度宜取 30m。

3. 农村公路二次交通事故预警

农村公路二次交通事故,是指发生交通事故后,交通事故现场的人员、车辆与过往车辆发生碰撞导致再次发生事故,具有危害性大、可控性、可预防性的特点。因此,完善二次交通事故预案,做好二次交通事故预警是十分必要的。

1)农村公路二次交通事故预警基础理论

(1)农村公路二次交通事故预警系统理论框架

农村公路二次交通事故预警系统理论框架由以下几个部分组成:明确警情,确定警源,分析警兆,警度预报和警情输出。

①明确警情是预警的前提。二次警情是指那些能够引起二次事故的交通安全状况,可以从两个方面加以考察,一是构成警情的各种指标,二是表示警情严重程度的警度。一般情况下

警度分为无警、轻警、中警、重警和巨警(安全、较安全、一般、较危险、危险)5个警限。

②确定警源是预警的起点。警源就是导致警情发生的根源，农村公路二次交通事故警源可以分为以下三大类：一是自然警源，主要是指自然条件的变化(雨、雪、雾等天气变化)；二是农村公路一次交通事故处理不当引起的因素等；三是农村公路交通安全系统的外生警源。

③分析警兆是预警的关键环节。一般来说，不同的警情对应着不同的警兆。警兆可以是警源的扩散，也可以是警源扩散过程中其他相关的共生现象。警兆可以从警源入手，也可以依据经验，分析警兆及其报警区间便可预测警情。

④警度预报和警情输出是预警的目的。在预报警度时，为了提高报警的精度，可以结合经验方法、专家方法等，并运用定性和定量方法分析报警区间与警情警限的实际关系，可更加准确地预报实际警情的严重程度。

(2)农村公路二次交通事故预警指标体系

农村公路二次交通事故预警指标体系由一次事故参与人指标、车辆因素预警指标、道路环境因素预警指标、外部环境、管理因素预警指标和一次事故因素指标构成，如表16-4所示。

农村公路二次预警管理指标 表16-4

体系层	子块层	指标层
农村公路二次交通事故预警指标体系	一次事故参与人指标	—
	车辆因素预警指标	车辆维护质量未达标率
		路段车辆故障率
		超限车辆比例
	道路环境因素预警指标	道路线形及坡度合理度
		道路安全防护设施设置率
		路面缺陷率
		道路线形及坡度合理度
	外部环境(时空指标)	人口密集区域中心距
		天气因素
	管理因素预警指标	管理标准失察率
		路段维修返修率
		路障排除率
		交通管制有效性
		管理失误次数
	一次事故因素指标	交通拥堵率
		事故持续时间

(3)预警系统警限区间的设置

警限值的设定是建立预警系统的重要环节，当预警指标值偏离正常水平超过警限时，就表明警情出现。一般可将每一指标的预警区间按"危险程度"分为5个档次，即称之为警度。给"很安全"赋值为1，"很危险"赋值为0，中间再分出"较安全"、"一般安全"和"较危险"3个档次，并作出以下赋值，如表16-5所示。

交通安全预警界限区间　　表 16-5

警限(阈值)	0～0.2	0.2～0.4	0.4～0.6	0.6～0.8	0.8～1
警度(安全状况)	巨警	重警	中警	轻警	无警
灯区(信号标志)	双红灯	红灯	黄灯	蓝灯	绿灯

其中,0.2,0.4,0.6,0.8 均为临界阈值,即当指标值或子块综合评价值超过其中之一时,警度就要发生变化。

2)农村公路交通事故预警系统组织机构

(1)预警系统的组织结构

当前对农村公路进行管理的主要部门是农村公路管理处,预警系统进入公路组织机构,必然导致原组织机构的调整与职能重组。通过新置预警功能的介入和对原管理系统某些职能的归并,与农村公路组织中的战略管理系统、执行管理系统构成三位一体的新农村公路组织机构体系,如图 16-3 所示。

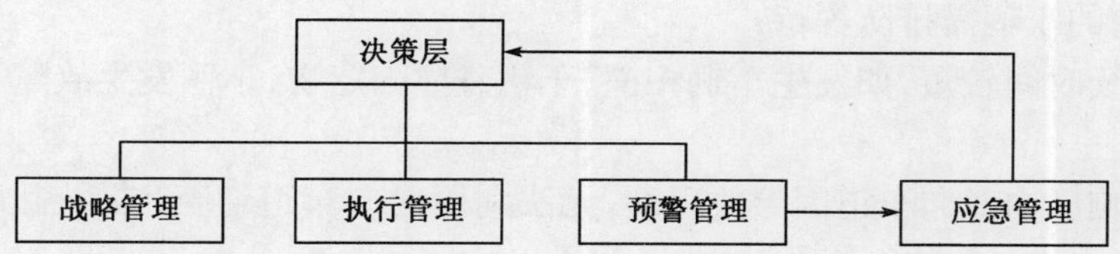

图 16-3　农村公路交通事故预警组织机构

(2)预警工作流程

基于预警系统工作的内容,确定预警系统的工作流程,如图 16-4 所示。

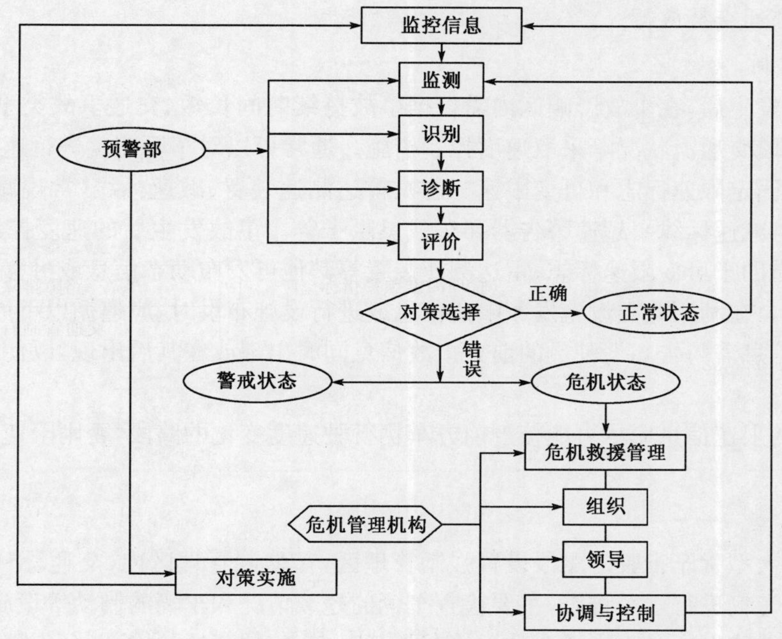

图 16-4　农村公路交通事故预警工作流程

二、农村公路交通事故条件下的安全保障措施

1. 事故现场警戒

交通事故发生后，先设立警戒区域，再组织抢救伤员，避免了同步进行警戒和伤员救治易导致事故现场再次发生意外的情况。目前，实施现场警戒的手段是在事故现场拉警戒线或用其他警用设施，如反光桶、反光锥对现场进行封闭，并由交警在事故现场维持秩序，疏导交通。

2. 过渡区交通管制

根据事发道路的设计速度或事发路段采取的临时交通组织措施，计算出过渡区域的长度，在过渡区域的起点处停放警车，开启车载显示屏、警灯和示廓灯示警，或者设置临时警告标志及告示牌，并在过渡区域的边界处设置发光或者反光锥筒等设施进行警示。

3. 组织车辆排队等待

车辆排队等待是指车辆需停车等待前方事故路段交通恢复正常后方可通行。以下两种情况事故影响区内的车辆需排队等待：

(1)事故持续时间较短，如发生车辆相撞、车辆碰撞固定物、车辆发生故障等持续时间较短的事故形态。

(2)事故影响区内双向车道因事故阻断，无法利用对向车道通行，或利用并行线路绕行距离较长。

4. 利用对向车道通行

交通事故仅占用单向车道，对其进行警戒隔离后，可利用对向车道通行。若另外半幅路有足够的通行能力剩余，道路交通量较小时，车辆可顺畅通行。否则，使用临时红绿灯或交警现场指挥，双向交通交替放行。

5. 速度控制

交通事故发生后，在事故影响区内需根据事故持续时间长短、交通事故类型、阻塞位置情况以及上游路段交通流状况等采取速度控制措施。通常可以对车辆速度进行速度控制的设施有：限速标志(固定限速标志和可变限速标志)、雷达测速装置、减速标线(常规减速标线、振动减速标线、道钉减速标线)、超速警告器和车载黑匣子等。事故发生后的速度控制是临时性组织措施，只可借助于可变限速标志、雷达测速装置等其他可发布动态信息或可移动的限速设施实现速度控制。在利用此类设施发布限速信息或进行设施布设时，应遵循以下原则：

(1)限速信息需与告知驾驶员的前方事故信息同时出现或在其后出现，以使驾驶员了解限速的原因。

(2)发布的限速信息应尽可能接近前方车辆行驶速度变化的路段，否则限速的效果会大打折扣。

6. 限制载重

对经常有大型货车行驶的路段设置强制管理区，在强制管理区内，交通、路政等相关工作人员应对通过车辆进行逐个排查，主要检查车辆的超载情况和车辆的制动等设施是否完好，将超载货车扣留以防发生二次交通事故。检查超载时，应按照交通运输部，公安部联合制定的超载标准作为超载分隔界限。

7. 交通诱导

在事故影响区各个出入口及重要节点处发布前方事故信息，提示驾驶员绕行，并尽可能提供建议绕行路线，使驾驶员根据驾驶经验和对路网的熟悉程度作出决定。交通诱导措施就是通过可变信息标志或者临时交通标志发布“前方事故，减速慢行”、“前方发生事故请绕行”等信息，也可通过车载电子显示屏、喇叭喊话或鸣警笛向途中的驾驶员提供前方事故信息，包括道路情况、事故点位置、事故的可能持续时间及驾驶员需采取的措施等；在警力薄弱、管理面难以涉及的县乡道路沿线，可安排落实路况信息员，使其及时报告道路情况、事故点位置、事故的可能持续时间及驾驶员需采取的措施。

第二节　农村公路临时作业安全保障应急响应技术

一、农村公路临时作业影响分区

临时作业对农村公路正常的交通运行状态有较大影响，需进行隔离作业。农村公路临时作业影响分区及长度参照交通事故影响区划分为：警告区、上游过渡区、缓冲区、工作区、下游过渡区、终止区。

二、临时作业区交通安全设施布置及基本要求

1. 临时作业区交通安全设施

(1)锥形交通路标

锥形交通路标属于渠化设施的一种，其相邻锥形交通路标的间距不应超过表16-6规定的最大值。

锥形交通路标间距最大值　　表16-6

序　号	临时区位置	最大间距(m)
1	上游过渡区	2
2	成45°角的上游过渡区，且该路段有交通管制措施或车行道旁有临时人行道改道	1
3	下游过渡区	1
4	改变行车路线的临时改道路线两侧	2
5	利用车行道改道的临时人行道边缘	1
6	计算行车速度为50km/h或以下的道路	3
7	计算行车速度为80km/h或以下的道路的急弯及进出口处，以及计算行车速度在50～80km/h的道路	4.5
8	计算行车速度为80km/h或以下的道路，有急弯或进出口处除外	9

(2)施工区挡板

施工区挡板设置高度不应低于1.8m，距离交叉路口20m范围内的设置高度应降为0.8～1.0m，其上部应采用通透式围挡搭设至原设置高度。

(3)防撞桶

防撞桶的直径为900mm,高为950mm,壁厚不小于6mm。防撞桶外贴红白相间的反光膜,反光膜方向可根据实际情况调整,其外形尺寸允许偏差为±0.5%。

标准防撞桶桶盖、桶身、横隔板所用材料为塑料或橡胶;出于经济考虑,村道或部分乡道可就地取材,选用废弃铁桶改造,但应满足上述尺寸要求。外贴反光膜等级为二级及以上,配载物所用砂为普通中砂。

(4)闪光箭头板

闪光箭头板可安装于支撑架或车辆上,一般设置于上游过渡区或缓冲区的前端。

(5)夜间照明设施

夜间进行的道路施工,应设置照明设施。其照明必须满足作业要求,并覆盖整个工作区域,且应避免造成驾驶员炫目。

(6)施工警告灯

在夜间或能见度低时,所有障碍物或道路施工必须用规定的道路危险警告灯标示,使道路使用者明确工程区的范围。警告灯的最大间距应符合表16-7的规定。

警告灯最大间距 表16-7

序　　号	警告灯设置路段	警告灯间距(m)
	在过渡区	
1	上游过渡区	8
2	成45°角的上游过渡区,且该路段有交通管制措施	1
3	下游过渡区	1
	沿着连接和占用行车道的临时人行道边缘及并非沿着现有车行道的临时道路两侧	
4	并非沿着现有车行道的临时道路两侧	4
5	连接及占用行车道的临时人行道边缘	4
	沿着车行道并与其平行	
6	行车速度在60km/h以下的道路	3
7	行车速度为60～80km/h,或行车速度超过80km/h道路的急弯及近分合流点处	9
8	行车速度超过80km/h的道路,但在有急弯或近分合流点处除外	18
	用于分隔障碍物及行人的护栏	
9	护栏上	4
10	在围合范围的每个角落应最少装设1盏警告灯	

(7)移动式标志车

移动式标志车为带有动力装置或可移动装置(拖车)的安全防护设施,颜色为醒目的黄色,并装有黄色施工警告灯,其后部有醒目的标志牌,图案和形式可按实际需要改变。

2.临时作业区安全设施布置及基本要求

当进行临时作业时,应顺着交通流方向设置安全设施。当作业完成后,应逆着交通流方向撤除因临时作业而设置的有关安全设施,以恢复正常交通。

(1)临时作业区安全设施应结合作业性质、占用车道数、交通流特征及经济效益等因素布置。

(2)在警告区内应设置前方作业标志、限制速度标志和可变标志牌或线形诱导标等,在上游过渡区起点至下游过渡区终点之间放置锥形交通路标,在缓冲区与工作区交界处应布设路标栏。

(3)临时作业区交通安全设施设置的数量及种类,应根据预计作业处理时间进行适当调整,当事故处置时间比较短时可以适当减少交通安全设施并布设相对简单方便的安全设施,但前提是必须保障交通事故保护区安全。

(4)作业区交通安全设施的选用及设置,应结合作业点的道路线形特征、环境特征及作业性质等进行。

三、不同临时作业情况下安全设施布置措施

1.全天作业和限时作业

对于全天作业和限时作业,应进行作业围挡;施工区挡板上应设置施工警告灯;应在缓冲区内设置路栏、防撞桶、作业区标志、闪光箭头板等可移动安全设施;宜在上游过渡区内设置防撞桶、作业区标志、闪光箭头板等安全设施;渠化设施的设置应确保线性整齐;在机动车道的相邻锥形交通路标之间及机非分隔时应使用挂链。

2.移动作业

移动作业仅设工作区和缓冲区。应在工作区顺行车方向前方设置移动性施工标志;在明确提示行驶车辆及行人的前提下,移动作业可省略作业区标志、防撞桶、路栏等设施;在夜间进行的移动作业,应保证作业区的照明,在移动性施工标志车上安装警告灯。

3.位于非机动车道和人行道的临时作业

非机动车道和人行道上的作业,应尽最大可能保证非机动车和行人的正常通行。非机动车道上的作业可仅设上游过渡区和缓冲区,其上游过渡区应为5m,缓冲区应为2m;人行道上的作业可仅设缓冲区,其缓冲区应为2m;同一路段非机动车道和人行道的临时作业不宜同时进行。

4.位于最外层车道、中间车道、车道两侧临时作业

当临时作业区位于最外层车道、中间车道或车道两侧时,应首先按照表16-2的要求确定临时作业区各区段,然后设置相应的安全设施。

5.改道临时作业

当工作区宽度过大时,可进行改道处理。改道路段应施画临时标线,隔离对向车流。

第三节 农村公路地质灾害安全保障应急响应技术

一、农村公路地质灾害条件下工程应急措施

1.地面塌陷应急措施

1)采空塌陷

(1)首先应做好塌陷区水文地质(防洪排水)的工作。地表塌陷、裂缝区的周围,必须设置

截水沟或挡水墙，防止大气降水渗入井下。

(2)采用井下开采废石或尾矿作为充填料，对采空区进行处理。废石层的厚度要满足冲击气浪缓冲层厚度的要求。大量的工程实践证明，采用充填处理采空区是控制采空区稳定性最好的方法。

(3)利用主动崩落的围岩所形成的缓冲岩石作为垫层，对采空区进行处理。采空区围岩上盘的崩落工作选择在采场大量放矿之后进行，可减少矿石损失贫化。但崩落放顶时，应采取微差爆破技术，尽量减小爆破冲击波对上部顶柱的破坏。

(4)封闭和隔离处理采空区，主要措施有：封闭采空区与外界相通的巷道；设隔离层使上部采空区与下部作业区隔开；在密闭隔离的采空区上部开通通往地表的“天窗”，然后用坚实密闭墙封闭通向生产区域和主要坑道的通道。

(5)对于采空塌陷造成的道路损坏，应尽快进行修复；道路损坏严重地点应考虑该段道路的重建。

2)岩溶塌陷

(1)视险情发展将人、物及时撤离险区。在发现前兆时即应判定撤离计划。

(2)对建筑物附近的地面裂缝应及时填塞，地面的塌陷坑应拦截地表水防止其注入。

(3)在岩溶裂隙发育的地段，应着重治理，可在有天窗的部位采取灌浆的方法防止天窗进一步扩大。

(4)塌陷发生后要及时填堵建筑物附近的塌陷坑，以免影响建筑物的稳定。其方法是先向塌陷坑中投入片石，并铺上砂卵石，然后在上面进行铺砂，表面可用黏土夯实，经过一段时间的下沉压密后再用黏土夯实补平。

(5)对严重开裂的建筑物应暂时封闭不许使用，待进行危房鉴定后确定应采取的措施。

(6)路基处治。

岩溶水处理：采取因地制宜，因势利导的方法，处理措施以疏导为主。岩溶水量的估计宁大勿小，相应的排水建筑物也应宁宽勿窄。其处理措施有截流、疏导、围堰、堵塞、填石路堤、跨越等几类。

溶洞的处理措施：路基岩溶洞穴根据其大小和路基所处位置，可采用跨越(梁跨、板跨和拱跨等)、堵塞、加固和绕避等措施。

①为防止洞穴坍塌或加强洞穴顶板岩层稳定性，可采用各种类型的桩、浆砌与柱、混凝土块、锚杆及回填等方法进行加固。

②对网状洞穴、巨大空洞应尽量予以绕避。在施工中，仍有可能出现网状洞穴或巨大空洞，若处理困难或造价高，且受工程限制，较大改线不可能时，可采取绕避方式。

③对路堑边坡上的溶洞，若影响边坡稳定性，洞内可用片石堵塞，洞外用干铺砌、砂浆勾缝，或浆砌片石封闭；若溶洞靠近边沟时，浅洞可按上述方法堵塞封闭，深洞填砌不容易，可用钢筋混凝土板封闭，但应防止边沟水的渗透。

④对开口型溶洞，也可根据具体填充情况采取封闭、浮筏、换填、风干、清爆、压浆、旋喷桩等处治方法。

(7)对于岩溶塌陷造成的道路损坏，应尽快进行道路修复，道路损坏严重地点应考虑该段道路的重建。

2. 公路水毁应急措施

(1)坚持“先抢通后修复,先县道后乡道、村道”的原则,尽快做好抢通修复工作。

(2)水毁发生后,因坍塌中断交通的公路,要及时组织群众,调动机械进行抢修,同时必须在最短的时间内安排抢险人员到达现场,迅速制订恢复方案,及时抢修恢复通车。

(3)因挡墙等构造物坍塌,勉强能维持通车的路段,要尽量拓宽路基维持通车,并在坍塌的两端设立明显的标志,提醒车辆安全通过。

(4)因桥梁等大型构造物坍塌阻断交通的路段,要迅速制订恢复方案,采取架设便桥或修建便道等办法维持通车,需要绕道行驶的要及时报告当地交警部门,并在路线出入口告知车辆绕行。

(5)对于公路水毁造成的道路损坏,应通过调查总结,弄清水毁的真正原因,尽快进行道路修复,道路损坏严重地点应考虑该段道路的重建。

3. 崩塌应急措施

崩塌发生后,首先在第一时间撤离危险区域内的人员、车辆、机械等。全面检查灾害点及其附近,如有继续发生崩塌落石的可能,应及时组织人员对灾害点进行适当的刷坡、清除石块等工作,使灾害发生区域达到临时安全的程度,然后再组织道路抢险人员在最短时间内抢通道路。当崩塌下的岩体较大,短时间无法清除时,在地形允许的条件下,最好能采用修筑便道的方式先恢复通车,保证道路的一定通行能力,再进行施工。在路堑或半路堑路段发生大规模崩塌,导致交通中断,而路线没有左右摆动的余地,只能等待清除崩塌体才能通车时,可采取两端清除崩塌下的岩土方法,尽快清方。崩塌下的岩土体块体大、数量多,短时间靠人工无法清除时,可采取爆破方法,快速清方。

4. 滑坡应急措施

滑坡发生后,采取上方卸载、下方堆载等方法,设置临时排水沟,对滑坡裂缝进行夯实处理。在滑坡逐渐稳定后修复被毁坏的公路,保证公路的安全通行。对破坏的挡墙、排水设施予以恢复,对路基路面发生变形破坏的区域进行修复工作。若已经彻底破坏则重新修建该段道路。

5. 泥石流应急措施

泥石流应急措施应遵循“防治结合,长期治理,标本兼治”的原则。工程措施主要有:跨越工程;穿过工程;防护工程;排导工程;拦挡工程。

对于防治泥石流,采用多种措施相结合的方法更为有效。

6. 地面沉降应急措施

为了从根本上谋求缓和或终止地面沉降,必须从消除引起地面沉降的根本因素入手。常采取的地面沉降应急治理措施有:

(1)人工补给地下水(人工回灌)。

(2)根据地下水资源的分布情况,合理选择开采区,调整开采层和开采时间,避免开采地区、层位、时间过度集中。

(3)引水工程。

(4)避开软弱地基或对软弱地基进行工程处理。

二、农村公路地质灾害条件下紧急交通组织

地质灾害事故发生后，农村公路相关管理人员应迅速赶到现场，成立临时指挥小组，确定预警级别，及时发布预警信息；根据应急要求立即报告，同时主动采取临时应急措施控制事态发展。

1. 事故现场警戒

事故现场警戒措施：事故现场拉警戒线或用其他警用设施对现场进行封闭，并由交警在事故现场维持秩序，疏导交通。

当只占用部分车道时，通过对现场进行封闭，隔离出可通行车道；当占用全部车道时，在对现场进行封闭的同时，于路段交叉口及主要节点发布车道封闭信息。

2. 交通诱导

交通诱导主要指信息诱导，目的是告诉驾驶员地质灾害发生的位置，事故的严重程度以及事故的持续时间，提出避免事故路段拥挤的绕行路径。在过渡区域的起点发布"前方事故"信息，通过警用设施隔离出事故过渡区域，在过渡区域起点处发布"减速慢行"信息，紧接着停放警示标志车，开启警车电子显示屏，电子显示屏显示"减速慢行"，同时警车开启警灯，以警示驶入方向车辆，引起驾驶员警觉，降低车速，集中注意力驾驶。另外，在距事故现场 50m 处安排 1 名交警，交警时刻注意驶入方向车辆，观察情况，指挥疏导交通。交通信息诱导方案主要如下：

(1)可变信息板及临时交通标志

对于农村公路，建议二级及二级以上的道路利用可变信息板，二级以下的道路用临时交通标志在灾害路段各个出入口及重要节点处发布前方灾害信息(事故发生位置、持续时间等)，提示驾驶员绕行，并尽可能提供建议绕行路线，使驾驶员根据驾驶经验和对路网的熟悉程度作出决定。发布信息如"前方灾害请绕行"。

(2)交通广播

利用路侧有线交通广播或者通过广播电台发布前方地质灾害信息和气候信息，提醒驾驶员绕行。

(3)手机短信

通过手机短信向驾驶员提供地质灾害路段事故信息和气候信息，提醒驾驶员绕行。

在恶劣的天气条件下，交通诱导指信息诱导和线形诱导。由于恶劣天气对能见度的影响以及道路抗滑能力的下降，致使驾驶员看不清道路线形，车辆容易跑偏。

线形诱导方案一是在能见度较低路段，防护栏两侧布设间距为 30m 的雾灯，基本可保证车辆在低能见度天行驶时不会偏离车道，从而避免因车辆偏离车道造成的交通事故。二是在能见度极低地带的两侧路面设黄色闪烁警示灯，显示道路轮廓，以便驾驶员了解汽车在路上的方位。

3. 交通管制

(1)限制通行

对于道路上积水、路面损坏无法及时排除及道路交通事故持续时间较长的路段，可采取限

制通行措施，封闭部分或全部节点，避免事故发生。

(2)利用对向车道

在灾害路段前方摆放反光安全锥筒和提示牌提醒车辆提前变换车道，并由交警引导车辆驶往对向车道绕过灾害路段。

(3)载重控制

在灾害路段修复期间进行交通管制，采取砌隔离墩等措施禁止重载交通通行，同时要设置过往车辆绕行标志。

第四节　农村公路特殊天气条件下安全保障应急响应技术

一、农村公路特殊天气条件下安全管理措施

1.特殊天气层级划分

农村公路由于其道路层级普遍较低，为了更好地防止在特殊天气条件下交通事故的发生，需要针对不同的天气条件作出不同的交通措施，保证各个交通管理设施发挥其最大的效能。按照对道路使用者的影响程度对特殊天气进行分级，其划分如下。

(1)第一层级：薄雾、轻雾、小雨、小雪。

(2)第二层级：中雾、中雨、中雪。

(3)第三层级：大雾、大雨、大雪。

(4)第四层级：浓雾、暴雨、暴雪。

2.特殊天气条件下交通安全管理特点

特殊天气下农村公路的安全管理，相比其他公路而言更加复杂。主要原因有交通组成复杂，既有运行速度较高的小客车，也有运行速度较低的货车及拖挂车，同时其上还有大量的行人、非机动车、三轮车和摩托车，这都加大了交通管理的难度。

特殊天气条件出现时，道路管理者对道路交通的管理也有别于正常天气下的安全管理。这是由于在正常天气下，一般道路能见度良好，路面摩擦系数较大，意外事故发生的概率要低于特殊天气下事故发生的概率。鉴于此，特殊天气条件下安全管理措施也要作出相应调整。

3.特殊天气条件下交通管理策略

当特殊天气出现时，道路管理者为确保公路交通的安全与畅通，需要实行相应的管控策略。交通管理策略包含以下三类：

(1)建议策略。此类策略主要作用在于向公众和管理者提供特殊天气和交通信息，尽量保证道路使用者在出行过程中可以及时获得路况信息，以便实时地调整运行状态。

(2)控制策略。主要目的是在特殊天气条件下，对道路上车流的运行速度以及运行状态进行直接或间接的控制。

(3)处治策略。处治策略是指利用道路管理条件以及相关部门的救援资源，来缓解特殊天气给交通安全带来的影响。

4.特殊天气条件下交通管理方案

根据天气分级，制订不同天气层级下的交通管理方案。鉴于第一层级的天气条件对农村

公路的影响很小，故在发生第一层级天气时，交通管理方案可以按照正常天气时进行。

1)第二层级天气管理预案

当发生第二层级的天气时，道路交通状况已经受到了天气的影响，其交通管理措施也要进行相应调整。其工作流程如图 16-5 所示。

其管理的具体措施如下：

(1)当出现异常状况时要向路政、养护站通报出现异常情况的路段和路况，以便尽快赶到现场，路政人员应在情况异常路段增加巡逻次数，并用车载广播提醒驾驶人员注意安全。采取相应措施确保路面路况良好，并在异常情况路段区域内设立警示牌或临时限速。

(2)在异常路段前方的可变限速标志上显示限速值，并在相应的可变信息板上打出提示驾驶员“注意异常路段，谨慎驾驶”的信息。

2)第三层级天气管理预案

当处于第三层级的天气出现时，汽车在道路上的行驶变得困难。由于出现第三层级的天气时，天气状况已经对道路行车产生了明显影响，其管理的方案也要进行改进。第三层级天气管理预案如图 16-6 所示。

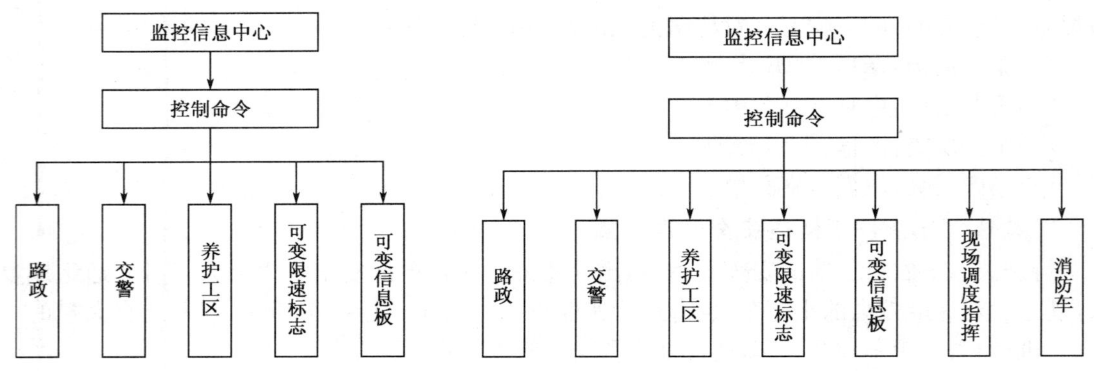

图 16-5 第二层级天气管理预案

图 16-6 第三层级天气管理预案

其管理的具体管理措施如下：

(1)当通过监控设施收集到的路况信息显示此时处于第三层级天气状况时，监控中心应及时向有关部门汇报情况，以请示意见和指示。相关路段的路政人员应加强巡查，同时请交警上路进行辅助支援。当异常状况发生时，监控中心应在最短的时间内将事故位置以及阻塞情况通报给相关的路政、养护站，同时请交警上路进行支援。

(2)如遇到异常事件时，应该在异常路段前方设立限速标志，并通过可变信息板或临时标志通告驾驶员前方异常状况，同时提醒驾驶员保持车距和控制车速。对于线形较差和事故多发路段，应增设线形诱导标志及临时性提醒标志。

3)第四层级天气管理预案

当第四层级的天气状况出现时，交通状况便会变得十分恶劣，这种天气状况对行车是十分不利的。考虑到农村公路的特点，在这种天气条件下不能采取道路封闭措施，所以对于此种天气状态要进行特别的管理，如图 16-7 所示。

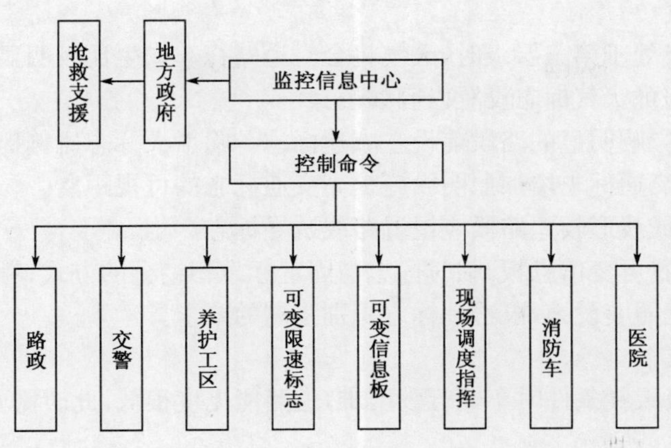

图 16-7　第四层级天气管理预案

其管理的具体措施如下：

(1)当发生第四层级的天气状况时，监控中心要将实时信息及时反映到道路管理部门和各个地方部门，以请示和发布管理措施。在此天气条件下，为了预防交通事故的发生，交通监控中心应通过各种通信手段如网络、广播等发布实时的天气及交通信息，尽量控制不必要的出行车辆。监控总中心将管理部门的指令下达给各个分中心，各个分中心将与当地的消防、医院、路政、交警等部门联动以应对突发事件的发生。

(2)在异常路段前方设置限速标志，并通过可变信息板或临时标志通告驾驶员前方异常状况，以及提醒驾驶员保持车距和控制车速。为了正确诱导驾驶员的行驶路线，在农村公路的不良线形路段应增设临时的线形诱导标线。在固定标志处，应开启照明设施以提高标志的可视距离。

二、农村公路特殊天气条件下交通安全设施设置

1.路段安全设施设置

1)第一层级天气

对于路段天气条件处于第一层级，而其他层级的天气条件出现概率较低时，其交通状况基本不受天气影响，故在此处路段的标志设置时对特殊天气的考虑较低，其设置可以与正常天气下的相同。

2)第二层级天气

当特殊天气对道路交通影响较小时，其标志的设置内容如下：

(1)当路段出现第二层级的概率较大时，设置主要以固定标志为主。为了降低固定标志的识认距离，考虑到能见度的下降幅度，根据最不利情况，需要将标志等比例放大以达到识认距离的要求。

(2)固定标志的内容主要以提醒标志为主，如“进入雾区，减速慢行”。

(3)在困难路段，如行人出入较多，道路线形较差，应设立限速标志。

(4)当天气条件处于第二层级时，能见度一般在 200m 以上，可以达到标志识别距离的要求，故不需在标志处设立照明设施。

3)第三层级天气

当特殊天气层级处于第三层级时，天气将会对道路行车产生比较明显的影响，而道路上的行驶车速则会显著下降。其标志设置内容如下：

(1)在特殊天气影响明显的路段前设立减速标志。除增大标志比例提高可视距离外，由于能见度较低，可以对交通标志增加照明设施提高交通标志的可视距离。

(2)在视距不良或线形较差路段应设置路线诱导标志。

(3)建议采用设置可变信息板、临时标志与固定标志相结合的方式；考虑能见度的影响，建议在固定标志处设立照明设施，以达到标志识别距离的要求。

4)第四层级天气

当处于第四层级天气条件时车辆行驶困难，道路能见度很低，此时需要对安全设施进行特殊设置。

(1)在不良路段前 1.5km 处设立减速标志，此时道路能见度很低，固定标志除了要增大相应比例以降低识认距离外，建议在标志处设立照明设施。

(2)在道路线形不良路段应架设电子标志，以诱导车流。

(3)增加临时性车载标志，使在特殊天气影响的路段巡逻，以提醒驾驶员注意。

(4)在特殊天气影响路段上设立临时性村镇告示标志，以提醒驾驶员注意。

(5)在受此特殊天气层级经常影响的路段，应加设护栏或设立解体消能设施。

(6)建议在路段边沟上铺设盖板，避免车辆因附着系数的降低而滑入边沟。

2. 出入口安全设施设置

对于出入口天气条件处于第一层级，而其他层级的天气条件出现概率较低时，其交通状况基本不受天气影响，故在此出入口处可以不加设安全设施。

(1)第二层级天气

当处于第二层级天气时，路面的附着系数降低且出入口处交通流复杂，建议在受第二层级影响的出入口前增设提醒标志；在车流量较大的出入口前，建议设立限速标志。

(2)第三层级天气

当处于第三层级天气时，特殊天气的影响较为明显，需对出入口处进行相应处理。在出入口前设立限速和提醒标志，如无固定标志应增设临时标志用来提醒和限速，并且为了提高可视距离应将标志等比例放大。在被动设施方面可以在边沟上铺设盖板，避免车辆滑入边沟。

(3)第四层级天气

当第四层级天气出现时，出入口处应进行特殊处理。除在出入口前设立限速和提醒标志外，在出入口处也应加设提醒性措施，如爆闪灯等。为了避免车辆因滑出而造成的危险，应在路旁边沟上铺设盖板，如边坡较陡，可以将边坡放缓来降低事故发生后的伤亡率。当出入口车辆较多时，可以增设临时性管理人员。由于能见度不足，可以增设临时性诱导标志以保证车辆安全行驶。

第十七章　农村公路安全保障工程系统化核查及评价体系

结合农村公路特点，通过系统分析提出适合于农村公路的安全保障核查清单，建立核查体系；对应核查体系框架建立安全保障方案选择评价模型和农村公路安全保障工程安全评价模块，以此为基础形成安全保障工程评价体系；利用核查体系得到的核查结果标定安全保障工程评价体系各评价指标，采用层次分析法确定安全保障最优方案，并运用层次分析模糊综合评价法计算安全保障工程安全评价结果。

第一节　农村公路安全保障工程系统化核查清单

一、农村公路安全保障工程设施应用核查清单

提出农村公路交通安全设施、路侧宽容设施以及农村公路路面结构安全性三部分的核查清单。

1. 农村公路交通安全设施应用核查清单(表 17-1)

交通安全设施应用核查清单　　表 17-1

核查内容	检查项目	核查结果	
		是	否
防护设施	设置位置		
	设施选取		
	防撞等级		
	护栏长度		
	护栏材料		
	过渡方式		
	美观		
标志	标志选用		
	标志位置		
	标志尺寸		
	支撑方式		
	信息量		
	一个支撑结构上标志的数量及排列顺序		

续上表

核查内容		检查项目	核查结果	
			是	否
标志		反光膜选用		
		标志视认性		
		与标线协调性		
指路标志应增加的检查项目		信息层次		
		信息数量		
		信息连续性		
		信息顺序		
标线		标线设置位置		
		标线尺寸		
		标线材料		
		标线连续性		
		标志标线协调性		
视线诱导设施		诱导标选用		
		轮廓标尺寸		
		轮廓标设置间距		
		轮廓标反射体距路面高度		
		线形诱导标尺寸		
		线形诱导标间距		
		凸面反光镜设置位置		
		凸面反光镜直径		
其他安全设施	避险车道	设置位置		
		类型选取		
		铺设角度		
		材料选择		
		引道长度		
		避险车道长度		
		避险车道宽度		
		坡床纵坡		
	减速设施	减速设施设置位置		
		减速设施选用		
	错车道	错车道设置位置		
		错车道设置间距		
		错车道形式		
		错车道宽度		

注："是"表示经专家核查能满足要求，"否"表示经专家核查不能满足要求。

2. 农村公路路侧宽容应用核查清单(表 17-2)

路侧宽容应用核查清单 表 17-2

核查内容		检查项目	核查结果	
			是	否
路侧净区		净区宽度		
		路侧障碍物		
路肩	硬路肩	宽度		
		连续性		
	土路肩	宽度		
		硬化情况		
边沟		边沟形式		
		排水能力		
		安全性		
边坡		边坡坡度		
		边坡防护		
绿化		与周围环境和谐性		
		植被适应性		
		植被高度		
		植被距路距离		

注:“是”表示经专家核查能满足要求,“否”表示经专家核查不能满足要求。

3. 农村公路路面结构应用核查清单(表 17-3)

路面结构应用核查清单 表 17-3

核查内容	检查项目	核查结果	
		是	否
路面结构	结构类型		
	技术等级		
	结构层厚度		
	材料选择		
	交通量适应情况		
	轴载适应情况		
	累计轴次适应情况		

注:“是”表示经专家核查能满足要求,“否”表示经专家核查不能满足要求。

二、农村公路路面养护维修核查清单

提出农村公路路面病害处治、沥青路面冷再生技术两部分的核查清单。

1. 农村公路路面病害处治核查清单(表 17-4)

路面病害处治核查清单 表 17-4

核查内容		检查项目	核查结果	
			是	否
沥青路面处治措施	裂缝	处治对策		
		材料选择		
		美观		
	沉陷	处治对策		
		压实度		
		材料性能		
	车辙	处治对策		
		材料选择		
		平整度		
		美观		
	拥包	处治对策		
		平整度		
	波浪与搓板	处治对策		
		平整度		
	冻胀与翻浆	处治对策		
		材料选择		
		排水设施		
	坑槽	处治对策		
		压实度		
		美观		
	麻面与松散	处治对策		
		材料选择		
	泛油	材料选择		
		平整度		
水泥混凝土路面处治措施	裂缝	处治对策		
		材料选择		
		养护强度		
	断角	处治对策		
		原板的整体性		
	板底脱空	材料选择		
		抗压强度		
	唧泥	排水设施		
		嵌缝料		
	错台	处治对策		
		相邻板块高差		

续上表

核 查 内 容		检 查 项 目	核 查 结 果	
			是	否
水泥混凝土路面处治措施	拱起	胀缝设置位置		
		胀缝间距		
		嵌缝料		
	接缝损坏	处治对策		
		接缝料选择		
	破碎板	处治对策		
		平整度		
		抗折强度		
		相邻板块高差		
		构造深度		
砂石路面处治措施		处治对策		
		抗折强度		
		平整度		
		压实度		
		材料选择		
		排水设施		
		路面与路肩的高差		

注:"是"表示经专家核查能满足要求,"否"表示经专家核查不能满足要求。

2.农村公路沥青路面冷再生技术核查清单(表17-5)

沥青路面冷再生技术核查清单　　表17-5

核 查 内 容	检 查 项 目	核 查 结 果	
		是	否
沥青路面就地冷再生	稳定材料选择		
	平整度		
	压实度		
	养生强度		

注:"是"表示经专家核查能满足要求,"否"表示经专家核查不能满足要求。

三、农村公路安全保障管理核查清单

提出农村公路人、车、路管理措施及超载措施两部分的核查清单。

1.农村公路人、车、路管理安全保障措施核查清单(表17-6)

人、车、路管理安全保障措施核查清单

表 17-6

核查内容	检查项目	核查结果	
		是	否
交通参与者	农村公路交通安全教育		
	规范机动车驾驶员驾驶行为		
	规范客运运营人员及乘客交通行为		
	规范道路沿线居民交通行为		
	道路施工及养护人员安全作业		
	交通行为监管措施		
车辆管理	车辆安全状况规范		
	交通事故多发车型管理		
	客货运营车辆安全生产管理		
	建立、完善监督举报机制		
	车辆管理法律法规建设		
	车辆管理机构职能完善		
	违法违规处理恰当		
道路管理	路网布局规划		
	公路用地范围合理		
	农村公路建设水平		
	养护人员技术水平		
	养护管理体制完善		

注:"是"表示经专家核查能满足要求,"否"表示经专家核查不能满足要求。

2.农村公路超限、超载治理核查清单(表 17-7)

超限、超载治理核查清单

表 17-7

检查内容		检查项目	核查结果	
			是	否
治超措施	管理措施	限宽限高设施设置情况		
		超载超重检测站设置		
		超载超限检测机制		
		超载超限处罚办法		
		源头治超措施		
		轴载标准制定		
	行政措施	相关法律法规完善		
		责任主体和共建职责明确		
		执法队伍管理制度完善		
		法制宣传工作		
		运输企业管理制度完善		

注:"是"表示经专家核查能满足要求,"否"表示经专家核查不能满足要求。

四、农村公路地质灾害安全保障应急措施核查清单

提出农村公路地质灾害工程及交通应急措施核查清单。

1. 农村公路地质灾害工程应急核查清单(表 17-8)

地质灾害工程应急核查清单　　表 17-8

<table>
<tr><th rowspan="2">核查内容</th><th rowspan="2" colspan="3">检查项目</th><th colspan="2">核查结果</th></tr>
<tr><th>是</th><th>否</th></tr>
<tr><td rowspan="5">采空塌陷</td><td colspan="3">截水沟</td><td></td><td></td></tr>
<tr><td colspan="3">挡水墙</td><td></td><td></td></tr>
<tr><td colspan="3">采空区充填</td><td></td><td></td></tr>
<tr><td colspan="3">崩落围岩</td><td></td><td></td></tr>
<tr><td colspan="3">采空区封闭或隔离</td><td></td><td></td></tr>
<tr><td rowspan="6">岩溶塌陷</td><td colspan="3">灌浆法治理天窗</td><td></td><td></td></tr>
<tr><td colspan="3">塌陷坑填堵</td><td></td><td></td></tr>
<tr><td colspan="3">边沟</td><td></td><td></td></tr>
<tr><td colspan="3">排水沟</td><td></td><td></td></tr>
<tr><td colspan="3">地裂缝填塞</td><td></td><td></td></tr>
<tr><td colspan="3">岩溶路基处治</td><td></td><td></td></tr>
<tr><td rowspan="19">公路水毁</td><td rowspan="7" colspan="2">排水设施</td><td>边沟</td><td></td><td></td></tr>
<tr><td>截水沟</td><td></td><td></td></tr>
<tr><td>排水沟</td><td></td><td></td></tr>
<tr><td>急流槽</td><td></td><td></td></tr>
<tr><td>渡水槽</td><td></td><td></td></tr>
<tr><td>盲沟</td><td></td><td></td></tr>
<tr><td>渗沟</td><td></td><td></td></tr>
<tr><td rowspan="3" colspan="2">边坡</td><td>边坡土质</td><td></td><td></td></tr>
<tr><td>边坡坡度</td><td></td><td></td></tr>
<tr><td>边坡防护</td><td></td><td></td></tr>
<tr><td rowspan="7">路基防护与加固</td><td rowspan="2">坡面防护</td><td>植物防护</td><td></td><td></td></tr>
<tr><td>工程防护</td><td></td><td></td></tr>
<tr><td rowspan="3">沿河路堤防护与加固</td><td>植物防护</td><td></td><td></td></tr>
<tr><td>石砌防护与加固</td><td></td><td></td></tr>
<tr><td>导治结构物</td><td></td><td></td></tr>
<tr><td rowspan="2">软土地基加固处理</td><td>沉降处理</td><td></td><td></td></tr>
<tr><td>稳定处理</td><td></td><td></td></tr>
<tr><td rowspan="2" colspan="2">挡土墙</td><td>挡土墙类型</td><td></td><td></td></tr>
<tr><td>挡土墙排水设施</td><td></td><td></td></tr>
<tr><td rowspan="4">崩塌</td><td colspan="3">排水沟</td><td></td><td></td></tr>
<tr><td colspan="3">刷坡</td><td></td><td></td></tr>
<tr><td colspan="3">石块清除</td><td></td><td></td></tr>
<tr><td colspan="3">便道修筑</td><td></td><td></td></tr>
</table>

续上表

核查内容	检查项目	核查结果	
		是	否
滑坡	排水沟		
	滑坡裂缝夯实		
	挡墙修复		
	路基修复		
	路面修复		
泥石流	跨越工程		
	穿过工程		
	防护工程		
	排导工程		
	拦挡工程		
地面沉降	地下水补给		
	开采区选择		
	引水工程		
	软弱地基处理		

注:"是"表示经专家核查能满足要求,"否"表示经专家核查不能满足要求。

2. 农村公路地质灾害交通应急措施核查清单(表17-9)

地质灾害交通应急措施核查清单 表17-9

核查内容		检查项目	核查结果	
			是	否
地质灾害条件下紧急交通组织	限速设施	限速标志、标线		
		减速振动标线		
		减速带		
		其他减速设施		
	警告设施	警告标志		
	抢险设施	抢险设施的选用		
		抢险设施的数量、性能		
		抢险人员的分工、配备		
	警戒设施	警戒线		
		其他警戒设施		
	交通诱导设施	可变信息板		
		交通广播		
		手机短信		
	交通管制	限制通行		
		利用对向车道		
		载重控制		
	其他设施	示警桩		
		隔离墩		

注:"是"表示经专家核查能满足要求,"否"表示经专家核查不能满足要求。

五、农村公路危险状态下安全保障措施核查清单

提出农村公路危险路段、事故条件下、临时作业及特殊天气条件下安全保障措施核查清单。

1. 农村公路危险路段安全保障防护措施核查清单（表 17-10）

危险路段安全保障防护措施核查清单　　表 17-10

<table>
<tr><th rowspan="2">核查内容</th><th rowspan="2" colspan="3">检查项目</th><th colspan="2">核查结果</th></tr>
<tr><th>是</th><th>否</th></tr>
<tr><td rowspan="20">急弯路段</td><td rowspan="13">单个急弯</td><td>线形改良</td><td>弯道外侧路面加宽、增加超高</td><td></td><td></td></tr>
<tr><td rowspan="4">标志</td><td>禁止超车标志
（解除禁止超车标志）</td><td></td><td></td></tr>
<tr><td>警告标志</td><td></td><td></td></tr>
<tr><td>限速标志</td><td></td><td></td></tr>
<tr><td>鸣笛标志</td><td></td><td></td></tr>
<tr><td>标线</td><td>减速标线、减速丘标线、中心实线等</td><td></td><td></td></tr>
<tr><td>减速设施</td><td>减速路面、减速带、减速丘、彩色路面铺装等</td><td></td><td></td></tr>
<tr><td>视线诱导设施</td><td>轮廓标、线形诱导标、凸面反光镜、突起路标等</td><td></td><td></td></tr>
<tr><td rowspan="3">路侧宽容</td><td>边沟</td><td></td><td></td></tr>
<tr><td>路肩</td><td></td><td></td></tr>
<tr><td>移除弯道两侧障碍物</td><td></td><td></td></tr>
<tr><td>防护设施</td><td>护栏、示警桩、示警墩、防护墙、防护墩等</td><td></td><td></td></tr>
<tr><td colspan="2">按照“单个急弯”进行检查</td><td></td><td></td></tr>
<tr><td rowspan="3">连续急弯</td><td colspan="2">按照“单个急弯”进行检查</td><td></td><td></td></tr>
<tr><td rowspan="2">标志</td><td>“连续急弯”警告标志</td><td></td><td></td></tr>
<tr><td>辅助标志</td><td></td><td></td></tr>
<tr><td rowspan="4">桥头接小半径曲线</td><td colspan="2">按照“单个急弯”进行检查</td><td></td><td></td></tr>
<tr><td rowspan="2">标志</td><td>预告标志</td><td></td><td></td></tr>
<tr><td>警示标志</td><td></td><td></td></tr>
<tr><td colspan="2">缓冲设施（废旧轮胎等）</td><td></td><td></td></tr>
<tr><td rowspan="9">陡坡路段</td><td rowspan="9">陡坡</td><td rowspan="2">标志</td><td>警告标志</td><td></td><td></td></tr>
<tr><td>限速标志</td><td></td><td></td></tr>
<tr><td>标线</td><td>中心实线</td><td></td><td></td></tr>
<tr><td>减速设施</td><td>减速路面、减速带、减速丘、彩色路面铺装等</td><td></td><td></td></tr>
<tr><td>防护设施</td><td>护栏、示警桩、示警墩、防护墙、防护墩等</td><td></td><td></td></tr>
<tr><td colspan="2">避险车道（预告标志、告示牌）</td><td></td><td></td></tr>
<tr><td colspan="2">边沟</td><td></td><td></td></tr>
<tr><td colspan="2">路肩、路肩振动带</td><td></td><td></td></tr>
</table>

续上表

<table>
<tr><th rowspan="2">核查内容</th><th colspan="3" rowspan="2">检查项目</th><th colspan="2">核查结果</th></tr>
<tr><th>是</th><th>否</th></tr>
<tr><td rowspan="10">陡坡路段</td><td rowspan="10">连续下坡</td><td rowspan="3">标志</td><td>连续下坡告示牌标志</td><td></td><td></td></tr>
<tr><td>限速标志</td><td></td><td></td></tr>
<tr><td>禁止超车标志</td><td></td><td></td></tr>
<tr><td rowspan="2">标线</td><td>中心线</td><td></td><td></td></tr>
<tr><td>禁止超车标线</td><td></td><td></td></tr>
<tr><td>减速设施</td><td>减速路面、减速带、减速丘、彩色路面铺装等</td><td></td><td></td></tr>
<tr><td colspan="2">避险车道(柔性防撞设施)</td><td></td><td></td></tr>
<tr><td>防护设施</td><td>护栏、示警桩、示警墩、防护墙、防护墩等</td><td></td><td></td></tr>
<tr><td colspan="2">边沟</td><td></td><td></td></tr>
<tr><td colspan="2">路肩、路肩振动带</td><td></td><td></td></tr>
<tr><td rowspan="12">急弯陡坡路段</td><td>线形改良</td><td colspan="2">弯道外侧路面加宽、增加超高</td><td></td><td></td></tr>
<tr><td rowspan="4">标志</td><td colspan="2">警告标志</td><td></td><td></td></tr>
<tr><td colspan="2">禁止超车标志(解除禁止超车标志)</td><td></td><td></td></tr>
<tr><td colspan="2">限速标志</td><td></td><td></td></tr>
<tr><td colspan="2">鸣笛标志</td><td></td><td></td></tr>
<tr><td>标线</td><td colspan="2">减速标线、减速丘标线、中心实线等</td><td></td><td></td></tr>
<tr><td>减速设施</td><td colspan="2">减速路面、减速带、减速丘、彩色路面铺装等</td><td></td><td></td></tr>
<tr><td>视线诱导设施</td><td colspan="2">轮廓标、线形诱导标、凸面反光镜、突起路标等</td><td></td><td></td></tr>
<tr><td rowspan="3">路侧宽容</td><td colspan="2">边沟</td><td></td><td></td></tr>
<tr><td colspan="2">路肩</td><td></td><td></td></tr>
<tr><td colspan="2">移除弯道两侧障碍物</td><td></td><td></td></tr>
<tr><td>防护设施</td><td colspan="2">护栏、示警桩、示警墩、防护墙、防护墩等</td><td></td><td></td></tr>
<tr><td rowspan="9">视距不良路段</td><td rowspan="2">标志</td><td colspan="2">限速标志</td><td></td><td></td></tr>
<tr><td colspan="2">鸣喇叭标志</td><td></td><td></td></tr>
<tr><td>标线</td><td colspan="2">禁止超车标线</td><td></td><td></td></tr>
<tr><td>视线诱导设施</td><td colspan="2">轮廓标、线形诱导标、凸面反光镜、突起路标等</td><td></td><td></td></tr>
<tr><td>减速设施</td><td colspan="2">减速路面、减速带、减速丘、彩色路面铺装等</td><td></td><td></td></tr>
<tr><td>防护设施</td><td colspan="2">护栏、示警桩、示警墩、防护墙、防护墩等</td><td></td><td></td></tr>
<tr><td colspan="3">路肩</td><td></td><td></td></tr>
<tr><td colspan="3">路侧障碍物移除</td><td></td><td></td></tr>
<tr><td colspan="3">边沟</td><td></td><td></td></tr>
</table>

续上表

核查内容	检查项目			核查结果	
				是	否
桥涵	标志	警告标志			
		桥名标志			
		限载标志			
		桥面变窄标志			
	减速设施	减速路面、减速带、减速丘、路肩振动带等			
	防护设施	护栏、示警桩、示警墩、防护墙、防护墩等			
	桥梁护坡				
	排水设施				
	路侧障碍物				
路侧险要路段	标志	警告标志			
		限速标志			
	标线	振动标线、减速标线、视错觉标线			
	减速设施	减速丘、减速路面、减速带、视觉及心理减速措施			
	视线诱导设施	轮廓标、线形诱导标			
	路肩	路肩加宽与硬化			
		路肩振动带			
		取消边坎			
	防护设施	护栏、示警桩、示警墩、防护墙、防护墩等			
	线形	曲线半径调整、截弯取直、改善前后线形一致性			
	边沟				
	路侧宽容性	路侧危险物			
		路侧净区			
	防护设施	护栏、示警桩、示警墩、防护墙、防护墩等			
平面交叉口	农村公路与国省道交叉	标志	减速让行标志、停车让行标志		
		标线	减速让行标线、停车让行标线		
		纵坡大于3%	强制减速设施（减速带、减速路面、减速丘等）		
		视距			
		边沟			
	两条及两条以上农村县道公路与国省干线公路平面交叉	环形交叉口			
		环形交叉口标志			
		环形交叉口标线			
		环形交叉口其他安全设施			
		视距			
		边沟			
		纵坡大于3%	强制减速设施（减速带、减速路面、减速丘等）		

续上表

核查内容	检查项目			核查结果	
				是	否
平面交叉口	一条农村乡道公路与国省干线公路平面交叉		停车让行标志、停车让行标线		
		山岭重丘区	减速设施(减速路面、减速带、减速丘等)		
			视距		
			边沟		
		纵坡大于3%	强制减速设施(减速带、减速路面、减速丘等)		
	农村村道公路与国省干线公路平面交叉	减速设施	减速路面、减速丘、减速带、减速坎等		
		村道密集	合并交叉口		
			路面硬化		
			视距		
			边沟		
	农村县道公路与农村县道公路平面交叉	城镇或城镇结合部	指路标志、标线		
			红绿灯、太阳能频闪灯		
			边沟		
		平原并且远离城镇	视距		
			边沟		
		山岭重丘区	指路标志		
			强制减速设施		
			路侧安全设施		
			视距		
			边沟		
	农村县道公路与农村乡道、村道公路平面交叉	县道	指路标志		
			减速标线		
			边沟		
			视距		
		乡道、村道	强制减速设施(减速带、减速路面、减速丘等)		
			道路名称标志		
			路面硬化		
			边沟		
			视距		
			转弯半径		
	农村乡道公路与乡道、村道公路平面交叉	乡道	交叉警告标志		
		村道	道路名称标志		
			视距		
			路面硬化		
			边沟		
			转弯半径		
		纵坡大于3%	强制减速设施(减速带、减速路面、减速丘等)		

续上表

核查内容	检查项目			核查结果	
				是	否
平面交叉口	农村公路与铁路平面交叉		停车让行标志		
			交叉口警告标志		
			瞭望视距		
			减速设施		
穿越村庄集镇等路段	穿越村镇的学校路段	标志	注意儿童标志		
			限速标志		
			禁鸣喇叭标志		
			人行横道预告标志		
		标线	人行横道线		
		减速设施	减速路面、减速丘、减速带等		
	穿越集镇和村庄路段	大于 200m	限速标志		
			村庄警告标志、注意行人等警告标志		
			减速设施		
		100～200m	村庄标志		
			减速标志		
			注意儿童标志(有学校时)		
		100m 以下	曲线段:鸣笛标志、村庄标志		
			直线段:鸣笛标志		
		视距不足处	禁止停车标志		
			鸣喇叭标志、反光镜		
			弯道处:中心实线、村庄警告标志护栏		
		村镇密集路段	隔离设施(绿篱或花坛、隔离栅等)		
			人行横道线		
			边沟		
			路肩		
			障碍物移除		
长直线及长直线接小半径路段	长直线路段	标志	警告标志		
			预警标志		
			距离确认标志		
		标线	中心实线		
		减速设施	道钉减速带、振动减速带等		
	有小半径曲线时		线形改善、标志、标线、路肩、路肩振动带、边沟、车辆故障停车平台等		

注:“是”表示经专家核查能满足要求,“否”表示经专家核查不能满足要求。

2. 农村公路交通事故安全保障应急措施核查清单(表 17-11)

交通事故安全保障应急措施核查清单 表 17-11

<table>
<tr><th colspan="2" rowspan="2">核查内容</th><th rowspan="2">检查项目</th><th colspan="2">核查结果</th></tr>
<tr><th>是</th><th>否</th></tr>
<tr><td rowspan="21">农村公路交通事故条件下安全保障措施</td><td rowspan="4">警戒设施</td><td>警戒线</td><td></td><td></td></tr>
<tr><td>示警桩</td><td></td><td></td></tr>
<tr><td>反光锥桶</td><td></td><td></td></tr>
<tr><td>其他警戒设施</td><td></td><td></td></tr>
<tr><td rowspan="3">预警机制</td><td>预警指标的选定</td><td></td><td></td></tr>
<tr><td>预警限值的选定</td><td></td><td></td></tr>
<tr><td>预控对策的选定</td><td></td><td></td></tr>
<tr><td rowspan="5">交通诱导设施</td><td>短信</td><td></td><td></td></tr>
<tr><td>广播</td><td></td><td></td></tr>
<tr><td>车载显示屏</td><td></td><td></td></tr>
<tr><td>可变信息板</td><td></td><td></td></tr>
<tr><td>临时交通标志</td><td></td><td></td></tr>
<tr><td rowspan="5">交通管制设施</td><td>测速装置</td><td></td><td></td></tr>
<tr><td>限速标志</td><td></td><td></td></tr>
<tr><td>减速标线</td><td></td><td></td></tr>
<tr><td>防撞护栏</td><td></td><td></td></tr>
<tr><td>防撞墙</td><td></td><td></td></tr>
<tr><td rowspan="4">抢险设施</td><td>清障机械</td><td></td><td></td></tr>
<tr><td>抢险设施数量</td><td></td><td></td></tr>
<tr><td>抢险设施性能</td><td></td><td></td></tr>
<tr><td>抢险人员的分工、配备</td><td></td><td></td></tr>
</table>

注:"是"表示经专家核查能满足要求,"否"表示经专家核查不能满足要求。

3. 农村公路临时作业安全保障措施核查清单(表 17-12)

临时作业安全保障措施核查清单 表 17-12

<table>
<tr><th rowspan="2">核查内容</th><th colspan="2" rowspan="2">检查项目</th><th colspan="2">核查结果</th></tr>
<tr><th>是</th><th>否</th></tr>
<tr><td rowspan="6">不同临时作业情况下安全设施布置措施</td><td rowspan="6">临时作业区各区段</td><td>预警区长度</td><td></td><td></td></tr>
<tr><td>上游过渡区长度</td><td></td><td></td></tr>
<tr><td>缓冲区长度</td><td></td><td></td></tr>
<tr><td>工作区长度</td><td></td><td></td></tr>
<tr><td>下游过渡区长度</td><td></td><td></td></tr>
<tr><td>终止区长度</td><td></td><td></td></tr>
</table>

续上表

核查内容	检查项目		核查结果	
			是	否
不同临时作业情况下安全设施布置措施	全天作业和限时作业	施工标志		
		慢行标志		
		限速标志		
		窄路标志		
		车道封闭预告标志		
		注意障碍物标志		
		转向标志		
		改道标志		
		道路封闭标志		
		防撞桶		
		闪光箭头板		
		夜间照明设施		
		施工警告灯		
	移动作业	施工标志		
		防撞桶		
		夜间照明设施		
		施工警告灯		
		路栏		
	位于非机动车道和人行道的临时作业	施工标志		
		禁止行人进入标志		
		导向标志		
		夜间照明设施		
		锥形路标		
	位于最外层车道的临时作业	施工标志		
		车道封闭预告标志		
		导向标志		
		夜间照明设施		
		锥形路标		
		限速标志		
		路栏		
		防撞桶		

续上表

<table>
<tr><th rowspan="2">核查内容</th><th rowspan="2" colspan="2">检查项目</th><th colspan="2">核查结果</th></tr>
<tr><th>是</th><th>否</th></tr>
<tr><td rowspan="29">不同临时作业情况下安全设施布置措施</td><td rowspan="9">位于中间车道的临时作业</td><td>施工标志</td><td></td><td></td></tr>
<tr><td>车道封闭预告标志</td><td></td><td></td></tr>
<tr><td>注意障碍物标志</td><td></td><td></td></tr>
<tr><td>导向标志</td><td></td><td></td></tr>
<tr><td>锥形路标</td><td></td><td></td></tr>
<tr><td>限速标志</td><td></td><td></td></tr>
<tr><td>路栏</td><td></td><td></td></tr>
<tr><td>防撞桶</td><td></td><td></td></tr>
<tr><td>闪光箭头板</td><td></td><td></td></tr>
<tr><td rowspan="10">位于车道两侧的临时作业</td><td>施工标志</td><td></td><td></td></tr>
<tr><td>车道封闭预告标志</td><td></td><td></td></tr>
<tr><td>导向标志</td><td></td><td></td></tr>
<tr><td>锥形路标</td><td></td><td></td></tr>
<tr><td>限速标志</td><td></td><td></td></tr>
<tr><td>路栏</td><td></td><td></td></tr>
<tr><td>防撞桶</td><td></td><td></td></tr>
<tr><td>施工警告灯</td><td></td><td></td></tr>
<tr><td>闪光箭头板</td><td></td><td></td></tr>
<tr><td>禁止车辆进入标志</td><td></td><td></td></tr>
<tr><td rowspan="9">改道临时作业</td><td>施工标志</td><td></td><td></td></tr>
<tr><td>车道封闭预告标志</td><td></td><td></td></tr>
<tr><td>导向标志</td><td></td><td></td></tr>
<tr><td>锥形路标</td><td></td><td></td></tr>
<tr><td>限速标志</td><td></td><td></td></tr>
<tr><td>路栏</td><td></td><td></td></tr>
<tr><td>防撞桶</td><td></td><td></td></tr>
<tr><td>施工警告灯</td><td></td><td></td></tr>
<tr><td>闪光箭头板</td><td></td><td></td></tr>
</table>

注："是"表示经专家核查能满足要求，"否"表示经专家核查不能满足要求。

4. 农村公路特殊天气安全保障应急措施核查清单(表 17-13)

特殊天气安全保障应急措施核查清单　　表 17-13

核查内容		检查项目	核查结果	
			是	否
第二层级天气预案	固定设施	固定标志牌		
		可变信息板		
		线形诱导标志		
	临时设施	锥形路标		
		临时标志牌		
		临时电子标志		
		车载标志		
	交通管理措施	路政预案执行		
		养护工区预案执行		
		交警预案执行		
第三层级天气预案	固定设施	固定标志牌		
		可变信息板		
		线形诱导标志		
	临时设施	锥形路标		
		临时标志牌		
		临时电子标志		
		车载标志		
	交通管理措施	路政预案执行		
		养护工区预案执行		
		交警预案执行		
		现场指挥调度		
		消防车		
第四层级天气预案	固定设施	固定标志牌		
		可变信息板		
		线形诱导标志		
	临时设施	锥形路标		
		临时标志牌		
		临时电子标志		
		车载标志		
	交通管理措施	路政预案执行		
		养护工区预案执行		
		交警预案执行		
		现场指挥调度		
		消防部门预案执行		
		医院预案执行		
		地方政府救援		

注:“是”表示经专家核查能满足要求,“否”表示经专家核查不能满足要求。

第二节　农村公路安全保障方案选择评价

一、评价指标选取及评定标准

1. 评价指标的选取

评价指标的选取严格按照农村公路安全保障工程系统评价有关原则的规定，结合安全保障方案所涉及的主要技术内容，对应安全保障核查清单，拟选取的安全保障方案选择评价指标如下：路侧防护性能、限速性能、指示及预告性能、路面舒适度、地质灾害预防、路侧宽容度、应对突发事件能力、限载效果、经济性。

2. 评价指标的评定标准

(1)路侧防护性能

路侧防护性能的评定方法是根据安全保障方案涉及的路侧防护技术在核查清单中对专家组的核查情况进行统计，其统计方法如下：

$$v=\frac{n_1}{n}\times 100\% \tag{17-1}$$

式中：v——路侧防护技术核查分值；

n_1——核查清单中专家组填写“是”的子项目个数；

n——核查清单中专家组填写的子项目总数(专家组选择的“是”和“否”的个数之和)。

本项评价中指标的量化方法采用评价等级 **V**=(防护性能好，防护性能较好，防护性能一般，防护性能较差，防护性能差)的方法确定。将指标所反映的客体状况分为5个等级，结合实际，对每一个评语集等级进行赋值，采用专家组核查清单统计值 v 时，取评价集的区间最大值组成评价向量 **V**，则 **V**=(100,80,70,60,50)。

(2)经济性

经济性属于极小型指标，在具体的标定过程中评价单个指标经济性的好坏采用与安全保障预算对比的方法进行标定，而对于多个指标的经济性来说，直接比较各方案所需安全保障费用大小即可。

(3)其他指标的评定标准

其他指标(包括：限速性能、指示预告性能、路面舒适度、地质灾害预防、路侧宽容度、应对突发事件能力、限载效果等)评定标准的确定，参考路侧防护性能的评定方法即可，在此不再赘述。

二、评价模型及方法

1. 评价模型的构建

评价模型的构建拟采用层次分析法。基于农村公路安全保障核查体系，构建如图17-1所示的层次结构模型。

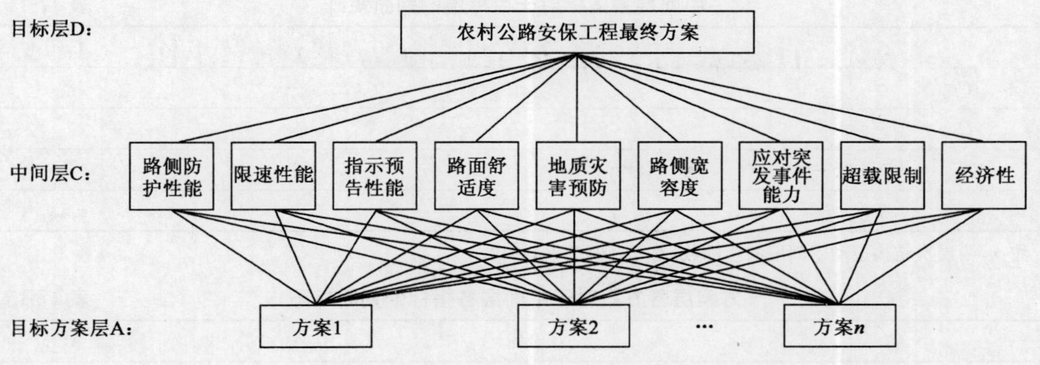

图 17-1　安全保障方案选择评价层次结构模型

2. 评价方法

提出如图 17-2 所示的基于层次结构模型的农村公路安全保障方案选择评价方法流程图。

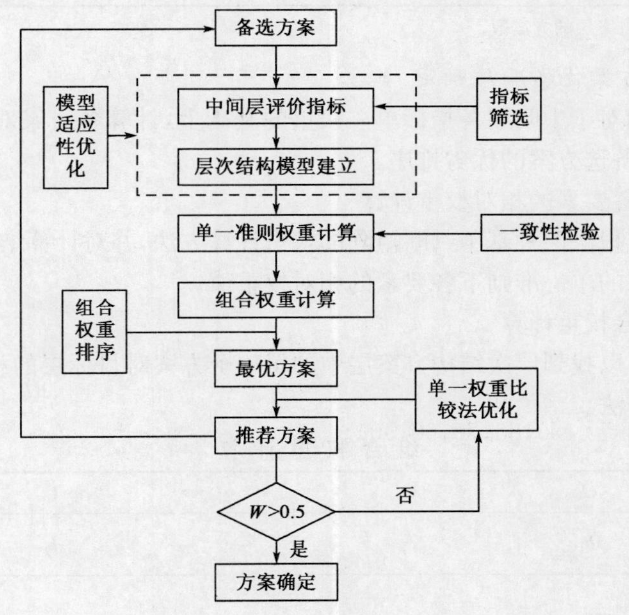

图 17-2　安全保障方案选择评价方法流程图

三、安全保障方案选择评价算法

基于层次结构模型的农村公路安全保障方案选择评价算法如下所述。

1. 构造判断矩阵

运用两两比较法，针对所构建的层次结构模型，给出两类判断矩阵。第一类判断矩阵如表 17-14 所示，它表示中间层各指标对于目标层的判断矩阵，用于计算中间层各指标对于目标层的权重；第二类判断矩阵如表 17-15 所示，它表示方案层中的各方案在中间层某一指标条件下相互比较得到的判断矩阵，根据所构建的层次结构模型，本部分应该构建 9 个第二类判断矩阵。

中间层各指标对于目标层的判断矩阵 表 17-14

	$\mathbf{C}_1$	$\mathbf{C}_2$	…	$\mathbf{C}_m$
$\mathbf{C}_1$	c_{11}	c_{12}	…	c_{1m}
$\mathbf{C}_2$	c_{21}	c_{22}	…	c_{2m}
⋮	⋮	⋮	⋮	⋮
$\mathbf{C}_m$	c_{m1}	c_{m2}	…	c_{mm}

注：m 为层次结构模型中间层的指标数，本部分模型中 $m=9$。

方案层各方案对于中间层各指标的判断矩阵 表 17-15

	$\mathbf{A}_1$	$\mathbf{A}_2$	…	$\mathbf{A}_n$
$\mathbf{A}_1$	a_{11}	a_{12}	…	a_{1n}
$\mathbf{A}_2$	a_{21}	a_{22}	…	a_{2n}
⋮	⋮	⋮	⋮	⋮
$\mathbf{A}_n$	a_{n1}	a_{n2}	…	a_{nn}

注：n 为层次结构模型方案层的方案数。

2.权重计算及方案优劣顺序确定

在计算方案层相对于中间层各指标单一权重的基础上，计算各方案对于目标层的组合权重值，并由此得出各备选方案的优劣排序。

(1)单一准则下各要素的相对权重计算

分别采用和法或根法两种基于判断矩阵的权重计算方法，并对计算结果进行一致性检验，得出符合一致性要求的单一准则下各要素的相对权重值。

(2)各方案的组合权重计算

通过组合权重可以找到层次结构方案层中的每一个方案对目标层的相对重要性，表17-16为组合权重的计算方法。

组 合 权 重 计 算 表 17-16

指标 / 方案层A / 权重	$\mathbf{C}_1$	$\mathbf{C}_2$	…	$\mathbf{C}_m$	组合权值 W_i（W_i 为方案 i 的组合权重）
	b_1	b_2	…	b_m	
$\mathbf{A}_1$	w_{11}	w_{12}	…	w_{1m}	$W_1=\sum_{j=1}^{m} b_j \cdot w_{1j}$
$\mathbf{A}_2$	w_{21}	w_{22}	…	w_{2m}	$W_2=\sum_{j=1}^{m} b_j \cdot w_{2j}$
⋮	⋮	⋮	⋮	⋮	
$\mathbf{A}_n$	w_{n1}	w_{n2}	…	w_{nm}	$W_n=\sum_{j=1}^{m} b_j \cdot w_{nj}$
权重关系	$\sum_{j=1}^{m} b_j=1$　　$\sum_{i=1}^{n} w_{ij}=1(i,j=1,2,\cdots,m)$				$\sum_{i=1}^{n} W_i=1$

注：$b_j(j=1,2,\cdots,m)$为 C 层对目标层的权重；w_{ij} 为方案 i 在指标 j 下的权重；m 为指标数目，n 为备选方案数目。

(3)方案优劣顺序确定

计算出方案层A中各方案对目标层D的组合权重 W_i 后，方案的优劣顺序即可以按照组合权重大小排列，其中组合权重最大的方案即为最优方案。

(4)安全保障最终方案确定

运用单一准则下各方案的相对权重大小比较法确定最终方案，具体的实施步骤如下。

第一步：各方案单一标准下权重排序(从大到小)，给出排序表，并在表中标注最优方案各权重排序位置。

第二步：筛选出最优方案权重排序处于中、下水平的指标。

第三步：分析所筛选指标权重排序低的原因，并借鉴同类指标中排序靠前方案所采取的针对性措施。

第四步：在第三步的基础上总结、归纳、吸收得出推荐方案。

第五步：将推荐方案和最优方案作为备选方案，运用层次结构模型，求出推荐方案的组合权重 W，有以下三种情况。

①如果 $W>0.5$，则说明推荐方案较之最优方案更好，即可将其确定为最终方案。

②如果 $W<0.5$，则说明推荐方案较之最优方案差，需要返回第一步重复计算，方法同前。

③若运用该方法所确定的推荐方案的综合权重均小于0.5，则说明最优方案已经没有改进的余地，即可确定其为最终方案。

图17-3为单一准则下各方案的相对权重大小比较法确定最终方案实施流程。

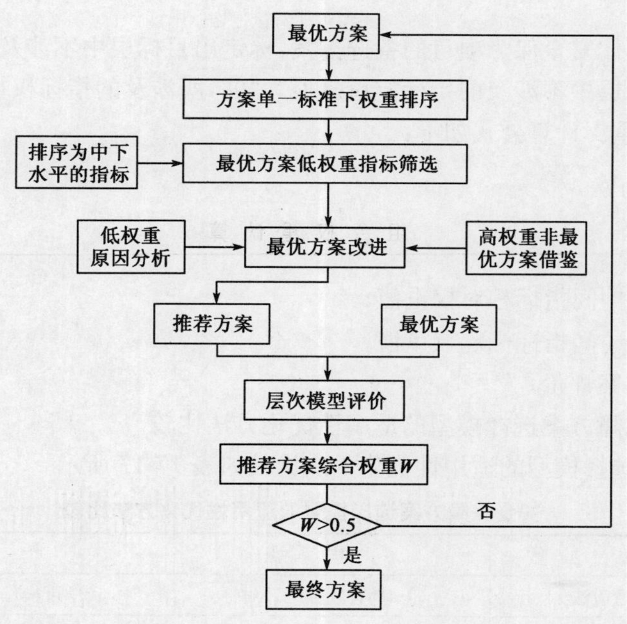

图17-3　单一准则下各方案的相对权重大小比较法确定最终方案实施流程图

3. 安全保障方案选择模型的适用性优化

在实际安全保障工程备选项目中可能存在不涉及某些中间层指标的问题，从而影响模型的适用性，基于此提出如下两种安全保障选择模型的适用性优化方法。

(1)层次结构模型自适应法

针对具体的农村公路安全保障工程，提出以下基于备选方案的层次结构模型适应性优化方法，其主要步骤如下。

第一步：统筹分析所制订的备选方案，罗列出各方案所包括的具体技术方法及其预期目的。

第二步：根据各方案所包括的具体技术方法及其预期目的，总结所涉及的模型中间层指标种类。

第三步：统计分析所有方案所涉及的模型中间层指标种类。

第四步：在层次模型中标出所有方案均没有涉及的模型中间层指标，并在此基础上确定新的层次模型。

第五步：运用前面论述的方法求出各方案的组合权重。

图 17-4 为层次结构模型自适应法优化流程。

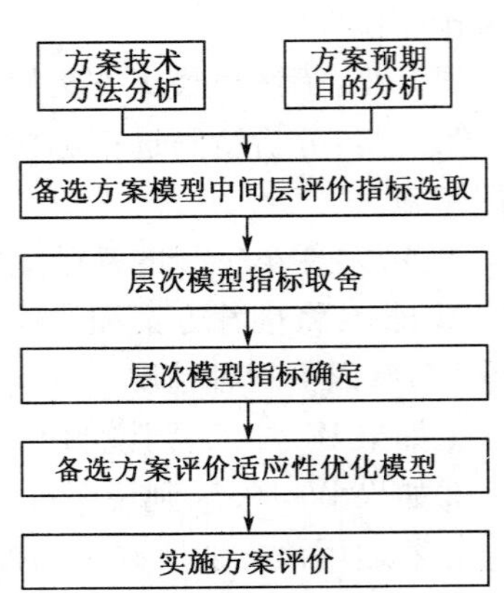

图 17-4 层次结构模型自适应法优化流程图

(2)中间层指标相对权重法

中间层指标相对权重法步骤如下。

第一步：给出层次结构模型中各中间层指标相对于目标层的权重值。

第二步：结合具体安全保障项目的备选方案，标定出目标层中不涉及的指标。

第三步：将目标层中不涉及的指标权重赋值为"0"，所涉及的指标权重标定值不变，并在此基础上求出相对权重。计算公式如下：

$$b'_i = \frac{b_i}{\sum_{i=1}^{9} b_i} \tag{17-2}$$

式中：b'_i——第 i 个中间指标相对权重值；

b_i——第 i 个中间指标标定权重值。

第四步：实施方案评价。

(3)两种安全保障方案选择模型的适用性优化方法比较

安全保障方案选择模型的适用性优化方法比较如表 17-17 所示。

安全保障方案选择模型的适用性优化方法比较 表 17-17

优化方法	优点	缺点
层次结构模型自适应法	具有较强的针对性	可操作性差，不适合软件操作
中间层指标相对权重法	可操作性好，适合软件操作	中间层指标权重确定缺乏针对性

结合上述两种安全保障方案选择模型的适用性优化方法的优缺点，在农村公路安全保障工程核查及评价软件安全保障方案选择评价子系统中采用了中间层指标相对权重法，而在安全保障工程安全评价子系统中也采用了类似的方法。

第三节 农村公路安全保障工程评价与分析

一、评价指标选取及评定标准

1. 评价指标选取

结合农村公路安全保障工程核查清单，在分类总结的基础上提出农村公路安全保障工程安全评价与分析指标体系，主要选取8个一级指标，22个二级指标。

2. 评价指标的评定标准

农村公路安全保障工程安全评价与分析各指标的评定标准，通过统计评价指标相对应的安全保障工程核查清单填写结果来确定，具体的评定方法同本章第二节中路侧防护性能评定标准，评价指标的评定值等于相应的核查清单统计值 v。v 的计算公式见本章第二节。

3. 评价指标体系构建

运用提出的指标建立如表17-18所示的农村公路安全保障工程安全评价与分析指标体系，该评价指标体系包括了本书所研究的所有安全保障技术、方法、措施及相关管理政策。

在具体点段的安全保障工程中往往只涉及其中的某些方面，此时应该根据安全保障工程的实际情况，标出不涉及的指标，采用指标相对权重法建立与具体安全保障措施相适应的安全保障核查结果分析与评价指标体系。

农村公路安全保障工程安全评价与分析指标体系　　表17-18

目标层	一级指标		二级指标	
	指标项(相对权重)	标定值	指标项(相对权重)	标定值
农村公路安全保障工程核查结果分析与评价指标 Z	安全设施适应性 $Z_1(W^1)$	F^1	防护设施 $Z_{11}(W_1^1)$	F_1^1
			标志 $Z_{12}(W_2^1)$	F_2^1
			标线 $Z_{13}(W_3^1)$	F_3^1
			视线诱导设施 $Z_{14}(W_4^1)$	F_4^1
			避险车道 $Z_{15}(W_5^1)$	F_5^1
			减速设施 $Z_{16}(W_6^1)$	F_6^1
			错车道 $Z_{17}(W_7^1)$	F_7^1
	路面结构适应性 $Z_2(W^2)$	F^2		
	路侧宽容 $Z_3(W^3)$	F^3		
	路面处治技术 $Z_4(W^4)$	F^4	路面病害处治 $Z_{41}(W_1^4)$	F_1^4
			路面冷再生技术 $Z_{42}(W_2^4)$	F_2^4
	日常安全防御技术 $Z_5(W^5)$	F^5	交通参与者 $Z_{51}(W_1^5)$	F_1^5
			车辆管理 $Z_{52}(W_2^5)$	F_2^5
			道路管理 $Z_{53}(W_3^5)$	F_3^5
	超限超载治理 $Z_6(W^6)$	F^6		

续上表

目标层	一级指标		二级指标	
	指标项(相对权重)	标定值	指标项(相对权重)	标定值
农村公路安全保障工程核查结果分析与评价指标 Z	地质灾害防治 $Z_7(W^7)$	F^7	工程防治措施 $Z_{71}(W_1^7)$	F_1^7
			交通安全设施优化 $Z_{72}(W_2^7)$	F_2^7
	危险状态下安全保障设施 $Z_8(W^8)$	F^8	危险路段安全措施 $Z_{81}(W_1^8)$	F_1^8
			事故条件安全保障措施 $Z_{82}(W_2^8)$	F_2^8
			特殊天气安全保障措施 $Z_{83}(W_3^8)$	F_3^8
			临时作业安全保障措施 $Z_{84}(W_4^8)$	F_4^8

二、安全保障工程评价算法

为了提高评价的可操作性和实用性,二级指标标定值采用核查清单结果统计法确定,一级指标及目标层的标定值采用各分指标分数加权求和的方法确定最终分数,具体方法如下。

1. 指标的量化

本项评价中指标的量化方法采用评价等级 $\mathbf{V}$=(核查结果满意,核查结果较满意,核查结果一般,核查结果较差,核查结果差)的方法确定;取评价集的区间最大值组成评价向量 $\mathbf{V}$,得到 $\mathbf{V}=(100,80,70,60,50)$。

2. 指标权重计算

运用两两比较法建立判断矩阵,基于判断矩阵在计算出各指标权重及进行一致性检验的基础上,得到如表 17-19 所示的指标权重向量。

指标权重向量 表 17-19

对应指标		权重向量	指标数量
一级指标		$(W^1,W^2,\cdots,W^8)$	$n=8$
二级指标	Z_1	$(W_1^1,W_2^1,\cdots,W_7^1)$	$n=7$
	Z_4	(W_1^4,W_2^4)	$n=2$
	Z_5	(W_1^5,W_2^5,W_3^5)	$n=3$
	Z_7	(W_1^7,W_2^7)	$n=2$
	Z_8	$(W_1^8,W_2^8,W_3^8,W_4^8)$	$n=4$

3. 核查结果综合评价

提出指标相对权重综合评价和模糊综合评价两种核查结果的综合评价方法。

1)指标相对权重综合评价法

(1)一级评价指标终值计算

①含有二级指标的一级指标标定值计算。

含有二级指标的一级指标包括 Z_1、Z_4、Z_5、Z_7、Z_8,其标定值计算方法如下:

$$\mathbf{W}_i=(W_1^i,W_2^i,\cdots,W_n^i) \tag{17-3}$$

$$F^i = (F_1^i, F_2^i, \cdots, F_n^i) \cdot \boldsymbol{W}_i^{\mathrm{T}} \tag{17-4}$$

式中：$\boldsymbol{W}_i$——第 i 个一级指标相对权重向量；

W_n^i——相对于第 i 个一级指标第 n 个二级指标的权重；

F^i——第 i 个一级指标标定值；

F_n^i——第 i 个一级指标下第 n 个二级指标的标定值，该值由相对应的核查清单统计得出，有 $F_n^i=v$。

②不含二级指标的一级指标标定值计算。

含有二级指标的一级指标包括 Z_2、Z_3、Z_6，其标定值即为相对应的专家核查清单统计值。

(2)核查结果综合评价值计算

由核查结果评价指标的标定方法可以计算出各二级评价指标终值分别为 F^1、F^2、F^3、F^4、F^5、…、F^8。

由以上内容可知核查结果最终评价结果的计算方法如下：

$$F = \sum_{i=1}^{8} W^i \cdot F^i \tag{17-5}$$

式中：F——核查结果综合评价值；

W^i——第 i 个一级指标相对于目标层的权重值；

F^i——第 i 个一级指标的标定值。

(3)评价结果分析

将 F 值与评价向量 $\boldsymbol{V}$=(100,80,70,60,50)进行对比，即可推出所核查的安全保障工程对应的评价等级 $\boldsymbol{V}$=(核查结果满意，核查结果较满意，核查结果一般，核查结果较差，核查结果差)。

2)模糊综合评价法

农村公路安全保障工程评价涉及 8 个一级指标和 22 个二级指标。因此，在采用模糊综合评价法时，先要构造模糊子集，把反映被评价对象的模糊指标进行量化，然后利用模糊变换原理对各指标进行综合，具体方法如下。

(1)建立评价等级集合 V

将评价等级分为 5 级：核查结果满意，核查结果较满意，核查结果一般，核查结果较差，核查结果差，则对应的评价等级集合 $V=(v_1, v_2, v_3, v_4, v_5)$=(核查结果满意，核查结果较满意，核查结果一般，核查结果较差，核查结果差)。

(2)建立评价因素集合 U

根据表 17-18，建立农村公路安全保障工程评价递阶层次模型，将二级指标作为评价因素，建立评价因素集合。

(3)计算权向量 $\boldsymbol{W}$

(4)计算模糊关系矩阵 $\boldsymbol{R}$

根据第六章第三节中构造隶属函数，评价专家组根据隶属函数确定每个评价指标分别对于 5 个评价等级的隶属度，从而得到模糊关系矩阵 $\boldsymbol{R}$ 为：

$$\boldsymbol{R}=\begin{bmatrix} r_{11} & r_{12} & r_{13} & r_{14} & r_{15} \\ r_{21} & r_{22} & r_{23} & r_{24} & r_{25} \\ \vdots & \vdots & \vdots & \vdots & \vdots \\ r_{n1} & r_{n2} & r_{n3} & r_{n4} & r_{n5} \end{bmatrix} \tag{17-6}$$

(5)合成 $\boldsymbol{W}$ 和 $\boldsymbol{R}$，计算评价向量 $\boldsymbol{B}$

通过以上确定的权向量 $\boldsymbol{W}$ 和模糊关系矩阵 $\boldsymbol{R}$，依据模糊综合评价的模型，得到：

$$\boldsymbol{B}=\boldsymbol{W}\cdot\boldsymbol{R}=(w_1,w_2,\cdots,w_n)\begin{pmatrix} r_{11} & r_{12} & r_{13} & r_{14} & r_{15} \\ r_{21} & r_{22} & r_{23} & r_{24} & r_{25} \\ \vdots & \vdots & \vdots & \vdots & \vdots \\ r_{n1} & r_{n2} & r_{n3} & r_{n4} & r_{n5} \end{pmatrix}=(b_1,b_2,\cdots,b_5) \tag{17-7}$$

(6)核查结果模糊综合评价值计算

在得到了模糊综合评价向量 $\boldsymbol{B}$ 之后，将 $\boldsymbol{B}$ 进行归一化，可视其归一化后的评判结果向量为权重向量 $\boldsymbol{B}'$，将评判集的等级用 $\boldsymbol{V}=(100,80,70,60,50)^{\mathrm{T}}$ 分值数量化，则将评判结果进行加权平均，可得到总分。最终评价结果的计算方法如下：

$$F=\boldsymbol{B}'\times\boldsymbol{V} \tag{17-8}$$

式中：F——核查结果综合评价值；

$\boldsymbol{B}'$——模糊综合评价向量 $\boldsymbol{B}$ 的归一化处理向量。

(7)评价结果分析

将 F 值与评价向量 $\boldsymbol{V}=(100,80,70,60,50)$进行对比，即可推出所核查的安全保障工程对应的评价等级 $\boldsymbol{V}=$(核查结果满意，核查结果较满意，核查结果一般，核查结果较差，核查结果差)。

三、评价结果分析与建议

评价结果分析与建议主要是根据核查结果综合评价值、各指标相对于目标层的权重值及各指标核查合格率的大小，对评价结果进行分析，并提出相关建议。按照分析的范围不同，具体从以下几个方面进行分析并提出相关建议。

1. 核查清单中具体核查子项目分析

找出不合格核查项目的缺陷，并在此基础上提出针对性建议，使各具体的核查项目均满足相关的核查标准。

其分析范围为核查清单中单个具体的核查子项目。

2. 单指标评价结果分析

通过单指标评价结果值与评价向量的对比，判定单指标所处的安全等级，对处于一般及以下等级的单指标应分析原因，提出有针对性的整改建议。

其分析范围为整个单指标。

3. 核查结果综合评价值分析

通过核查结果综合评价值，判定核查结果所处的安全等级，对处于一般及以下等级的核查结果应分析原因，提出相应整改建议，并在落实整改意见后对被核查项目进行再核查，直到其核查结果满足要求（达到相应的安全等级）。

其分析范围为基于整个核查清单的评价体系。

综上所述，按照不同的范围对核查结果评价值进行分析，有助于按照从局部到整体的思路找出核查项目所存在的安全、技术等方面的问题，以便提出针对性建议，达到有效保证农村公路安全保障工程质量的目的。

第十八章　农村公路安全保障工程应用与示范

为了将前面研究的农村公路安全保障系统工程更好地与实际相结合，来检验农村公路安全保障系统工程的可操作性和实用性。以枣庄市为例，按照现有县、乡、村道路路网技术等级结构，结合枣庄市农村公路道路安全设施基础状况及路面病害的调查分析，选取界河—姜屯典型路段作为农村公路安全保障工程实例实施路段。

第一节　安全保障现状分析及核查评价

一、安全保障工程设施应用现状

1. 交通安全设施

(1)交叉口示警柱存在损毁现象，如图 18-1 所示，部分交叉口设有交叉口标志，但被树木遮挡，如图 18-2、图 18-3 所示。

(2)交叉口、村庄、学校等危险点段交通标线缺失，如图 18-4 所示。

图 18-1　示警柱损毁

图 18-2　注意儿童标志

图 18-3　交叉口标志被遮挡

图 18-4　道路未施画标线

(3)路侧存在沟渠等，缺少防护设施，如图 18-5 所示。

(4)减速带密度设置不合理，并且大多数损坏严重，达不到使用要求，如图 18-6 所示。

图 18-5　路侧深沟无防护

图 18-6　减速带损坏

2. 路侧宽容设施

(1)该道路路肩为土路肩，宽度 1m，部分路肩因绿化等原因高出路面，易引起排水不畅等问题，如图 18-7 所示。

(2)路堤边坡坡度为 1∶1.5，属于危险边坡，边坡坡顶、坡底未进行圆化处理，如图 18-8 所示。

图 18-7　土路肩

图 18-8　边坡现状

(3)边沟横断面为梯形，为不可逾越边沟，且多数被杂草覆盖，如图 18-9 所示。

(4)路侧绿化形式为一板两带式，路侧各栽植一行行道树，部分路段枝叶茂盛，遮挡视线，绿化树木距离车行道过近，容易诱发交通事故。

(5)道路穿越村庄因而存在街道化现象，路侧环境较为复杂，杂物占道、经营占道等现象存在，部分路段净区内存在电线杆等危险物，并且没有进行有效防护和标示。

(6)部分路段穿过学校，存在较大安全隐患，如图 18-10 所示。

3. 路面结构

(1)路面结构特征

该路为 2006 年修建，底基层为 16cm 石灰土，基层为 16cm 二灰碎石，面层为 3cm 沥青碎石处治。

(2)路面使用现状

该路修建较早，并且路上有重车行驶，因此路面出现了一定程度的早期破坏。路面总体状况较差，几乎全路段存在轻微麻面；在路过村庄的路段上有连续龟裂。除此之外，路面上还存在坑槽破坏及大面积的修补。

图 18-9 边沟现状

图 18-10 路段中存在学校

二、常态条件下安全保障现状

1. 危险路段

根据现场踏勘，该条道路通过七个平面交叉口、一个穿越学校路段、一个涵洞路段及一个穿越集镇路段。交叉口设计大多不合理，并且在穿越集镇、学校路段，交通设施严重缺乏；路侧宽容性理念考虑较少。根据危险路段判别标准定性判断该道路存在危险点、段；根据模糊评价法得出该道路属于一般安全程度，有很大的改善空间。

2. 人、车、路管理

根据对路侧居民进行的问卷调查及实地调查发现，群众安全意识较为淡薄，经常发生过马路时不看左右车辆，拐弯时不注意避让其他车辆的现象。在学校附近，儿童缺乏在道路上安全步行的技能和习惯，注意力较为分散。

通过对该路段交通量调查可以看出，该路段车型组成较为复杂，以摩托车、电动车居首；车辆超速现象较为普遍，车型主要集中在摩托车，小客车及小货车上；7t 以上货车在机动车中所占比重为 10.3%，且时常有超载车辆通过。

三、突发事件下安全保障现状

该路段地质灾害主要为公路水毁，特殊天气包括雨、雪、雾，临时作业主要为养护施工作业。可以看出，突发事件下的农村公路安全保障主要以政府颁布的行政预案为主，一般采取封路禁行等消极方法。交通管理组织以及安全设施的设置缺乏，不合理和不配套的现象普遍存在。

四、现状核查及评价

结合安全保障示范路段的安全保障现状，利用第十七章第一节提出的核查清单，对危险路段、路面病害、路面结构、交通事故条件下安全保障状况、人车路管理及超限超载治理、路侧宽容性等方面进行安全保障现状核查。

根据核查结果，按第十七章第三节的方法进行安全保障工程安全评价，评价结果为差。

第二节　安全保障工程改善措施

一、安全保障设施改善

通过现状分析，可知有必要对该道路实施安全保障工程，以减少道路安全隐患，使得道路安全度达到"良好"状态以上。

表 18-1 具体从交通安全设施、路侧宽容设施角度，提出了该条道路典型危险路段的安全保障改善方案。安全保障设施改善如图 18-11、图 18-12 所示。

安全保障设施安全保障改善方案　　表 18-1

桩　号	现状交通安全问题	改 善 措 施
K9＋700～K9＋720 （交叉口范围）	(1)进口只有示警桩，无标志、标线； (2)路侧深沟无防护； (3)路肩高于路面，使得路面排水不畅； (4)路口两侧树木较高，警告标志被挡，可视性差，易使机动车驾驶员在心理上放松警惕	(1)县道（旅游路）设置指路标志，减速标线； (2)道路交叉口范围内修剪树木，保证视距良好，保证标志的可视性； (3)路侧设置矩形加盖排水沟
K9＋785～K9＋815 （交叉口范围）	(1)交叉口范围乡道无警告标志、村道无道路名称标志； (2)减速带毁坏严重； (3)道路两旁有商业建筑，交叉口视距不足； (4)西进口与主路相交，基本无转弯半径，且路口右转弯处有电线杆，影响行车安全； (5)东进口支路与主路相交，支线纵坡大于 3%	(1)重新设置减速带； (2)西进口与主线交叉应设置为弧形转弯，并尽量增大其转弯半径； (3)主线上设置交叉警告标志； (4)支路设置减速标志、鸣喇叭标志、道路名称标志
K9＋815～K9＋830 （穿越集镇路段）	(1)无减速标志、村庄警告标志等； (2)路侧左侧路肩高于路面，右侧路肩无硬化，造成路侧排水不畅	(1)设置减速标志、村庄警告标志； (2)路肩硬化，设置矩形加盖排水沟； (3)该路段与交叉口重合，可与交叉口同时考虑设置减速设施
K9＋900～K9＋930 （交叉口范围）	(1)减速带被毁； (2)支路与主路相交，转弯半径太小，使得站台距路口过近，存在安全隐患； (3)车站站台无硬化，路面易积水； (4)支路为街道，在交叉口处易造成视距不足	(1)重新设置减速带； (2)路口交叉应设置弧形转弯，增大转弯半径，站台后移，增大交叉口范围； (3)主线上设置交叉口警告标志； (4)支路设置减速标志、道路名称标志、鸣喇叭标志
K9＋930～K9＋980 （基本路段）	(1)路侧植被侵入路中，影响行车安全； (2)路肩高于路面，使得路面易积水	(1)修剪植被； (2)降低路肩高度，设计浅碟形排水沟

续上表

桩　　号	现状交通安全问题	改善措施
K9+980～K10+020 (交叉口范围)	(1)交叉口范围内无标志、标线,仅有示警桩; (2)主路右转弯有房屋遮挡,易造成视距不良	(1)主线设置交叉口警告标志; (2)支路设置道路名称标志、鸣喇叭标志
K10+180 (基本路段)	路右侧有土平台,易导致路侧排水不畅	(1)设计浅碟形排水沟; (2)与平台衔接处进行路肩硬化
K10+190～K10+210 (交叉口范围)	(1)交叉口支路一侧有杂物; (2)公交车站台距交叉口距离较近,容易造成行车危险; (3)无标志、标线、减速设施,仅有示警桩; (4)路肩无硬化,导致路侧排水不畅,积水严重	(1)及时清理杂物,保持道路清洁; (2)站台标志牌远离交叉口10m左右设置; (3)硬化路肩,设计浅碟形排水沟; (4)主线设置警告标志、减速带; (5)支路设置减速标志、道路名称标志
K10+210～K10+300 (基本路段)	(1)路侧树木侵入道路范围,影响行车安全,植被遮挡标志; (2)"注意儿童"标志距离学校过远	(1)注意修剪路侧植被、树木等; (2)调整标志距离
K10+300～K10+310 (交叉口范围)	(1)交叉口处无标志、标线; (2)支路无硬化导致主路污染严重; (3)支路一侧有房屋遮挡,使得支路左转视距不良	(1)主路设置交叉警告标志、鸣喇叭标志; (2)支路设置道路名称标志、鸣喇叭标志; (3)支路与主路接线处应进行路面硬化
K10+330～K10+350 (小学门口)	(1)小学门口标志、标线不齐全; (2)示警柱倒塌; (3)无警告标志、减速标志	(1)设置"注意儿童"标志、减速带和禁鸣喇叭标志; (2)修复毁坏交通设施
K10+350～K10+400 (基本路段)	(1)百米桩距道路边缘过近,影响行车安全; (2)道路路肩无硬化,影响车辆行车和路面排水	(1)调整百米桩位置; (2)进行路肩硬化,设计浅碟形排水沟
K10+400 (涵洞)	(1)附近无减速标志、警告标志; (2)涵洞两侧无防护设施	(1)设置减速标志、警告标志; (2)涵洞两侧设置防撞墩或护栏
K10+560～K10+570 (交叉口)	(1)交叉口范围内无标志、标线; (2)主线与支路接线处无硬化; (3)无减速设施	(1)主线设置交叉警告标志; (2)支路设置减速标志、道路名称标志; (3)在主线与支路接线处进行路面硬化

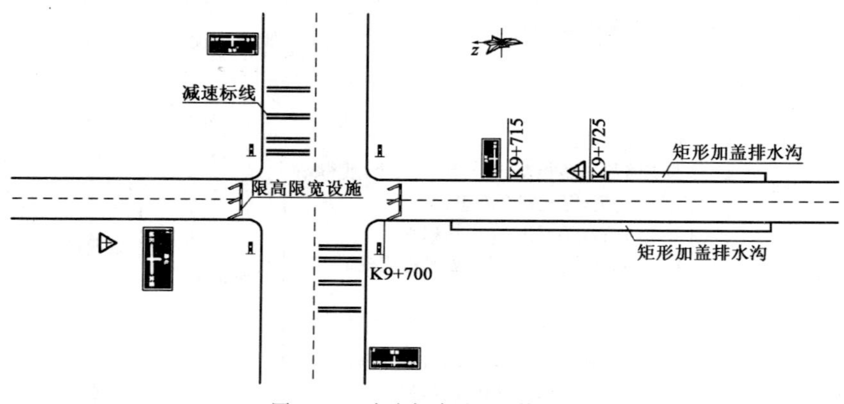

图 18-11　安全保障设施改善(一)

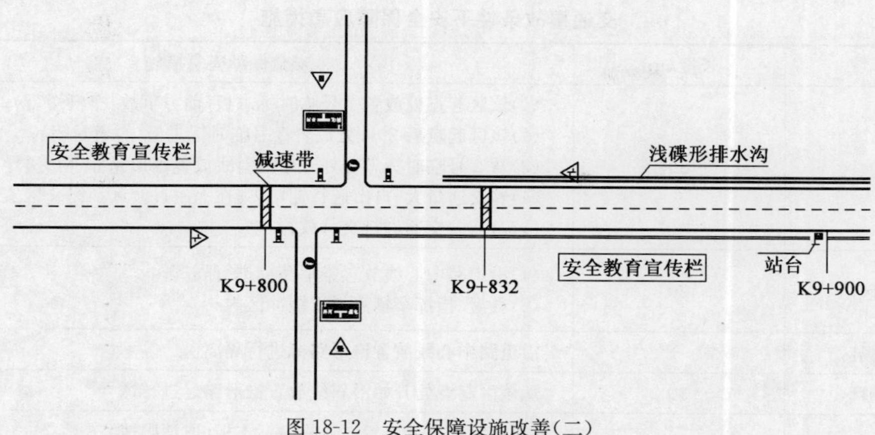

图 18-12　安全保障设施改善(二)

二、路面病害改善

1. 病害处治对策

(1)龟裂的处治

该路段龟裂裂块虽小,但裂区无明显变形且无集料散落,路面结构较为稳定,因此可采取乳化沥青稀浆封层法和沥青混合料罩面法进行处治。

(2)坑槽的处治

该路段路面基层完好,仅面层有坑槽,因此可以按照第十五章第四节中所研究的坑槽处治方法进行处治。

(3)松散的处治

该路段松散表现为细集料散失,路面形成麻面,但路面基层仍满足强度要求,因此属于轻度松散,可以按照第十五章第四节研究的松散处治方法进行处治。

2. 稀浆封层

由于该路使用年限较长,为提高路面的使用性能,延长道路使用性命,可在全路段采取稀浆封层技术进行养护处治。

三、路面结构应用

根据第十三章农村公路路面结构应用技术,并考虑到该道路上交通量的增长,选择适应于该道路路面类型为:16cm 水泥稳定碎石＋16cm 水泥稳定碎石＋4cm 沥青混凝土。

四、交通事故条件下改善措施

针对交通事故,对界河—姜屯线进行安全保障应急实例分析。安全保障应急实例情景假设如下:

上午 10:00 界河—姜屯方向 K10＋100 处发生交通事故,事故持续时间 45min,占用一条车道。基于交通事故各影响分区的安全保障应急措施见表 18-2,交通事故下交通安全设施设置如图 18-13 所示。

交通事故条件下安全保障应急措施　　表 18-2

区　域	长度(m)	安全保障应急措施
上游过渡区	50	(1)该区起点处放置 1 号临时标志板(前方事故,车辆慢行); (2)该区起点后 20m 处放置 2 号临时标志板(右道封闭); (3)从 2 号临时标志板处开始沿斜线放置锥形路标进行诱导; (4)若交通量大,自由通行拥堵,则在上游过渡区和终止区安排交通指挥人员,对双向交通进行交替放行
缓冲区	20	(1)沿道路中心线放置锥形路标进行隔离; (2)救援、指挥车辆停放于缓冲区内
事故现场区	—	沿道路中心线放置锥形路标进行隔离
下游过渡区	30	从该区起点处开始沿斜线放置锥形路标进行诱导
终止区	30	(1)该区终点处放置 3 号临时标志板(取消限速); (2)若交通量大,自由通行拥堵,则在上游过渡区和终止区安排交通指挥人员,对双向交通进行交替放行
交叉口	—	进入交叉口处放置 4 号、5 号临时标志板(前方事故,限宽 4m,超限请绕行)

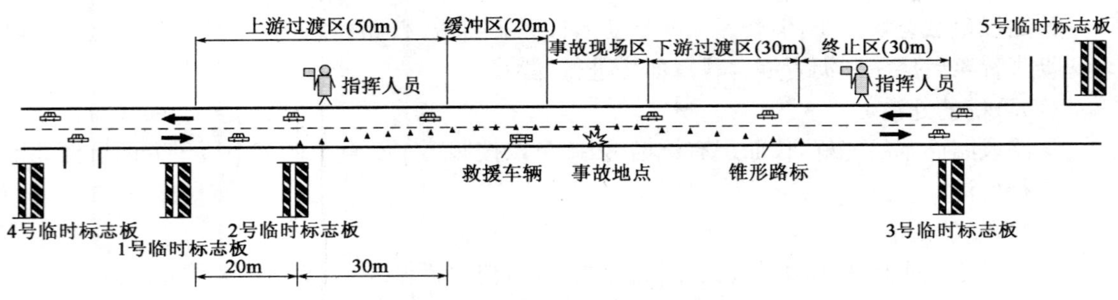

图 18-13　交通事故条件下交通安全设施设置示意图

五、人、车、路管理措施

针对界河—姜屯道路中存在的交通参与者交通安全意识淡薄、驾驶习惯差,车辆管理松懈以及缺乏道路管理等方面的问题,可以按照第十五章第三节研究提出的措施进行改善。

第五篇

农村公路养护管理集成应用平台

第十九章　系统总体设计

第一节　系统总体结构

一、基于三层 B/S 模式的体系结构

目前，软件体系结构主要有客户机/服务器(Client/Server，C/S)模式和浏览器/服务器(Browser/Server，B/S)模式两种。由于 C/S 模式存在效率低、可靠性差、维护困难、程序移植性差等弊端，因此集成应用平台采用基于三层 B/S 模式，体系结构如图 19-1 所示。

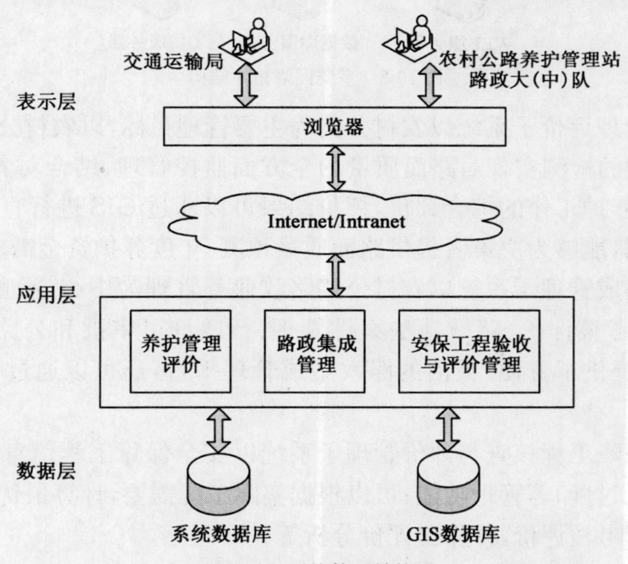

图 19-1　系统体系结构图

根据实际运行的需要，数据库服务器、GIS 服务器、WEB 服务器通过交换机相互连接，经过防火墙可以接入局域网或者互联网。相关各单位(农村公路路政管理大队和中队、农村公路养护处和养护站等)只要具备上网条件，就可以实现网络办公，从而进行农村公路管理的相关工作。在公路巡查、路政案件处理现场，路政人员可以使用 PDA 进行数据的录入、修改和查询等操作，提高了工作效率。系统网络拓扑结构如图 19-2 所示。

二、集成应用平台的系统组成

农村公路养护管理集成应用平台主要包括农村公路养护管理评价子系统、农村公路路政集成管理子系统、农村公路安全保障工程核查与评价管理子系统。这三个子系统既可以独立

运行，又有着内在联系，可以共享所有的地理基础信息、通知公告信息、路政单位信息等系统运行所必需的基础数据。

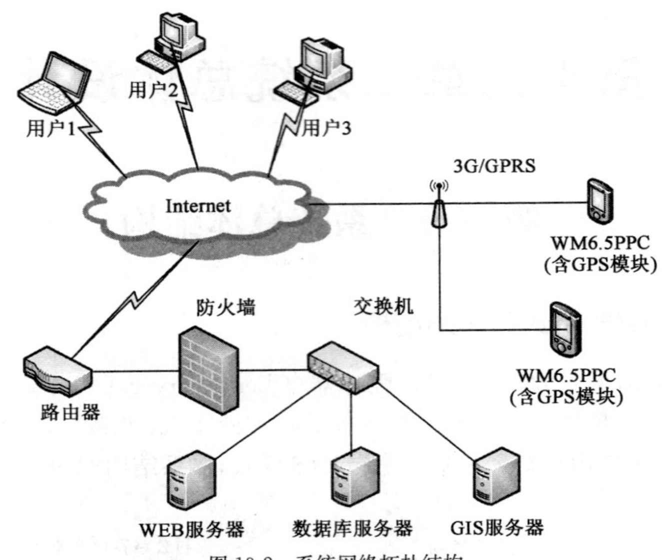

图 19-2　系统网络拓扑结构

农村公路养护管理评价子系统以农村公路为主要管理目标，以农村公路养护为中心，通过PCI、SCI等技术参数的检测实现对路面质量的全方面监控管理，结合对养护单位的日常工作监督，实现农村公路养护工作的综合评价，评价结果可以通过GIS进行直观展示。同时，利用采集的路面质量数据，能够为决策者提供路面质量预测、年度养护资金需求计算和分配等。

农村公路路政集成管理子系统以农村公路路政业务管理为中心，涵盖了路政设施管理和GPS定位、路政管理考核评价、路政执法案件管理、行政许可审批和公路巡查日志管理等功能，为路政管理人员提供了方便、灵活的路政集成管理平台，还可以通过PDA实现路政业务的现场办公。

农村公路安全保障工程核查与评价管理子系统以安全保障工程信息为基础，实现安全保障工程核查单的录入、打印等管理功能；可以根据实际工程需要，计算最优安全保障工程方案；对安全保障工程进行考核评价，并作出评价分析等。

第二节　系统概要设计

一、农村公路养护管理评价子系统

1. 指标体系管理

评价指标管理是系统维护的核心内容之一。评价指标管理共分为两部分，即评价区（县）管理处的指标体系和评价乡镇管理站的指标体系，两套指标相对独立。该模块实现两套指标体系中各级指标的分类添加、修改、删除等管理，同时支持每个指标权重的计算，并支持人工输入和修订（图19-3）。

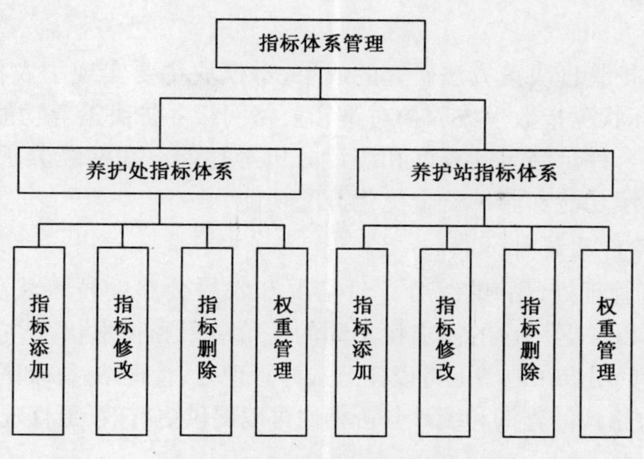

图 19-3　指标体系管理模块结构

2. 地理信息维护管理

地理信息模块主要实现全市所有农村公路养护管理相关的地理数据维护，包括养护处(站)、路段、学校、桥梁和村庄等地图信息的管理，为基于 GIS 的养护管理评价和统计提供基础。模块结构如图 19-4 所示。

3. 指标权重计算与确定

根据指标权重的计算方法，实现计算指标权重的功能。为了方便用户使用，还设计了人工确定权重功能，参照九级标度法和指数标度法的权重计算结果，可以进行权重的人工调整。在利用九级标度法和指数标度法计算权重时，由于各级指标及其子指标的数量不同，系统在设计时自动根据指标的数量进行自动生成表格的行列数，然后由操作员录入相应数据，系统会自动计算各级指标的权重。

4. 考核评价

考核评价模块的主要功能是完成对区(县)管理处、乡镇管理站指标体系评价分数的录入，以及养护管理的综合评价。其中 PCI 与 SCI 需要根据多次录入的抽样数据进行单独管理和计算；养护管理的综合评价主要根据研究成果中综合评价方法和评价流程设计。模块结构如图 19-5 所示。

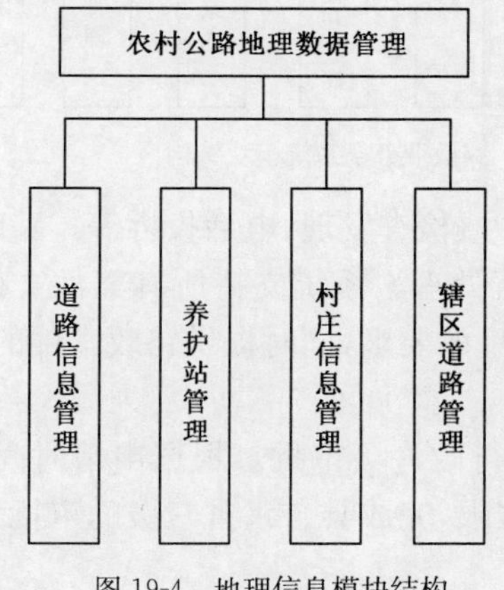

图 19-4　地理信息模块结构

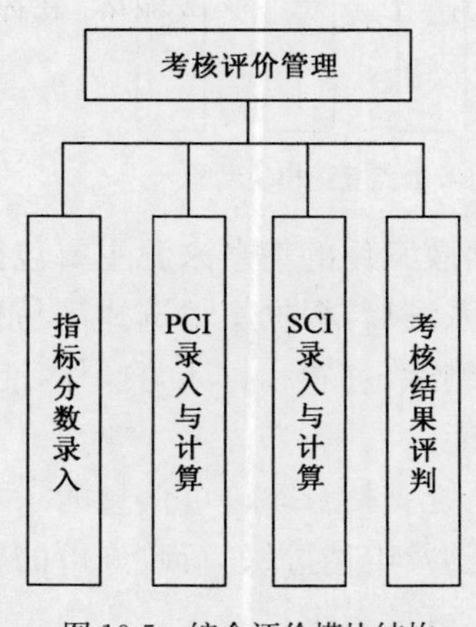

图 19-5　综合评价模块结构

5. 决策支持

根据农村公路养护管理决策方法研究的成果，本模块主要实现了农村公路路面性能评价和预测，根据路面损坏状况指数生成养护对策和公路网级养护决策等功能，同时为管理决策者提供各种评价模式综合评价结果的查询和统计分析等功能。在网级养护决策中，实现路网养护中各个路段养护排序功能和养护资金优化分配功能。

6. 基于 GIS 的评价及统计分析

利用 GIS 将所有管理处(站)的综合评价情况和农村公路的技术状况形象直观地在地图上展示出来。系统可以根据用户的需求将不同的评价结果和技术状况在相应道路上以不同的颜色加以显示和区分。用户在地图上可以任意选择管理处、管理站、行政区划和不同公路等信息进行查询和统计，与表格式的查询和统计分析相比可以提供更有效、更直观的展现和决策支持。

二、农村公路路政集成管理子系统

1. 公路登记

公路登记主要完成公路信息、公路附属设施信息的维护、查询等任务，包含公路信息维护、附属设施录入、附属设施维护、附属设施查询。模块结构如图 19-6 所示。

2. 路政业务

路政业务主要实现路政案件信息的录入和管理，执法处理流程管理(简易程序和一般程序)，路政案件信息的查询和统计，行政许可信息的录入和管理，行政许可信息的查询和统计等功能。模块结构如图 19-7 所示。

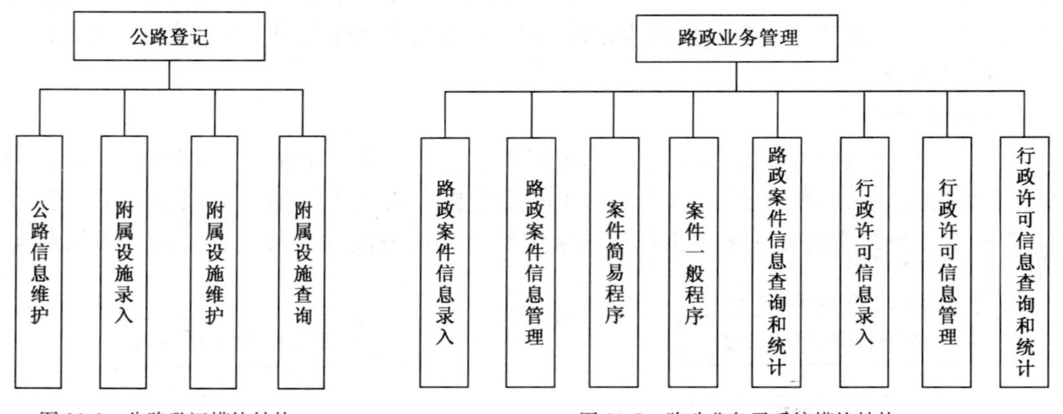

图 19-6　公路登记模块结构

图 19-7　路政业务子系统模块结构

(1)路政案件的信息来源主要包括群众举报、上级交办、检查发现、电话投诉等。路政案件信息录入系统后，根据案情选择简易程序或一般程序进行处理。系统支持所有案件文档的录入、修改、删除、查看和打印等操作，能够满足在线案件处理的要求，同时提供路政案件的查询、统计等功能。

(2)系统支持行政许可信息的录入和管理，进行在线行政许可审批。根据申请时间段、申请所属区县及申请等级，行政许可的要求及用户的不同权限，完成县、市、省三级的审批意见录入，即完成审批操作。

3. 公路巡查

公路巡查主要实现公路巡查日志的录入、管理、查询、统计和分析等。模块结构如图19-8所示。

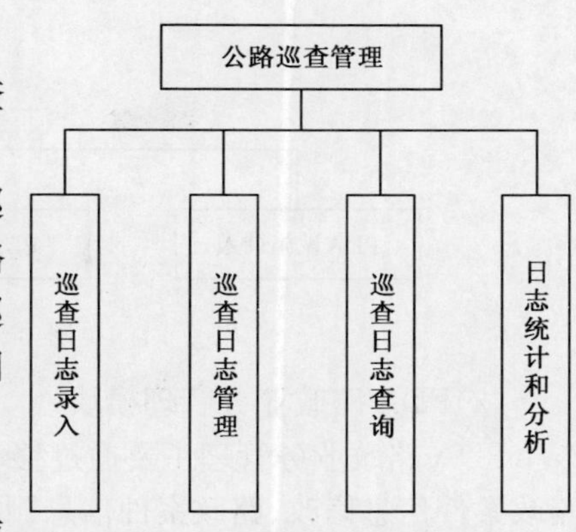

图19-8　公路巡查子系统模块结构

路政大队(中队)都需要开展定期公路巡查,每次巡查完毕后,要求将巡查情况录入系统,主要包括巡查路段、起点、终点、里程等信息。可以按照区县、时间段、巡查人等进行公路巡查日志的查询,还可以按照区县、时间段、巡查人等进行信息统计。

4. 考核评价

考核评价主要包括考核评价大队、考核评价中队、评价分数查询、大队评价排名、中队评价排名等功能,完全满足路政管理评价系统的需求。模块结构如图19-9所示。

通过录入得分,根据理论研究成果,对路政大队或者路政中队的路政管理工作进行评价,计算出每个单位的综合排名结果和各个大类指标的排名结果,为管理决策者提供决策支持功能。

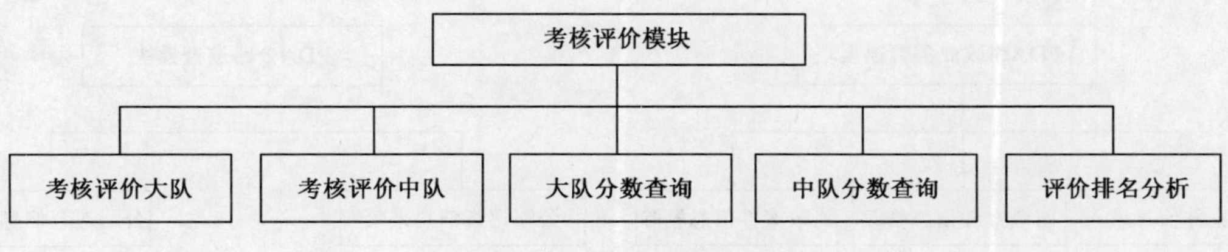

图19-9　考核评价模块结构

5. 信息统计

信息统计主要包括执法案件按年度对比、执法案件按区间对比、执法案件按来源统计、行政许可统计、公路巡查统计、路政大队巡查率、路政中队巡查率、公路信息统计和附属设施统计等功能,满足路政管理评价系统的统计需求。

6. 基于GIS的查询和浏览

基于GIS的查询和浏览主要包括基础信息浏览、公路巡查浏览、考核排名浏览等,结合GIS系统在电子地图上展现出相应的数据。

7. PDA管理

PDA管理是通过手持移动终端实现对公路路政的管理。其主要功能包括:基于PDA的公路登记、路政业务、公路巡查、PDA定位、查询统计和GIS查询功能。

(1)PDA公路登记管理模块

PDA公路登记管理模块主要完成通过移动终端PDA采集和查询公路附属设施信息的功能,包括附属设施录入、修改、删除和查询等功能。其中附属设施位置的经纬度数据通过PDA的内置GPS模块自动获取,设施照片通过PDA摄像头采集后上传至服务器。公路登记管理模块的主要功能如图19-10所示。

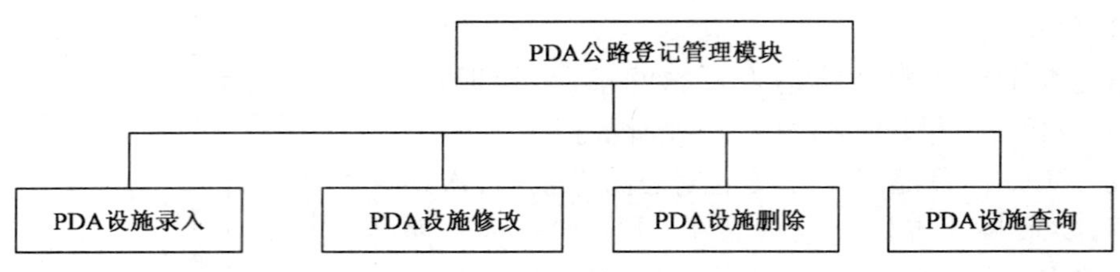

图 19-10　PDA 公路登记管理模块结构

(2)PDA 路政业务管理模块

PDA 路政业务管理主要通过移动终端 PDA 完成路政案件信息录入、简易程序行政处罚、路政案件信息修改、路政案件信息删除、路政案件信息查询和统计等功能。其中案件位置的经纬度数据通过 PDA 的内置 GPS 模块自动获取，案件现场照片通过 PDA 摄像头采集后上传至服务器。PDA 路政业务管理模块的主要功能如图 19-11 所示。

(3)PDA 公路巡查模块

PDA 公路巡查模块主要通过移动终端 PDA 完成公路巡查信息的采集和查询功能。其中巡查路线的经纬度数据通过 PDA 的内置 GPS 模块自动获取。PDA 公路巡查管理模块的主要功能如图 19-12 所示。

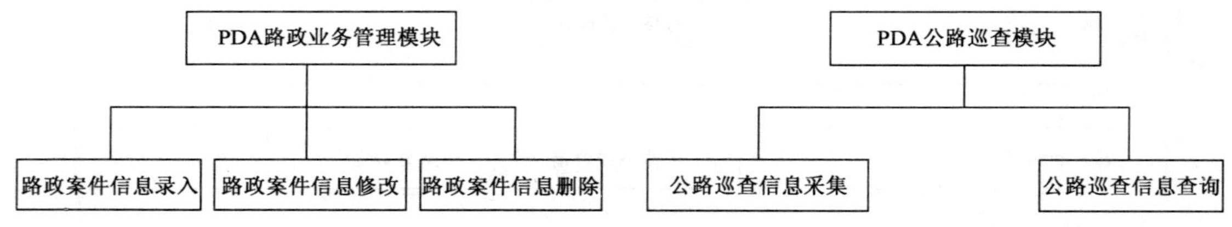

图 19-11　PDA 路政业务模块结构

图 19-12　PDA 公路巡查模块结构

(4)PDA GPS 定位模块

PDA GPS 定位模块主要通过移动终端 PDA 完成路巡人员信息采集和位置定位功能。其中路巡人员位置的经纬度数据通过 PDA 的内置 GPS 模块自动获取。PDAGPS 定位模块的主要功能如图 19-13 所示。

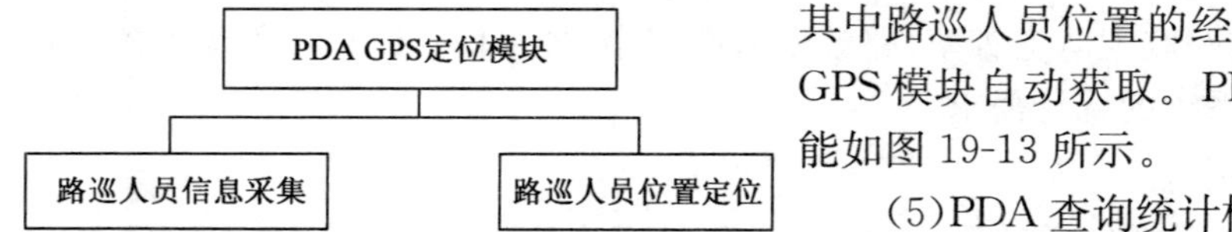

图 19-13　PDA GPS 定位模块结构

(5)PDA 查询统计模块

PDA 查询统计模块主要通过移动终端 PDA 完成路政巡查、附属设施、执法案件、行政许可、指标评价值的统计查询功能。PDA 路政查询统计模块的主要功能如图 19-14 所示。

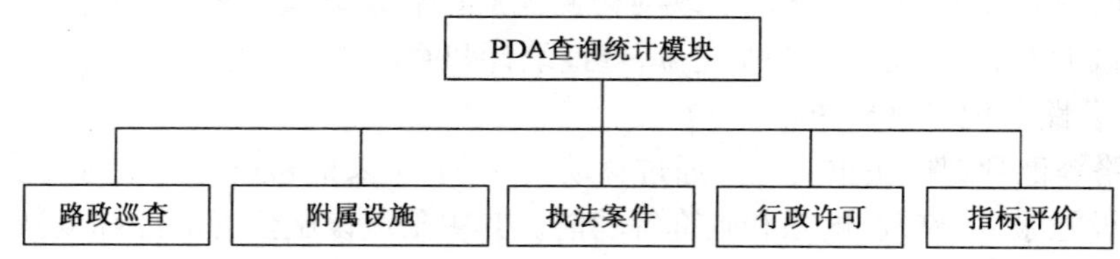

图 19-14　PDA 查询统计模块结构

(6)GIS 查询模块

GIS 查询模块主要完成通过移动终端 PDA 加载山东省枣庄地图，实现 GPS 定位、地图漫游、地图基本操作等功能。

三、农村公路安全保障工程核查与评价管理子系统

1. 安全保障工程管理

安全保障工程管理主要完成安全保障工程的录入、查询、修改等功能。管理的信息包括工程名称、地点，开工日期、竣工日期、负责人、施工单位等信息。

2. 安全保障工程核查

实现农村公路安全保障工程核查清单子系统的主要功能是安全保障清单填写、填写结果统计、下载及打印功能。其主要包括以下功能模块。

(1)安全保障工程核查单录入：完成安全设施适用性、路测宽容适应性、路面结构适应性、路面病害处理等 14 个清单的录入操作。

(2)安全保障工程核查单维护：完成前面录入的 14 个清单的修改管理。

(3)核查单查询与打印：完成前面录入的 14 个清单的查询与打印。

(4)核查表格下载：完成所有核查清单的查找、导出、打印等功能。

(5)核查报表统计：可以根据任意时间、区间，分别统计各个区县每种清单的数量。

3. 安全保障工程方案选择

用户从预先设定的 9 个中间层指标中选择参与评判的中间层指标，根据用户选择的方案个数，计算分析各个方案的合成权重，最后根据权重选择最佳方案。

4. 安全保障工程评价

考核评价主要包括考核评价、评价分数查询、评价结果分析等功能，完全满足安全保障工程评价系统的需求。

第二十章　数据库设计

第一节　概念结构设计

数据库设计一般分为需求分析、概念结构设计、逻辑结构设计、物理结构设计和数据库实施等多个阶段。其中概念结构设计将需求分析阶段得到的用户需求抽象为概念模型，是整个数据库设计的关键；逻辑结构设计主要是将概念结构转换为具体数据库管理系统所支持的逻辑结构，是非常重要的设计阶段。下面主要介绍系统的数据库概念结构设计和逻辑结构设计。

一、农村公路养护管理评价子系统

农村公路养护管理评价子系统中涉及的实体主要是被考核评价的管理处(站)、其辖区内的道路、评价指标信息，指标与单位具有一对多的联系。该系统总体 E-R 图如图 20-1 所示。与系统中养护管理处(站)实体有联系的主要实体对象有农村公路、养护人员、养护管理指标体系等信息。管理处(站)的养护人员负责养护本辖区内的农村公路，所有的管理处(站)拥有同一套评价指标体系，其子 E-R 图如图 20-2 所示。其他部分的子 E-R 图由于篇幅关系不再详述。

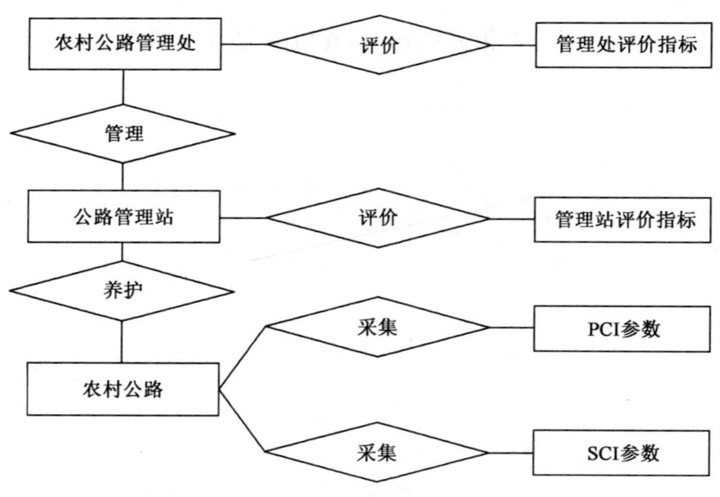

图 20-1　农村公路养护管理评价子系统总体 E-R 图

二、农村公路路政集成管理子系统

农村公路路政集成管理子系统中涉及的实体主要是被考核评价的路政大队、路政中队及其辖区内的农村公路、附属设施、路政业务、公路巡查、评价指标体系信息，前者具有管理与被管理的联系，单位与指标相互之间是多对多的联系。通过评价指标体系中的考核指标，考核评价各路政大队和路政中队的路政管理水平。该系统总的 E-R 图如图 20-3 所示。

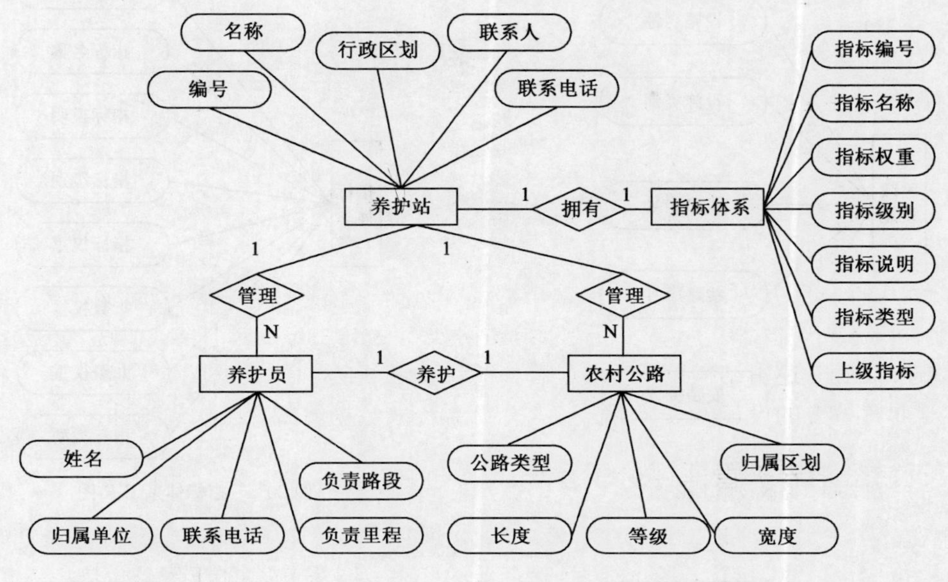

图 20-2　管理站子 E-R 图

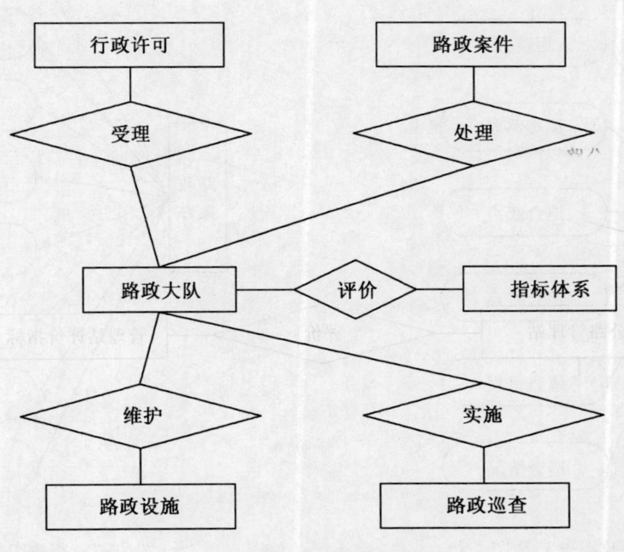

图 20-3　系统 E-R 结构图

根据路政管理的需求，分析路政设施的实体包括设施名称、设施类别、线路编号、线路序号、安装位置等属性；考核指标包括指标编号、指标名称、指标说明、指标级别、指标权重等属性；路巡日志包括巡查时间、巡查人、巡查路段、巡查起点、巡查终点、巡查里程等属性；路政案件包括案件名称、案件类型、案件时间、路段位置、案件来源、当事人姓名、单位名称、联系方式等属性。路政设施、指标体系、路政巡查、路政案件实体的 E-R 图分别如图 20-4～图 20-7 所示。

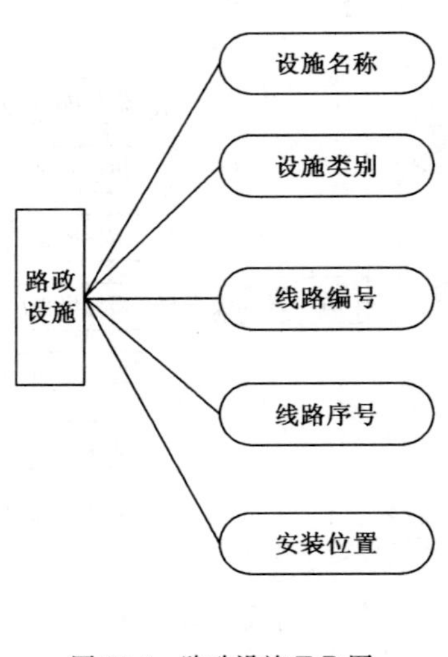

图 20-4　路政设施 E-R 图

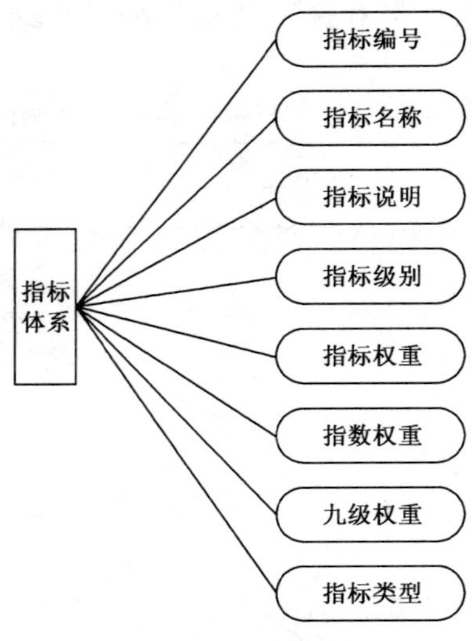

图 20-5　指标体系 E-R 图

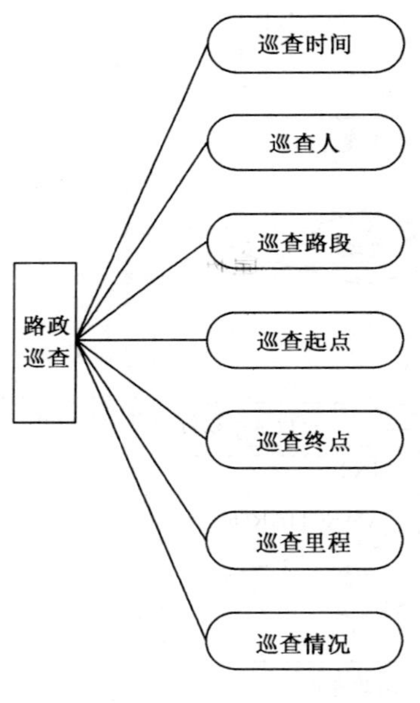

图 20-6　路政巡查 E-R 图

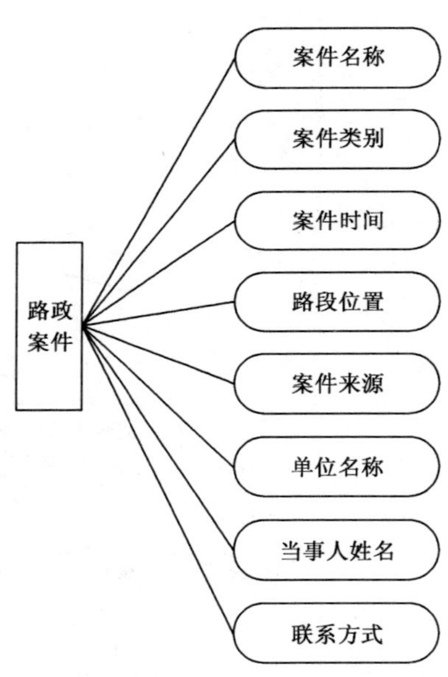

图 20-7　路政案件 E-R 图

三、农村公路安全保障工程核查与评价管理子系统

农村公路安全保障工程核查与评价管理子系统中涉及的实体主要是被考核评价的安全保障工程、核查清单、评价指标体系信息，安全保障工程与指标相互之间是多对一的联系。通过评价指标体系中的考核指标，考核评价安全保障工程的核查满意程度。

第二节　逻辑结构设计

逻辑结构设计的任务就是把概念设计阶段设计好的 E-R 图转换为与具体 DBMS 产品支持的逻辑结构，即将实体、实体的属性和实体之间的联系转换为关系模式。

一、农村公路养护管理评价子系统

农村公路养护管理评价子系统共设计了 18 个必需的二维表，各表的主要功能如表 20-1 所示。

系统数据表　　表 20-1

序号	名称	序号	名称
1	地图数据库[包括养护处(站)、路段、学校、桥梁和村庄]	10	区县评价结果信息表
2	区县农村公路管理处指标信息表	11	乡镇评价结果表
3	乡镇农村公路管理站指标信息表	12	PCI 表(沥青)
4	用户表(操作员)	13	PCI 表(水泥)
5	评价设置表	14	SCI 表
6	行政区划表(养护处表)	15	SCI 权重表
7	公路管理站表	16	PCI 权重(水泥)
8	管理站负责路段表	17	通知信息表
9	公路养护人员表	18	评价结果等级表

指标体系分为区县管理处和乡镇管理站，其逻辑结构相同；相关属性包括指标编号、名称、权重等信息。区县指标信息表如表 20-2 所示。

区县指标信息表　　表 20-2

序号	字段说明	数据类型
1	指标序号(自动编号)	INT
2	指标编号	VARCHAR(6)
3	指标名称	VARCHAR(50)
4	指标说明	VARCHAR(200)
5	上级指标编号	VARCHAR(6)
6	指标级别(1、2、3)	INT
7	满分分数	INT
8	指标权重(计算用)	FLOAT
9	指标权重(九级)	FLOAT
10	指标权重(指数)	FLOAT
11	同级别中排序用	INT
12	指标类型	VARCHAR(1)

评价设置表为系统的各种评价提供时间安排，包括评价适用对象、评价开始时间与结束时间等信息。每次考核评价必须先选择相应的评价设置，否则无法开始评价。详细内容如表20-3所示。

评 价 设 置 表　　表20-3

序　号	字 段 说 明	数 据 类 型
1	序号	INT
2	评价对象(区县、乡镇)	VARCHAR(1)
3	评价年度	VARCHAR(4)
4	评价开始月份	INT
5	评价截止月份	INT
6	打分开始时间	DATETIME
7	打分截止时间	DATETIME
8	是否允许查分	VARCHAR(1)
9	备注	VARCHAR(100)

评价结果信息表主要为了保存所有指标的考核评价结果信息(PCI、SCI等信息在单独数据表中保存)，包括三级指标的编号、权重，以及一级、二级指标的编号与权重等信息。评价结果信息表如表20-4所示。

评价结果信息表　　表20-4

序　号	字 段 说 明	数 据 类 型
1	顺序编号	INT
2	评价设置序号	INT
3	被评价单位编号	VARCHAR(20)
4	被评价三级指标编号	VARCHAR(6)
5	三级指标权重	FLOAT
6	被评价二级指标编号	VARCHAR(6)
7	二级指标权重	FLOAT
8	被评价一级指标编号	VARCHAR(6)
9	一级指标权重	FLOAT
10	评价分数	FLOAT
11	评价人编号	VARCHAR(10)
12	评价时间	DATETIME

二、农村公路路政集成管理子系统

农村公路路政集成管理子系统共设计了81个必需的数据表，包括村庄表、道路表、附属设施表、路政大队表、路政中队表、评价设置表、指标信息表、权重信息表、路巡日志表、路政案件表、34个路政案件相关文书表、操作用户表、通知公告表等。

其中指标体系分为路政大队和路政中队，其逻辑结构相同；相关属性包括指标编号、名称、权重等信息。指标的表逻辑设计与养护子系统类似，此处不再赘述。

评价设置表为系统的各种评价提供时间安排，包括评价适用对象、评价开始时间与结束时间等信息。每次考核评价必须先选择相应的评价设置，否则无法开始评价。

评价结果信息表主要为了保存所有指标的考核评价结果信息，包括三级指标的编号、权重，以及一级、二级指标的编号与权重等信息。

路政案件信息表存储一般程序、简易程序处理的路政案件信息，案件来源可以是检查发现、群众举报等多种途径。该表中包含了案件发生的时间、地点、人员等信息，还可以记录案件的处罚结果。路政案件信息表如表20-5所示。

路政案件信息表　　表20-5

序　号	字段说明	字段类型	备　注
1	案件编号	VARCHAR(20)	
2	案件类别	VARCHAR(50)	
3	案件名称	VARCHAR(100)	
4	案件时间	DATETIME	
5	案件性质	VARCHAR(1)	简单程序/一般程序
6	路段编号	VARCHAR(20)	
7	路段位置	VARCHAR(100)	(km+m)
8	所属区县	VARCHAR(20)	
9	区县编号	VARCHAR(10)	
10	案件描述	TEXT	
11	案件来源	VARCHAR(40)	
12	当事人姓名	VARCHAR(10)	
13	当事人性别	VARCHAR(2)	
14	身份证号	VARCHAR(20)	
15	公民电话	VARCHAR(20)	
16	当事人单位	VARCHAR(50)	
17	当事人职务	VARCHAR(20)	
18	当事人地址	VARCHAR(50)	
19	当事人邮编	VARCHAR(6)	
20	车号	VARCHAR(20)	
21	车型	VARCHAR(20)	
22	驾驶证号	VARCHAR(20)	
23	组织名称	VARCHAR(50)	
24	组织法人	VARCHAR(10)	
25	组织地址	VARCHAR(50)	
26	组织电话	VARCHAR(20)	

续上表

序　号	字段说明	字段类型	备　注
27	罚款金额	MONEY	
28	操作员	VARCHAR(10)	来自用户表
29	审查结果	VARCHAR(1)	0 待审/1 通过/2 未通过
30	状态标志	VARCHAR(1)	0 未结案/1 结案/2 作废
31	图片	VARCHAR(50)	
32	图片	VARCHAR(50)	
33	图片	VARCHAR(50)	

行政许可申请表包含申请人的基本信息以及申请的内容，逻辑设计如表 20-6 所示。

行政许可申请表　　表 20-6

序　号	字段说明	数据类型	备　注
1	申请书编号	VARCHAR(30)	
2	申请人姓名	VARCHAR(30)	
3	申请人住址	VARCHAR(200)	
4	申请人邮编	VARCHAR(20)	
5	申请人电话	VARCHAR(20)	
6	申请人手机	VARCHAR(20)	
7	申请人邮箱	VARCHAR(30)	
8	申请人传真	VARCHAR(20)	
9	代理人姓名	VARCHAR(30)	
10	代理人电话	VARCHAR(50)	
11	申请内容	VARCHAR(1000)	
12	所属区县	VARCHAR(200)	
13	路段编号	VARCHAR(100)	
14	材料目录	VARCHAR(1000)	
15	申请时间	DATETIME	
16	录入员	VARCHAR(20)	
17	案件编号	VARCHAR(30)	

行政许可审批控制表记录了行政许可的县、市、省三级审批控制，包括各级的处理意见、审批人、审批时间等信息，如表 20-7 所示。

行政许可审批控制表　　表 20-7

序　号	字段说明	数据类型	备　注
1	许可编号	VARCHAR(100)	
2	许可类别	VARCHAR(50)	五大类
3	许可名称	VARCHAR(200)	

续上表

序　号	字段说明	数据类型	备　注
4	许可时间	DATETIME	
5	申请人	VARCHAR(30)	
6	县级部门编号	VARCHAR(30)	
7	县级意见	BOOL	0 未通过/1 通过/2 未审批
8	县级经办人	VARCHAR(20)	
9	县是否上报	BOOL	1 是/0 否
10	经办时间	DATETIME	
11	市级部门编号	VARCHAR(30)	
12	、市级意见	VARCHAR(1)	0 未通过/1 通过/2 未审批
13	市级经办人	VARCHAR(20)	
14	市是否上报	BOOL	1 是/0 否
15	经办时间	DATETIME	
16	省级部门编号	VARCHAR(30)	
17	省级意见	VARCHAR(1)	0 未通过/1 通过/2 未审批
18	省级经办人	VARCHAR(20)	
19	经办时间	DATETIME	
20	备注	VARCHAR(500)	
21	附件	VARCHAR(30)	
22	许可状态	VARCHAR(1)	0 未通过/1 通过/2 未审批

三、农村公路安全保障工程核查与评价管理子系统

农村公路安全保障工程核查与评价管理子系统必需的数据表包括评价设置表、指标信息表、权重信息表、安全保障工程项目表、所有的核查清单表、用户表、通知公告表等。

第二十一章　系统详细设计与实现

第一节　系统实现技术

本系统选择微软的 Visual Studio . NET 2005 作为开发平台，Oracle10 为系统提供数据库支持，ArcGIS 9 作为 GIS 平台。系统软件结构如图 21-1 所示。

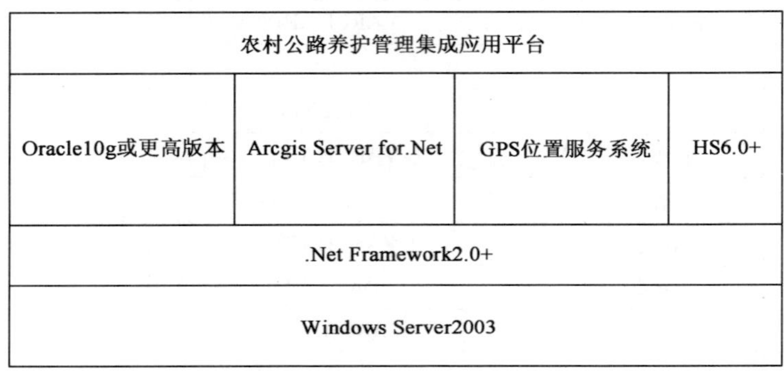

图 21-1　系统软件结构

一、.Net 技术

. Net 作为一个先进的开发平台，使开发人员创建和运行 Web 应用程序更加容易，创建稳定、可靠而又安全的桌面应用程序也更快捷。ASP. Net 是. Net FrameWork 的组成部分之一，是一种建立在通用语言上的程序构架，同时支持 C#、VB 等多种开发语言，用于建立强大的 Web 应用程序，在服务器上首次运行时进行编译，使执行效率大幅提高。ASP. Net 是完全面向对象的，代码和页面分离(Code-Behind)的技术使表示层和实现层分离，不但提高了开发效率，而且更容易实现一些高难度的控制。ASP. Net 提供了完备的安全性控制，可以采用 Windows、Form、成员角色等方式对用户进行身份验证和授权管理。

二、数据库技术

Oracle 为用户提供了一个更安全可靠和更高效的数据管理平台，具有操作简单、功能齐全的特点，是真正的客户机/服务器体系结构。Oracle 具有图形化用户界面，使系统管理和数据库管理更加直观、简单，而且其具有丰富的编程接口工具，为用户进行程序设计提供了更大的选择余地。Oracle 的安全性达到了前所未有的强大水平，在. Net 环境中可以最大限度地发挥其性能。无论是开发人员还是数据库管理员，Oracle 都可以提供完美的解决方案。

三、GIS 与 PDA 技术

GIS 即地理信息系统(Geographic Information System),经过了多年的发展,到今天已经逐渐成为一门相当成熟的技术,并且得到了极广泛的应用。尤其是近些年,GIS 更以其强大的地理信息空间分析功能,在 GPS 及路径优化中发挥着越来越重要的作用。GIS 地理信息系统是以地理空间数据库为基础,在计算机软硬件的支持下,运用系统工程和信息科学的理论,科学管理和综合分析具有空间内涵的地理数据,以提供管理、决策等所需信息的技术系统。利用 GIS 技术对农村公路进行养护管理,在技术上具有其他系统不可比拟的优越性。

PDA(Personal Digital Assistant)即个人数码助理,一般是指掌上电脑。相对于传统电脑,PDA 的优点是轻便、小巧、可移动性强,同时又不失强大的功能。在无线传输方面,大多数 PDA 具有红外和蓝牙接口,以保证无线传输的便利性。许多 PDA 还能够具备 Wi-Fi 连接以及 GPS 全球卫星定位系统,现在的 PDA 大多支持 3G 网络传输,故可轻松灵活地实现数据的远距离传输。

第二节　公共信息维护管理

一、地理信息维护管理

地理信息维护功能,主要分为区(市)农村公路养护处、乡镇管理站、路政大中队和道路等对象的地理信息维护。根据实际情况,信息维护可分为两种:一种是根据选中项目和对象逐项维护;另一种是将数据批量导入。以第一种为例,假如要维护区(市)农村公路养护处的基本地理信息,首先打开列表,选择要维护的区(市)农村公路养护处进入维护,录入或修正经济状况、地质状况、地理条件、冻土深度(m)、管理体制、养护标准等各种信息,其中县道、乡道、村道的里程数由后台数据库自动计算得到,不由人工录入,以保证数据与地图数据的一致性。修改完成后,使用命令 UPDATE 更新数据库相关数据表。由于经济状况、地质状况等信息均为大量文字信息,而数据更新命令 UPDATE 中的值不能包含单引号,数据信息不能超过字段最大长度,所以保存前要对数据进行预处理,保证保存时命令能正常运行。

上面的判断可以利用自编函数实现判断与转换,如设置转换不规则符号,并截去超长部分,可用函数 JScript. get_substr(T_MINGCHENG. Text, 50)完成。判断数值型数据是否有效,同时设置小数点位数,可用函数 JScript. StringToNumeric 完成。如判断输入的路面宽度是否有效,代码如下:

```
flag = JScript. StringToNumeric(JScript. GetTRDValue(N_LUMIANKD), 12, 2);
if  (flag. Contains("数值"))
   {
JScript. Alert("输入错误,路面宽度的" + flag + ",请修正后再试!");
        return;
   }
else
```

sql1 = sql1 + ",LUMIANKD=" + flag;

可以通过选择所在的乡镇、公路类型、公路名称等内容进行模糊查询与检索,内容较多时,系统自动分页。找到相关公路信息后,可点击对应的详细信息按钮进行查看与维护,也可以点击相应的按钮在地图上定位。

二、数据库操作类功能的实现

创建 DataBaseMgr 类,将数据库连接功能定义到静态方法中(不需创建对象而直接调用),其头部定义为 public static SqlConnection getConn( ),在此方法中完成数据库的连接打开,并返回连接对象。

常用的数据库插入、查询、修改、删除操作分别定义在各自的静态方法中。每个方法有一个需要执行的 SQL 语句作为形参。对于查询功能,方法的返回值为 DataSet 类型,方法头部定义如下:

```
public static DataSet ExecuteQuary(String sql)   //执行查询语句,返回记录集
```

对于插入、修改、删除等功能,方法的返回值为执行语句所影响的记录数

```
public static int ExecuteUpdate(String sql)   //执行更新类语句,返回记录数
```

DataBaseMgr 类中另一个重要方法是用于用户登录验证的 public static boolean CheckLogin(string xm,string pwd)。其他需要在数据控件上绑定的各类数据,都在 DataBaseMgr 类中预先定义,尽可能减少页面模块中的代码量。

三、评价指标的管理

本软件系统支持任意级别的指标管理,用户可以根据需要添加、修改、删除指标信息(已经有评价分数的指标不允许删除)。

在用户管理界面上使用.Net 中的 TreeView 控件,灵活地实现了指标的各种功能需求。指标树的管理原理是先初始化树根,然后利用树的遍历算法从数据库中找出每一个子类,并将子节点添加到树中。主要设计方法有以下两个:

```
public void InitTreeView( )      //初始化树根
{         treeZhiBiao.Nodes.Clear( );
          TreeNode root = new TreeNode( );
          root.Text = "所有指标";
          root.Value = "000000";
          treeZhiBiao.Nodes.Add(root);
          this.AddChildNode(root);
}
```

在有了“树根 root”后,定义一个递归的方法,将查询出来的所有指标遍历,添加到指标树中。

```
public void AddChildNode(TreeNode parNode)///添加子节点
{ //dt 中存有所有的指标信息
    for  (int i = 0; i < dt.Rows.Count; i++)
```

```
        { if  (dt.Rows[i]["sjbh"].ToString(  ) == parNode.Value)
            { TreeNode chNode = new TreeNode(  );
              chNode.Text = dt.Rows[i]["zbmc"].ToString(  );
              chNode.Value = dt.Rows[i]["zbbh"].ToString(  );
              parNode.ChildNodes.Add(chNode);
              this.AddChildNode(chNode); }
        }
    }
```

四、指标权重计算与确定

系统指标体系分为评价区县养护处和评价乡镇养护站两套指标，每次计算指标权重时均要选择相应的指标体系。

利用九级标度法和指数标度法计算权重时，需要根据不同专家对指标重要性的不同判定结果进行计算，最后求取平均值。因此，在后台数据库中要保存有以下数据：时间、指标体系、计算方法（九级或指数）、指标级别、指标编号、上级指标、专家姓名、与每个同类指标的重要性对比值、最终权值、该指标权重是否有效。每次计算平均权重时，要过滤掉不符合标准的权重组。当输入时间后，可以调取历史保存的打分值，然后对相关值进行修改、删除或新增。九级标度法和指数标度法的输入数据有着直接的关系，九级标度法 1～9 级对应指数中e0/5～8/5，因此计算时可只输入九级度，自动计算出相应的指数标权重，不但可以减少输入，还可增加两种方法的直观对比。

由于每一级指标的数量不确定，因此后台在生成表格时自动计算出指标数的多少，动态形成相关行列数。主要代码如下：

(1)首先判断是否为标题行，然后根据实际指标数去除多余列。

```
i = 15-Convert.ToInt16("0" + JScript.GetTRDValue(Ths));
    k = Convert.ToInt16("0" + Ths.Text.ToString(  ));
for (int j = 0; j < i; j++)
    tcHeader.RemoveAt(k + 3);
    tcHeader[k + 4].Text = Convert.ToString(k) + "次方根";
```

(2)判断是否为数据列，删除无效列，并设置相关显示格式。

```
i = 15-Convert.ToInt16("0" + Ths.Text.ToString(  ));
k = Convert.ToInt16("0" + Ths.Text.ToString(  ));
((TextBox)(e.Row.FindControl("tb_zbbh"))).Attributes.Add("style", "text-align:center");
  for (int j = 1; j <= 8; j++)
  {
    ppp = "tb_s10" + Convert.ToString(j);
    t_abc = (TextBox)(e.Row.FindControl(ppp));
    t_abc.Attributes.Add("style", "text-align:right");
```

```
    JScript.EditProperty(0, t_abc);
  }
for (int j = 0; j < i; j++)     tcHeader.RemoveAt(k + 3);
```

每次输入完成后，可以点击计算当前权重，查看该输入是否有效，根据不同情况进行保存、修改或删除，最后可以将本组专家数据平均后更新到相应指标的九级权重和指数权重中。操作员可以参照以上两种权重，根据需要对不同指标的权重进行微调，填放到人工调整权重中，得到更加合理的指标权重体系，也可以直接选取某一种权重结果作为人工调整后的权重直接使用。

五、工具类功能的实现

系统中用到的密码变换、文件上传等功能被封装在工具类 Tools 中，下面分别介绍其实现方法。

1. 密码转换

根据安全策略的要求，数据库中密码不能明文存储，这里定义了一个方法为 public static string Md5(string s)，在此方法中利用.Net 中提供的 FormsAuthentication 类的 HashPasswordForStoringInConfigFile(s, "MD5")方法完成密码的 MD5 变换功能。

2. Word 文档存入数据库

工具类中的 public bool upLoadWord (HttpPostedFile hpf,string sql)方法实现将各种规章制度等 Word 文档保存到数据库中的功能。实现原理是首先用 FileStream 类将文档内容读入到字节型数组中，SqlParameter 参数执行保存操作。

3. Excel 文件导入

本系统需要多部门的相互协作，有大量的数据需要交流、共享，而普通的数据录入不能完全满足要求，因此需要具备 Excel 数据导入功能。为了具备通用性，定义的方法有两个参数，分别是文件对象和字段数量。头部定义为 public static DataSet upLoadExcel(HttpPostedFile hpf,int countcol)。该方法中首先要判断文件的扩展名是否是 xls，文件大小是否为 0；然后利用 System.IO 中的文件操作类，保存到服务器目录，方法为 hpf.SaveAs(filePath)；最后使用 System.Data.OleDb 中的数据操作类读取 xls 中的数据并写入 DataSet 对象。读取操作如下所示：

```
OleDbConnection con = new OleDbConnection("Provider=
Microsoft.Jet.OLEDB.4.0;Extended    Properties=Excel    8.0;Data  Source ="+
HttpContext.Current.Server.MapPath("..\\upload\\" + sFileName));
OleDbDataAdapter da = new OleDbDataAdapter(@"select * from [Sheet1$]", con);
```

取得返回的 DataSet 对象后，再循环读取其中的记录并存入相关数据表。

4. 日期选择

系统操作中的日期必须保证合法性，手动输入不但容易出错，还需要增加相应的检测功能。因此本系统采用了 JavaScript 与 ASP.Net 相结合的模式实现日期的选择输入。基本原理是首先做一个显示日历的 aspx 页面备用，然后在 Page_Load 方法中为准备输入日期的 TextBox 对象上增加下面属性：

```
txtriqi.Attributes.Add("onclick", "SelectDate(this,this.id)");
txtriqi.Attributes.Add("readonly", "readonly");
```

参数中的方法则是在 aspx 文件中定义 javascript 代码。用户点击文本框就可以执行 SelectDate,并打开定义好的日历文件。

```
function SelectDate(obj,tvalue) //部分代码略
{ var reValue=window.showModalDialog("calendar.aspx",obj1);
document.forms[0].elements[tvalue].value=reValue; }
//打开模式对话框,并将返回值送给文本框对象
```

5. 矩阵相乘的实现

由于系统计算评价结果需要多次进行矩阵运算,为此设计和实现了一个通用的计算方法。该方法接受任意长度的两个二维数组作为参数,计算结果返回一个二维数组,具有很强的通用性。

计算原理如下:

```
public static double[ ][ ] multiShuZu(double[ ][ ] m1, double[ ][ ] m2)
    {  double[ ][ ] result = new double[m1.Length][ ];
        for (int m = 0; m < result.Length; m++)
        {  result[m] = new double[m2[0].Length];
        }//根据形参定义并初始化数组,作为返回值
        for (int i = 0; i < m1.Length; i++)
        {
            for (int j = 0; j < m2[0].Length; j++)
            { for (int k = 0; k < m2.Length; k++)
                { result[i][j] += m1[i][k] * m2[k][j]; } }
        }//根据数组算法,为元素赋值
        return result;
    }
```

上述公共组件开发完成后,可以在各个子系统的各个模块中使用,简化系统的开发,同时使得系统更加稳定。

第三节　农村公路养护管理评价子系统

一、养护管理评价模块

在录入一次综合评价中所有评价指标的数据后,根据录入的指标体系评价分数(包括 PCI、SCI),分析所有农村公路管理处(站)任意一次评价的综合评价结果等级。通过综合评价模块计算出被评价单位的综合评价结果。根据模糊综合评判模型算法需求及所有指标的分数,计算出评判矩阵 $\boldsymbol{R}$,然后用权重矩阵 $\boldsymbol{A}$ 与 $\boldsymbol{R}$ 相乘即可计算出隶属度矩阵 $\boldsymbol{C}$,最后判定被评价单位的最终结果。

下面解释求矩阵 ***R*** 的算法，其主要源程序代码如下：

```
public static double[ ][ ] MoHuPingjia(double[ ] U)
    {  double[ ][ ] R=new double[U.Length][ ]; //准备返回数组
        int i, j; double FS;
        for (i = 0; i < U.Length; i++)
        {  R[i] = new double[5];
            FS = U[i];
            if (FS <= 90)  //计算判定等级 A 的隶属度
            {  R[i][0] = 0; }
            else if (FS <= 95)
            { R[i][0] = 1 /(1 + 1.315789* Math.Pow(FS - 85, -2)); }
            else { R[i][0] = FS / 100.0; }
        //下面分别计算对等级 B、C、D 的隶属度
         R[i][1] = 1 / (1 + 0.01* Math.Pow(FS - 85, 2));
            R[i][2] = 1 / (1 + 0.01* Math.Pow(FS - 75, 2));
            R[i][3] = 1 / (1 + 0.01* Math.Pow(FS - 65, 2));
            if (FS <= 50)  //计算对等级 E 的隶属度
            { R[i][4] = 1; }
            else if (FS <= 95)
            { R[i][4] = 1 / (1 + 0.009383* Math.Pow(FS - 50, 2)); }
            else
            { R[i][4] = 1 - FS / 100;}
        } return R;
    }
```

同时，该模块还实现了评价结果的分析，即可以同时分析所有农村公路管理处，也可以选择某一个农村公路管理处。如果选择的是某一个管理处，则不但能分析出总体评价结果，而且还可以分析一级、二级指标的详细评价结果，为管理决策提供便利。

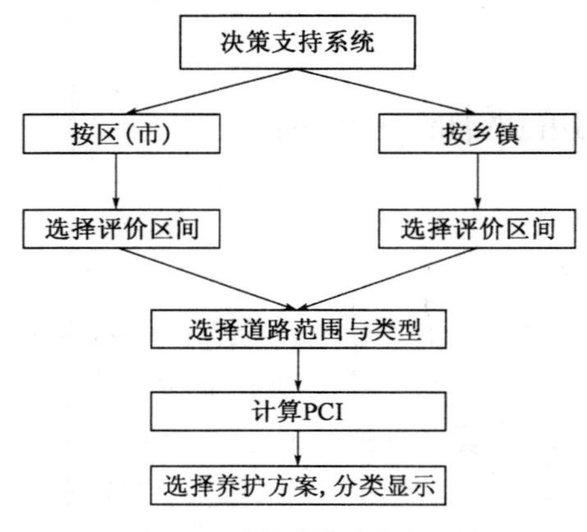

图 21-2　决策支持功能流程图

二、决策支持模块

决策支持模块首先需要选择决策评价的道路范围如区(市)、乡镇，然后选择某个辖区范围或者所有辖区中的道路。由于系统保存所有的评价记录，因此需要选择评价的日期。因一条路段允许进行多次抽样评价，为此需要从数据库中对一条路段的多个记录求 PCI 的平均值，然后按照路段或者评价结果进行分类(水泥、沥青)、排序，同时依据理论研究的结果给出路段的养护建议。决策支持功能流程如图 21-2 所示。

用户首先需要选择评价对象类型，然后自动读取

评价对象(养护处、养护站)、该类型对象的评价设置情况。该功能的主要实现代码如下：

```
sql = "select * from " + tableName + " order by bianma ";
DataSet ds = DataBaseMgr.getRs(sql); //自定义类读取要绑定的数据
dropDW.DataSource = ds;
dropDW.DataTextField = "mingcheng";
dropDW.DataValueField = "bianma";
dropDW.DataBind( );
dropSheZhi.Items.Clear( );  //清空评价设置、道路下拉列表中的数据
dropDaoLu.Items.Clear( );
sql = "select * from pingjiashezhi where pjdx='" + radioLX.SelectedValue +"' order by pjnd,PJksyf";
ds = DataBaseMgr.getRs(sql);     //读取评价设置,并显示到下拉列表
for (i = 0; i < ds.Tables[0].Rows.Count; i++)
{
DataRow dr = ds.Tables[0].Rows[i];
pingJiaNeiRong = "年度:" + dr["pjnd"].ToString( ) + ",评价区间:" + dr["PJksyf"].ToString( ) + "—" + dr["PJjzyf"].ToString( ) + "月。打分时间:" + Convert.ToDateTime(dr["DFkssj"].ToString( )).ToShortDateString( ) + "到" + Convert.ToDateTime(dr["DFjzsj"].ToString( )).ToShortDateString( );
pingJiaXuHao = dr["xuhao"].ToString( );
dropSheZhi.Items.Add(new ListItem(pingJiaNeiRong, pingJiaXuHao));
}
dropSheZhi.Items.Insert(0, new ListItem("请选择评价设置", "0"));
```

用户选择欲决策的道路类型,程序根据类型、单位等信息读取可以评价的道路列表。

```
sql = "select * from dt_daolu where ";
if (radioLX.SelectedValue == "1")
{sql = sql + "guanbh='" + dropDW.SelectedValue +"' and left(bianhao,1) in ('C','c','Y','y')"; }  //读取乡道与村道
else
{ sql = sql + "left(guanbh,6)='"+ dropDW.SelectedValue + "' and
sql = sql + " and leixing like '" + radioDLLX.SelectedValue + "%'"; //按类型读取
ds = DataBaseMgr.getRs(sql);
dropDaoLu.Items.Clear( );
if (ds.Tables[0].Rows.Count > 0)
{   for (i = 0; i < ds.Tables[0].Rows.Count; i++)
        {dlbh = ds.Tables[0].Rows[i]["bianhao"].ToString( );
          jibie = ds.Tables[0].Rows[i]["dengji"].ToString( );
          licheng = ds.Tables[0].Rows[i]["licheng"].ToString( );
```

```
            kuandu = ds.Tables[0].Rows[i]["lumiankd"].ToString( );
    dropDaoLu.Items.Add(new ListItem(mingcheng + "(" + jibie + ",宽:"+kuandu+"
米," + "长:" + licheng + "千米)", dlbh));
            }
        }
    dropDaoLu.Items.Insert(0, new ListItem("选择所有道路", "0"));
```

针对所有道路的 PCI 计算结果分数,可以按照预定的理论研究结果对道路进行排序、决策分类。沥青和水泥路面的养护决策均分为 4 级,分别为:100～90,90～80,80～70,70～0。

决策功能中,如果选择的是多条,则要根据条件找出所有道路,然后遍历循环。

```
sql = "select avg(pci) as pci from " + tableName + "where
pjszxh=+dropSheZhi.SelectedValue+"' and dwbh='"+dropDW.SelectedValue+"' and
ldbh="+dropDaoLu.SelectedValue+";
DataSet ds = DataBaseMgr.getRs(sql);
double pci = Convert.ToDouble(ds.Tables[0].Rows[0][0]);
```

循环求出所有道路的 PCI 值后,再根据养护决策树判断出应该采取的对策。

三、基于 GIS 评价及统计模块

农村公路养护管理评价子系统包含有高亮度结果显示层,用于动态高亮显示出查询结果。实际地图层,由系统从数据库中动态生成地图,它本身又分为区县图层、道路图层、村庄图层、学校图层、涵洞图层和加油站等其他图层,浏览中可动态控制不同图层的显示或隐藏。为了界面的美观,在不同比例尺下,系统自动控制不同图层的显示或隐藏,同时每一层上的文字信息也是根据不同比例尺而自动显示或隐藏的。

下面举例说明该模块的实现。在区域选择中,完成将选定区域内的信息高亮度显示,将该功能保存为一个通用函数 SelectFeatures.cs。

首先利用系统功能语句 System.Drawing.Rectangle rect = rectargs.ScreenExtent;将选定区域的四角坐标确定。

查询目前地图中是否包含有可查询的有效图层。

对有效图层原有数据高亮度显示值清空 glayer.Clear( )。

循环获取有效的数据记录信息,生成相应新的地图元素,增加到高亮图层上。

```
foreach (DataRow dr in drs)
{
geom = (ESRI.ArcGIS.ADF.Web.Geometry.Geometry)dr[shpind];
symbol = new SimpleMarkerSymbol(Color.Red, 25, MarkerSymbolType.Star);
ge = new GraphicElement(geom, System.Drawing.Color.Blue);
ge.Symbol.Transparency = 30.0;
glayer.Add(ge);
}
```

将选中结果添加到 gridview 中显示。

```
GridView gdview = (GridView)mapctrl.Page.FindControl("GridView1");
gdview.DataSource = datatable;
gdview.DataBind( );
```

所有历史评价的结果可以在地图上以不同的颜色标记出来，同时满足条件的记录在记录表格中显示详细信息。

第四节　农村公路路政集成管理子系统

一、路政业务管理模块

路政业务管理模块主要完成路政执法案件信息的录入、查询、统计、管理，案件处理流程控制，行政许可信息的录入、审批、查询等功能。

1. 简易程序执法案件处理

简易程序执法案件处理模块主要实现简易程序行政执法信息的录入功能，包括检查发现、上级交办、群众举报、电话投诉等类型的路政案件。系统根据当前的日期、操作员所属区市等信息自动生成案件编号，便于后期处理。其中证据图片上传的主要程序代码如下：

```
string m_FileName = " ";
FileUpload fu_img1 = (FileUpload)Page.FindControl(fu_img);
if (fu_img1.PostedFile.FileName ! = null && fu_img1.PostedFile.FileName ! = "")
{
  try
  {
string FileName = fu_img1.PostedFile.FileName; //GetPhotoName
string UpDateTime = DateTime.Now.ToShortDateString( ); //UpDateTime

int FileLength = fu_img1.PostedFile.ContentLength;
if (fu_img1.PostedFile.ContentLength > 1024 * 1024 * 2)
{
        Response.Write("<script>alert('图片不能超过规定大小！');</script>");
        return "";
}
else
{
        string FileType = fu_img1.PostedFile.ContentType;
        string FileExtention =
         System.IO.Path.GetExtension(fu_img1.PostedFile.FileName).ToUpper
( );
```

```
m_FileName = case_id + "-" + DateTime.Now.ToString
("yyyy-MM-dd-HH-mm-ss-ffff").Replace(".", "-") + FileExtention;
==if (FileExtention == ".JPG" || FileExtention == ".GIF" || FileExtention ".
PNG" || FileExtention == ".JPEG" || FileExtention == ".BMP")
            {
string m_SavePath = Server.MapPath("zhengjuImg/") + m_FileName;
fu_img1.PostedFile.SaveAs(m_SavePath);
Response.Write("<script>alert('图片文件上传成功!');</script>");
            }
}
```

2. 一般程序执法案件处理

一般程序执法案件处理模块主要完成路政执法案件的一般程序处理操作。用户首先选择要处理的案件,然后根据需要录入36个文档中需要录入的文档。其中查询结果数据绑定的实现比较典型。其程序代码如下:

```
string ajbh = txtajbh.Text;
string zzmc = txtZzmc.Text.Trim().ToUpper();
string cph = txtCph.Text.Trim().ToUpper();
string riqi = txtAjrq.Text;
string riqi0 = txtAjrq0.Text;
string ldbh = txtLdbh.Text.Trim().ToUpper();
string dsr = txtDsr.Text.Trim();
string sql = "select* from lz_zhifaxinxi where 1=1 ";
if (ajbh != "")    sql = sql + " and case_id like '%" + ajbh + "%'";
if (zzmc != "")    sql = sql + " and Zuzhi_mc like '%" + zzmc + "%'";
if (cph != "")    sql = sql + " and chehao like '%" + cph + "%'";
if (ldbh != "")   sql = sql + " and Road_id like '%" + ldbh + "%'";
if (dsr != "")    sql = sql + " and Gongmin_xm like '%" + dsr + "%'";
if (riqi != "")
{
    riqi = "to_date('"+ riqi +"','YYYY-MM-DD HH24:MI:SS')";
    riqi0 = "to_date('"+ riqi0 +"','YYYY-MM-DD HH24:MI:SS')";
    sql = sql + " and (case_time-" + riqi + ">=0 and case_time-" + riqi0 + "
<=0) ";
}
sql = sql + " order by Case_id desc";
try
{
    DataSet ds = DataBaseMgr.getRs(sql);
```

```
        li_recnum = ds.Tables[0].Rows.Count;
        GridView1.DataSource = ds;
        GridView1.DataBind( );
}
```

该模块中，在路政案件没有结案以前，可以选择录入相关的法律文书，并对其进行修改和删除等操作，然后根据要求，进行结案处理。对已经结案的路政案件，只能进行查看、打印操作。

二、路政集成管理评价模块

路政集成管理子系统采用灰色预测模型对路政大队、中队进行考核评价。利用模型算法，分析计算出各个单位的评价关联度，并最终根据关联度计算出评价排名。

首先读取系统中已有的评价设置信息。用户可以选择其中一次评价。

系统根据评价设置编号，查找出所有的指标分数，然后根据算法进行分析、计算。计算过程如下：

1. 计算评价排名

计算评价排名主要用系统三级指标的分值。首先定义两个 DataSet，分别存放区县单位、三级指标信息，然后将所有单位的指标分数写入二维数组。

```
for (i = 0; i < qxShu; i++)
{   qxbh = quxian.Tables[0].Rows[i]["bianma"].ToString( );
    fenshuDS = DataBaseMgr.getRs("select* from jieguo_QX where pjszxh='"+ pjxh
+ "' and dwbh='" + qxbh +"' order by sjzbbh");
    for (j = 0; j < zbShu; j++)
        {fenshu[i][j] =Convert.ToDouble(fenshuDS.Tables[0].Rows[j]["fs"].To-
String( ));
        }
}
```

2. 构建最优序列

在所有单位之间，找出每一个指标的最大、最小分数，然后求出最大、最小分数的差值。

```
for (j = 0; j < zbShu; j++)
{  fenshu[qxShu][j] = fenshu[0][j];
  fenshu[qxShu+1][j] = fenshu[0][j];
  for (i = 0; i < qxShu; i++)
  {
//找出该指标的最大分数
if (fenshu[i][j] > fenshu[qxShu][j]) fenshu[qxShu][j] = fenshu[i][j];
//找出该指标的最小分数
if (fenshu[i][j] < fenshu[qxShu+1][j]) fenshu[qxShu+1][j] = fenshu[i][j];
}
```

```
//计算最大、最小分数的差值
fenshu[qxShu + 2][j] = fenshu[qxShu][j] - fenshu[qxShu+1][j];
}
```

3.计算指标的标准差

定义数组，对指标进行规范化处理。所有指标分数减去指标中的最小分数，然后用差值除以指标的最大分数与最小分数的差值。

```
Double[ ][ ] biaozhunhua = new Double[qxShu][ ];
biaozhunhua[i][j] = (fenshu[i][j] - fenshu[qxShu + 1][j])/ fenshu[qxShu + 2][j];
```

4.计算绝对差

在标准差的基础上，对所有指标信息计算绝对差，即用1减去所有指标的标准差值。算法如下：

```
biaozhunhua[i][j] = 1 - biaozhunhua[i][j]
```

5.计算三级指标的关联系数

根据算法要求，对标准化的结果进行关联系数计算。算法如下：0.5除以指标分数加上0.5。如：

```
biaozhunhua[i][j] = 0.5 / (0.5 + biaozhunhua[i][j])
```

在完成三级指标关联度的基础上，三级指标的权重数组与三级指标的关联度相乘，计算出二级指标的关联度；继续用二级关联度乘以二级指标的权重，计算出一级指标的关联度，最终求出所有单位的整体关联度。

针对每一级别的关联度，按照大小进行排序，计算出最终的评价名次。如果选择了某次评价后，点击计算评价结果，系统自动对总体及每个一级指标分别分析评价并排名。

三、PDA管理模块实现

PDA管理模块的实现由三部分组成：数据逻辑处理、WEB服务和PDA应用。其中，数据逻辑处理定义基础数据信息、公路附属设施、路政案件三类，完成对数据库相关数据的访问和操作；WEB服务定义了通过IIS发布数据逻辑处理的方法，使远程PDA端可以通过无线方式远程操作；PDA应用为用户提供可视化的操作界面，方便用户管理和操作。

1.数据逻辑处理封装

数据逻辑处理类的封装包括三个：基础信息数据类、公路设施类和路政案件类。

基础信息数据类完成对基础信息的获取功能，例如道路信息、地市信息及设施类别信息等，定义的方法主要包括：

```
public static DataTable getDaoLu(string qx) //获取道路信息
public static DataTable getDiShi( ) //获取地市信息
public static DataTable getSSLB( ) //设施类别获取
```

公路设施类完成对公路附属设施信息的数据操作功能，例如设施信息的插入、删除、修改和查询，定义的方法主要包括：

```
public static Boolean sheShiInsert(string[ ] data) //设施信息插入
```

public static Boolean sheShiDeleteByBianMa(string bianMa)//设施信息删除

public static Boolean sheShiModify(string[ ] data) //设施信息修改

public static DataTable sheShiQry(string startDate, string endDate, string bianMa) //设施查询

路政案件类完成对路政案件信息的数据操作功能,例如案件信息的插入、删除、修改和查询,定义的方法主要包括:

public static string zhiFaXinXiInsert(string[ ] data) //案件信息插入

public static Boolean zhiFaXinXiModify(string[ ] data) //案件信息修改

public static Boolean zhiFaXinXiDeleteByCaseId(string case_id)//案件信息删除

public static DataTable zhiFaXinXiQry(string startDate,string endDate,string caseId)//案件信息查询

public static Boolean dangChangChuFaInsert(string[ ] data)//现场处罚信息插入

2. WEB 服务

Web 服务(Web Service)是基于 XML 和 HTTPS 的一种服务,其通信协议主要基于 SOAP,服务的描述通过 WSDL,并通过 UDDI 来发现和获得服务的元数据。

Windows Mobile 应用程序访问 Web Service 的应用主要出现在两个方面。首先是个人应用程序需要获取或操作公共数据服务,比如获取天气预报、地理信息等;其次是基于 Windows Mobile 的企业级应用将核心服务发布成 Web Service 形式,由移动应用程序进行调用。

PDA 子系统创建 WEB 服务功能实现 Windows Moible 应用程序对中心数据库的操作和访问功能。WEB 服务中案件信息查询和现场处罚信息插入功能代码如下:

```
[WebMethod]
public Boolean dangChangChuFaInsert(string case_id,string gongmin_xm,
string zuzhi_mc,string wfss) //现场处罚信息插入
    {
Boolean flag = RMMobileDA. AdminLaw. dangChangChuFaInsert(
case_id,gongmin_xm,zuzhi_mc,wfss);
        return flag;
    }
[WebMethod]
public DataTable zhiFaXinXiQry(string startDate,string endDate,string caseId)
//执法信息查询
    {
        DataTable dt = RMMobileDA. AdminLaw. zhiFaXinXiQry(
startDate,endDate,caseId);
        return dt;
    }
```

3. PDA 应用

PDA 设备的应用开发是基于. Net Framework 精简版实现的。. Net Framework 精简版为

设备提供了强大的.Net Framework 编程平台。

.Net Framework 精简版是独立于硬件的环境,可用于在资源受限制的计算设备上运行程序。这些设备包括类似 Pocket PC 的个人数字助理（PDA）、移动电话、机顶盒、自动计算设备和用 Windows CE .Net 操作系统生成的定制嵌入设备。

.Net Framework 精简版是.Net Framework 类库的子集,包含专门为其设计的类。它继承了公共语言运行库和托管代码执行的.Net Framework 全功能版的体系结构。

.Net Framework 精简版提供以下主要功能：运行独立于硬件和操作系统的程序;支持常见的网络协议,并与 XML Web services 无缝连接;为开发人员提供一种模型,使他们的应用程序和组件面向各种设备或面向具体某种设备;提供设计和优化有限系统资源的优点;使用实时（JIT）编译获得生成本机代码时的最佳性能。

基于.Net Framework 精简版的移动设备开发,在 Visual Studio .Net2008 的环境下与开发 PC Windows 应用程序基本相似,集成开发环境同样提供了大量方便编程的组件。下面主要介绍在此环境下基于 ArcGis Mobile 的开发。

ArcGIS Mobile 不仅支持在线应用,同时也支持离线应用。在应用程序有可用的网络使用时,ArcGIS Mobile 应用可以在线同步更新数据,并下载到本地设备上作为缓存;当网络暂时不可用时,ArcGIS Mobile 应用同样可以通过操作缓存数据来使用,甚至在应用部署的时候,可以预先生成缓存直接部署到目标设备上。这种灵活的模式使 ArcGIS Mobile 应用在移动环境下有着非常好的伸缩性。

通过 ArcGIS Mobile 创建一个移动应用,大体可以通过以下步骤完成：

①在 ArcGIS Desktop 中设计创建地图。

②将地图通过 ArcGIS Server 发布。

③使用 ArcGIS Mobile SDK 创建移动应用程序。

④将程序部署到目标设备上。

(1)准备数据并发布服务

对于熟悉 ArcGIS Desktop 和 ArcGIS Server 的人来说,发布服务和桌面应用的数据准备没有任何区别。首先使用 ArcMap 进行地图的组织,然后通过 ArcCatalog 或者 ArcGIS Server Manager 将这个地图发布成服务。只需注意,为了支持移动应用,在发布服务时,选中"Mobile Data Access"。

在移动设备上使用的地图服务一般应该是如下的这种 URL 形式：

http://<server_name>/arcgis/services/<map_name>/MapServer/MobileServer

(2)移动 GIS 开发

和桌面程序类似,Map 控件提供了对地图内容进行管理和控制的功能。当给窗体添加一个 Map 对象时,可以发现 Map 自动绑定一个 MobileService 对象,在 ArcGIS Mobile 中,地图内容通过 MobileService 控件获得和发送,Map 则主要负责表现。MobileService 对象同时还能够管理缓存。另外,需要指定 MobileService 对象的 Url 属性为上面发布的 Mobile 地图服务地址。

本地设备上没有缓存,需要首先初始化缓存的目录(智能设备上的目录结构和 PC 不同,它有一个根目录,所有文件在这个根目录下组织,比如"\Storage Card \cache"),在此基础上打开缓存，用以接受数据。

上述操作完成以后，程序就要告诉服务器把数据发过来了，需要获得所有的 Feature，那么就用 MobileService 的 GetFeatureDataAsync 方法通知服务器。程序主要代码如下：

```
public void Map_Load( )
{
        this. mobileService1. Url =
"http://127. 0. 0. 1 / arcgis / services / zzluzheng / MapServer / MobileServer";
        this. mobileService1. CacheStoragePath =
Environment. GetFolderPath(Environment. SpecialFolder. Personal) +
@"\WuMobileMap_Cache";
        if (! this. mobileService1. IsValid)
            return;
        if (this. mobileService1 ! = null && this. mobileService1. IsOpen)
            this. mobileService1. Close( );
        try
        {
this. mobileService1. Open (ESRI. ArcGIS. Mobile. MobileServices. CacheOpenMode.
OpenOrCreate);
            this. mobileService1. GetFeatureDataAsync(map1, false, "GetFeatures");
            this. map1. CurrentMapAction = panMapAction1; //平移
        }
        catch(Exception e)
        {
          throw e;
        }
}
```

ArcGis Mobile 提供 SerialPortGpsConnection 控件实现了地图定位功能，通过 PDA 的内置 GPS 模块采集经纬度数据。实现代码如下：

```
private ESRI. ArcGIS. Mobile. Geometries. Point gpsLocation;
ESRI. ArcGIS. Mobile. Geometries. Coordinate coordinate;
double lat_temp = 0. 0;
double lon_temp = 0. 0;
private void serialPortGpsConnection1_GpsChanged(object sender, EventArgs e)
{
   double lat =Math. Round(this. serialPortGpsConnection1. Latitude,5);
   double lon =Math. Round(this. serialPortGpsConnection1. Longitude,5);
   if (double. IsNaN(lat) || double. IsNaN(lon))
      return;
```

```
    if (! (lat >= -90 && lat <= 90)) return;
    if (! (lon >= -180 && lon <= 180)) return;
    //提供坐标转化
    ESRI. ArcGIS. Mobile. SpatialReferences. SpatialReference spatialReference =
mobileService1. SpatialReference;
    coordinate = spatialReference. FromWgs84(lon, lat);
    gpsLocation = new ESRI. ArcGIS. Mobile. Geometries. Point(coordinate);
    if (lat ! = lat_temp || lon ! = lon_temp)
    {
        lat_temp = lat;
        lon_temp = lon;
        this. map1. CenterAt(coordinate);
    }
        map1. Invalidate( );
}
```

第五节　农村公路安全保障工程核查与评价管理子系统

一、安全保障工程信息管理模块

安全保障工程信息管理模块主要完成安全保障工程信息的录入、维护与完善工作，可以通过选择工程所在区市、工程名称等内容进行模糊查询与检索，内容较多时，系统自动分页，可点击相关按钮进行翻页。找到相关安全保障工程信息后，可点击对应行的详细按钮进行查看与维护。其中，在保存时判断关键值是否输入，关键字段是否为空，根据规则提示或自动生成。其主要程序代码如下：

```
Protected void BSAVE_Click(object sender, EventArgs e)
{
string sql, sql1, sql2, lsh, zzjgdm, flag,file1="",flag2="";
bool chenggong;
if (JScript. GetTRDValue(T_MC) == "" )
  {
    JScript. Alert1(Page, "提示:工程名称不能为空,请修正后重试!");
    return;
    }
    lsh = JScript. GetTRDValue(T_BH);
if (JScript. GetTRDValue(T_BH) == "")
    {
    lsh = db. GetRecFirstValue("select max(bh) from xiangmu ");
```

```
    lsh = (Convert.ToInt32("0"+lsh) + 1).ToString( );
    sql = "insert  into  xiangmu ";
sql1 = "(";
sql2 = "values (";
sql1 = sql1 + "BH";
sql2 = sql2 + lsh;
sql1 = sql1 + ",MC";
sql2 = sql2 + ",'" + JScript.get_substr(JScript.GetTRDValue(T_MC), 150) + "'";
sql1 = sql1 + ",KSSJ";
sql2 = sql2 + "," + JScript.StringToDate(JScript.GetTRDValue(T_KSSJ));
sql1 = sql1 + ",JGSJ";
sql2 = sql2 + "," + JScript.StringToDate(JScript.GetTRDValue(T_JGSJ));
sql1 = sql1 + ",YSSJ";
sql2 = sql2 + "," + JScript.StringToDate(JScript.GetTRDValue(T_YSSJ));
sql1 = sql1 + ",SGDW";
sql2 = sql2 + ",'" + JScript.get_substr(JScript.GetTRDValue(T_SGDW), 500) + "'";
sql1 = sql1 + ",XMQK";
sql2 = sql2 + ",'" + JScript.get_substr(JScript.GetTRDValue(T_XMQK), 1000) +"'";
sql1 = sql1 + ",FZR";
sql2 = sql2 + ",'" + JScript.get_substr(JScript.GetTRDValue(T_FZR), 60) + "'";
sql1 = sql1 + ",LXDH";
sql2 = sql2 + ",'" + JScript.get_substr(JScript.GetTRDValue(T_LXDH), 60) +"'";
sql1 = sql1 + ",XMLY";
sql2 = sql2 + ",'" + JScript.get_substr(JScript.GetTRDValue(T_XMLY), 100) +"'";
sql1 = sql1 + ",SSQS";
sql2 = sql2 + ",'" + JScript.get_substr(JScript.GetTRDValue(T_SSQS), 10) +"'";
sql1 = sql1 + ",SSQSMC";
sql2 = sql2 + ",'" + JScript.get_substr(JScript.GetRDText(T_SSQS), 60) +"'";
sql = sql + sql1 + ") " + sql2 + ")";
chenggong = db.dbedit(sql);
  }
else
  {
sql = "update xiangmu ";
sql1 = "set ";
sql2 = " where bh=" + lsh;
sql1 = sql1 + "MC='" + JScript.get_substr(JScript.GetTRDValue(T_MC), 150) +"'";
```

```
sql1 = sql1 + ",KSSJ=" + JScript.StringToDate(JScript.GetTRDValue(T_KSSJ));
sql1 = sql1 + ",JGSJ=" + JScript.StringToDate(JScript.GetTRDValue(T_JGSJ));
sql1 = sql1 + ",YSSJ=" + JScript.StringToDate(JScript.GetTRDValue(T_YSSJ));
sql1 = sql1 + ",SGDW='" + JScript.get_substr(JScript.GetTRDValue(T_SGDW),
500) +"'";
sql1 = sql1 + ",XMQK='"+JScript.get_substr(JScript.GetTRDValue(T_XMQK),
1000) +"'";
sql1 = sql1 + ",FZR='" + JScript.get_substr(JScript.GetTRDValue(T_FZR), 60)
+"'";
sql1 = sql1 + ",LXDH='" + JScript.get_substr(JScript.GetTRDValue(T_LXDH),
60) +"'";
sql1 = sql1 + ",XMLY='" + JScript.get_substr(JScript.GetTRDValue(T_XMLY),
100) +"'";
sql1 = sql1 + ",SSQS='" + JScript.get_substr(JScript.GetTRDValue(T_SSQS), 10)
+"'";
sql1 = sql1 + ",SSQSMC='" + JScript.get_substr(JScript.GetRDText(T_SSQS),
60) +"'";
sql = sql + sql1 + sql2;
chenggong = db.dbedit(sql);
  }
if (chenggong)
{
JScript.Alert1(Page, "数据保存成功!");
T_BH.Text = lsh;
  }
else
        JScript.Alert1(Page,"提示:数据保存失败,请修正后重试!");
}
```

二、安全保障工程核查模块

安全保障工程核查模块主要完成某一安全保障工程在某次核查中,针对不同的核查对象、核查项目进行的核查情况的录入、修改、查询、空表下载和报表统计等操作。

1. 安全保障工程核查单录入

安全保障工程核查单录入模块主要完成现有安全保障工程核查信息的录入工作。首先选择要核查的类型,根据实际情况,录入核查单位、核查对象、核查日期、每个核查项目的核查结果。在对每一项进行核查时,可以自动计算出当前的核查是与否的数量以及是所占的比例。

其主要程序代码如下：

```
string sl_yezi = db.GetRecFirstValue("select count(*) from xiangmu_yanshou_jieguo where
      xmbh= " + ViewState["xiangmu_bh"].ToString( ) + " and  lsh= " + T_lsh.Text + " and
      biaoxh='" + ViewState["id"].ToString( ) + "'' and (zt=1 or zt is null) and yezi='1'");
string sl_yes = db.GetRecFirstValue("select count(*)  from xiangmu_yanshou_jieguo where
      xmbh= " + ViewState["xiangmu_bh"].ToString( ) + " and  lsh= " + T_lsh.Text + " and
      biaoxh='" + ViewState["id"].ToString( ) +"' and (zt=1 or zt is null) and yezi='1' and
      jieguo='是'");
string sl_no = db.GetRecFirstValue("select count(*)  from xiangmu_yanshou_jieguo where
      xmbh= " + ViewState["xiangmu_bh"].ToString( ) + " and  lsh= " + T_lsh.Text + " and
      biaoxh='" + ViewState["id"].ToString( ) +"' and (zt=1 or zt is null) and yezi='1' and
      jieguo='否'");
string tgl = "";
if (sl_yes == "") sl_yes = "0";
if (sl_no == "")
  {
    tgl = "100%";
    sl_no = "0";
  }
else
tgl = (Convert.ToInt32("0" + sl_yes) * 1.0 / (Convert.ToInt32("0" + sl_yes) + Convert.ToInt32
      ("0" + sl_no)) * 100).ToString("f2") + "%";
tb.Caption = tb.Caption + "<tr><td align='left' colspan='2'><span  style='font-size:10pt;
     font-family:宋体;'>核查结果:共" + sl_yezi + "项,符合核查规范共" + sl_yes + "项,
     不符合核查规范共" + sl_no + "项,合格率" + tgl + "。<br/></span></td></tr></table>";
```

2.核查单查询与打印

核查单查询与打印模块主要完成现有安全保障工程核查单信息的查询与打印工作。首先选择要核查的类型，然后选择要核查的工程，再选择针对该工程的某次核查，最后点击“详细”，可以查询和打印相关的核查单信息。该功能主要利用 IE 的打印功能，加上适当的控制，实现打印。其主要程序代码如下：

```
<SCRIPT type="text/javascript">
var hkey_root,hkey_path,hkey_key;
hkey_root="HKEY_CURRENT_USER";
hkey_path="\Software\Microsoft\Internet Explorer\PageSetup";
function pagesetup_null( ){
try{
```

```
var RegWsh = new ActiveXObject("WScript.Shell");
hkey_key="\header";
RegWsh.RegWrite(hkey_root+hkey_path+hkey_key,"");
hkey_key="\footer";
RegWsh.RegWrite(hkey_root+hkey_path+hkey_key,"");
}catch(e){}
}
//设置网页打印的页眉页脚为默认值
function pagesetup_default( ){
try{
var RegWsh = new ActiveXObject("WScript.Shell");
hkey_key="\header" ;
RegWsh.RegWrite(hkey_root+hkey_path+hkey_key,"");
hkey_key="\footer";
RegWsh.RegWrite(hkey_root+hkey_path+hkey_key,"");
}catch(e){}
}
function printsetup( ){
wb.execwb(8,1); // 打印页面设置
}
function printpreview( ){
wb.execwb(7,1);// 打印页面预览
}
function printit( ) {
if (confirm('确定打印吗?')) {
wb.execwb(6,1);
} }
</SCRIPT>
```

三、安全保障工程核查信息统计模块

安全保障工程核查信息统计模块主要完成对某时间段内进行的核查单数量的统计工作，还可以将统计结果另存为 Excel 文件。其主要实现代码如下：

```
protected void Bexcel_Click(object sender, EventArgs e)
    {
        Bexcel.Visible = false;
        Button2.Visible = false;
        Response.Clear( );
```

```
            Response.Buffer = true;
            Response.Charset = "GB2312";
            string filename = "tongji_sheshi.xls";
            string dkfs = "attachment";
            Response.AppendHeader("Content-Disposition", dkfs + ";filename=" +
filename);
            Response.ContentEncoding = System.Text.Encoding.UTF7;
            Response.Charset = "big5";
            Response.ContentType = "application/vnd.xls";
            System.IO.StringWriter oStringWriter = new System.IO.StringWriter( );
            System.Web.UI.HtmlTextWriter oHtmlTextWriter = new
            System.Web.UI.HtmlTextWriter(oStringWriter);
            this.Page.RenderControl(oHtmlTextWriter);
            Response.Output.Write(oStringWriter.ToString( ));
            Bexcel.Text = "存为EXCEL";
            Bexcel.Enabled = true;
            Response.Flush( );
            Response.End( );
            Bexcel.Visible = true;
            Button2.Visible = true;
        }
```

四、安全保障工程评价模块

安全保障工程评价模块完成安全保障工程多种方案的选择、考核评价分数的录入、评价分数的查询、评价结果等级分析等功能。

1. 安全保障工程方案选择

根据需要从中间层指标中选择需要参与评判的中间层指标，然后选择方案的个数，最终可以计算出最佳方案。其中，计算方案权重的实现最为关键和重要。其主要程序代码如下：

```
int i = 0, j = 0;
string sTmp = "";
double dTmp = 0;
double[ ][ ] danzhibiao = new double[5][ ];
double[ ] liehe = new double[5];
double[ ] hanghe = new double[5];
double[ ] zuhequanzhong = new double[fanganshu];
for (i = 0; i < 5; i++)
{
```

```
        danzhibiao[i] = new double[5];
        for (j = 0; j < 5; j++)
        {
            sTmp = ((TextBox)this. FindControl("txtbox" + i. ToString(  ) + j. ToS-
tring(  ))). Text;
            try
            {
    dTmp = Convert. ToDouble(sTmp);
    danzhibiao[i][j] = dTmp;
            }
            catch (Exception ee)
            {
    Response. Write("<script>alert('请输入正确的数据！');</ script>");
    ((TextBox)this. FindControl("txtbox" + i + j)). Focus(  );
    return;
            }
        }
    }
    for (j = 0; j < 5; j++)
    {
        for (i = 0; i < 5; i++)
            liehe[j] = liehe[j] + danzhibiao[i][j];
        if (liehe[j] == 0 && j < fanganshu)
        {
            Response. Write("<script>alert('列数据之和不能等于 0,请重新输入！');</
script>");
            return;
        }
    }
    for (i = 0; i < fanganshu; i++)
    {
        for (j = 0; j < fanganshu; j++)
        {
            danzhibiao[i][j] = danzhibiao[i][j] / liehe[j];
        }
    }
    //下面计算每一行的和
    for (i = 0; i < 5; i++)
```

```
{
    for (j = 0; j < 5; j++)
    {
        hanghe[i] = hanghe[i] + danzhibiao[i][j];
    }
    dTmp = dTmp + hanghe[i];      //所有的和
}
```

2. 安全保障工程考核评价

安全保障工程考核评价模块完成对路政安全保障工程评价指标分数的录入功能。录入开始时，首先需要从列表中选择被评价的工程名称，然后选择相应的评价设置。

选择完毕正确的单位与评价设置后，点击“开始评价”按钮，进入考核指标分数录入界面，如图 21-3 所示。界面上方显示该评价的工程名称、评价时间等基本信息；左下方的指标树便于用户直观了解目前的评价指标体系；右侧列出所有的三级指标，便于用户进行评价分数录入。如果该单位的该次评价已经录入过分数，则会自动读取已有的指标分数显示，如果需要修改，则重新输入并且保存即可。

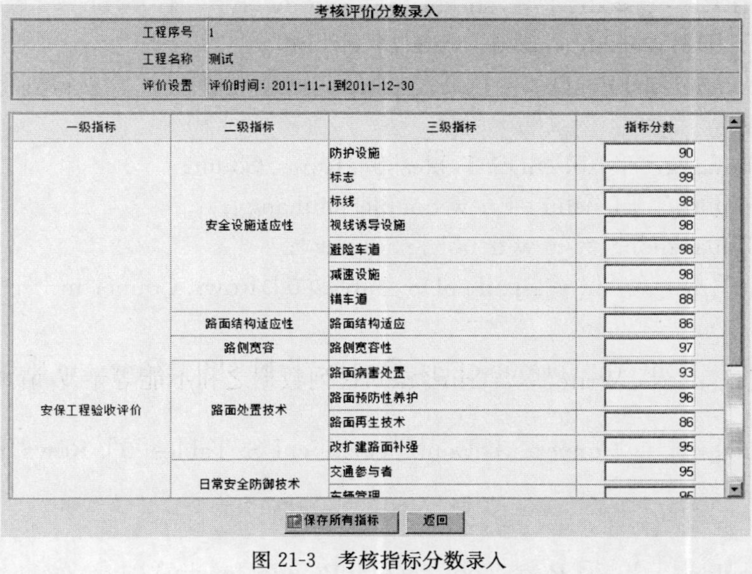

考核评价分数录入

工程序号	1
工程名称	测试
评价设置	评价时间：2011-11-1到2011-12-30

一级指标	二级指标	三级指标	指标分数
安保工程验收评价	安全设施适应性	防护设施	90
		标志	99
		标线	98
		视线诱导设施	98
		避险车道	98
		减速设施	98
		错车道	88
	路面结构适应性	路面结构适应	86
	路侧宽容	路侧宽容性	97
	路面处置技术	路面病害处置	93
		路面预防性养护	96
		路面再生技术	86
		改扩建路面补强	95
	日常安全防御技术	交通参与者	95
		车辆管理	96

保存所有指标　返回

图 21-3　考核指标分数录入

3. 评价结果分析

评价结果分析模块根据录入的指标体系评价分数，各指标在整个体系中的权重，计算出某项工程的最终评价分析结果。如果选择了某次评价后，点击计算评价结果，系统将自动对总体及每个一级指标分别分析评价。其中，二级指标核查结果分析的程序代码与一级指标类似。对一级指标核查结果分析的程序代码如下：

```
shuliang = 0;
double[ ] EJquanzhong;
string yjzb = "select * from " + ZhiBiao + " where zbjb='1' order by zbbh";
```

```
    DataSet yjzbDS = DataBaseMgr. getRs(yjzb);    //得到要评价的一级指标
    YJpjjg = new string[yjzbDS. Tables[0]. Rows. Count][ ];
        for (i = 0; i < YJpjjg. Length; i++)
        {
            YJpjjg[i] = new string[3];        //编号、名称、结果
            YJpjjg[i][0] = yjzbDS. Tables[0]. Rows[i]["zbbh"]. ToString( );
            YJpjjg[i][1] = yjzbDS. Tables[0]. Rows[i]["zbmc"]. ToString( );
            YJpjjg[i][2] ="未评价";
        }
        string yjzbbh = "";
        for (j = 0; j < YJpjjg. Length; j++)
        {
            yjzbbh = YJpjjg[j][0];
            shuliang = 0;
            sql = "SELECT  SUM(fs * sjzbqz) AS fenshu,ejzbbh,ejzbqz FROM  "+
JieGuo + "WHERE  pjszxh='" + shezhi + "' and dwbh='" + dwbh +"' and yjzbbh='" +
yjzbbh +"' GROUP BY ejzbbh,ejzbqz order by ejzbbh";
            DataSet ejzbFenDS = DataBaseMgr. getRs(sql);        //得到每一个二级指标
的分数与计算权重
            shuliang = ejzbFenDS. Tables[0]. Rows. Count;
            double[ ] fenshu = new double[shuliang];
            EJquanzhong = new double[shuliang];
            for (m = 0; m < ejzbFenDS. Tables[0]. Rows. Count; m++)
            {
    fenshu[m] = Convert. ToDouble(ejzbFenDS. Tables[0]. Rows[m]["fenshu"]. ToS-
tring( ));
    EJquanzhong[m] = Convert. ToDouble(ejzbFenDS. Tables[0]. Rows[m]["ejzbqz"].
ToString( ));
            }
            double[ ][ ] R = Tools. MoHuPingjia(fenshu);
            double[ ][ ] tmp = new double[1][ ];
            tmp[0] = new double[EJquanzhong. Length];
            for (i = 0; i < EJquanzhong. Length; i++)
            {
    tmp[0][i] = EJquanzhong[i];
            }
            double[ ][ ] jieguo = Tools. multiShuZu(tmp, R);
            string dengji = Tools. dengji(jieguo);
```

```
    YJpjjg[j][2] = dengji;
}
```

农村公路养护管理集成应用平台是一个基于B/S模式的大型、复杂的计算机信息管理系统。本系统基于.Net平台开发，使用Oracle数据库，采用多层软件架构，界面友好，操作简单，充分考虑了人性化设计。

经过实践应用，该系统很好地满足了枣庄市农村公路养护管理工作中的基本要求，实现农村公路养护管理工作全方位的覆盖，提高了工作效率，规范了信息管理，实现了信息资源的集中统一调度，为决策部门提供准确、及时的路政信息，为农村公路养护管理科学化、信息化提供强有力的支持。

附录一　农村公路路政协管员管理暂行办法

第一条　为加强农村公路的保护，促进农村公路的路政和养护管理，设立路政协管员岗位。

第二条　路政协管员是协助路政执法人员实施路政管理的人员。

第三条　路政协管员原则上聘用乡镇人民政府推荐的工作人员，经县级农村公路管理机构审查合格后，由县级交通运输主管部门颁发聘任证书。

第四条　路政协管员必须在路政执法人员的带领下开展工作，对所协助的路政执法人员负责，不得单独执行路政执法任务。

第五条　路政协管员工作职责：

(一)负责保护路产。

(二)负责日常公路法律法规的宣传工作。

(三)对违反公路法律法规的行为有权制止和调查取证，并向公路管理机构立即报告。

(四)协助路政执法人员开展执法行为。

(五)协助路政执法人员做好其他相关工作。

第六条　路政协管员应当符合下列条件：

(一)有良好的政治素质、业务素质和道德品质。

(二)认真贯彻执行党的路线方针和政策，遵纪守法。

(三)为本乡镇长期居住人员，具有初中以上文化程度。

(四)年龄在 20 周岁以上，50 周岁以下。

(五)掌握公路法律法规基本知识，经过相关业务知识培训，并考试合格。

第七条　路政执法协管员证实行年审制。每年年底，县级农村公路管理机构结合年度考核对路政协管员进行年审，未经年审或年审不合格者，取消路政协管员资格。

第八条　路政协管员有下列情形之一的，按程序办理协管员证的注销手续：

(一)因工作变动而不适合继续聘任的。

(二)年审不合格或者到期未年审的。

(三)其他应当收回的。

第九条　路政协管员证遗失的，应及时上报挂失，核实后方可补发证件。

第十条　路政协管员有下列情形之一的，视情节轻重给予通报批评；情节严重的取消其路政协管员资格：

(一)不履行职责的。

(二)履行职责考核不合格的。

（三）在协助路政执法中，有徇私舞弊、玩忽职守、索贿受贿或有其他违法失职行为的。

（四）受到刑事、治安处罚的。

（五）其他不适宜路政协管员工作的。

第十一条　路政协管员履职情况，作为年度月度考核的重要内容，考核结果作为奖惩的重要依据。考核工作由县级农村公路管理机构统一安排组织实施。

第十二条　本办法自公布之日起施行。

附录二　枣庄市农村公路村道路政管理委托协议书（范本）

委托单位：__________区（市）________乡镇人民政府

法定代表人：____

受委托单位：__________区（市）农村公路管理处

法定代表人：____

为了进一步规范村道路政管理工作，促进村道管理养护水平的提高，依法确立委托机关与受委托机关的权利和义务，依据《中华人民共和国行政处罚法》、《中华人民共和国行政许可法》、《中华人民共和国公路法》、《公路安全保护条例》和《国务院办公厅关于印发农村公路管理养护体制改革方案的通知》的规定，____________区（市）____________乡镇人民政府委托__________区（市）农村公路管理处按下列要求行使村道路政和养护管理职权。双方达成如下协议。

一、委托管理范围

受委托单位负责本乡（镇）行政区域范围内的村道的路政和养护管理工作，直接查处或协助查处各类违法行为。

二、受委托管理权限

受委托单位在委托权限范围内以委托单位名义，对村道的路政和养护管理行使下列职权：

（一）养护监督检查权

按照《公路安全保护条例》中养护管理的规定，对本行政区域内委托单位所属的村道养护机构、人员的养护行为，参照县道的养护制度进行监督检查和指导，有权向县级交通运输主管部门报告养护水平和经费使用情况。

(二)路政管理权

1.按照《公路安全保护条例》中路政管理的规定,对本行政区域内委托单位所属的村道路政机构、人员的管理行为,参照县道的路政管理制度进行监督检查和指导,有权向县级交通运输主管部门报告路政管理水平和经费使用情况。

2.参照《公路安全保护条例》中公路线路和公路通行的规定,对村道使用单位和个人进行现场检查,对违反相关法律法规的行为,依法予以制止。

3.参照《公路安全保护条例》中法律责任的规定,对村道使用单位和个人违反相关法律法规的行为,依法予以查处。

三、法律责任

(一)委托单位责任

1.负责移交有关村道路产资料及委托单位所属的村道路政和养护机构、人员的资料。

2.承担受委托单位因违法导致案件错误所产生的法律后果,委托单位承担相应责任后,可以根据受委托单位的过错责任大小,依法予以追偿。

3.对受委托单位违法或者不适当的行政执法行为予以纠正或撤销,对受委托单位违法实施行政执法行为情节严重或者造成恶劣影响的,委托单位可以终止委托。

(二)受委托单位责任

1.受委托单位派驻的路政中队只能以委托单位名义在委托权限和范围内实施路政和养护管理行为。

2.受委托单位在履行管理行为时,必须出示有效的行政执法证件,并按法定程序实施行政执法行为。

3.受委托单位不得再委托其他任何组织或者个人实施委托单位的管理活动。

4.主动参与和配合委托单位的有关村道的路政和养护工作。

5.严格按照委托执法的有关规定,以委托单位的名义制作行政执法文书。

6.建立相关的监督检查实施办法和行政执法制度。

7.定期向委托单位、交通运输主管部门报告委托行政执法情况,报送相关报表,不得虚报、瞒报、拒报、迟报。

8.受委托单位以自己的名义执法或者超越委托权限,而实施行政处罚所产生的法律后果,由受委托单位自行承担。

四、委托期限

从__________年__________月__________日至__________年__________月__________日止。本委托书经双方法定代表人或者委托代理人签字并加盖单位公章之日起生效。委托期限届满后,由委托单位进行审核,经审核符合条件的重新签订委托协议书;经审核不符合条件的,解除委托协议。

五、监督执行

本协议由县级交通运输主管部门负责监督执行。

本委托书一式四份，委托单位和受委托单位各执一份，另两份分送县交通运输主管部门和区（市）人民政府法制办备案。

委托单位（盖章）　　　　　　　　受委托单位（盖章）

法定代表人（签名）：__________　　　　法定代表人（签名）：__________

________年________月________日　　　　________年________月________日

参考文献

[1] 中华人民共和国国务院办公厅. 关于印发农村公路养护管理体制改革方案的通知[EB]. 2005.

[2] 山东省人民政府. 山东省农村公路养护管理办法[EB]. 2006.

[3] 中华人民共和国交通运输部. 农村公路养护技术手册[M]. 北京:人民交通出版社,2008.

[4] 周志强. 公路安全保障工程实施技术指南及技术标准实用手册[M]. 北京:滕图电子出版社,2005.

[5] 吕安涛,贾永新. 基于GIS的农村公路养护管理系统设计与开发[J]. 山东交通科技,2011.

[6] 孟祥海. 高速公路规划设计与管理[M]. 哈尔滨:哈尔滨工业大学出版社,2006.

[7] 彭海林. 基于水泥混凝土路面使用性能指标的预防性养护时机研究[D]. 长沙:湖南大学,2008.

[8] 张晓婷. 农村公路养护费用管理研究[D]. 重庆:重庆交通大学,2008.

[9] 吕安涛,李月光,魏守月. 农村公路养护管理综合评价指标体系研究[R]. 山东省交通科学研究所,2009.

[10] 杜文杰. 长益高速公路路面养护管理技术的开发与应用[D]. 长沙:长沙理工大学,2007.

[11] 曾胜. 路面性能评价与分析方法研究[D]. 长沙:中南大学,2003.

[12] 王玉顺,朱敏清. 高速公路沥青路面预防性养护技术与应用[M]. 北京:中国建材工业出版社,2008.

[13] 王荆香,刘可. 水泥混凝土路面使用性能预测[J]. 华东公路,1995(4):19-23.

[14] Watanatada T. et al. The highway design and maintenance standards model. HDM－III Series,the World Bank,1987.

[15] 张廷欣. 系统工程学[M]. 北京:气象出版社,1997.

[16] 傅小华,黎志成,徐国光,等. 公路养护现代化评价指标体系研究[J]. 公路,2004.

[17] 叶义成,柯丽华,黄德育. 系统综合评价技术及其应用[M]. 北京:冶金工业出版社,2006.

[18] 王炜,邓卫,杨琪. 公路网规划建设与管理方法[M]. 北京:科学出版社. 2006.

[19] 郭亚军. 综合评价理论与方法[M]. 北京:科学出版社,2002.

[20] 陆化普,王建伟,李江平,等. 城市交通管理评价体系[M]. 北京:人民交通出版社,2003.

[21] 谢季坚,刘承平. 模糊数学方法及其应用[M]. 武汉:华中科技大学出版社,2004.

[22] 徐泽水. 关于层次分析法中几种标度的模拟评估[J]. 系统工程理论与实践,2000.

[23] 姜绍飞. 基于神经网络的结构优化与损伤检测[M]. 北京:科学出版社,.2002.

[24] 何勇. 道路交通安全技术[M]. 北京:人民交通出版社,2008.

[25] 本书编委会. 公路路面施工养护技术与质量检验[M]. 北京:中国标准出版社,2003.

[26] 周文献,施小忠,施祖兴,等. 水泥混凝土路面调查及网级使用性能预测模型[J]. 同济大学学报,2006.

[27] 王宁宁. 农村公路区域路网养护管理决策研究[D]重庆:重庆交通大学,2008.

[28] 孙艳丰,王众托. 求解具有线性约束的 0—1 线性规划问题的遗传算法[J]. 系统工程理论

方法应用,1995.

[29] 李敏强.遗传算法的基本理论与应用[M].北京:科学出版社,2002.

[30] 中华人民共和国国务院.公路安全保护条例[EB],2011.

[31] 乔墩,何兆益.农村公路建设养护与管理[M].北京:人民交通出版社,2006.

[32] 骆正清,杨善林.层次分析法中几种标度的比较[J].系统工程理论与实践,2004.

[33] 高海龙,李长城.路侧安全设计指南[M].北京:人民交通出版社,2008.

[34] 中华人民共和国行业标准.JTG D82—2009 公路交通标志和标线设置规范.北京:人民交通出版社,2009.

[35] 云南省地方标准.JTD/T B01—2009 农村公路工程技术标准[S].北京:人民交通出版社,2009.

[36] 朱汉荣.山区农村公路安全保障工程技术研究[D].重庆:重庆交通大学,2010.

[37] 中华人民共和国行业标准.JTG H10— 2009 公路养护技术规范[S].北京:人民交通出版社,2009.

[38] 中华人民共和国行业标准.JTG F41—2008 公路沥青路面再生技术规范[S].北京:人民交通出版社,2008.

[39] 金志强.水泥混凝土路面养护维修手册[M].北京:人民交通出版社,2003.

[40] Lee D Chatti,K Baladi, GY. Development of roughness thresholds for preventive maintenance action aimed at reducing dynamic loads. Transportation research record,Issue:2002.

[41] 邵胜子.甘肃省农村公路典型病害防治与管养对策[D].西安:长安大学,2009.

[42] 四川省交通运输厅.SCG D51—2010 低交通量公路路面典型结构设计指南[S].成都:西南交通大学出版社,2010.

[43] Qu Tonghin,Rlettlr,Zietsman J. Estimating the impact of freeway speed limits on automobile emissions[J]. Transportation Research Record,2003.

[44] 陈春.农村公路安保工程技术研究[D].西安:长安大学,2010.

[45] 丁元春,翁发禄.基于神经网络的高速公路交通灾害预警研究[J].计算机系统应用,2008.

[46] 樊军.灾变条件下公路重大交通基础设施运营安全对策研究[D].上海:同济大学,2006.

[47] 刘育东.山区公路水毁的成因及对策[J].科技资讯,2009.

[48] 林伟明.公路安保工程实施效果评价[J].广东公路交通,2005.

[49] 李政.道路交通安全评价研究[D].西安:长安大学,2001.

[50] 萨师煊,王珊.数据库系统概论[M].3版.北京:高等教育出版社,2000.

[51] 马颖华,等.ASP.NET2.0网络编辑从基础到实践[M].北京:电子工业出版社,2007.